MAKE THE WORLD YOUR MAJOR
让世界成为你的课堂

上海纽约大学的探索

俞立中 ◎ 编著

华东师范大学出版社
·上海·

图书在版编目(CIP)数据

让世界成为你的课堂:上海纽约大学的探索/俞立中编著. —上海:华东师范大学出版社,2024.
ISBN 978-7-5760-5200-8

Ⅰ. G64

中国国家版本馆 CIP 数据核字第 2024KS8087 号

让世界成为你的课堂:上海纽约大学的探索

编　　著　俞立中
责任编辑　孙　娟
责任校对　张佳妮　时东明
装帧设计　卢晓红

出版发行　华东师范大学出版社
社　　址　上海市中山北路 3663 号　邮编 200062
网　　址　www.ecnupress.com.cn
电　　话　021-60821666　行政传真 021-62572105
客服电话　021-62865537　门市(邮购)电话 021-62869887
地　　址　上海市中山北路 3663 号华东师范大学校内先锋路口
网　　店　http://hdsdcbs.tmall.com

印 刷 者　上海中华商务联合印刷有限公司
开　　本　787 毫米×1092 毫米　1/16
印　　张　23.5
插　　页　10
字　　数　376 千字
版　　次　2024 年 10 月第 1 版
印　　次　2024 年 10 月第 1 次
书　　号　ISBN 978-7-5760-5200-8
定　　价　98.00 元

出版人　王　焰

(如发现本版图书有印订质量问题,请寄回本社客服中心调换或电话 021-62865537 联系)

——献给所有参与上海纽约大学创建和发展的人们

序　言

上海纽约大学创校校长俞立中平时经常说的一句话，"上海纽约大学的创建是应了'天时、地利、人和'，融入了很多人的智慧和付出"，我们面前的这本书提供了最详细的注解；而俞校长本人，则是其中"人和"的最佳体现。

尽管我经常夸耀我最厉害的身份是"俞校长的'学长'"——比"78级"的他早半年走进华东师大校园，但我作为普通教师近距离认识本书作者时，他已经是华东师大的副校长了。记得与俞校长最早的个人交谈，是21世纪初我在哥伦比亚大学做富布莱特访问学者期间，去新泽西州城市大学开会，碰巧他应邀在那里做讲座。当时盛传他要到上海师范大学去做校长，而他还在犹豫要不要去，我记得当时是这么对他说的："我觉得应该去，毕竟正校长比副校长更容易实现你对大学的理解。"

俞副校长变成俞正校长是那次交谈将近两年以后的事情了，所以我绝不敢夸耀说我的鼓励起了任何作用，但我确实从那时开始就以为，对当代中国大学应该"长什么样"，俞校长是有很自觉的思考、很坚定的探索的。俞立中在上海师范大学、华东师范大学和上海纽约大学三所各有特点的大学担任过校长，每个岗位上都留下了他的这种思考和探索的鲜明印记。

对于作为当代中国大学理念之卓越的探索者和实践者的俞立中来说，上海纽约大学无疑是上述三所学校中，甚至可以说是同时期的所有中国高校当中，想象空间最大、挑战性也最大的一所学校。

上海纽约大学尚在筹建时，中方合办主体华东师大的一段独特历史,就引起了敏锐人士的关注。华东师大的主要前身是成立于1924年的大夏大学、成立于1925年的光华大学,同时它也接纳了1879年成立的上海圣约翰大学在1952年被拆散后相对来说最大的部分,即文学院、理学院和图书馆。1879年成立的上海圣约翰大学在1952年成为历史,而1831年成立的纽约大学,则在2012年成为第一所中美合办高校的美方学校。一个问题很自然地出现了:从1952年到2012年的这六十年间,中外高等教育合作交流的历史,发生了怎样的变化?虽然从法律上说,上海纽约大学是一所根据中国相关法律成立的中外合作办学高校,但从学术上说,上海纽约大学是美国纽约大学的全球教育体系的组成部分,而个别人会因此而有意无意地把上海纽约大学误称作"纽约大学的上海校区"。为了一方面强调上海纽约大学的成立背景之一是中华人民共和国拥有完整的教育主权,另一方面强调上海纽约大学在我国教育改革发展、中美人文交流和浦东开发开放等方面承担着突出使命,华东师大的党政领导在创办上海纽约大学之初,就比较自觉地把时代精神与历史意识结合起来。时任华东师大党委书记的张济顺是一位研究城市史和教育史的专家,她在上海纽约大学建校之初就做了一个意味深长的判断:如果圣约翰大学在1952年的终结意味着美式教育的覆灭,那么上海纽约大学的创办则意味着"美国梦"式的全球化教育理念的重启。如果我没有理解错的话,张济顺的观点是,时隔六十年后美式教育的重启,不能仅仅理解为中国国家主权前提下引进美式教育,不应该只是一个国家的教育理念和教育传统向另一个国家的单向移植,而应该为不同国家教育传统的相互学习和有机融合,创造一个独特的先例。我们校园网主页上是这么说的:"上海纽约大学将纽约大学全球教育体系中丰富的智力资源融入灿烂的中国文化,身体力行当代高等教育的最高理想,带领学生获得学业与精神的双重收获,培养他们成为人生旅程的领导者,在无涯的学海中求索关于人与自然的新知卓见。"我在上海纽约大学建校十周年纪念大会上的发言中,更具体地提到:"我们致力于把学以成人、教学相长、有教无类、因材施教的育人理念,与教研统一、文理融通、手脑并用、群己共进的办学传统结合起来。"受包括俞立中、约翰·塞克斯顿、杰弗里·雷蒙、衞周安和赵中建、丁树哲等在内的上海纽约大学同事们的思考和实践的启发,我还觉得,像上海纽约大学这样的中外合作办学高校,是能够甚至应该在实现教育的"培育"功能和"选拔"功能的本末相宜、求知的"好奇"传统与

"忧患"传统的相互补充、教学的"理智"训练和"理性"训练的缺一不可、学校的"有言之教"与"不言之教"的有机融合方面,发挥独特优势的。

无论是"结合",还是"融合",都是说说容易,做起来难。在像高等教育国际合作这样的领域,即便是纸上谈兵也不是那么容易的。但不管怎么样,上海纽约大学早就不仅已经从纸上走到地上,而且从浦西来到浦东,从世纪大道来到三林前滩,从第一个十年进入第二个十年。对上海纽约大学从酝酿到探索到建成到发展的全过程,俞立中校长是最权威的叙述者,而这本书则是有关这个过程的最权威叙述文本。当然,本书并不是上海纽约大学的官方校史,书中虽然提供了与学校第一个十年相关的不少重要而准确的材料,但它毕竟更多是俞校长对他自己参与的学校筹办和建设发展过程中的人和事的记录。即便如此,俞校长的热情而平和、忠诚而智慧、脚踏实地而坚忍不拔,这些品质和努力,都为本书的极高价值做了最好的注解。

说到这里,或许可以夸耀几句我与俞校长的特殊缘分:我们这两个中美合办高校校长岗位的前后任承担者,第一次个别长谈是发生在美国的;年龄相差九岁的我们,生日却都在英国使臣马嘎尔尼觐见乾隆皇帝的那天;我于2011年7月回华东师大担任党委书记以后,与俞校长党政搭档工作了一年多,因而可以说在张济顺书记之后,跟俞校长一起经历了上海纽约大学筹备工作的最后阶段。除了这些以外,特别有意思的是,纽约大学最早派到上海来为合作办学探路的唐力行教授,差不多在找到时任上海师范大学校长俞立中的同时,碰巧也经我们一位共同朋友的推荐,找到了我,我当时在上海社科院任党委副书记但学术身份仍为华东师大哲学系教授。2020年6月我来上海纽约大学接任俞校长后,唐力行老师为了鼓励我把新岗位的工作做好,几次提醒我在上海纽约大学最初阶段的虽然无意但意味深长的特殊参与。

说实在的,要把这个新岗位的工作做好,确实是有独特挑战的。从2004年7月到上海社科院做党委副书记,到2011年7月回华东师大做党委书记,再到2020年6月到上海纽约大学做校长,我都可以说是"无证上岗",既没有岗前培训期,也没有岗位实习期。但前两个岗位都在所谓"体制内"单位,不仅有明确而不断完善着的规章制度,而且有训练有素、职责明确的中层干部队伍。而上海纽约大学校长的岗位履职,则对任职者的多方面能力和努力都提出了特殊要求。我虽然在这个岗位上任职将近四年了,第一个任期即将到届,但依然有一种"无证上岗"之感,也依然常常会出现"全没想到"甚至"匪夷所思"的情况。现在读到俞校长写的这本书,我心里踏实不少;不论是对我这个目前仍然在职者,还是对未来的接棒者,俞校长都写了一本再好不过的上岗手册。这本书中不仅有"3C"(Communication 即沟通,Compromise 即让步,Cooperation 即合作)这样的精辟概括,而且有作者与校内外各方进行沟通、在坚持原则的前提下做出妥协、在学校工作各环节各阶段与同事——尤其是美方同事——开展合作的大量事例。这些概括和事例,会使包括我在内的上海纽约大学的管理人员,乃至上海纽约大学的所有共同体成员,在学校的不同岗位上,都经历更加丰富也更有乐趣的学习体验。

上海纽约大学校长 童世骏

2024 年 5 月 6 日

我和上海纽约大学（自序）

退休后的这段时间里，还经常有人来咨询关于中外合作办学的申请程序与筹建过程以及可能碰到的问题，也常常会问到我在上海纽约大学建设过程中的经历和体会。上海纽约大学的筹划和建设凝聚了很多人的心血，我有幸参与了学校创建和发展的全过程，觉得有责任把这段历史记录下来。无论是经验或教训，对中外合作办学、对大学治理、对高等教育的改革发展兴许有点作用。我希望能如实地记录下这段难忘的历程，也是给所有关心和支持上海纽约大学建设发展的人们一个交代。于是，欣然命笔。

我在和出版社商讨中，得知编辑期待这本书更有可读性，尽可能讲一些故事。既然是讲故事，就要有场景、人物、对话和发生的事情，需要细节。因为是谈教育，特别是谈中外合作办学，必然要涉及自己认同的教育理念或处事方式。上海纽约大学的创建和成长又是一段历史，其中涉及了很多人和事，如何尊重历史，客观如实地展示这段历史，也是难点。兼顾好故事性、可读性和教育理念、创办历史，着实让我感到为难，很担心写得非驴非马。一次次想打退堂鼓，但出于责任，我还得硬着头皮写。好在本书得到了很多人的帮助，尤其是参与上海纽约大学创建的朋友们——赵中建、郭纬、丁树哲、毕蔚、周奕韵、王政吉、夏星、郭昊等以及学校职业发展中心和传播部的同事们。他们不仅向我提供了一些难得的历史资料，帮助我回忆学校建设与发展的过程，还一直在鼓励我、督促我，让我鼓起勇气，坚持努力。衷心地感谢他们！

本书以我退休为引子，回顾了上海纽约大学筹备和建设的过程。

贯穿全书的主线是全球化背景下的教育理想,体现了"让世界成为你的课堂"的办学特色,其中包含了人才培养、文化融合、社会服务、大学治理、校长职责等话题,特别讲述了在当今时代背景下高等教育变革以及教育国际合作的价值和意义。第一、二章基本是记述性的,希望对上海纽约大学的筹建和成立过程作详细的介绍,尽可能还原历史。后面的几章则是个人的感悟。我试图在适当的章节中插入自己的人生故事,上山下乡、恢复高考、大学生活、出国留学、教学科研以及在大学管理岗位上的教育理念和实践等经历,谈谈我对教育的理解。因此,本书又像是个人叙事,大多是讲我参与上海纽约大学建设的故事,这也是我把自序起名为"我和上海纽约大学"的原因。书中的一些思考只是供读者参考而已。

第一章讲上海纽约大学的筹建过程。从设立纽约大学上海中心到创建上海纽约大学的背景和共识,从沟通谈判、筹办学校到批准创立的过程,有很多事情值得阐述。筹办一所学校事无巨细,建设中美合作大学更是需要各方沟通协调。我之所以不吝笔墨书写了谈判和筹建过程中的一次次沟通,一个个故事,是希望留下这些珍贵的记忆,也为后来者提供参考。在我直接参与的那些部分,我凭记忆做了比较详细的叙事描述。坦率地讲,上海纽约大学的创建是应了"天时、地利、人和",融入了很多人的智慧和付出。有人问,为什么要创办上海纽约大学?中外谈判中会出现什么问题?申报和筹建涉及哪些方面的工作?我希望能把上海纽约大学创办过程准确地写下来,但整个谈判过程主要是由时任华东师大副校长陈群教授带领学校国际交流处、国际教育中心的同事们完成的,而筹建过程也是由以陈群副校长为组长、校长助理郭为禄为常务副组长、国际教育中心主任赵中建为副组长、郭纬为办公室主任的上海纽约大学筹建工作组的同事们具体实施的。因此,为了避免冗长,有关上海纽约大学筹建过程中所涉及的具体工作,我根据《上海纽约大学筹建大事记》等资料,提取其中相关内容,作为本书附录,按时间顺序用记事方式来叙述,为正在筹办中外合作大学的同行们提供参考或借鉴。

第二章是建校初期的设计和实践。立足探索、改革、创新,上海纽约大学努力追求与时代特征相契合的办学理想。本章讲述了在办学之初我们面临的机遇、挑战和解决办法,包括教授聘任的原则;吸引优秀学生与优秀教师的"鸡与蛋"解决方案;本科招生方式与评价标准的改革,招收优秀且适合的学生的理念;在双向选择中建议学生思考的五个问题;融课堂教学、文化体验、社会观察、研究实践为一体的培养模式;以创新和创造力培养为核心的21世纪通识教育课程体系;多样化的课堂教学和考评方式;学术资源中心和学业咨询制度的设立等方面。大部分内容是中美双方在上海纽约大学设立前就讨论和设计的,但在实践中不断有改进,至今有了很大的变化。我更多是在学习和理解中予以阐述的。

第三章讲述了首届学生入学的感人场景,他们是第一批敢于"吃螃蟹"的学生。我根据回忆,描绘了建校初期学生群体的精神面貌,创建新型大学的困惑和艰辛。同时具体阐述了形式多样、内容丰富的新生入学教育,家长看到孩子成长变化的喜悦心情以及对学生未来的期待。由于选拔标准和选拔方式的不同,上海纽约大学的学生有自己的特质;学校的培养模式也给了学生更多的选择权,促使他们主动学习和成长。我在这个章节中插入了自己下乡和上大学的经历,并从个人感受出发,准备了在首届学生入学典礼上的讲话,鼓励同学们"永远有一个美好的梦",希望同学们"为实现梦想而努力","把个人的梦和社会的梦、世界的梦联系起来",实现自己的人生价值。

第四章"全球化时代的文化理解和文化融合",阐述了国际化大学的重要使命,特别是当前形势下的大学理念和责任,也谈到了我在国外留学时对文化理解和文化融合的体会。本章涉及跨越文化藩篱的各项举措,包括学生宿舍的安排原则及挑战,各种文化体验活动,学生社团与文体俱乐部建设,社会服务中的文化融合;提到了校内外人士为促进多元文化融合的辛勤付出等。我试图引用一些相关材料和故事来表达文化理解和文化融合对年轻一代的影响,如,各国学生相互帮助、组织假期活动、学生的体验、家长对培养孩子跨文化意识的认识和支持,以及在当今时代高等教育应该如何与时俱进等。不仅提到了中外学生感受到的文化融合的重要性,也讲到了各国教授体验中国文化的故事,以及中外教授在教学中利用当地文化资源的努力。

第五章"大学治理模式和管理文化的磨合",叙述了对大学治理模式的思考,加强和老师与学生的沟通,建设大学文化的重要性。本章特别讲到了中美管理文化的磨合,如学生隐私权和家长知情权之间的冲突,对媒体采访报道的不同认知以及如何达成共识,建立领导层人事决策程序的过程,学籍管理中如何协调中美两个学位要求,在学校数据库建设中的不同考虑和达成的解决方案,中外合作办学的3C治理原则,合作协议中关于遵守当地法律法规与确保学术自由的共识,执行学校章程中的不同理解和解决办法等。本章也谈了我在英国留学期间自己亲历的有关学术治理的体验，并从个人视角提出在国内高校治理中值得改进的问题，以及在与师生交往中对大学文化建设的思考和行动。

第六章"共同的家园"，描述了首届毕业典礼的场景，重点讲述了首届毕业生在校成长的历程和在职发展的故事。同时，简要回顾了上海纽约大学落户浦东，在改革开放的热土上与社区互动，辐射大学文化；以及如何回馈华东师大的支持和帮助。本章也讲述了教学资源的共享，从华东师大青年教师听课观摩后的反思和总结中看上海纽约大学教授在课堂教学方面的差异和成效。

第七章"学会学习，学会选择，学会思辨"，从大学教育的根本问题入手，展示已经毕业的七届中国学生的变化与成长，以及探索国际化创新人才培养模式的初步成效，包括学生选择上海纽约大学的理由，在校期间的变化，毕业后的去向，以及学生的感想等。

第八章"存在就是成功"，叙述了国际学生眼中的上海纽约大学，在多元文化的学习生活环境中的成长和体会，也谈到了中美合作办学遇到的外部挑战。

第九章"直面全球疫情的挑战"，讲述的是2020年全球疫情对学校的挑战，详细记录了学校各方的沟通和合作，新冠疫情的扩散给学生和家长带来的焦虑，学校应对不确定情势的决策响应，给重灾区学生的援助，学生间的相互帮助等。本章特别描述了学生在疫情期间坚持线上与线下学习的情况，学校对在线教学的探索，以及AI赋能的数据素养教育。

从第六章到第九章讲了很多学生的故事，显得有点冗长。我查阅了学校网站和社会媒体的报道，从上海纽约大学历届毕业生的采访文章中摘取了部分学生的故事。其实，每个学生都有自己的故事，实在无法涵盖，只能选取典型的事例。但往日场景历历在目，每每重读这些文章，我都会被大家的故事感动。这是当年同学们的亲身感受和毕业后的表现，我实在不忍心取舍。仅从这些典型的事例中，读者可以看到上海纽约大学的培养模式给学生带来了什么变化。

最后部分是尾声，重点是拾遗补缺，想谈谈中美合作办学的体会与感受，以及我对大学教育的认识。最后，讲了我对大学文化建设的感受，叙述了在三所不同类型的大学与学生沟通的故事。

本书参考引用了很多人已发表或未曾发表的故事和文字，包括我、赵中建老师或其他人执笔撰写的《上海纽约大学简报》,新闻媒体的报道和专访,学校网页上的文章,学校微博或微信上的素材等,很多学生的故事和感言是从学校传播部采访学生的文章中摘取的,我做了适当的压缩改编。坦率地讲,除了我讲述的个人与学校的故事外,本书也是所有参与上海纽约大学创建和发展的人的纪实作品,特别要感谢赵中建、郭纬、王政吉等老师,感谢童世骏校长、雷蒙常务副校长,感谢诸多校内和校外的记者们,他们的文字给了我很多启发。传播部的同事樊素应邀对本书进行了修订,本人深表感激。

回顾上海纽约大学的发展路程,有欣喜,也有遗憾,更多的是期待。我只能说,实现教育理想任重道远,同志仍需努力。

2024 年 3 月

目　录

引　子　/ 001

第一章　艰难而愉快的创办之路　/ 007

从纽约大学上海中心到上海纽约大学　/ 010

有共识才有合作　/ 014

谈判如同登山　/ 019

齐心协力，志在必行　/ 027

第一所中美合作大学的诞生　/ 039

第二章　探索、改革、创新　/ 045

吸引并留住各国优秀教授　/ 048

选拔优秀且适合的学生　/ 057

探索21世纪国际化创新人才的培养模式　/ 064

多样化的课堂教学与考评方式　/ 072

第三章　个人的"梦"和世界的"梦"　/ 085

追梦人　/ 090
我的大学梦　/ 095
融入世界的梦　/ 101
和孩子们一起成长　/ 109

第四章　全球化时代的文化理解和文化融合　/ 117

跨越文化藩篱　/ 120
中外合作办学的社会责任　/ 131
为了走向世界的年轻一代　/ 138

第五章　大学治理文化的磨合　/ 149

磨合与兼容　/ 153
我们都是学习者　/ 161
做学生的知心朋友　/ 168

第六章　共同的家园　/ 177

我们在共同创造历史　/ 180
在职业发展中成长　/ 194
共享资源，共同前行　/ 205

第七章　学会学习，学会选择，学会思辨　/ 225

更新教育理念，追逐人生理想　/ 228
兴趣是学习的源动力　/ 236
听从内心的呼唤，敢走不一样的路　/ 247
在实践中认识自己，找到方向　/ 261

第八章　存在就是成功　/ 267

闪烁时代光辉的教育理想　/ 269
国际学生眼中的上海纽约大学　/ 278
在多元文化环境里看到更大的世界　/ 287

第九章　直面全球疫情的挑战　/ 297

在线沟通，共渡难关　/ 300
坚持线上与线下相结合的学习　/ 305
在线教学模式与 AI 应用的探索　/ 313

尾　声　/ 319

参考文献　/ 345

附录　/ 346

引 子

　　我深深地感到,上海纽约大学是全球化时代高等教育国际合作的积极探索;不同文化间的相互理解、相互融合对人类社会的未来何等重要;拓展年轻一代的全球视野,帮助他们看到一个完整的世界,培养学生跨文化沟通、交流、合作的意识和能力对理解和解决全球问题是何等重要。

2020年6月1日,是我人生中难以忘怀的一天,我的职业生涯画上了句号。那天是我向熟悉的学校、向共同奋斗的中外同事和老师们、向挚爱的同学们正式告别的时刻。

上午在线召开的理事会上通过了校长任免的决议。事先想好了告别的话,但真正到了临别之际,我究竟讲了些什么,自己都记不清了。应该是感激之词,无数由衷的感谢,感谢中外同事们一直以来的支持和帮助。当然也有期待,童世骏校长将带领大家继续前行,为上海纽约大学创造更多的辉煌。过去的8年里,我与这所大学的师生结下了深厚的感情,分别之时总是依依不舍,中外理事们的告别之言更是让我心潮澎湃。尽管年事已高,早就在考虑退休的安排,但毕竟要离开我学习和工作了40多年的大学,特别是自己参与创建的上海纽约大学,此时此刻的心情很复杂。

这些日子里,和一批批学生、一批批同事相约合影,留下了很多珍贵的记忆。受疫情影响,2020年的毕业仪式在线上举行。5月29日是本科生的毕业典礼,31日是研究生的毕业典礼,而在欢送毕业生离校的同时我也即将"毕业",真舍不得一起奋斗的同学们和同事们,也舍不得这所凝聚了很多人心血的学校,但我明白这一天总会到来的。纽约大学校长安德鲁·汉密尔顿(Andrew Hamilton)在毕业典礼的致辞中提前透露了我即将退休的消息,他的讲话不乏溢美之词,"在上海纽约大学的史册上,俞立中这个名字在每一页熠熠生辉……"他直言上海纽约大学真正将中国、美国以及所有学生家乡国的文明与特质融入一个社区,为学生营造了一个充满活力与包容的校园氛围。毕业典礼的当天晚上,我收到了许多学生、同事、校友、家长发来的微信,由衷的话语着实让我感动,也使我更体会到教育的价值和意义。

我早早准备好了致学生、致校友、致家长、致网友的四封信。退休当天,我最后一次走进办公室,在微博、微信上发出了这些临别感言,正式宣告退休,感谢大家的支持。这些都是我发自肺腑的话。我在给网友们的信中写道:

亲爱的朋友们:

大家好!

经学校理事会通过,我已经从上海纽约大学校长岗位上退下来了。学校事业总要有人接班,已过古稀之年的我,应该全身而退了,相信大家一定能理解。

上海纽约大学从筹建、设立到发展,一直得到各界朋友们的关心、支持和帮助。通过微博(微信)平台,我也传递了很多关于上海纽约大学探索、改革、创新的理念和举措,发布了不少关于上海纽约大学各国学生的成长经历和故事。感谢你们陪伴着这所年轻大学成长,衷心感谢你们给予学校的鼓励和支持。真的很感谢大家!没有你们的关爱和支持,学校难有今天的辉煌。

作为第一所中美合作举办的国际化研究型大学,上海纽约大学从建校起就展示了她不同寻常的魅力。中外领导和教职工的积极沟通、相互理解和通力合作是学校和谐稳定、高质量发展的基础;四届毕业生以他们的优异表现给学校增添了熠熠光彩。在全球疫情面前,上海纽约大学的实践更是证明了创建这样一所多元文化融合,培养具有全球视野、社会责任感的国际化创新型人才的大学的意义和价值所在。希望大家继续珍惜和保护她。

我深深地感到,上海纽约大学是全球化时代高等教育国际合作的积极探索;不同文化间的相互理解、相互融合对人类社会的未来何等重要;拓展年轻一代的全球视野,帮助他们看到一个完整的世界,培养学生跨文化沟通、交流、合作的意识和能力对理解和解决全球问题是何等重要。由衷钦佩华东师范大学和纽约大学的远见卓识,衷心感谢中美两所大学的鼎力合作和帮助。我们也不会忘记,上海市和浦东新区对于这所新生大学的全力支持,帮助解决了学校事业发展的后顾之忧。

新任校长童世骏教授是一位著名的学者、哲学家,学养深厚,著作等身。他长期活跃在国际学术舞台上,为国际学术界高度认同。他于1994年获得挪威卑尔根大学的博士学位;先后在挪威卑尔根大学做访问学者,在德国马尔堡大学做客

/上　2020年5月29日，上海纽约大学2020届本科生毕业典礼

/下　2020年6月1日，退休了

/上　2020年6月1日，与师生合影
/下　2020年6月1日，与在沪的首届毕业生合影留念

座教授,在美国哥伦比亚大学做富布莱特学者;2011年起被提名担任挪威科学院外籍院士。他也具有丰富的大学和科研机构的管理经验,为人谦和,善于沟通,愿意和师生交朋友。一直以来,他直接参与和帮助了上海纽约大学的筹建和发展。相信在童世骏校长和雷蒙校长的带领下,上海纽约大学一定会持续发展,不断进步。

衷心祝愿大家幸福安康、诸事如意!

衷心祝愿上海纽约大学事业蒸蒸日上!

当天下午,同事们准备了一场意想不到的欢送会。我曾经想过不同的告别场景,但从未想到我的职业生涯会在疫情期间结束。6月之初,气温宜人,微风习习。楼门外的平台上竖起了一面背景墙,上面是上海腔调十足的中文以及英文:"谢谢侬,敬爱的俞校长! Thank you Chancellor Yu!"校门口的大通道里密密麻麻站满了戴着口罩的欢送人群,有在校的师生员工,还有闻讯赶来的历届校友。感谢同事们的精心安排,让我再次感受到了这个大家庭的温暖。用心制作的纪念品,热情洋溢的送别话语,一次次不同组合的留影,都深深地打动了我。童校长和杰弗里·雷蒙(Jeffrey S. Lehman)常务副校长的话语更是勾起了我离别的心绪。雷蒙常务副校长在讲话中提到,他有过无数次讲演,但很难表达俞立中对他而言意味着什么。他说道:"在过去的八年里,他是我的同事、我的合作伙伴、我的朋友、我的兄弟……但坦诚地讲,我花了两三年的时间才进到他讲的所谓'两个身体、一个脑袋'的精神世界里,因为我们的个性都比较强,很坚持自己的意见和观点……但我们都意识到强硬无助于用智慧让学校变得更好,我们有责任代表好上海纽约大学。"雷蒙常务副校长真实地讲述了双方的磨合过程,其中有个性的因素,也有文化的差异,但最终我们走到了一起,如同上海纽约大学的进程。

最后,雷蒙风趣地说:"我会想念这一切,想念他不可思议的智慧,但在这个场合,我应该为他高兴,他的孙子今后可以经常看到爷爷的笑脸了,真为孩子感到高兴。"面对热情呼唤的人群,我瞬间从心底冒出许多话来,既想对前来送别的师生们表达感激之情,又希望通过这个场合谈谈我对这所大学的认识。我用中英文讲了两遍:"上海纽约大学是独特的,也是团结一致的(NYU Shanghai is unique and also unified),因为中外双方的领导杰弗里·雷蒙、卫周安(Joanna Waley-Cohen)、丁树哲等,我们一起努力,相互理解。正如雷蒙常务副校长所说,一开始我们有个相互理解的过程,需要讨论,也会争论,但现在我们已有了一些共同的感觉,不需要多说什么,就知道该怎么做。"上海纽约大学是当代高等教育的理想。她不仅是一所大学,勇敢探索中外高等教育的合作,而且在这个平台上会聚了来自世界各国的优秀青年,大家共同努力,理解我们面对的世界。人类社会需要和平,需要相互理解,需要持续发展。无疑,这是一项有意义、有价值的事业。衷心希望上海纽约大学的师生们坚持这个信念,让学校变得越来越好,学校事业蒸蒸日上。拜托大家了!"

有人用小车推出了大大的纪念蛋糕,上面用紫色奶油裱着暖心的话"常回家看看"。师生们伴着乐器用和声唱起了动听的上海纽约大学校歌,"我们来自五湖四海,怀抱热诚理想,求索新知,收获灼见,准备好扬帆起航。以天下为己任,以世界为课堂。我们点亮盏盏微光,照亮彼此方向。我们点亮盏盏微光,照亮前行方向。We are Shanghai……这城市流光溢彩,下一站何其精彩。听世界在召唤,未来由你我涂彩,边憧憬边勇敢……"我再也控制不住情绪,热泪盈眶……

那些日子里,我真是百感交集,往事联翩,想到了很多人、很多事。

第一章
艰难而愉快的创办之路

在上海纽约大学的筹建过程中,双方不仅要有承担责任的勇气,还要有解决问题的智慧。好在合作双方都有意向,有共识,最终能在充分沟通的基础上相互理解,相互信任,共同寻找解决问题的办法。因此,道路是艰难的,合作是愉快的。

很多人问我,中外合作办学遇到的最大的挑战是什么？我用一句话来概括,就是要把原本不兼容的系统变得兼容,这是最难的,最具挑战性的。这里讲的兼容不仅指教学大纲、培养模式、课程体系、评价方法等,还涉及教育理念和价值取向等方面的求同存异。有些人对中外合作办学的认识有误区,以为这只是两所大学,甚至两位大学校长的共识。其实,并非那么简单,合作双方的背后都有很多的利益相关者。中美两国的文化不同,教育体制不同,国家制度也不同,从而中外合作办学会涉及各方面的问题。对于美方来说,校领导的背后有教授群体、董事会、律师、政客、媒体等,这些人都紧紧地盯着学校的一举一动。对于美国大学,大家最常拿来说事的两个问题是:学术自由和办学自主。任何事件或政策变化,都会引发质疑和挑战,中美合作大学能否保证学术自由？合作办学是否有自主权？当然,还会涉及合作办学如何减少风险,如何得到当地政府更多的支持等。中方办学者的背后同样有母体学校的利益,有各级领导的关注。一次次的多方会议,一次次的上下沟通,既是支持和帮助,也在提醒和把关,希望能有效地引进优质教育资源,但要确保中外合作办学的安全和可持续发展。合作办学绝没有想象的那么简单,双方必须有深度的相互了解,必须知道彼此面临的问题是什么,或者是双方一起面临的问题是什么。因此,只有充分地沟通,才能了解每一步的后果是什么,背后有没有其他的因素需要思考。合作办学也需要学会在不牺牲教育原则的基础上让步。面对差异,没有双方的让步就无法前进。当然,有一些问题是不能让步的,那就是国家法律法规和大学教育原则。在上海纽约大学的筹建过程中,双方不仅要有承担责任的勇气,还要有解决问题的智慧。好在合作双方都有意向,有共识,最终能在充分沟通的基础上相互理解,相互信任,共同寻找解决问题的办法。因此,道路是艰难的,合作是愉快的。

从纽约大学上海中心到上海纽约大学

时间回到 2006 年 3 月,我才回到华东师范大学任校长不久。一天,分管国际交流的副校长陈群教授问我,纽约大学派了一个代表团来学校访问,商谈合作的事情,能否出来见一下。我自然而然就想起了 2005 年在上海师范大学接待纽约大学代表的情景。上师大校友唐力行在纽约大学教育学院任终身教授,他带学生来上海实习,就住在上师大。他曾谈到想在上海设立纽约大学的海外教学点(Study Away Site)。从上海建设国际化大都市的人才需求着眼,上海师范大学正在人才培养特色上下功夫,希望提升学生的外语应用能力、人文和科学素养、基层实践工作能力。作为校长,我当然欢迎纽约大学把海外教学点设在上海师范大学,这不仅能更好地营造国际化的校园环境,也为学生提供了英语学习机会。我当时就表态,上师大愿意考虑提供必要的条件,开展与纽约大学的合作。没有想到,时隔不久我就回华东师大任校长了,而他们又来华东师大访问,商谈合作事项,学校的态度无疑是很积极的。

纽约大学,也许大家非常熟悉。但经常会有人把纽约大学(New York University, NYU)与纽约州立大学(State University of New York, SUNY),甚至纽约市立大学(City University of New York, CUNY)混淆起来。纽约州立大学和纽约市立大学均为公立大学系统,而纽约大学是美国规模最大的私立大学,有 19 个学院、5 000 多名教职人员、53 000 多名在校学生以及遍布全球 180 多个国家的 50 多万校友。纽约大学的校园位于纽约市曼哈顿的中心地带,以华盛顿广场(Washington Square)为中心向四周扩散,没有围墙的校园与整个城市融为一体。"立足城市、融入城市"(In and of the City)的特质完美地诠释了纽约大学与纽约这座城市紧密相连、共同成长。

1831 年,纽约大学成立,旧名为纽约市大学(University of the City of New York)。经过近 200 年的发展,纽约大学从一所城市大学崛起为一所高水平的综合性研究型大学,并跻身世界名校之列。在《美国新闻与世界报道》和泰晤士高等教育发布的 2022 年度世界大学排名中,纽约大学分别位列第 30 名和第 26 名。除了雄厚的综合实力和声誉,纽约大学在哲学、数学、金融、艺术、法学、医学等学科领域均拥有世界顶尖的学术水平和资源。近20年来,纽约大学产生了5位诺贝尔奖得主、5位普利策奖得主、4位阿贝尔奖得主、7位麦克阿瑟奖得主以及29位美国国家科学院和美国人文与科学院院士。此外,纽约大学还被美国《新闻周刊》(Newsweek)评为25所"新常春藤"(The New Ivies)院校之一,在一定程度上反映了社会各界对其学术质量和声誉的认可。

从一所只在美国东北部有一定影响的区域性私立大学,发展为美国学生最喜欢的高校之一,进而成为一所世界名校,纽约大学这些年来的快速发展与它的办学理念,与纽约这个城市的发展是分不开的。

为了深入剖析纽约大学的发展轨迹,华东师范大学国际交流处和国际教育中心认真做了研究,尤其关注教育资源方面的情况。在纽约大学的各项排名中,师资队伍是相对靠前的一项。这与纽约大学的发展理念、纽约城市的变化以及部分美国人对城市生活的重新认识密切相关。一些著名教授,包括诺贝尔奖获得者,愿意选择在纽约这样的国际大都市工作和生活,而纽约大学位于曼哈顿下城(Down Town),靠近华尔街(Wall Street),能提供得天独厚的条件,吸引全球优秀人才。

相比美国其他高校,纽约大学全球教育体系(NYU Global Network University)是这所大学最显著的特点之一。从1958年在西班牙马德里创立第一个海外学习中心,到2010年第一个海外门户校园——纽约大学阿布扎比分校(NYU Abu Dhabi)首届学生入学,纽约大学逐步建立起一个遍布世界五大洲的全球教育体系,拥有一批门户校园(Degree-granting Campuses)和海外学习中心,从一所"立足城市、融入城市"的大学发展成为一所"立足世界、融入世界"(In and of the World)的大学。独一无二的纽约大学全球教育体系既源于学校的历史和特色,也体现了面向全球化时代的办学理念。纽约大学第15任校长(2002年至2015年)约翰·塞克斯顿(John Sexton)认为,全球化是高等教育发展的必然方向,大学不仅被全球化进程影响和塑造,同时也是推动全球化进程的重要力量。这样一种全球性的大学模式可以让老师和学生在各个校园及学习中心之间自由流动,"既能获得世界各地创意中心城市的本土体验,又能保持与学校其他部分的密切连接,从而丰富自己的研究和学习经历"。与此同时,全球教育体系能促进不同文化之间的理解和交流,吸引和培养真正的世界公民,"帮助我们建立一个更加公正和高尚的全球公民社会"。

纽约大学全球教育体系不仅具有遍布全球的门户校园和海外学习中心,而且有高度国际化和多元化的学生群体。根据美国国际教育协会(IIE)发布的《门户开放报告》,在过去八年里,纽约大学的国际学生人数是美国高校之最,它吸引了来自美国和世界各地的学子。学生和老师可以在遍布五大洲的海外学习中心或校园流动,把课堂教学、文化体验、社会观察和研究实践紧紧结合在一起。在本科四年学习期间,学生有更多机会接触不同的文化,观察不同的社会形态,与不同文化背景的同学在同一个教室里学习,在同一个校园里生活,以促进跨文化的理解、沟通、交流和合作。

要建设全球教育体系,纽约大学必然会考虑中国,而在中国设立海外教学点,纽约大学一定会想到上海。中国改革开放以来的经济发展和社会变革为世人所瞩目。上海作为中国改革开放的龙头,作为一座国际化大都市,是设立纽约大学全球教育体系海外教学点的理想城市。2006年前后,时任纽约大学副教务长尤·尼亚克(Yaw Nyarko)率团到上海来寻找合作伙伴,走访了部分高校,并先后派出了几批人实地考察,了解学习、生活等方方面面的情况,最后确定了与华东师范大学合作,在中山北路校区设立纽约大学上海中心。从最初的访问交流到有设点意向、综合考察,再到正式签订合作备忘录,一共才短短几个月的时间。2006年5月趁华东师大代表团访美之际,我们去了纽约大学,在美国东部时间5月13日那天签订了纽约大学上海中心的合作备忘录。从那时起,华东师大和纽约大学的合作越来越紧密,相互间的了解也越来越深入。

五月的纽约,阳光和煦,纽约大学校长办公室就在华盛顿广场南侧,Bobst图书馆的12楼。这是我第一次正式访问纽约大学。一走进校长办公室,时任纽约大学校长约翰·塞克斯顿就迎上来了。塞克斯顿教授是爱尔兰移民,在纽约布鲁克林区长大。当年他已年过64岁了,但看上去精力充沛,激情洋溢,睿智健谈。他在交谈中说道:"在当今全球化时代背景下,大学教育不应该仅仅建立在一种文化基础上,而要建立在多元文化的基础上。我们要给学生提供更多的机会,在大学四年的学习期间体验不同的文化,与不同文化背景的同学在一起学习和生活,让他们看到一个完整的世界。"塞克斯顿校长的这番话给我留下了深刻的印象,也深深地打动了我,让我从另一个视角来思考教育国际合作的价值和意义。我也向

/ 上　2006年3月，纽约大学代表团访问华东师大
/ 下　2006年5月12日，纽约大学上海中心合作备忘录签字仪式

/ 上　2011年3月27日，上海纽约大学新闻发布会接受记者提问
/ 中　2011年3月28日，上海纽约大学新闻发布会现场
/ 下　2011年3月28日下午，上海纽约大学奠基仪式上和学生在一起

纽约大学的领导们介绍了华东师大的发展理念、学校的历史和现状,并表示支持纽约大学上海中心的建设和发展。参加会谈和签约仪式的人员除了华东师大代表团成员,还有纽约大学教务长大卫·麦克劳克林(David McLaughlin)、副校长黛安·余(Diane Yu)、副教务长尤·尼亚克、全球项目主任尤金·墨菲(Eurene Murphy)以及纽约大学参与谈判的教授们。

就在这年秋季,第一批的 18 名纽约大学学生就到上海中心来学习了。第二学期、第三学期来沪学习的人数很快就增加到几十个乃至上百个。再后来,每年都有两三百个纽约大学学生在华东师范大学校园内的纽约大学上海中心学习。学生不仅可以修读纽约大学教授讲授的通识课、专业课,也能上华东师范大学教授开设的中文课、中国文化课以及各种专题讲座。师生可以利用学校以及上海或上海周边的资源进行社会考察,融入课程教学。与此同时,华东师范大学的学生也可以免费选修部分纽约大学上海中心的课程,并把学分转入华东师大的学籍档案。这样的合作模式对双方学生都是有利的。随着学生规模的扩大,纽约大学上海中心在理科大楼 A 座租用的面积越来越大,华东师大留学生公寓也越来越紧缺。在此情况下,双方都想到要将合作往前推一步,纽约大学更是看到了各国学生都很喜欢上海的学习生活环境,从而产生了合作举办上海纽约大学的想法。

根据纽约大学全球教育体系的战略思考,纽约大学有意在上海中心的基础上创办"纽约大学上海分校"(New York University Shanghai)。2009 年,纽约大学已经在阿联酋设立了纽约大学阿布扎比分校,所有的办学资金全部由阿联酋王储赞助。约翰·塞克斯顿校长曾和我谈起过纽约大学全球教育体系的构想,在美国、中东、远东分别设立校区,分别代表基督教文化、伊斯兰文化和儒家文化,加上遍布全球五大洲的海外学习中心,让学生有机会在不同文化环境中学习和生活,可以了解世界文化的多样性。显然,在中国设立分校的想法有违国家教育主权,不符合《中华人民共和国中外合作办学条例》(以下简称《中外合作办学条例》)的精神。在商谈中,纽约大学逐步意识到了这个问题,从而提出了与华东师大合作创办一所全新的国际化大学——上海纽约大学(Shanghai New York University)。

有共识才有合作

上海纽约大学的中外合作办学方是华东师范大学和纽约大学。自从纽约大学在华东师大校园里设立了纽约大学上海中心,中美双方在各个层面上有了更多的接触和沟通,彼此之间也有了进一步的了解。我们都希望通过双方的合作,相互学习,促进发展。前纽约大学校长约翰·塞克斯顿认为合作举办上海纽约大学不仅是实现纽约大学全球教育体系的重要环节,而且在和中国大学的合作办学中也可以获得很多宝贵的经验。在多次会面和商谈中,大家都能以积极的态度面对问题、解决问题,从而形成了合作办学的意向。

那么,华东师范大学又是怎么考虑的呢?早在2006年,我们就将推进国际化进程作为学校发展的战略路径之一。《华东师范大学2006—2010年事业发展规划纲要》提出了"以培养创新型人才、提升创新能力为中心,推进学校国际化进程,推进学科交叉融合,汇聚英才,集聚资源,创造精品,走出一条具有华东师范大学特色的跨越式发展道路"。简而言之,就是"一个中心"(培养创新型人才、提升创新能力)、"两个推进"(国际化进程、学科交叉融合)和"三大战略"(英才战略、集聚战略、精品战略)。

我们感到,面对日趋激烈的教育国际竞争,探索高等教育的发展和改革,不应该关起门来做,而是需要借鉴国际先进的教育理念和实践经验;建设一所高水平大学,既要立足本土,又要放眼世界,一定要站在国际高等教育大平台上审视自己、谋划自己。尽管我们和世界一流大学还有不小的差距,但一定要想清楚将来应该是什么样的。有没有国际视野和高度,是不一样的,战略眼光和战略高度对学校未来发展会产生实质性的影响。华东师大认为国际化不只是国际交流的迎来送往,也不只是国际学生和外籍教师的进进出出,而是从学校自身的办学理念、队伍建设、教育目标、培养模式、教学方法和管理服务等出发,把握世界高等教育发展的基本规律,学习和借鉴世界一流大学的办学经验,从国际高等教育发展的视角来思考和审视学校的发展。

推进国际化进程,关键是考虑我们自己要做什么,内涵是最重要的。那些年里,学校围绕培养创新型人才,提升教育质量的中心任务,提出了"一流本科教育"

的建设目标,而在全球化背景下,全球胜任力又是人才质量评价不可或缺的方面。因此,学校通过建立国际教育园区、海外游学交流、联合培养、学分互认、双学位、合作办学等多种形式和途径,利用国际一流大学的优质教育资源,营造多元化的国际教育环境,为学生提供更多选择机会,推进学校人才培养模式的改革。学校成立了国际教育中心,加快推进学校国际化进程的内涵建设,提出了让20%的本科生在大学期间有出国实习和交流的机会,支持青年教师在入职五年内落实海外研修计划的设想。围绕教学与科研发展的长远目标,学校积极搭建各类平台,加强制度建设,推出落实措施,来保证国际化战略的可持续发展。

根据华东师范大学的发展定位,新成立的国际教育中心是国际交流处的职能扩展,由分管副校长领导,负责学校国际教育的统筹、协调和服务,发挥综合规划、协调管理、开拓发展、资源整合、信息服务、责任落实、质量监控等功能。国际教育中心也负责对外联络、综合管理,工作重点是校级教育合作交流项目和各类留学生教育,包括中法联合研究生院、海外大学或教育机构设在华东师大的教学中心。同时,全面协调院系层面的交流合作项目和暑期学校,加强服务和管理;根据不同类型的校际合作交流项目的特点和需要,实施分类指导和管理,加强质量监控,保证华东师大国际教育的质量和声誉。

在课程体系建设方面,由国际教育中心会同国际交流处、教务处和研究生院,协调校内外资源,加快国际教育课程体系的建设,规划若干课程模块,如教师教育、人文与艺术、社会与经济、地理与环境、体育与健身、数学与科学、民俗与文化等。每个模块包含一组由浅入深、适应不同对象的课程,旨在促进学校本科生双语课程的发展。学校还积极探索适合国际学生的教学方法,注意课程的多样性,有基础性、知识型的课程,也有实用性、实践型课程,特别重视国际教育的精品课程建设;有介绍中国的课程,也有关于长三角和上海特色的课程,并建立一批长期的参观访问、实践实习的基地。采用公开招聘、出国培训、指定任务、社会兼职等办法,落实一批能胜任用外语教学的授课教师。从长远考虑,逐步实现课程资源上网,建成课件网站,为将来建设华东师大海外教学基地和海外网络教育服务。

2007年4月,华东师范大学召开了"青年教师大会",出台了促进青年教师发展的13条具体举措。其中包括:"全面落实'优秀青年教师海外研修计划',积极争取国家留学基金委员会的政策与经费支持,加强与海外著名大学的广泛联系与学术交流,努力争取国外研究基金和国家留学基金,通过海外基金资助、国家留学基金资助、国家留学基金与学校经费配套资助、校际交流学校资助、学校自筹经费等多种渠道,选拔优秀后备人才,为优秀青年教师的健康、快速成长提供海外进修条件。对入选青年教师海外研修计划的教师,在学校批准的海外研修期内,学校全额发放国家工资(岗位工资和薪级工资)、上海市职岗津贴、学校基本津贴和公积金补贴等。学校组织专门的外语培训,帮助青年教师在国家公派留学人员的全国外语水平考试(WSK)中取得优异成绩。"

经过两年的实践摸索,2009年学校召开了"青年教师海外研修工作座谈会"。我在会上谈了自己早年在英国留学的切身体会:"想想二十多年前,当时国家能提供的教育资源还十分紧缺,为了争取一个出国深造的机会,往往是很多人竞争一个出国名额。今天,青年教师争取海外研修机会,仍需面对竞争,但这个竞争对象不是别人,而是自己。学校提出的青年教师海外研修计划规定,凡符合派出条件的青年教师都能获得海外研修机会。我们希望尽可能将青年教师派往国外高水平大学,在著名教授的指导下进行一段时间的研修。这是学校推进国际化进程的重要环节。"

青年教师是学校各项事业的重要后备力量,在将华东师大建设成高水平大学的发展进程中承担着重要的历史使命。加强青年教师队伍建设,特别是开展青年教师海外研修,不仅可以帮助青年教师尽快提高教学水平和科研能力,让更多的优秀青年人才脱颖而出,而且能为学校发展奠定坚实的人才基础,进一步扩大学校在国际高等教育领域的知名度和发展空间。

我们觉得青年教师海外研修意义重大。"首先,这是青年教师拓宽学术视野、活跃学术思维、体验治学精神的重要途径。通过海外研修计划,青年教师有一年的时间在办学历史悠久、学术声誉卓著、国际化程度高的世界知名大学研修,直接体验高水平大学的学术氛围和办学理念,切身感受知名教授的学术思想和治学精神,贴近观察海外高校的教学、科研及其管理。海外研修有助于青年教师对高水平大学的教学、科研和管理的深度认识,在思想观念上提升对大学内涵的理解。其次,海外研修有助于青年教师提高教学和科研能力。在教学理念、教学方法、科学精神、学术规范等方面,我们和国外著名大学相比还存在较大的差距,有很多值得借鉴的地方。青年教师可以通过海外研修,直接体验课堂教学,参与前沿课题研究,也可以选修一些新兴学科的核心课程。在实践体验中反思教学理念,严肃治学态度,养成学术规范,全方位提升科研和教学能力。其三,海外研修有助于青年教师进入国际学术圈子。青年教师利用一年的研修时间,可以通过导师的联系和推荐,与本研究领域的知名教授建立起广泛的联系,有机会接触前沿领域的核心团队,及时了解各种重要的学术信息,从而形成良性互动的研究网络,这有利于青年教师未来的学术发展。其四,海外研修有助于青年教师提升外语应用能力。外语是实践性很强的工具,青年教师在海外学习和生活实践中可以提升自己的外语应用能力,对今后开展双语教学、参与国际合作交流、发表科研成果显然是有帮助的,这也是学校推进国际化进程的重要基础。"

青年教师在海外进修的时间是一年,但其产生的效益应该是长远的。"通过与国外导师保持联系,加强与合作者的信息沟通,使业已建立的学术联系保持长期的效益。除了使用电子邮件等形式加强沟通联系以外,还可以邀请海外导师、科研合作者来访问讲学,让海外学界精英更多地了解学校,建立长期的合作交流。学校鼓励青年教师与海外大学建立各类科研合作项目和人才培养项目。同时,青年教师回国以后,可以把海外研修经验和成果以及学科前沿信息介绍给周围的同事和学生,带动各项科学研究和教学改革,形成更加国际化的工作和学习氛围。青年教师回国后也可以把海外研修获得的认识和成果贯彻到教学、科研、管理的实践之中,不仅能促进自身的学术发展,推进教学改革、科研实践,还可以为学校的教学改革、科技发展和管理工作提供各种建议。"学校还根据实际需要,进一步加大对海外研修计划的支持力度。逐步将海外研修计划扩大到工程技术队伍,扩大到管理干部队伍,促进学校管理水平和技术能力的提升。

2009年11月,学校首次在全校层面上召开了"推进国际化进程工作会议",正式出台了《华东师范大学推进学校国际化进程的若干意见》,加大推进力度,落实运作机制。从局部的、分散的国际合作交流,转向具有整体目标、有战略规划、有管理制度可循的国际化进程,提出了十个方面的具体目标和措施。将国际化纳入常规工作,有序进行,积极探索并建立"校院互动、部门协同"的机制。把国际化作为推进各项工作的基本视角和指标,鼓励并支持院系开拓渠道,建立战略合作伙伴关系。

自2006年起,美国纽约大学、法国里昂商学院、美国国际教育交流协会

(CIEE)等海外知名高校和教育服务机构，先后在学校设立了海外教学中心或校区，使外国学生能在中国高校学习。随着规模的扩展和办学层次的提升，至2009年华东师大已经有了初具规模的国际教育园区。学校加快开发用外语授课的系列课程，建设国际教育课程体系，为中外学生建立了国际学分板块，实现了与世界知名大学的学分互认。学校也利用国际教育园区内的国外大学课程资源，为本校学生提供更多的优质选修课程，让学生体验不同的大学文化和教学理念、方式。我们还利用国际教育园区，学习借鉴了国际知名高校的课程体系、课程标准和教学模式，推进人才培养模式的改革。

尽管华东师大已经与100多所世界著名高校和科研机构建立了国际合作关系，在校留学生规模也超过5000名，我们仍想近距离地观察和深度了解一所世界一流大学在教学、科研、社会服务和管理方面的经验，推进学校治理体制、教学模式、课程体系、科学研究等的改革发展，积极思考人才选拔标准和培养模式，并通过合作研究和联合培养提高科研水平和人才培养质量，真正办成一所国际化的一流大学。所以，学校与纽约大学合作办学是一个很好的学习借鉴的机会，我们争取打造一所具有示范意义的国际化大学。

由此可见，华东师大和纽约大学合作举办上海纽约大学，是基于双方都意识到全球化时代的人才特征和大学的社会责任，希望通过合作办学相互学习，推进学校国际化进程，创新人才培养模式，提升学校的国际竞争力。我们深信，上海纽约大学可以成为高等教育国际合作和改革创新的一个实践平台。

2011年4月23日，我赴清华大学参加清华百年校庆，恰巧坐在时任牛津大学校长安德鲁·汉密尔顿教授的后面。当他得知我是华东师大校长时，马上就问起华东师大与纽约大学合作办学的进程，并热情邀请我访问牛津大学。正巧7月份利物浦大学邀请我去英国接受该校荣誉博士学位，我便和安德鲁·汉密尔顿校长约好，7月13日顺道去牛津拜访他。我还清楚地记得，在牛津大学校长办公室里我们聊了一个多小时。汉密尔顿校长曾担任过耶鲁大学的教务长，很了解中美高等教育的情况，他饶有兴致地谈起了为什么创建第一所中美合作大学的学校会是纽约大学和华东师范大学。他说，纽约大学是近十几年来美国成长最快的大学之一，但不是常春藤大学，它没有历史包袱，想要突破，有所创新。因此，纽约大学根据时代特征，选择了建立全球教育体系的战略。华东师范大学是中国的"985高校",但并不在清华大学、北京大学、复旦大学、上海交通大学之列,因此对学校发展有不同的思考角度,把推进学校国际化进程作为战略路径之一。双方都是根据学校现状,在时代背景下作的选择。汉密尔顿校长的这番分析正是应了"有共识才有合作"这句话。更有意思的是,在塞克斯顿校长即将离任时,纽约大学董事会的校长遴选委员会选择了安德鲁·汉密尔顿作为校长继任人。说是巧合,也不尽是巧合,可以说这是两位校长在学校发展思路和教育理念上的吻合。

谈判如同登山

纽约大学最初曾考虑过设立"纽约大学浦东校区",在 2008 年就提出了这个想法。2008 年 6 月 12 日,时任浦东新区区长李逸平和副区长张恩迪接见了来访的纽约大学校长;浦东新区、纽约大学和华东师范大学三方人员在浦东讨论了纽约大学在浦东办学这个话题;而后,华东师大就收到了纽约大学发来的"建立纽约大学浦东校区意向书"。2008 年末,纽约大学董事会在上海举办年会。因为纽约大学阿布扎比分校还在建设中,董事会成员中有一些人对全球教育体系的扩张速度有顾虑,所以,时任纽约大学董事会董事长马丁·利普顿(Martin Lipton)希望大家实地考察上海,亲身体验一下中国改革开放带来的变化。董事长还和纽约大学的领导专门参观访问了华东师范大学,了解学校教学与科研实力,同时双方进一步交流了合作办学意向。根据我们了解的情况,自 2003 年 3 月 1 日《中外合作办学条例》颁布后,教育部在 2004 年 6 月 2 日颁布了《中华人民共和国中外合作办学条例实施办法》,并于 2004 年、2005 年和 2006 年分别批准设立了宁波诺丁汉大学、北师港浸大联合国际学院、西交利物浦大学三所中外合作举办的高校。中美合作举办独立法人的大学尚无先例。根据《中外合作办学条例》,国外大学在华办分校更是不可能的。因此,我们先要了解上海市人民政府和教育部的意见,才可能进行后续的具体谈判。

2009 年 1 月 22 日,时任中华人民共和国驻美大使周文重先生应邀在纽约大学就中国的发展与中美关系发表演讲。访问期间,他被告知纽约大学有意向与华东师范大学合作,在上海浦东设立分校。2 月 25 日,华东师范大学收到中国驻美国大使馆抄送的"关于纽约大学寻求与华东师范大学合作办学事"的明电传真,并附上了纽约大学校长约翰·塞克斯顿给周大使的信函。这份传真是大使馆直接发给教育部国际司的,同时抄送给上海市教委和华东师范大学。传真中提到:"纽约大学是美国最大的私立大学之一,也是美国著名的研究型大学。……鉴于纽约大学具有较雄厚的教学科研力量,其与华东师范大学合作已经有一定基础,建议对其合作办学意向予以积极考虑。"

而后,华东师范大学接连收到教育部和上海市教委的电话,询问学校与纽约大学合作和沟通的具体情况。3月12日和4月8日,华东师大分别向教育部国际合作与交流司政策法规处和上海市教委国际交流处发函,汇报了与纽约大学商谈合作办学的进展,同时也得知了教育部和上海市人民政府对中美合作办学的态度。4月24日,我访问美国,在纽约大学与教务长大卫·麦克劳克林、副教务长乌利齐·贝尔(Ulrich Baer)等人交换了意见。谈判之初,我们需要向纽约大学表达的意见是,从《中外合作办学条例》来看,不拟考虑设立纽约大学浦东校区,但可以进一步探讨建立上海纽约大学的合作办学机制。5月22日,纽约大学副教务长乌利齐·贝尔访问上海,浦东新区张恩迪副区长在会见他时也明确表示,根据我国教育相关法律法规,国外教育机构不得在中国设立分校,必须依照《中外合作办学条例》的规定,由纽约大学和华东师大作为合作伙伴依法申报共同举办的具有独立法人资格的、非营利性的中外合作高等教育机构。美方表示,愿意与华东师大合作举办上海纽约大学。在乌利齐·贝尔访问上海期间,纽约大学与华东师大商讨了有关合作举办上海纽约大学的具体意见。

同年6月,华东师大收到了纽约大学《关于建立上海纽约大学之谅解备忘录》(中、英文),提出了纽约大学所考虑的问题。学校国际交流处随即通报给上海市教委,并转交了该备忘录文本。8月初,我又收到纽约大学校长和教务长的来信,详尽阐述了创办上海纽约大学的有关事项。8月19日,时任上海市副市长沈晓明等领导听取了有关创办上海纽约大学的情况汇报,上海市教委、浦东新区和华东师范大学的领导和相关人员都参加了会议。在会上沈晓明副市长要求与会者要有"真搞实干"的精神和态度,并提了若干具体意见。为此,三方人员于8月20日和27日分别进行了讨论,并先后访问考察了西交利物浦大学和宁波诺丁汉大学。9月5日,时任上海市教委副主任张民选组织上海市教委、浦东新区和华东师范大学三方人员在华东师范大学文科大楼讨论了上海纽约大学筹建方案的细节,形成了基本意见,并由华东师范大学起草完成了《上海纽约大学合作办学方案》,同时写就《关于成立上海纽约大学的进展事记》。

9月14日,上海市教委召开"教育国际化和国际合作办学专题工作座谈会",分别就"上海教育国际交流和合作基本情况与发展规划"和"关于华东师范大学与美国纽约大学合作筹办上海纽约大学的情况"向时任教育部副部长郝平、教育部国际合作与交流司司长张秀琴等领导作了汇报。郝平副部长对上海纽约大学的创办设想给予了很高的评价,认为上海最应该引进优质大学,引进纽约大学是"一个最大突破,一种创新,一项成果",同时对华东师范大学的合作态度表示赞赏,希望华东师范大学要有作出贡献、作出牺牲的思想准备。

为落实合作办学的具体方案,纽约大学教务长大卫·麦克劳克林、负责国际事务的副教务长乌利齐·贝尔、外办主任约瑟夫·尤利亚诺(Joseph Juliano)等再次来到上海。2009年9月28日,他们在华东师大逸夫楼与学校领导进行了新一轮的沟通,我们就纽约大学提出的具体问题作了如下阐述:

1. 学校选址。浦东新区政府拟提供位于陆家嘴地区的一幅地块,用于建造6万平方米的上海纽约大学教学楼,日后以零租金的形式租给上海纽约大学,前提是上海纽约大学在办学初期即设立金融学专业。浦东新区政府会根据学校日后的扩展,考虑在浦东其他地方提供更大的地块。

2. 学校性质。学校中文名为"上海纽约大学",是具有独立法人资格和学位授予权的办学实体。上海纽约大学秉承纽约大学的办学模式和办学特色;纽约大学对确保办学水平和教学质量负责。上海纽约大学学生毕业后分别获得纽约大学和上海纽约大学授予的学位。

3. 决策机构。上海纽约大学应该设立独立的理事会,理事会成员由华东师大、纽约大学、上海市教委和浦东新区政府代表等组成,实行理事会领导下的校长负责制。根据现行法规要求,上海纽约大学的校长应为中国籍公民。

4. 资产归属。鉴于上海纽约大学是一所具有独立法人资格的大学,应该依法落实学校法人资产权。拟由浦东新区方面成立资产公司,对资产进行管理。上海纽约大学的资产始终归浦东所有。

5. 办学规模。建议学校于2011年首次招生,学生人数逐步扩大至3000人,

2012年完成校舍建设并正式启用。从浦东的长远发展考虑,未来学生数可增加到6 000—8 000人。

6. 课程设置。办学初期,先办本科教育,采用通识教育模式。在课程设置上借鉴纽约大学的通识教育和科学教育体系;同时,开设针对中国学生的国情教育课程以及面向国际学生的中国文化与社会课程。在专业设置上优先考虑浦东新区的发展需要。

9月29日上午,纽约大学代表团在浦东新区政府领导的陪同下实地察看了初步选址;下午,市教委、浦东新区政府、华东师大领导与纽约大学代表又进行了具体讨论和协商。

10月16日,应纽约大学校长邀请,华东师大党委书记张济顺率华东师大代表团访问了纽约大学。为切实推动纽约大学与华东师大的合作办学,上海市副市长沈晓明亦率上海市政府代表团同时抵达纽约大学,并参加了三方的工作会谈,再次表达了上海市人民政府的支持态度。至此,华东师范大学和纽约大学的合作项目已经得到了教育部领导的高度肯定。上海市领导也多次表示,对这项国际合作充满信心,并承诺在用地、资金等配套保障方面全力支持,期望上海纽约大学尽早开办和运行。

同样,纽约大学对推进合作办学也予以高度重视。2009年11月,乌利齐·贝尔副教务长陪同美籍华裔李玫(May Lee)博士一起来到上海,并明确了今后由她代表纽约大学参与上海纽约大学的谈判。李玫从纽约大学法学院毕业后,曾担任过高盛公司副总裁。她曾是塞克斯顿校长的博士生,作风干练,有职业精神,能讲中文,但毕竟在美国长大,基本上是美国人的做派。李玫工作很努力,不断在尝试理解中方的意图。中美双方的谈判进入了快车道。

2009年12月7日,纽约大学阿布扎比分校举行成立仪式,华东师大也应邀参加庆典。11月底、12月初,我和华东师范大学代表团一行在欧洲访问联合国教科文组织日内瓦办事处、日内瓦大学等,然后我赴法国里昂,接受法国人文高师授予的荣誉博士学位。我们从法国直接飞往阿联酋,在阿布扎比与任友群副校长会合。

第一次到中东访问,还没有心思看看阿联酋的景色,体验一下伊斯兰文化,我们便一头扎进了合作办学的谈判。7日一早,我和任友群副校长、赵中建主任来到阿布扎比洲际酒店的小会议室,纽约大学教务长、高级副校长、副教务长和律师等人都已在等候我们。双方才寒暄了几句,塞克斯顿校长就兴冲冲地走进会议室,他刚结束跑步锻炼,还穿着运动服,马上就转入了交谈。

我首先向纽约大学的领导们简要地介绍了在沈晓明副市长、张济顺书记等领导访问纽约大学后的有关进展:上海方面高度重视华东师大与纽约大学的合作办学,领导们在百忙中做了大量的工作,各个方面都有了新进展。首先,沈晓明副市长于11月9日在市政府会议室主持会议,强调了设立上海纽约大学的重要意义和紧迫性,并建议成立以他本人为组长,市教委薛明扬主任、浦东新区张恩迪副区长和华东师大俞立中校长为副组长的领导小组;同时,要求市教委、浦东新区和华东师大相应成立工作小组,工作小组要尽快开展各自的工作。市政府、市教委、浦东新区、华东师大的领导及相关人员都出席了这次会议。其二,上海市教委领导于11月10日前往北京拜会教育部国际合作与交流司领导,了解中外合作办学申报的一些具体问题。其三,上海市时任市长韩正与教育部时任部长袁贵仁于11月13日在北京见面,韩正市长正式提出了希望筹办上海纽约大学的设想,得到了袁部长的积极回应。其四,11月23日,华东师范大学副校长陈群召集了学校国际交流处、国际教育中心、教务处和研究生院的相关人员,就上海纽约大学的学生招生和相关专业设置等事宜进行了布置。教务处和研究生院相继提出了"上海纽约大学专业设置与课程结构方案"和"上海纽约大学研究生培养方案"。其五,上海市教委、浦东新区和华东师大三方于11月25日在上海市教委会议室再次碰头,讨论了迫切需要与纽约大学沟通的各项议题,并确认了三方意见,使我们在阿布扎比的商谈更有效率。

我的开场白简单坦诚,就是希望纽约大学领导知道中方对合作办学的态度是积极的。话音未落,塞克斯顿校长立即回应道:"纽约大学的态度也是积极的。华东师大贡献很大,令人印象深刻,我们之间的合作是真诚的。我认为进一步推进合作办学十分必要。我们坚持纽约大学和华东师大的高品位合作、有质量的合作,质量最为重要。我知道关键点在哪里。我们在阿布扎比做的,不完全等同于纽约大学,上海纽约大学也将是如此。我们是在创造一个合作的纽约大学全球教育体系。合作办学在改变人们的思维方式,我们有机会、有信心。"他也同样希望我们了解纽约大学的信心和决心。

会议室里的气氛很快就活跃起来了。我根据中方讨论的意见,提了几点建议:1.双方尽快组成一个工作组,开始实质性谈判;2.因为有在阿布扎比联合办学的经验,请纽约大学提出谈判要点;3.求同存异,在基本意见达成一致后,双方即签署合作备忘录,先向教育部提出筹建申请,再讨论具体细节;4.上海和浦东新区政府都希望尽快招生,可以先在华东师大上课;5.浦东新区已经在做6万平方米建筑的立项申报,一旦申报成功,就会开始建筑设计,希望届时纽约大学能深度参与,在楼宇布局上符合上海纽约大学的办学理念和教学需求;6.在上海纽约大学批准设立前,华东师大愿意和纽约大学开展研究生的联合培养,欢迎纽约大学教授访问华东师大,作具体探讨。

经过充分的沟通,双方最后决定,尽可能在2010年四五月份签署合作协议,至少有一份协议草案。为此,双方组建工作小组,共同准备一份谅解备忘录。纽约大学计划在2010年1月派一个工作小组来上海对接。

2009年12月17日上午,上海纽约大学筹建工作综合协调小组第二次会议在华东师大召开。时任教育部国际司副巡视员徐永吉、规划处处长方庆朝特地来上海参加会议,给予具体指导。上海市教委副主任张民选、浦东新区教育局副局长郭嵘以及上海市教委国际交流处、华东师大国际交流处和浦东新区教育局等部门的相关人员参加了会议。中共上海市教卫工作委员会办公室和市教委办公室为此编发了《上海教育工作情况专辑》。

2010年1月11日上午,上海纽约大学筹建工作综合协调小组召开第三次会议,协调和研究拟向教育部申报筹建的相关事宜,并实地考察了办学拟选地块和学生住宿地。会议由市教委副主任张民选主持,浦东新区教育局局长曹锡康、华东师范大学副校长陈群以及市教委国际交流处、浦东新区教育局和华东师大国际交流处等部门负责人等参加了会议。

2010年1月21日,上海市教委向教育部国际合作与交流司报送了《关于华东师范大学与美国纽约大学合作筹设上海纽约大学的函》。同年2月23日,教育部国际合作与交流司下发了《关于支持申请筹备设立上海纽约大学的函》,表示原则上支持华东师范大学与美国纽约大学合作设立上海纽约大学。

综上所述,从2008年纽约大学提出设立纽约大学浦东分校的意向到2010年上海市教委向教育部报送《关于华东师范大学与美国纽约大学合作筹设上海纽约大学的函》,前后一年半的时间。可以看出,其间不仅华东师大和纽约大学两所学校的领导和工作人员相互理解、积极沟通,形成合作办学的方案,而且上海市人民政府、市教委、浦东新区的领导们乃至中国驻美大使馆、教育部都给予了极大的重视,并用他们的智慧和努力,促成了上海纽约大学的举办。这是全球化大势下人文交流的需要,也是中美高等教育合作的探索,真可谓是"天时、地利、人和"。

一年多的沟通谈判犹如登山,一步一步往上走。由于文化、制度的差异,办学双方考虑问题的视角不同,大家重点关注的问题也不同,有时真有"山重水复疑无路"的感觉,但最后还是"柳暗花明又一村"。在谈判中,我们既要对照《中外合作办学条例》的要求,又要考虑地方政府可能给予的承诺,尽量减少投入,还要顾及上海纽约大学未来的运行和华东师范大学开展合作办学的初衷。而纽约大学则要面对董事会、教师群体、律师的挑战,争取合作办学的利益最大化、风险最小化。双方必然会在一些问题上争执不休,但最后还是不得不考虑现实的可能性,以及如何符合相关的法律法规。

首先要达成的共识是学校性质、名称和体制。纽约大学最初的设想是在上海办纽约大学浦东分校,但《中外合作办学条例》已经明确规定,国外大学不能在中国设立分校,这是教育主权问题。中美合作办学必须在中国注册,是中国高等教育体制下的国际化大学,必须遵守中国的法律法规。而中外合作办学的重要目的是引进国外优质教育资源,助力中国的教育改革和发展。如何让外方心甘情愿地投入优质教育资源,确保中外合作办学的高质量呢?在双方磨合的过程中,我们提出了双重身份这个概念。对于纽约大学来讲,上海纽约大学也是纽约大学全球教育体系的组成部分,教学大纲和学术体系是相通的,美方常务副校长对学术水平和学术质量负责,确保与纽约大学一致,甚至要高于其平均水平。这样,纽约大学有义务分享学术资源,以保证上海纽约大学与其学术质量的一致。校长可以向学校董事会和教授们强调这一点,让他们觉得上海纽约大学是纽约大学全球教育体系的重要组成部分,与纽约大学是有关联的,从而愿意积极投身于这项事业。而在国内,上海纽约大学只能是中国高等教育事业的组成部分。这体现了中国人的智慧,也是上海纽约大学的独特之处。从学校实际运行的效果来看,双方能合理使用"双重身份"的概念,真正达到了引进优质教育资源这一合作办学的初衷。

根据《中外合作办学条例》的要求,具有独立法人资格的中外合作大学实行理事会领导下的校长负责制。考虑到投票表决,理事会人员组成一般为单数,而中方组成人员不得少于二分之一,那就意味着占据多数。纽约大学赞同理事长为中方人员,但对这个简单多数有异议。中方是否可能在中外合作办学中因为理事会人数的优势而主导话语权?我们在商议中意识到合作办学必须做到有共识,否则将一事无成。任何决策如果不能事先沟通好,取得一致意见,就很难贯彻下去,只会引起相互猜疑,甚至形成矛盾。因此,上海纽约大学理事会成员的组成是复数,四名中方人员和四名美方人员。尽管随着职务的变动,理事会成员经常有变化,但理事会坚持沟通与共识,在每年的三次理事会上没有发生过重大分歧,保证了学校的平稳运行。

上海纽约大学的中文名字没有争议,但英文该怎么翻译?纽约大学称之为 NYU Shanghai,我们一开始也没有觉得不合适,毕竟英语的表达方式与汉语不同。但教育部的意见是直译,即 Shanghai New York University。经过协商,纽约大学接受了这个英语全名,简称为 NYU Shanghai,也算是双方妥协的结果吧。

进入实质性谈判阶段,争议最大的是政府的支持力度。因为有在阿联酋办学的经历,纽约大学的期望值很高。阿拉伯联合酋长国的石油和天然气资源非常丰富,国家是有钱的,但高等教育很薄弱,需要有世界一流大学的支撑,提升大学教育的水平,以培养所需人才。我们知道,纽约大学阿布扎比分校的办学经费全部由阿布扎比王储承担,不仅是校园建设,而且学校的日常费用、学生奖学金和生活费等都是全包的。但中国的情况不同,尤其在上海,我们已经有了一批知名的高校,高等教育的毛入学率也很高,因此并不在乎多一所大学,多培养几百名大学生。上海纽约大学的设立是为了探索高等教育的国际合作模式,也是为了借鉴世界一流大学的经验,探索中国高等教育的改革和创新。上海市、浦东新区政府承诺提供一定的土地资源和经费保障,但不是阿布扎比式的大包大揽。因此,在经费支持力度上,中外双方经历了反复商议的过程,才找到一个大家都能接受的平衡点。有关谈判一直延续到四方签订《关于成立上海纽约大学的操作协议》。

塞克斯顿校长是纽约大学的法学教授,李玫是纽约大学法学院的博士,他们都很在意协议等文本的措辞,参与谈判的律师更是如此。所以在起草四方签署的《关于成立上海纽约大学的协议备忘录》等文件时,他们必然会考虑学校董事会和教授们最关注的一些问题。在最初的文本中,涉及教师、网络通信等处都会出现

"保证学术自由"的字样。我们意识到学术自由和自律是相辅相成的,如何表述才更能体现各方对学校安全运行的考虑?为此,大家都很坚持自己的意见。每每商讨陷于僵局,麦克劳克林教务长就会很为难,看到他自言自语地说:"It's impossible! It's impossible!"我们能理解他觉得无法向纽约大学教授们交代。经过反复讨论,大家终于找到了双方都能接受的措辞。在协议备忘录里有这么一段话:"为保证上海纽约大学的学术卓越,上海市教委和浦东新区政府应保证上海纽约大学的运行能符合学术自由的原则。与此同时,上海纽约大学及其教师将尊重中国的规范和实际。"在上海纽约大学的章程里有"学校依法享有办学自主权,独立承担法律责任"等条文。

可以想象,在商谈的最后阶段,起草协议备忘录等文本是一桩难事,就中英文的表述如何能准确体现中美双方的意见,谈判者、工作人员都花费了大量的时间,反复推敲。想起这段难忘的历程,由衷地感谢主持会谈的陈群副校长和麦克劳克林教务长,感谢李玫、赵中建等人的辛勤付出。

齐心协力,志在必行

2010年4月16日,以清华大学副校长谢维和为组长的教育部专家组一行六人来到上海,对华东师范大学申请与美国纽约大学合作建立上海纽约大学项目进行调研。专家组听取了华东师大、上海市教委和浦东新区政府的汇报,实地考察了位于浦东新区陆家嘴金融区的预留学校用地及正在建造中的学生公寓,并与上海市副市长沈晓明等领导进行了会谈。谢维和副校长是著名的教育学家,我们大家都很熟悉,他曾担任过北京师范大学副校长、首都师范大学党委书记,为人厚道热心,是位很有学术见地的学者。专家组再三强调他们是来帮助学校找问题,完善筹建方案的。在短短的几天里,他们与华东师大的领导和部门负责人反复沟通交流,认真表达他们的意见,耐心听取我们的反馈。

通过审阅华东师范大学提交的相关材料,听取汇报及现场考察,对照《中外合作办学条例》的要求,专家组提出:引进像纽约大学这样的国际一流大学符合《国家中长期教育改革和发展规划纲要(征求意见稿)》中"积极引进优质教育资源,探索多种方式利用国外优质教育资源"的精神,对于落实教育部与上海市政府2010年3月签署的《共建国家教育综合改革试验区战略合作协议》的要求至关重要,即上海要"探索中外合作办学新途径……引进国际一流大学及一流学科,共同举办若干所高水平大学""为全国教育改革和发展探索道路,提供经验"。

专家们认为,华东师大与纽约大学合作设立上海纽约大学,将会是中美两个大国在高等教育合作方面具有突破意义的一次探索,可以为我国高等教育改革以及中外合作办学制度创新起到试点和示范作用,对于改善上海和浦东的投资环境、扩大国际影响、增加对留学生的吸引力、吸引金融高端人才具有重要意义。纽约大学是国际一流大学,合作办学初期所选择的专业为纽约大学最具实力的专业,且为上海地方经济社会发展所急需。因此,设立上海纽约大学有着充分的必要性和现实意义。希望设立后的上海纽约大学能够成为今后一段时间我国中外合作办学体制机制创新的标杆和试点。

在充分肯定了上海按照"培养精英人才的一流研究型大学"的思路建设上海纽约大学的同时,专家组对照现行《中外合作办学条例》等法规规定,指出上海纽约大学的建设规划还需在三个方面进一步完善改进:1. 规划中的校舍面积尚未达到现行法规的要求,建议在缩减规划中学生规模的同时,由地方政府在校区附近规划新的预留用地;2. 通过政府协议授权的方式,保证学校对校区和校舍的控制与使用的做法是一种创新,但目前"政府5年免租金的承诺,尚无法保证学校的平稳发展";3. 合作双方对上海纽约大学定位和性质的认知尚存在差异。设立上海纽约大学将是我国引进一流国际教育资源方面的一大突破,应从改革、创新、探索和试点的角度进行思考和大力支持。因此,鉴于目前的实际情况,专家组还提出了两种方案,供教育部领导决策时参考。专家组同时建议,无论最终何种方案得到批准,要尽快准许上海方面筹办上海纽约大学,待条件成熟后再正式批准设立。

我们在与专家组的沟通中,能深深感受到他们对探索办学新模式的期待,对照《中外合作办学条例》的要求,帮我们出主意,寻找解决方案。专家组提出的建议和意见对学校筹建起到了非常积极的作用。尽管各项准备工作烦琐复杂,但大家齐心协力,反复酝酿,加快了申请筹建上海纽约大学的进度。

不久,上海市教委、浦东新区、华东师大、纽约大学四方形成了基本共识。2010年4月29日,华东师大与纽约大学签订了《华东师范大学与纽约大学合作设立上海纽约大学协议书》。同时,作为建设上海纽约大学支持方的上海市教委和浦东新区人民政府会同华东师大与纽约大学共同签订了《关于成立上海纽约大学的协议备忘录》,明确由浦东新区政府负责建造上海纽约大学校区、校舍和相关设施等,以及财产权属问题。之后,姜樑区长签发了浦东新区人民政府给华东师大《关于授权使用上海纽约大学(筹建)校舍的函》和《关于上海纽约大学(筹建)二期用地的函》。浦东新区成立了由一位副区长牵头,四位副区长组成的协调小组,推进上海纽约大学校园建设。

四方签署的《关于成立上海纽约大学的协议备忘录》里提出,纽约大学成立四个工作小组,尽快对上海纽约大学建设和运行的具体问题进行研究,编制形成初步计划,提交上海方面审议。为此,纽约大学成立了课程规划组,制定本科生和研究生课程以及专业培训计划;场地规划组提出校舍及硬件设施的建议;预算/财政规划组分析学校预算和财务运行;法律组研究协议执行中可能出现的法律问题。四个小组很快进入了工作状态。

2010年7月8日,沈晓明副市长再次率市教委、浦东新区和华东师大领导到教育部拜会袁贵仁部长,就需要突破现行《中外合作办学条例》的方面寻求教育部的支持。在会面中,我们问道:"上海纽约大学最少招收多少学生,教育部能认同其为一所大学?"袁部长听后会心一笑,说道:"还没有人提出过这样的问题。在一般情况下,大家关注的是最多可以招收多少学生。我明白你们想办一所什么样的学校了。"他再次表达了教育部的支持态度,并承诺从改革试点的角度出发,允许上海纽约大学在若干方面有所突破。教育部领导高度重视上海方面和纽约大学的合作,将推进上海纽约大学建设确定为落实《国家中长期教育改革和发展规划纲要(2010—2020年)》中的扩大教育开放的第一个改革试点项目,袁部长表示,非常希望通过上海的项目,办一所真正高水平的中外合作大学。

2010年7月,华东师范大学正式向教育部递交了中美两所高水平大学合作筹设上海纽约大学的申请材料。而后,根据教育部提出的问题进行了修改,并于12月再次递交了有关申请材料。

2011年1月17日,教育部下发了《关于批准华东师范大学与美国纽约大学合作筹备设立上海纽约大学的函》,上海纽约大学正式获批筹建。这是教育部在专家组考察和评审后做出的决定。上海市把上海纽约大学建设作为国家教育综合改革实验区的一项内容,列入了市政府的重点工作。在2012、2013连续两年的市人代会上,市长的政府工作报告中都提到了上海纽约大学的建设,可见市政府对这项高等教育改革试点的期待和决心。

2011年2月11日,沈晓明副市长主持召开市政府专题会议,研究布置设立上海纽约大学的筹备工作,时任市政府副秘书长翁铁慧与会,上海市教委副主任张民选、浦东新区副区长张恩迪、华东师大校长、分管副校长以及市教委、浦东新区政府、华东师大、陆家嘴集团有限公司的相关人员出席了会议。沈晓明副市长指出,教育部的复函批准标志着上海纽约大学已经从前期谋划阶段正式进入筹备建设阶段。各方要进一步充分认识筹建上海纽约大学对于提高上海高等教育的办学水平和竞争力,对于推动我国高等教育体制机制创新的重要意义,要全力投入,以全新的工作姿态和机制做好下一阶段的工作,确保上海纽约大学筹建的各项工作顺利进行。会上提出了五点要求:一是加快推进学校理事会成立;二是加快推进组建上海纽约大学基金会;三是华东师大要加快成立筹建工作小组;四是加快签署正式合作办学协议;五是加快推进开办之前的教学安排工作。

2011年2月24日,在华东师范大学党委常委会上讨论通过了成立由专职化、专业化人员组成的上海纽约大学筹建工作组,以全力做好各项筹备工作。由华东师范大学副校长陈群兼任上海纽约大学筹建工作组组长,校长助理郭为禄任常务副组长,国际教育中心主任赵中建任副组长,郭纬任办公室主任。此后,上海纽约大学筹建工作由专职团队负责,进入了有计划的运行轨道。

2011年3月2日,华东师大、纽约大学以及世达律师事务所、方达律师事务所通过视频会议,综合各方意见,对即将签署的《关于成立上海纽约大学的操作协议》文本的条款逐项讨论,并提出修改意见。

2011年3月14日,时任上海市人民政府副秘书长尹弘主持召开会议,与市政府有关部门、浦东新区政府和上海陆家嘴(集团)有限公司协调上海纽约大学建设规划以及公共绿地地下空间的开发利用、绿地景观设计、地块产证办理、民防设计等事宜。

同日,纽约大学副校长李玫与法律顾问到达上海,3月15日至18日,与市教委、浦东新区、华东师大等进一步磋商《关于成立上海纽约大学的操作协议》的内容以及协议签字日期及仪式、教学楼的设计方案等事宜。世达律师事务所、方达律师事务所参与了操作协议的最终定稿。除了落实政府支持的细节外,纽约大学坚持要把《劳动价值声明》作为附件之一,并在《关于成立上海纽约大学的操作协议》中说明"上海纽约大学的校园设施将按照《劳动价值声明》设计、建造、维护和运行"。纽约大学认为这是为了"保护劳动者合法权益"。由于上海纽约大学只是校园的使用方,我们觉得没有必要。但纽约大学感到这是件很重要的事情,双方僵持不下。最后对照《中华人民共和国劳动法》,我们意识到我国的劳动法更重视劳动者的权益,所以也就采纳了。

2011年3月26日,纽约大学领导一行抵达上海,这是教育部批准筹建上海纽约大学后纽约大学校长第一次正式访问华东师范大学。此前,纽约大学校长已将与华东师范大学合作设立上海纽约大学的进展正式函告全校教授,相关工作获得了纽约大学董事会的充分肯定和支持。3月27日上午,上海纽约大学理事会筹备会议在华东师大逸夫楼召开,中美双方八位理事——俞立中、陈群、张民选、张恩迪、塞克斯顿、麦克劳克林、雷蒙、李玫都出席了筹备会议。会上通过了理事长、副理事长的人选以及理事会的工作职责,双方进一步沟通了学校筹建中各方的具体任务。

按照日程计划,27日下午有两项活动安排。首先是双方学校领导的会面。尽管大家都已见过面,互相已经很熟悉了,但华东师大仍非常重视纽约大学的来访。载着纽约大学校长一行的面包车刚在逸夫楼门口停下,张济顺书记、陈群副校长和我就迎上去握手欢迎。在接待室里,罗国振副校长、林在勇副校长、朱民副校长、任友群副校长、朱自强副校长等在家的校领导尽数到场。当塞克斯顿校长、麦克劳克林教务长夫妇、李玫副校长、贝尔副教务长等一行走进接待室,大家相互问候。会场内大家谈笑风生,显得格外轻松,双方对合作办学都寄予了很大的期望。接着是塞克斯顿校长在报告厅为华东师大和纽约大学上海中心的师生们演讲。张济顺书记首先致辞,热烈欢迎纽约大学的贵宾,表达了学校对合作办学的积极态度,并强调了华东师大的发展理念。我负责向大家介绍塞克斯顿校长,特别讲到了对于我们在纽约大学的首次见面的感想,而后就请他上台演讲。然而,塞克斯顿校长在上台前的一个礼节却让我万万没有想到,大个子校长起座后居然单膝下跪,当场表示对华东师大的感谢。一刹那间,我没有反应过来,有点不知所措了,只能赶快扶起他,请他上台。其实,在我们的交往中,我看过他三次下跪,都是和办学有关的。一次是在阿布扎比，纽约大学阿布扎比分校成立之时，阿布扎比王储来参加开张仪式。王储刚刚下车，塞克斯顿校长就在他面前下跪致敬。另一次是在华盛顿，纽约大学在华盛顿设立学习中心，大楼是一位董事捐赠的。那天，我和他一起坐在酒店大堂等候去中心参加揭牌仪式。一位女士走了过来，塞克斯顿校长对我说，这位是他的大恩人，立马双膝下跪，伏地感谢。事后我才知道，她就是纽约大学华盛顿中心的捐赠者。塞克斯顿校长在很多方面都很强势，但他也是个性情中人，对教育，对他追求的大学理想简直执着到了虔诚的地步。每次谈到纽约大学全球教育体系，他的眼睛里就会放光，有时候让人不禁想到中国的武训。

果然，他的演讲也是围绕纽约大学全球教育体系的建设，讲到了他的教育理念。他是一个相当有鼓动性的演讲者，会场气氛很快就调动起来了，最后还有不少师生提问。我只记得有个学生问到"面对各种选择，应该如何去考虑"的问题，塞克斯顿的回答很干脆："Follow your passion!"（追随自己的激情）至今，我对这句话仍记忆犹新。演讲结束的时候，双方交换了纪念品。华东师大赠纽约大学一幅水墨国画，是著名画家、华东师范大学教授阮荣春画的山水画；纽约大学预订了TIFFANY银杯（碗），赠送给大家，上面刻有"上海纽约大学成立志庆，二零一一年三月"的中英文字样。我们还珍藏着这个纪念品，当时上海纽约大学刚获批准筹建，而纽约大学已经迫不及待，权当是已成立了。

上海纽约大学获得批准筹建是上海教育界的一件大事，媒体记者们都非常感兴趣，也有很多问题想问。趁纽约大学代表团来访之际，3月28日上午，华东师大和纽约大学联合举办了一次新闻发布会。我和塞克斯顿校长在逸夫楼碰面，边走边聊，一起走进会场，几十位主流媒体记者已经在等候了。时任华东师大宣传部部长解超教授宣布上海纽约大学新闻发布会开始，简要介绍了发布会的主角纽约大学校长和华东师大校长以及到会的各位媒体朋友们。随后，记者马上开始提问。大家提到的问题很广泛，有的问题是关于上海纽约大学的定位和目标以及对上海社会经济发展的意义，也涉及学校的师资来源、中美双方的合作以及纽约大学全球教育体系的理念和运作，华东师大的合作目的与期待等。我们都一一做了回答，大家都有信心推进这项合作，取得预期的成效。尽管我和塞克斯顿校长坐的沙发相距比较远，但在这个场合，我们还是努力伸长了手臂拉住对方的手，以显示双方的相互信任和决心。新闻发布会结束后,记者们意犹未尽,又围住我问了很多具体问题。大家都是老朋友了,可以无话不谈,我更没有什么需要保留的话题,借着这个机会阐述了华东师大在推进国际化进程中的思考。

教育国际合作不仅有利于推动教育改革和发展,也是人文交流的重要内涵。上海纽约大学受到中美两国政府的关注和支持。3月28日中午,时任教育部副部长郝平与国际司司长张秀琴、高教司司长张大良、学位办副主任郭新立等领导在上海外滩源壹号会见了纽约大学校长一行以及华东师大的各位领导,上海市副市长沈晓明、市政府副秘书长翁铁慧、市教委主任薛明扬、副主任张民选等陪同会见。郝平副部长希望筹建各方坚持高起点、高标准,做好各项筹备建设工作,充分利用华东师范大学和纽约大学的优质教育资源和办学条件,充分发挥两所大学、两座城市乃至两个国家的多方优势,将上海纽约大学建好。塞克斯顿校长也利用这个机会交流了纽约大学的教育理想,并表示会全力支持上海纽约大学的建设。会见时间并不长,但气氛很融洽,大家对上海纽约大学的未来充满信心。中午用餐后,我们就一起赶往市政府办公楼了。

下午,在市政府大厅举行了"上海纽约大学合作协议签约仪式"。陈群副校长主持签约仪式,郝平副部长和教育部司局领导们、市委副书记殷一璀、副市长沈晓明、副秘书长翁铁慧、浦东新区区长姜樑、市科教工作党委书记李宣海、华东师大党委书记张济顺、美国驻沪总领事以及纽约大学教务长、副校长、副教务长等到场见证签约。上海市教委、浦东新区政府、华东师大、纽约大学的代表薛明扬主任、张恩迪副区长、我和塞克斯顿校长一起走上签约台,签署了《关于成立上海纽约大学的操作协议》。而后,我们站了起来,四双手紧紧地握在一起之时,摄影记者记录了这宝贵的一刻。当时,大家都很激动,上海纽约大学的筹建工作进入了实质性的运作阶段,这个过程来之不易啊!

签约仪式结束后,中美嘉宾马不停蹄,驱车前往浦东新区陆家嘴竹园2-13-4/5地块,上海纽约大学未来的校园,我们即将在这里举行上海纽约大学奠基仪式。地块不算大,但在世纪大道沿街还留有这么一片土地实属不易。在我们和纽约大学的沟通中,塞克斯顿校长明确表示过,占地无须很大,建筑面积够用就行,但希望是在上海的经济文化中心。这就和纽约大学在曼哈顿的区位差不多,也符合上海纽约大学的办学理念,有利于辐射大学文化,服务社会经济的发展。市政府、区政府在前期做了大量的协调工作,据说这里原来计划盖一家银行的总部大楼,建筑设计规划也已获批准,但最后作为上海纽约大学校园了,可以想象上海市、浦东新区对于这所大学的期待。上海市第五建筑公司是校园的建设方,工地已经平整,并铺上了水泥,场地四周悬浮在半空中的大气球上挂着喜庆的标语带,巨大的红色背景墙上标有中英文的"上海纽约大学奠基仪式",显得格外醒目,落款是"上海市教育委员会、浦东新区人民政府、华东师范大学、纽约大学"四家合作单位和奠基的日期,背景墙两侧分别竖起了华东师范大学和纽约大学标志性建筑的画像。上海市教委和浦东新区的有关领导和工作人员、华东师范大学和纽约大学的领导、上海纽约大学筹备组成员、华东师范大学和纽约大学上海中心的师生代表、建筑工人和媒体朋友们都参加了奠基仪式,共同见证上海纽约大学校园建设的启动。

　　上海市委副书记、市长韩正,市委副书记殷一璀,市委常委、浦东新区区委书记徐麟,副市长沈晓明,市政协副主席、浦东新区区长姜樑,市政府秘书长姜平,市委副秘书长姚海同,市政府副秘书长翁铁慧等相继到达奠基现场。三月的上海,还是寒风习习,但大家的心是暖暖的,上海纽约大学的破土开工标志着一所新型的大学即将在浦东落地。奠基仪式由张济顺书记主持,我和塞克斯顿校长分别代表华东师大和纽约大学讲话,沈晓明副市长代表上海市委、市政府致辞。他表示,上海将在教育部的直接指导下,继续全面支持上海纽约大学的建设和发展,推进各项工作顺利开展,期望上海纽约大学在推动教育国际化、建设世界一流大学等若干重要领域和关键环节取得新突破,为全国教育事业改革和发展探索新经验,为推进上海"四个中心"的建设和加强中美两国的文化交流作出新的贡献。上海纽约大学奠基仪式耗时不长,但意义深远。教育部、上海市、浦东新区领导以及中外嘉宾一起铲土埋下奠基石,在浦东又播下了一颗教育的种子。简短的仪式结束后,塞克斯顿校长拉着我一起走到正在欢呼的学生群里,让记者拍下了这个场景。而后,我们把胸前的鲜花抛向了在场的学生,分享喜悦之情。上海电视台外语频道的记者抓住这个机会采访了我们。

　　3月29日,刘延东国务委员在上海会见了纽约大学校长一行以及筹建上海纽约大学的中方人员,并指导了上海纽约大学的筹建工作。袁贵仁部长、郝平副部长、殷一璀副书记、薛明扬主任等参加了会见。刘延东国务委员鼓励纽约大学深化与中国高等教育界的合作,与华东师范大学一起,把上海纽约大学建好办好,促进两国人文交流特别是青年学生的交流,为推动中美关系长期健康稳定发展作出应有的贡献。她要求参与筹建的中方人员一定要加强与纽约大学的合作,切实做好筹建工作,努力把上海纽约大学办成高等教育国际合作示范改革的试验田,建设成为高水平的世界一流大学。

4月11日,在美国国务院举行的中美人文交流高层(教育)磋商工作会议上,作为中美合作建设的第一所大学,上海纽约大学受到了高度关注,被列为"中美高校合作"议题的重点。中国国务委员刘延东、美国国务卿希拉里(Hillary Clinton)以及中国教育部副部长郝平、美国教育部常务副部长托尼·米勒(Tony Miller)等中美高层领导及部分高校代表出席了磋商工作会议。会上,华东师范大学副校长陈群作为中方大学代表作了题为"高等教育合作是推动中美人文交流的重要途径"的演讲,介绍了华东师范大学致力于推进国际化进程的情况,着重介绍了华东师大和纽约大学合作筹设上海纽约大学的进展情况。他认为,华东师大和纽约大学之所以会实现合作,原因在于获得了中国政府和上海地方政府的坚定支持,在于两所大学相同或相近的发展理念和双方领导对于实现合作的坚定信念,在于双方经过长期合作建立起来的牢固的合作关系。双方都认识到大学肩负着为全球化时代培养国际化领袖人才的责任,必须通过推动教育交流与合作来提升自身培养国际化精英人才的能力。上海纽约大学可以成为一个创新的、非常有效地培养国际化人才、更好地实现中美人文交流的平台。塞克斯顿校长随后发言表示赞同并进行回应,还介绍了纽约大学对进一步推动此项合作的具体设想。郝平副部长、托尼·米勒常务副部长以及杜克大学校长布罗德海德、约翰·霍普金斯大学副教务长克兰斯顿、内布拉斯加大学副教务长法雷尔等学校代表,对上海纽约大学的筹建均表示了祝贺并给予了积极评价。

在4月12日举行的第二轮中美人文交流高层磋商会议闭幕式上,希拉里国务卿的讲话谈到了上海纽约大学,对学校的奠基表示祝贺,她充分肯定了塞克斯顿校长提出的国际化大学理念,并认为此举对于中美双方来说都有着重要意义。4月12日晚,在中国驻美国大使馆为第二轮中美人文交流高层磋商会议举行的大型招待会上,开场时播放了介绍近年来中美人文交流的宣传片,上海纽约大学合作办学签约仪式、奠基仪式以及华东师大和纽约大学合作情况等,成为该片的重要内容。

4月25日,时任浦东新区区长姜樑访美期间,专程前往美国纽约大学,进一步商谈合作办学相关细节问题,并实地考察了纽约大学公共服务设施。姜樑区长明确表示:浦东新区政府将全力支持上海纽约大学的建设和发展,上海纽约大学教学楼将于当年6月正式开工,36个月后竣工。浦东新区将积极支持和落实上海纽约大学项目落户浦东的有关土地、校舍、学生公寓及浦东源深体育中心和浦东图书馆资源共享等各项工作,加快上海纽约大学项目的筹建进程。

10月31日,时任上海市委副书记殷一璀、上海市科委党组书记陈克宏、上海市外办副主任邵慧翔、上海市委研究室副主任付爱明、上海广播电视台党委书记王建军、上影集团总裁任忠伦等一行访问了纽约大学,华东师范大学副校长陈群、校长助理郭为禄等随行访问。访问期间,殷书记会见了纽约大学塞克斯顿校长,并与纽约大学蒂势(Tisch)艺术学院、西尔弗(Silver)社会学院以及ITP项目教授等交流了意见。第二年,殷一璀副书记还在上海会见了来访的塞克斯顿校长、麦克劳克林教务长和李玫副校长。

2012年2月23日,教育部副部长郝平又一次会见了来访的塞克斯顿校长一行,华东师范大学陈群副校长,纽约大学李玫副校长等参加了会见。郝平副部长听取了纽约大学和华东师大关于上海纽约大学筹建情况的介绍,对师资建设、课程开发等方面的进展表示满意。他指出,上海纽约大学是中国高等教育改革的示范性项目,合作双方要密切配合,切实推进项目建设,为中国引进优质教育资源、推动教育改革发展作出贡献。他还就筹建中的有关问题谈了几点意见。塞克斯顿校长感谢教育部对上海纽约大学筹建工作的支持。他表示,上海纽约大学是纽约大学建设全球教育体系的重要举措,也是与中国高校开展合作的重要平台。纽约大学愿与中方一起,把上海纽约大学建设成一所国际化的高水平大学,推动中美两国人文交流的发展。

上海纽约大学的筹建也受到了国内外高校和教育行政部门的高度关注。筹建工作组成立后,先后接待了来自北京、天津、上海、重庆、浙江、江苏、山东、河南、广东、辽宁、黑龙江、湖北等省市高校的组团调研,以及重庆市、江苏无锡市、浙江温州市、河南郑州市等地教育行政部门领导的来访。来访的高校领导和地方教育行政部门领导所关注的问题不尽相同,但有共同感兴趣的话题。一是希望了解华东师大与纽约大学的合作历程。对华东师大多年来坚持推进国际化进程,扎实推进与纽约大学的合作历程,给予了充分肯定,认为合作办学既要关注社会发展的需求,也要基于合作双方在办学理念方面的深度共识和对办学水平的彼此认同。同时高度评价教育部和上海市积极支持推进举办上海纽约大学,认为这是高等教育体制改革的重要决策,是富有远见卓识的战略举措。二是对上海纽约大学的办学模式和运行机制的兴趣。这是各个大学最关心的问题,尤其是正在筹划合作办学的高校,涉及的范围十分广泛,包括办学层次、专业设置、招生方式、师资聘任、教学运行、学生管理、学生就业以及办学的特色优势等方面。三是申报筹建上海纽约大学的程序、申报材料等,以及与外方学校洽谈时需注意的问题。

2011年4月和5月期间,先后有国外大学等八个代表团来华东师范大学访问,包括荷兰特温特大学、澳大利亚国立大学、西班牙加泰罗尼亚理工大学、坦桑尼亚达累斯萨拉姆大学、奥地利萨尔茨堡大学、美国威斯康辛大学麦迪逊分校、美国内布拉斯加大学代表团以及美国教育厅长访华团等。这些来宾从各种媒体获悉上海纽约大学批准筹建的消息后,对于此项中美高等教育的重要合作非常关注,主动了解华东师大与纽约大学的合作渊源以及上海纽约大学筹建工作进展,询问上海纽约大学的专业设置、招生途径、管理模式、入学时间等具体问题,并表示希望进一步深化与华东师大的合作交流。

与此同时,上海纽约大学的各项筹建工作紧锣密鼓地展开了(见附录)。根据记载,在上海纽约大学筹建阶段,学校理事会共召开了五次会议,各方逐步形成了沟通协调机制。由于大家同心协力,志在必行,各项筹建工作得以顺利进行。浦东新区成立了由一位副区长牵头、四位副区长组成的协调小组;华东师大、纽约大学与陆家嘴集团公司紧密合作,建立高层定期研讨机制,推进了上海纽约大学校园建设。华东师大成立了筹建工作组,并且和纽约大学组成筹建团队,建立沟通合作机制,成立了专业与课程、招生、人力资源、财务管理、建筑设计、信息技术、基金会、公共关系等工作小组,组织相关人员赴纽约大学挂职或调研。市教委国际交流处、浦东新区教育局、华东师大相关负责人组成工作小组,建立了定期交流机制。在上海纽约大学筹建中心获得上海市民政局颁发的民办非企业单位(法人)登记证书后,积极探寻专业服务的社会化、市场化工作机制,尽可能利用社会资源,解决上海纽约大学发展中的各种需求。

在筹建的一年半时间里,上海纽约大学不仅要完成成立一所国际化大学所必需的各项申报手续以及材料与物资准备,还要做好与纽约大学、华东师范大学的对接。为了便于读者了解这些烦琐的事务工作,我根据上海纽约大学筹建大事记简单归纳成几个方面:法律程序(完成筹建中心法人登记,成立理事会,聘用学校领导,完善大学章程,起草各种申请文本等);教学科研(与纽约大学沟通协商,提出招生方案,落实专业设置、课程体系、任课教师、图书馆设置,筹建联合研究中心等);人力资源(完成工资制度设计,遴选和落实薪酬代发、人事关系代理机构,了解外籍教职工申请工作许可证和优秀人才引进的政策和办理程序,落实教师公寓租赁等);财务管理(制定经费预算和财务运营方案,选择开户银行和开设银行账户,了解税务政策、争取税务优惠,与华东师范大学财务处沟通对接,落实政府经费补贴和申报程序等);安全保卫(与市、区各级安保部门对接联络,并建立长效沟通机制等);后勤基建(与投资单位和建设公司建立定期沟通机制,提出设计规范要求,完善校园设计,落实消防要求,查询施工进度,落实装修、物业和后期租赁方案,落实学生公寓,与华东师大沟通对接,落实校园过渡方案等);传播(策划学校形象宣传,建立与媒体的沟通联系,设计校标、网页,进行招生宣传等);基金会(注册学校发展基金会,设立基金,筹集基金,联络校友等);信息通讯(提出网络布局要求,设计与纽约大学的对接方案,选择合作伙伴等)。在这个过程中,上海纽约大学筹建团队主动向教育部、上海市委、市政府等各级主管部门请示汇报,编制了《上海纽约大学筹建工作简报》共17期,及时总结工作、报告筹建进展。

在上海纽约大学筹建过程中,我们遇到过不少困难,有时也觉得很艰难,但这个新生事物始终得到教育部和上海市领导的关心、支持和帮助,得到了社会公众的认同和鼓励,媒体也给予了这所大学的发展很多正能量。上海纽约大学获批筹建的消息发布后,媒体舆论和社会反响都非常好,普遍给予积极评价。《人民日报》《文汇报》,中央电视台、中央人民广播电台等主流媒体采编了18篇原发报道,新浪网、解放网、腾讯网、中国日报、中国教育在线等一大批网站转载了有关报道。以"上海纽约大学"为关键词在谷歌(google)中进行搜索,约有50万条查询结果。尔后,各家媒体还对上海纽约大学的筹建进行了追踪报道。毫不夸张地说,第一所中美合作大学的诞生凝聚了很多人的心血和汗水。

第一所中美合作大学的诞生

2012年6月7日至8日,教育部第二次派专家组来上海实地考察,对上海纽约大学的各项筹备工作进行审议。专家组一行5人,由中外合作办学专家、中国政法大学校长黄进任组长,成员包括学科发展与专业设置专家、中山大学原校长黄达人,高校设置评议专家、北京大学原副校长林钧敬,高校设置评议专家、广西壮族自治区教育厅原副厅长车芳仁,学科发展与专业设置专家、西南财经大学副校长刘灿。教育部政策法规司、发展规划司、国际合作与交流司的有关同志作为观察员参加了考察活动。6月8日,市教委国际交流处领导早早来到华东师范大学办公楼小礼堂,和上海纽约大学筹建中心的同事们一起查看学校的布置安排。会场非常简洁,红底白字的会标上写着"上海纽约大学筹建工作专家评审会",大家心里很明白这是对一年多来筹建工作的检查考核,它会在建校历史上留下一笔,于是纷纷在会标前合影留念。

会上,专家组听取了上海纽约大学筹建工作汇报。在简要回顾了学校筹建过程以及筹建工作团队和机制后,我们详细汇报了筹建工作的进展,包括学校定位目标,本科教育(招生方案、培养模式、专业设置、课程体系等)、科研与研究生教育,师资队伍,管理体制,办学条件等。专家组认真审阅了正式设立上海纽约大学的申报材料,实地考察了上海纽约大学2013至2014学年过渡期校园设施,以及位于浦东陆家嘴地区的上海纽约大学校园工地和二期规划用地等办学设施。上海市教委主任薛明扬,副主任李瑞阳、印杰,浦东新区副区长谢毓敏,我和华东师范大学党委书记童世骏、副校长陈群,纽约大学副校长李玫等陪同考察,现场解答专家组的提问,认真听取专家组的意见。

在此基础上,专家组进行了深入讨论,形成共识,高度肯定了上海纽约大学筹建工作取得的进展。专家组认为设立上海纽约大学对于推进高等教育体制机制改革、探索高等教育国际合作新途径、创新人才培养模式、促进上海社会经济发展具有重要作用。黄进校长概括了五个方面的筹建成效:1.上海市政府、上海市教委和浦东新区政府高度重视合作举办上海纽约大学,为设立上海纽约大学提供了强有力的政策、资金和设施等保障;2.华东师范大学和纽约大学真诚合作,组建了专业的工作团队,建立了有效的工作机制,筹建工作富有成效;3. 合作各方在坚持依法、有序推进筹建工作的同时,锐意改革,创新设计上海纽约大学的办学目标、学校定位、体制机制、基本制度和治理结构等;4. 在专业设置及课程建设、招生工作、师资队伍建设、学生事务管理等方面,制定了创新且切实可行的实施方案;5. 确定了办学经费来源,建立了办学经费保障机制,加快推进校园工程建设,各项办学条件有所保障。同时,专家组也对推进上海纽约大学建设提出了中肯建议,希望华东师范大学在推进上海纽约大学建设过程中,在制度设计和具体实施过程中进一步加强与上海纽约大学、纽约大学的学术合作,实现资源共享,推动华东师范大学高水平大学的建设步伐。

上海市委、市政府高度重视教育部专家组的考察工作。上海市委副书记殷一璀,上海市副市长沈晓明,上海市政协副主席、浦东新区区长姜樑,上海市政府副秘书长翁铁慧等领导会见了专家组一行,对专家组表示欢迎和感谢,并表达了市委、市政府对上海纽约大学筹建工作的重视和支持。在听取了专家组的反馈意见后,市教委薛明扬主任表示,作为中国高等教育领域的"试验田",筹建上海纽约大学,是贯彻落实国家和上海市教育规划纲要、推进高等教育国际化的重大举措,是上海建设"四个中心"、培养创新型国际化人才的需要,也是教育部和上海市共建"国家教育综合改革试验区"的重要内容。上海市教委将继续加大对上海纽约大学的支持力度,不断推进学校在法人治理结构、人才培养模式、学科专业建设和教师队伍建设等方面的改革创新。我最后一次以华东师范大学校长、上海纽约大学拟任校长的身份向专家组表示,上海纽约大学是一项开创性的事业,需要在实践中不断探索推进,筹建各方将根据专家组的意见和建议,推动上海纽约大学的健康发展,同时恳请尽快批准正式设立上海纽约大学,以便推进上海纽约大学招生宣传、师资招聘等相关工作。

2012年9月22日,教育部正式签发《教育部关于批准设立上海纽约大学的函》,标志着上海纽约大学正式去筹。10月15日,上海纽约大学成立仪式在浦东新区香格里拉酒店隆重举行。这一天便成了上海纽约大学的校庆日,正好与华东师范大学10月16日的校庆日相差一天,显得格外有意义。在准备庆典的那些日子里,上海纽约大学筹建中心的同事们既兴奋又紧张,大家都忙个不停,在百忙中出现了一个小疏漏:考虑到华东师范大学的校名是舒同先生写的,大家建议上海纽约大学校牌也同样用舒同体,然而,当校牌做好运送过来时,发现"海"字的三点水只有两点,看到的人以为校牌上的字是电脑镌刻的,应该不会有错,也许舒同体就是这么写的,所以也没有在意。好在揭牌仪式上,大多数嘉宾并没有注意到这个瑕疵。留下的遗憾,也成为了一则笑谈。

15日下午,教育部、上海市和浦东新区的领导们提前来到了休息室,纷纷询问上海纽约大学各项筹建工作的进展,韩正市长特地问到还有什么具体困难需要市里来协调。我们能够感受到大家对上海纽约大学的支持和期待。会场已早早布置好了,盖上红绸的上海纽约大学校牌竖立在台上,"上海纽约大学成立仪式(Opening Ceremony)"的会标烘托出整个会场的气氛。上海市市长韩正、市委副书记殷一璀、浦东新区区委书记徐麟、上海市副市长沈晓明、教育部国际合作与交流司司长张秀琴、市委副秘书长姚海同、市政府秘书长洪浩、市政府副秘书长翁铁慧、美国驻沪领事馆副总领事马克·泰森(Mark Tesone)以及市政府相关委办局、浦东新区和部分高校负责人出席了成立仪式。华东师范大学领导和师生代表、美国纽约大学塞克斯顿校长、麦克劳克林教务长、李玫副校长以及纽约大学上海中心的师生们更是万分激动地等待这一时刻的到来。

当教育部国际合作与交流司司长张秀琴女士宣读完《教育部关于批准设立上海纽约大学的函》后,会场里响起了经久不息的掌声。上海市市长韩正为上海纽约大学揭牌,第一所中美合作举办的大学在大家的共同努力下终于成立了。上海纽约大学理事会理事、市教委副主任李瑞阳宣布了上海纽约大学领导班子名单:"华东师范大学原校长俞立中任上海纽约大学校长,康奈尔大学原校长、北京大学国际法学院创始院长杰弗里·雷蒙任常务副校长,纽约大学副校长李玫任副校长,耶鲁大学神经生物学教授汪小京任教务长。"时任复旦大学校长杨玉良院士代表兄弟院校讲话,表达了来自上海高等教育界的祝贺和支持。华东师大陈群校长和纽约大学塞克斯顿校长分别致辞,衷心感谢教育部、上海市政府、浦东新区政府、上海市教委的支持和帮助,感谢合作伙伴的勇气、坚持和远见卓识,感谢所有参与筹建的工作人员。大家辛勤付出,任劳任怨地工作,才迎来了今天这一重要的历史时刻。

塞克斯顿校长说:"我们的未来取决于彼此理解、理解我们生活的这个世界。随着我们的相互了解,我们可以更好地相互学习、相互尊重,我们的世界也会成为一个更加美好、更加和平、更加繁荣的地方。作为高等教育机构中的一员，我们有责任向学生传递一份乐于回馈社会的责任感。"他的最后几句话非常打动人："某种程度上来说，上海纽约大学就是我们共同的孩子。这个建立的过程是漫长的，甚至伴随着痛苦。我们也知道，这个新生的孩子需要我们在未来共同呵护。同时，我们也真切地感受到了父母在孩子出生时那种深深的喜悦和责任感。让我们共同关心、培育和见证我们的孩子——上海纽约大学成长为一所可以超出我们期望的、成熟的大学。"

欢欣之余，强烈的使命感油然而生，我是带着沉重的压力走上讲坛的。上海纽约大学是一项开创性的事业，面对这样全新的挑战，我和上海纽约大学管理团队的各位同事深深地感受到了肩负的责任和使命。一切刚开始，我们不敢说得太多；改革创新不会一帆风顺，我们有思想准备。但是，无论碰到什么挑战，我们一定要坚持依法办学，紧密依托纽约大学和华东师范大学两所母体学校，秉承追求卓越的精神，全力以赴、团结协作、努力不懈，因为我们在追求共同的愿景。我代表上海纽约大学的同事们表态："为办好一所高质量、有特色的大学，我们会在招生评价方式、人才培养模式、课程体系建设、学生事务管理、体制机制创新等各个方面做积极的探索，努力培养一大批具有全球视野、知识面宽、善于跨文化沟通合作、乐于求新探索的创新型人才，努力把上海纽约大学建成真正意义上的世界级、国际化的研究型大学，为上海乃至中国高等教育的改革和发展作出应有的贡献。"

最后，上海市副市长沈晓明代表市委、市政府讲话，祝贺上海纽约大学的诞生，感谢大家为学校的筹建做出的努力，表达了对学校未来发展的支持和期待，也提出了要求。成立大会在热烈的气氛中圆满落幕，随后就是新闻发布会。上海纽约大学的成立受到各大媒体的高度关注和集中报道，境内外30多家媒体记者出席了新闻发布会并在第一时间进行了报道。

在发布会上，正式上任的学校领导们向媒体记者详细介绍了上海纽约大学拟定的招生方案、联合研究中心的筹建等情况。中央电视台、新华社、中新社，《人民日报》《光明日报》《中国教育报》《中国青年报》《解放日报》《文汇报》等主流媒体刊发了报道。一些境外媒体也对纽约大学约翰·塞克斯顿校长进行了专访。《南华早报》《世界报》《环球时报》，凤凰网等都发了相关报道。

媒体普遍积极评价设立上海纽约大学的重要意义，认为上海纽约大学的成立奏响了中国高等教育改革的最强音,将推动中国高等教育走向优质、多元、国际化,为深化高等教育改革播下新希望。中美两国教育专家也称,上海纽约大学是中外合作办学和中国高等教育改革的"试验田",学校成立后引发的"鲶鱼效应"将辐射推动国内的高等教育改革,带动国内高等教育的内涵发展。同时,大家对学校在治理结构、招生方式、课程设置和培养模式等方面的探索和改革充满了期待。

成立大会结束后,上海纽约大学管理团队继续通过媒体采访、官方网站、社交网络平台(微博、人人网)等多种方式积极回应社会各界的关注。中央电视台、中国国际广播电台、上海电视台,《新京报》《三联生活周刊》《北京青年报》《南方都市报》等多家媒体对雷蒙和我进行了专访报道。新华社、中新社、凤凰网、《文汇报》、《新闻晨报》等刊发了由李玫参与撰写的介绍美国高校及上海纽约大学招生理念的文章。

可以说,上海纽约大学的成功举办是应了"天时、地利、人和"这句话。所谓"天时",是指国家教育改革开放的大好时机,正逢《国家中长期教育改革和发展规划纲要(2010—2020年)》颁布,其中指出,要"引进优质教育资源……探索多种方式利用国外优质教育资源"。教育部很希望在这个当口引进一所世界一流大学,通过国内外高水平大学的合作树立一个范例。而华东师大与纽约大学合作设立上海纽约大学,是中美两个大国在高等教育合作方面具有突破意义的一次探索,可以为我国高等教育改革以及中外合作办学制度创新起到试点和示范作用,对于改善上海和浦东的投资环境、扩大国际影响、增加对留学生的吸引力、吸引金融高端人才具有重要意义。

所谓"地利",是指上海市,特别是浦东新区一直想有一所高水平大学在改革开放的热土上落地。在教育部与上海市政府于2010年3月签署的《共建国家教育综合改革试验区战略合作协议》中要求上海"探索中外合作办学新途径……引进国际一流大学及一流学科,共同举办若干所高水平大学""为全国教育改革和发展探索道路,提供经验"。浦东新区已在尝试引进世界一流大学,纽约大学的主动态度更是受到浦东新区政府的关注。在上海市人民政府的支持和帮助下,浦东新区政府、市教委、华东师大、纽约大学经过多次的会谈沟通,最终达成一致意见,上海纽约大学落户陆家嘴金融城,世纪大道1555号。在学校筹建的每个关键时刻,上海市领导都及时指出方向,组织协调,与教育部积极沟通,保证了上海纽约大学的筹建。时任上海市市长韩正对上海纽约大学项目高度重视,曾批示:"引进纽约大学是上海高等教育国际化办学具有标志意义的项目。起步就必须高起点、高标准。在教育部的大力支持下,各方形成合力,加快前期工作,争取早日签约。"

所谓"人和",即上海纽约大学的中美合作办学方——华东师大和纽约大学的共识。自2006年纽约大学在华东师范大学中山北路校区设立纽约大学上海中心以来,双方有了频繁的互访,从学校到院系的领导,从一线教授到学校职能部门,在各个层面上有了更多的接触和沟通,彼此间也有进一步的了解,逐步建立了互信。我们都希望通过合作,相互学习,共同探索全球化时代的高等教育发展。尽管在筹建进程中,有很多困难和挑战,但双方保持了积极态度,齐心协力,不懈努力,终于实现了设立上海纽约大学的蓝图。在此期间,华东师大党委书记张济顺教授于2011年7月任职期满,由童世骏教授接任党委书记,两位书记为上海纽约大学的筹建做了大量的工作;我于2012年7月从华东师大校长岗位上离任,全身心投入上海纽约大学的建设,由陈群教授接任华东师范大学校长。从谈判到筹建,人事多变迁,但上海纽约大学的筹建工作始终在顺利推进。

时任教育部部长袁贵仁在接见纽约大学校长时说,不仅要把上海纽约大学建设成为中外合作办学的典范,还要使之成为中国高等教育改革的典范。我们正是按照这样的理念,在推动上海纽约大学的建设。由此可见,成立上海纽约大学与其说是在办一所大学,还不如说是在做一项探索,不仅是对中外合作办学模式的探索,也是对高等教育改革的探索。这是设立上海纽约大学的真正价值和意义所在。

/ 上　上海纽约大学波动研究所成立仪式
/ 下　交互媒体课程期末展示活动

/ 上　上海纽约大学的学生在上艺术课
/ 下　本科生参与科研活动

第二章
探索、改革、创新

　　上海纽约大学努力实践当代高等教育的最高理想,使纽约大学的全球教育资源受惠于中国文化的博大精深。她引导新生代在学业与精神两方面追求卓越,使他们将来能胜任人生各个领域之中的领导责任;她鼓励师生们在无涯学海中不停探索,使他们为人类更好地认识自己,认识世界作出独特贡献。

21世纪初,中国高等教育的规模突飞猛进,很快从精英化阶段进入到大众化阶段,而后又跨入了普及化阶段。从高等教育规模来讲,再多举办一所大学,多招一些大学生,已经没有实质性意义了,而探索真正意义上的高质量教育,高水平大学和有特色的办学,才能使我国高等教育上到一个新的台阶,更符合人和社会发展的需要。

探索可以选择各种途径,采用不同方法。上海纽约大学的探索是依照国家《中外合作办学条例》的基本思路,即借鉴世界一流大学的办学理念,引进国外优质教育资源,构建国际化的学习环境,立足本土,积极探索全球化背景下的人才培养模式。这项探索的基础,就是要和世界一流大学对接。通过学习和借鉴,拓展我们的视野,真正理解面对全球化时代的机遇和挑战,高等教育应该做些什么,改革应该往哪个方向去努力。

关于上海纽约大学是什么性质的学校,有些人并不太了解。用一句话来概括,这是中美两所高水平大学合作创办的、具有独立法人资格和学位授予权的国际化大学,也是纽约大学全球教育体系的组成部分。由此可见,它是中国高等教育体系中的一所国际化大学,是在上海市民政局登记注册的。上海纽约大学的目标是:建成一所世界级、多元文化融合、文理工学科兼有的研究型大学,成为全球化进程中高等教育国际交流和合作的典范,成为中国教育改革与发展的"试验田"。一所新成立的中外合作高等教育机构要建成世界级大学(World Class University)、研究型大学(Research University),需要有改革的意识,更需要有探索和创新的勇气。因此,我们把"探索""改革""创新"作为学校发展的关键词。

实现上海纽约大学的目标定位,首先必须考虑哪些问题呢?我们把关注点放在以下几方面:一是教师队伍,保证一流的师资,这是一流大学的基础;二是生源质量,选拔优秀且适合的学生体现了学校的目标和特色,也是稳定一流教师的重要条件,高水平的教师喜欢有追求、敢于探索的学生;三是培养模式和课程体系,一流的培养模式才能让一流学生在一流老师的培养下,发挥最大的潜能,在知识、技能、素养各方面得到长足的发展。显而易见,没有一流的教师,很难吸引优秀的学生;而没有优秀的学生,则无法吸引和留住高水平的教授,两者是先有"鸡"还是先有"蛋"的难题,我们是怎么做的呢?

吸引并留住各国优秀教授

按照合作协议,上海纽约大学的师资队伍由三部分人组成,一是和纽约大学共同聘用的教授;二是纽约大学按其标准和程序在全球为上海纽约大学招聘的教授;三是国内外聘用的兼职教授或客座教授。建校之初,为保证师资质量,上海纽约大学并不急于招聘教授,任课教师中有一半以上来自纽约大学,即共聘教授,他们既是纽约大学教授,也是上海纽约大学教授,必须有部分时间在上海纽约大学授课。此外,还从国内外一流高校聘用了一批高水平的兼职教授或客座教授在学校授课,以确保上海纽约大学的教学水平。同时,学校请纽约大学相关学院帮忙把关,依据纽约大学教授的平均学术水准,面向全球招聘教授,逐步到位,这些教师必须具有在纽约大学得到终身教职(tenure)或聘用的水平。

纽约大学有200多位教授表示愿意到上海来授课,学校可以根据每学期课程的需要,聘用一部分教授。在首届新生入学的第一个学期,纽约大学来沪授课的教授中有7位美国国家科学院院士或者人文与科学院院士,包括一位著名的经济学教授,若干年后获得了诺贝尔经济学奖。第二个学期有五位美国国家科学院院士或者人文与科学院院士来授课,还有一批数学、物理、化学学会的会士,很多都是讲席教授(Chair Professor)。我们从一开始就确立了上海纽约大学师资质量标准,解决了所谓"鸡"和"蛋"的问题。事实证明,这些高层次的教授们不仅学术水平高,而且有很好的教学理念和方法。这样豪华的教授队伍给一年级本科生授课,在世界上难以找出第二所大学,即便是纽约大学。

来自国内的教师,除了给国际学生上汉语课外,也承担了部分中国历史文化课程或相关专业课程,都是用英语教学。例如,华东师范大学郁振华教授讲授的"中国传统智慧及其现代转型",吴冠军教授开设的"中国的政治制度"等,都得到了同学们的好评。

建设一流大学,吸引和留住国际高端人才是关键。结构合理、具有世界一流水平的国际化教师队伍是实现学校定位与目标的基础。因此,我和雷蒙常务副校长讨论最多的话题就是师资队伍的建设,很多观念我们是相通的,但在交谈过程中我也在反思和学习。雷蒙常务副校长一再强调,一流的教师应该在世界同领域、同职业阶段所有学者之中达到前列的水平;终身教授(tenure)和预终身制学者(tenure track)都应是学术领头人,而学术支持团队拟配备优秀的博士后和研究生;学校既要招聘资深名教授,更要把注意力聚焦在发现和招揽青年才俊上,提供足够有吸引力的学术环境和条件。这些理念既是学校建设一流师资队伍的要求,也符合上海纽约大学小而精的特色,从而不可能像国内其他高校那样,由著名教授领衔,组成庞大的科研团队。学校坚持以学科方向为导向,师资招聘目标主要放在那些研究工作与已有学者既"相关"又不"重叠"的学者身上,有利于形成一个充分沟通、互相启发的跨学科的学术网络机制,使学校科研整体影响力得以持续扩展和增强。获得上海纽约大学终身教职的学者应具有进入国内各种人才计划的竞争力,通过持续的、高质量的科研支持,确保高水平教师队伍的稳定。

吸引什么样的人才?怎么留住人才?这涉及个人学术水平评价的标准和程序、学校师资队伍的结构、吸引和留住人才的政策等具体问题。关于师资队伍建设,雷蒙常务副校长在《上海纽约大学发展规划(2015—2025)》中写了这么几段话,很值得我们深思。

为了实现世界一流师资的招聘目标,学校必须在学术界建立良好的国际声誉,采用规范的招聘流程,并为录用的学者提供足够有吸引力的学术环境和条件。

(1)评估个人学术水平

学者的学术声誉来自其所做的高质量的核心研究。核心研究特指那些能大幅度推进人类对未知的重要知识的认识的研究工作。顶级学者的职业生涯一般都始于对某一个核心学科的钻研。必须指出,当代学术界绝大多数顶尖学者更多地参与跨学科的科研工作,与相邻领域的学者团队合作。

在评价年轻学者方面,世界一流大学较少关注候选人所获学位的学校排名,而更重视全面评估候选人已经达到的学术水平、导师的评价,以及导师本人的学术成就。

在评价资深教授方面,世界一流大学都有一套严谨的流程。学术成就不是靠某个"产出公式"就能简单计算出来的。对学术成就的评价更重要的是看同行的认可程度,包括论文引用次数、学界知名度,及其在学术讨论领域中的地位。

世界一流大学依靠外界的评价来判断一名学者的学术成就,因为单靠同事、合作者、师生之间的互相评价,难以保证客观公正。评估人要在学术严谨性、覆盖面、原创性等方面对被评估人做出评价。

(2) 世界一流大学的师资结构

多年前,研究型大学的世界声誉主要建立在其拥有终身制的"学术明星"的基础上,并为他们配备大量具备预终身制资格的青年学者以支持其工作。而今的情况有所改变。大学要求每一位终身教授和预终身制学者都具备学术明星的素质,并配备优秀的博士后和研究生作为他们的学术支持团队。

今天,大学的声誉建立在其学者的质量而非数量上。比如,加州理工大学的师资规模比绝大部分学校都要小,但他们的每一位学者都是明星级的。

要组建一支世界一流的师资队伍,顶级大学有时会从其他学校招聘那些学富五车、著作等身的资深明星教授。但大多数学校会把注意力聚焦在发现和招揽青年才俊上——他们已有的研究成果尚未获得学科领域的最高奖励,但正在积极从事前沿研究,有可能在未来获得最高学术成就。

(3) 在上海纽约大学组建世界一流的研究队伍

未来10年,上海纽约大学将根据学科建设的需要,遵循严谨规范的程序,通过耐心地捕捉机会,来建立世界一流的长聘研究队伍。

需要说明的是,上海纽约大学不会采用这样的策略——为尽快填充发展规划中预设的每个学科的招聘岗位而降低招聘的质量标准。招聘委员会严格按照上述标准开展选拔和招聘工作,本着宁缺毋滥的原则,绝不会为了完成指标而录用不够格的人选。同时,也不会错过任何一个吸收资深学术明星的机会,即使其研究领域并不在当年的学科招聘计划之内。

(4) 留住世界一流的研究学者

留住人才的关键是让他们对学校的未来有信心,相信学校能够长期、稳定地提供世界一流的学术环境。上海纽约大学的发展路径是以世界一流大学的人事组织特征为标杆,逐渐形成自己的特色,并将之发扬光大。

一流学者可选择面宽、流动性大。如果得不到符合国际水准的科研支持环境,以保证其研究工作的成效,他们就很可能去其他学校。上海纽约大学向每一位受聘的学者承诺提供国际先进水平的条件和环境,全力支持他们学术工作的正常开展。

为此,需要依赖各种本地的、区域的和全球的资源。对于每一位研究学者而言,本地资源首先是人力资源:关联研究领域的明星学者同事,世界一流水平的博士后,世界一流水平的研究生。

世界一流大学需要百家争鸣的学术氛围,学术支持环境不仅局限于校内。除了人力资源外,如同所有世界一流大学那样,上海纽约大学的教授可以有其他世界一流的学术资源,包括一流的图书馆设施、高速计算系统、信息网络、研究档案,以及学术自由的风气。上海纽约大学的教授还能得益于一些上海独有的资源,包括上海的金融界、上海同步光源、上海超级计算机,以及上海的艺术界等。上海纽约大学将成为国际国内学者交流合作的汇聚点,为来自包括华东师大在内的其他中国大学、本地智库、科研机构、企业等的学者,和来自纽约大学全球体系的学者提供一个开展学术交流与合作的平台。

以上这些表述,很好地体现了上海纽约大学在师资队伍建设方面的理念。根据学校的规模体量,《上海纽约大学发展规划(2015—2025)》也明确了科研和学术发展的具体策略。

在一些大学,总体科研目标是从外部确定的,然后分解到每个学科,最后再将任务落实到每个研究人员。上海纽约大学的模式与之相反,以学者个人的研究兴趣为出发点,到相关教授群体设计的研究计划,最终汇集成学校的综合研究实力和贡献。

为了帮助教授们开展研究工作,上海纽约大学正在设立一批前沿领域的研究机构,这是学校确定重点和合作研究领域的途径之一。各个研究中心聚集了一批上海纽约大学和合作院校的科研精英,实现强强联合,形成学校的重点科研方向。已经建成的研究中心有计算化学、数学、脑与认知科学、量子物理学、社会发展、金融波动、数据科学等。筹建中的还有亚洲研究、城市化研究等。

上海纽约大学的科研影响力不局限于本校的学者,还积极探索与其他院校的合作,分享我们的创新资源和成果。同时,学校还积极发挥沟通中国与世界科研领域的桥梁作用,引进国际知名学者参与到中国的各项研究项目当中,包括和国家外国专家局合作的外国专家研究项目等。同样,教师也将其才能和专长与社会分享。根据上海的社会发展需求来设计最前沿的培训项目等。另外,上海纽约大学依托纽约大学全球教育体系,积极引进纽约大学的教授直接参与上海乃至全国的重要事务,为决策制定提供专业意见。

在学校发展规划中保持了20%的兼任或客座教授(Adjunct Professor),以确保师生比始终优于1∶8。我也注意到了很多一流大学都会聘用一定数量的兼任或客座教授,因此特地与雷蒙讨论过这个问题。显而易见,以下几方面的考虑是有参考价值的:第一,确保有足够的世界级名师能够满足学生选课和教学的需要;第二,充分促进与其他世界一流大学之间的学者流动;第三,为上海纽约大学的学术共同体持续补充新活力和新思想。

我还注意到,如同美国一些一流大学,上海纽约大学设置了一些专门从事课程教学的岗位(clinical professor),不纳入终身制教授系列。如,学校没有艺术类的专业,但有各种艺术类的课程,如声乐、器乐、美术、舞蹈、戏剧等。因此,除了纽约大学艺术学院来授课的教授之外,上海纽约大学也聘用了从事相关课程教学的教授、副教授、助理教授,主要完成聘任合同上的教学工作和课外活动,没有具体科研要求。这样的聘用模式,明显不同于国内的其他高校。

通过多年来的招聘,目前由上海纽约大学聘用的教授已占到大多数;截至2022年,全职专任教授有228名,其中外籍人士约占60%。在长期任职的教师中有不少著名教授,很多人已进入了国家和上海市人才计划,涉及数学、物理、化学、生物、心理、工程、环境、城市、历史等不同学科领域,这就是我们想要的一流师资。优秀人才之间相互吸引,优秀的教授与求知若渴的学生相互吸引,形成了良性互动,推进了一所世界级大学的发展。曾任职于牛津大学与巴黎高师的皮埃尔·塔雷斯(Pierre Tarres)，2016年以客座教授身份来到上海纽约大学。任教期间，塔雷斯教授看到学生们勤奋好学、求知欲强，深受感动。于是这位原本并没有打算在上海纽约大学长期工作的优秀数学家，决定留下来。2021年上海纽约大学以数学联合研究中心为平台，引进了2011年诺贝尔经济学奖获得者、纽约大学斯特恩商学院经济和商业教授托马斯·萨金特(Thomas Sargent)，而他对上海纽约大学感兴趣的主要原因是这里有一批像皮埃尔·塔雷斯那样极其优秀的数学家。萨金特教授说道："我是经济学家，而经济学是数学的'消费者'；非常希望自己的经济学研究能得益于与上海纽约大学数学团队的合作。"

在学术研究方面，上海纽约大学产出了一批具有国际水准的原创性成果，教授的人均学术贡献在质量和数量上都是令人刮目相看的。学校充分发挥了跨学科、跨地域学术合作的制度优势，在上海纽约大学的平台上陆续搭建了数学、凝聚态物理、计算化学、神经科学、社会发展以及全球历史经济文化等领域的华东师范大学和纽约大学联合研究中心，积极拓展科研合作，联合培养研究生。这些年来，上海纽约大学吸引的一批著名教授学者，不仅参与学校的教学科研，也为地方社会经济发展建言献策，充分发挥了中外合作独立办学机构"建设世界重要人才中心和创新高地"的功能和作用。特别是三名诺贝尔经济学奖获得者：2018年诺贝尔经济学奖获得者保罗·罗默(Paul Romer)在上海纽约大学为本科生授课，他是新增长理论的创建者，多次受邀参加"中国发展高层论坛"等国内重要经济论坛；2003年的诺贝尔经济学奖获得者罗伯特·恩格尔(Robert Engle)在上海纽约大学创建了"金融波动研究所"，并在陆家嘴金融城设立"金融风险沙龙"，亲自担任主任，在执行主任周欣教授的协助下，致力于有关全球金融风险和中国金融改革的应用研究和理论研究；2011年诺贝尔经济学奖获得者萨金特教授作为上海纽约大学联聘教授、华东师范大学-纽约大学数学联合研究中心（上海纽约大学）教授主导筹建了上海张江金融量化研究中心。

为了促进若干学术前沿领域（如计算神经科学、神经经济学）在中国的长足发展，培养有天赋的年轻科学家，鼓励其进入该领域，成为科研主力军，自2014年起，上海纽约大学开始举办"国际高端暑期学校"。来授课的老师是全球该领域最知名的教授，如美国脑计划顾问委员会联合主席、美国科学院院士威廉·纽瑟姆(William Newsome)等，而学生则是来自世界各地的博士或博士生，每届都非常成功。通过暑期学校这一平台,我们将全球这些领域的顶级教授学者以及未来之星聚集一堂,碰撞出激动人心的科研新火花。师生深入的互动在无形中也定义了该新兴学科的新边界。

对上海纽约大学年轻的国际人才来说,最有吸引力的莫过于在这个最珍惜创造力的地方度过最具有创造力的宝贵年华。田兴教授曾在纽约大学做了近六年的博士后研究员,2015年,他的博士后合作导师建议他来上海纽约大学而不是美国的其他两所很不错的学校。七年后的今天,他在这里不仅组建了言语、语言与神经科学实验室,而且成为学校第一批通过终身教职评审,获得上海纽约大学终身制教职资格的两位青年科学家之一。另一位青年科学家是蒂姆·伯恩斯(Tim Byrnes),2014年来上海纽约大学后,他先后发表了数十篇高质量期刊论文,出版了一本专著,并承担多个国家级和省部级科研项目。英国物理学会杂志《物理世界》(Physics World)还专门刊文介绍了其领导的华东师范大学—纽约大学物理联合研究所。这些正当盛年的各国才俊在浦江两岸安居乐业,不仅带着美好的职业理想,而且带着美好的生活愿景。学校从各方面为他们做好服务支撑,让他们既能在上海做出学术生涯中最重要的成果,也能在上海度过最美好的年华。

那些年里,我也结识了不少诺贝尔奖获得者、院士和著名教授,有来自纽约大学的,也有来自美洲、欧洲、澳洲、南美洲、亚洲其他高校的教授。他们不仅给本科生开课,带来了不少好的教学理念,也去华东师大和其他高校交流学术成果,并接受有关部门的邀请在各种大会上作演讲。我还很清楚地记得,首届新生入校后不久便是国庆节长假,正是气候宜人的时节,很多师生都出去旅游了。我在校园里偶遇来自纽约大学物理系的皮埃尔·霍恩贝格(Pierre Hohenberg)教授,随口就问:"打算去哪里玩呀?"不料教授笑着说:"没有时间玩啦,我还要备课呢,出发前太忙了,没有来得及好好准备。"我惊讶地问道:"这门课您非常熟悉了,还需要很多时间备课吗?"教授认真地回答:"授课对象不同了,我得考虑面对来自不同国家的学生,怎么讲好这门课,需要仔细考虑一下。"霍恩贝格教授是美国国家科学院及美国人文与科学院的双料院士,在物理研究方面有很高的造诣,在物理教学方面也有非常丰富的经验。面向大学一年级新生开设的科学基础,其物理部分与纽约大学开设的物理课内容基本一致,都是基于微积分的大学物理,第一学期的内容主要包括运动学,力学和热力学。对他而言,这些内容信手拈来,而他却放弃自己的休息时间,考虑如何根据学生的差异实施教学,不禁让我肃然起敬。其实,在上海纽约大学这么认真对待教学的教授比比皆是。

曾担任过美国顶尖的应用数学研究机构——纽约大学库朗数学科学研究所(Courant Institute of Mathematical Science)所长的著名数学家查尔斯·纽曼(Charles M. Newman)教授是美国国家科学院院士、美国人文与科学院院士、巴西科学院院士,也是纽约大学西尔弗(Silver)讲席教授。自2013年首届新生入校以来,他就是上海纽约大学特聘教授,一直在学校教授本科基础课程,如数学分析、复变函数等,并指导二年级本科生开展初步的科研活动。每周有两次75分钟的课,外加一次讨论课、一次导师答疑时间(office time),除了一部分时间飞回美国纽约大学指导研究生外,这位老教授非常认真并且喜欢给本科生上课。我关注纽曼教授有相当长一段时间了,很想知道,像纽曼教授这样的院士、著名数学家是如何给本科生上课的,上什么内容,以怎样的态度上课。从体验过他课堂教学的学生话语中,我们不难有所发现。"纽曼教授上课从来不用PPT,他带着自己的本子来给我们上课,写起板书来总是洋洋洒洒。"在上海纽约大学数学专业学生俞越眼中,纽曼教授亲切和善,讲课深入浅出、逻辑严密,"虽说我们自己也能看懂教材,但是教授的讲解引人入胜,让我对数学产生更浓厚的兴趣"。当年俞越在通识课程中选择了微积分的荣誉课程时,并没有在意是哪位教授上课,倒是学长提醒她可以上网搜索了解一下。

俞越的感受很有代表性:"起初我们以为这样一位重量级教授讲课会不太容易懂,或者内容跳跃性很大,但实际上完全不是我们想的这样,他会根据我们的理解水平精心准备每次上课的内容。我们遇到没有听明白的问题,下课后就会去问他,教授也总是很耐心地给予解答。"在查尔斯·纽曼教授看来,中国学生的数学基础非常扎实,而逻辑性、辩证性思维则需要加强。针对国内数学教育热衷于刷题、搞车轮大战的现象,纽曼也有所耳闻,但他表示部分赞同。"就数学本身来说,大量的基础训练是非常必要的,就像我们学开车一样,只有多练习才能塑造和维持你的大脑和肌肉记忆,让你娴熟地驾驶,而不是在需要转弯的时候还在思考要怎么拐弯。"他认为数学教育需要把基础训练和思考结合起来。

查尔斯·纽曼教授说:"我很乐意给年轻人上课,这时常让我想起54年前自己在麻省理工学院读本科的日子。我读的是物理专业,同时对数学也一直充满兴趣。大学一年级的时候选修了一门微积分的荣誉课程,给我们上课的教授非常强调证明和推理的严谨性,对我的影响很大……我们在读本科阶段几乎没有参与研究的机会,所以现在我为我的本科学生在研究方面取得的成绩感到欢欣鼓舞。"

上海纽约大学还有一批令人刮目相看的领军人物。例如商学部主任陈宇新教授,他是市场学教授,曾在全美市场学学科排行第一的西北大学商学院任讲席教授,为美国华人该学科领域内最年轻的终身教授,被《管理科学》杂志评为"最丰产且最好的评论家";又如纽约大学柯朗研究所讲席教授林芳华长期在上海纽约大学开课,他是美国数学学会博谢奖(Bocher Prize)获得者,美国人文与科学院院士,也是美国数学会会士;再如克莱·舍基(Clay Shirky)教授,曾担任上海纽约大学首席信息官,现在是纽约大学副教务长,是"舍基定理"(Shirky Principle)的创始人,被誉为"互联网革命最伟大的思考者""共享经济之父""新文化最敏锐的观察者"。

在上海纽约大学的兼职或客座教授中,有一批以色列各大高校的著名教授。在学校刚开办的七八年里,先后有二十多位来自以色列理工大学(Israel Institute of Technology)、特拉维夫大学(Tel Aviv University)、海法大学(University of Haifa)、本古里安大学(Ben Gurion University)、耶路撒冷希伯来大学(Hebrew University of Jerusalem)和巴伊兰大学(Bar-Ilan University)的教师在上海纽约大学担任数学、统计学、物理、化学、生物学、计算机科学、经济学、金融学、社会科学的兼职或客座教授。以色列的教授有个特点,午餐时喜欢聚在一张桌子周围,因此很好辨认,也容易相互打招呼问候。他们在教学上非常认真,有一些教授连续几个学期在学校任教。我经常和他们交流,慢慢也熟悉起来了。我有一张在苏州河畔与两位来自海法大学的教授——经济学教授摩西·金姆(Moshe Kim)和数学与统计学教授沙乌勒·巴列夫(Shaul Bar Lev)的合影。金姆教授精神饱满、激情洋溢,讲授"微观经济学"能深入浅出,案例丰富且恰到好处,并和学生积极互动。他从不在课堂上卖弄自己的学识,而是关注学生能否理解。运用的大量实例不仅是他知识的积累,更是他人生的积淀。我之所以对这位教授印象深刻,是因为他经常会对学校提出一些建议,还曾指导学生参加商业竞赛并获得不错的成绩。巴列夫教授的风格则截然不同,认真、严谨、一丝不苟。他曾担任过以色列统计学会会长,现在是以色列一所大学的校长。巴列夫教授在上海纽约大学讲授

"商务统计学"，选修人数较多，有两个平行班。他讲课非常认真，因为课程内容涉及面较广，学生在听课过程中有问题，可以随时打断并提问，他都会很耐心地讲解。有学生去到他办公室请教，他都会精心准备。这些来自世界各国的大学教授们给我留下了深刻的印象，学生对他们的反映也很不错，无论是知识水平还是授课能力都让学生受益匪浅。这样的师资队伍怎么会不吸引优秀学生呢？

选拔优秀且适合的学生

上海纽约大学是一所国际化大学。至今，学生中超过一半是中国学生，另一半是来自世界80多个国家的国际学生，中外学生的比例大致是51∶49。国际学生的申请要求和评价方式与纽约大学一致，学生在通用申请平台（Common Application）上提交入学申请，并在纽约大学补充问题中选择希望申请的校园——纽约、阿布扎比和上海；学生既可以申请一个校园，也可以按照第一选择、第二选择和第三选择的优先顺序同时申请多个校园。招生官以综合评价的方式对入学申请进行审阅，并对有竞争力的申请人进行面试，最后由招生委员会集体讨论后决定是否录取。作为上海纽约大学的学生，国际学生在中国的注册身份是留学生。实际上，上海纽约大学首届国际学生的SAT平均成绩是高于纽约大学的。换句话说，能进纽约大学的学生未必能进上海纽约大学，因为我们招生规模小，要求自然更高。在首届国际学生中，美国学生占了近2/3，其他学生来自34个不同的国家；讲36种不同的语言，18％为少数民族；也有国际学生在高中期间就获得过各类奖项，如盖茨奖（Gates Award）、霍雷肖·阿尔杰奖（Horatio Alger Award）等。还有不少学生是在收到的许多名校录取通知中选择了上海纽约大学。为了更好地体现文化多样性，在后面几年里上海纽约大学逐步增加了其他国家的学生人数，现在美国学生数大约占到国际学生人数的一半。

中国学生是由上海纽约大学直接招生、选拔、录取的。因为上海纽约大学是一所具有双重身份的学校，所以中国学生既要走中国大学的申请通道，又要走美国大学的申请通道。当然，无论是中国学生还是国际学生，毕业时都会获取"双重收益"，既能得到中国大学的学位证书和毕业证书，即上海纽约大学的毕业证书和学位证书，也同时能得到美国大学的学位证书，即纽约大学的学位证书。

为了推进中国学生选拔标准和招生方式的改革，在上海市教委的直接指导下，中美双方进行了多次商讨。2011年7月12日，上海纽约大学筹建中心召开招生工作咨询会，请上海市教委分管副主任、原副主任、上海市教育考试院院长、教委学生处处长、国际交流处副处长，华东师范大学分管副校长、招办主任，上海纽约大学（筹）招生顾问等一起讨论上海纽约大学如何实现对现有的招生模式和学生选拔标准等方面的改革和突破。7月26日，市教委与上海纽约大学筹建中心共同拟定了《上海纽约大学（筹）招生方案（草案）》，并上报教育部（沪教委外〔2011〕92号）。2012年1月3日，上海纽约大学筹建工作联席会议讨论了中国学生的招生方式改革，特别对自主招生、名额分配等问题进行了可行性论证。

2012年，我和纽约大学李玫副校长等一起去教育部汇报上海纽约大学的招生方案。教育部的态度是："上海纽约大学的中国籍学生必须参加高考，成绩至少要高于一本线。除了这条意见不能讨论，其他的标准和程序，学校可以自己考虑。"我明白这个意思，招生选拔制度要改革创新，但又不能脱离中国的大背景。我和李玫副校长沟通了一下，尽管和原来的考虑略有差异，但以上海纽约大学的招生标准和方法，被学校选中的学生参加高考并取得好成绩，应该不是大问题。经过多次沟通交流，我们依据教育部的意见，完善了招生方案。在兼顾中国高考录取标准的前提下，借鉴了纽约大学的综合评价方式和招生委员会决策机制，积极探索多元评价体系，努力创新招生选拔模式。

中国学生的招生程序包括了三个环节：（1）申请和初审；（2）校园日活动；（3）高考录取。选拔的原则是"优秀且适合"，这里的"优秀"不仅指学业成绩优秀，而且包括学生在高中期间的学术追求、社会服务等各方面表现。"适合"是指与学校培养目标和培养模式的"匹配度"，特别是在世界观、人生态度、价值取向、英语应用能力等方面。

第一步，通过申请资料评估。申请者必须在网上填写并递交美国大学通用申请表（Common Application）。同时，向上海纽约大学寄送高中学习成绩、学业考试成绩以及相关证明材料。中美招生团队在审阅材料的基础上，选拔部分学生参加校园日活动。在一般情况下，学校从9月份开始举行各类招生宣讲，有申请意向的学生可以开始准备各种材料,特别是通用申请表里的两篇短文,次年1月1日是递交申请的截止日期。学校通常会在春节前完成审阅,并发出是否被邀请参加校园日活动的通知。

第二步,通过校园日活动评估。校园日活动是综合评价学生的重要环节。在近二十四个小时的各种活动中,一大批教授和招生人员会考查和评价学生各方面的素养和能力。最后,招生委员会在充分讨论的基础上,选择一部分学生进入A档(即条件录取),如果学生高考成绩达到本省(区、市)一本线以上就会被录取;一部分学生进入B档(即候补录取),如果高考成绩高于一本线,还要结合学生的中学学业成绩及综合素质评价,从中择优录取。没有进入A、B档的学生就没有机会了。

校园日活动主要是考查什么呢?就是通过模拟课堂、写作、团队活动、面谈等方式来考查学生的求知欲、亲和力、学习能力、适应能力、交流能力、心理素质、团队精神、表达能力和行为道德等。整个活动都是在英语环境下实施的,所以英语的实用能力是考查的一个重要方面。学校也就是通过这个环节来考查学生能不能适应全英语教学环境。校园日活动是分批举行的,每批七八十个学生,而参加评估的老师大概就有二三十个。老师通过和学生待在一起,从各个角度考查学生的言行举止,进行评价。但这个评价,不是打分,而是写评语。在每场校园日活动结束后,评估团队会坐在一起,就学生一一讨论,最后确定进入条件录取和候补录取的学生名单。

校园日活动是选拔学生的重要环节,也是学生和学校双向选择的过程。我们要求进入校园日活动的学生能表现真实的自我,让老师们能客观地了解他们,评价他们是否适合学校的培养目标和模式。知识水平和学习能力的评价主要依据申请材料,因为高中学习成绩和学业考试可以基本体现学生的学业情况和学习能力。自2020年疫情暴发后,出于安全考虑,面对面的校园日活动就停止了,取而代之的是线上面试和多邻国英语语言测试。

第三步,参加高考、提前录取。获得条件录取的学生,只要高考成绩高于本省(区、市)一本录取线,学校肯定录取,双方会签约的。但是,只要学生有疑虑,学校会尊重他们的选择,并不强求。对B档(候补录取)的学生,学校在高考成绩出来后,进入一本录取程序前,就会和学生电话沟通,告知能否录取,并询问被录取学生的选择意向。

这是学校自主招生的三个主要环节,特别强调了综合评价,打破了以高考成绩作为唯一评价标准的模式,学生的高中学业、人生态度、价值取向、能力素养等都是评价的重要方面。这个招生方案得到了教育部的认可,然而须等批准设立学校后才能正式上报。

2012年9月22日教育部正式发文,批准设立上海纽约大学,并准许于2013年起开始实施本科学历教育。为了确保上海纽约大学2013年招生工作顺利进行,市教委于2012年9月29日向教育部报送了《上海纽约大学本科生招生录取方案》。11月5日,我们收到《教育部关于同意上海纽约大学本科生招生录取方案的批复》(教学函〔2012〕7号),自此,学校才全面启动了招生宣传工作,选择了华东地区的上海、江苏、浙江、安徽、江西和山东6个省市,西北地区的陕西,西南地区的四川,人口大省河南和首都北京作为招生试点,招生人数共计151名。从11月5日至次年1月1日报名截止日,只有不到两个月的时间了,我们需要公布《上海纽约大学2013年招生章程》,并去各省(市)召开招生宣讲会,向考生和家长详细介绍招生政策;而学生则要在规定日期前提交申请并寄送相关申请材料,我们都意识到时间非常紧张。因此,学校一方面与纽约大学联系,请他们帮忙,把递交通用申请表的截止日推延到1月15日;一方面马不停蹄地在各地作招生宣讲。学校领导和招生人员还拜访了各省、区、市考试院领导和几十所省级重点高中的校长,并与学生进行了交流。为了不让有意申请上海纽约大学的学生失去机会,大家都不顾劳累,及时把招生信息传递给学生和家长。

自上海纽约大学筹建以来,一部分有意向的学生和家长早已在注意学校的动向。《上海纽约大学2013年招生章程》一经公布,便引起了各地学生和家长的广泛关注。有家长由衷地感慨:"那是孩子高考前备考最为忙碌的一段时光,每一位父母都会对自己家庭所经历的那段时光感到刻骨铭心,15年含辛茹苦的哺育和滋养,无数个起早贪黑的日子。而今,孩子的人生之旅第一次面临重要关口,需要选择、需要决断、需要追求、需要放弃——那是精神高度紧张同时充满憧憬而又遍布无奈的一个时期……此刻,传来了上海纽约大学设立并于次年开始招生的消息!我们和孩子一起用了大概一个月的时间搜集了当时几乎可以公开搜集到的关于上海纽约大学的全部资讯并且进行了相关的分析与研究。天啊!这是真的吗?

这是当时我们所能发出的唯一感慨!"

为了让大家更好地了解学校招生细则,上海纽约大学于2012年12月1日在华东师范大学大礼堂举行了首届招生宣讲会。因预约人数众多,原定一场的宣讲会不得不分为三个场次。参加宣讲会的学生和家长不仅来自上海及江苏、浙江等周边地区,还有不少从北京、陕西、四川、山东等地"赶场"而来的。共计2 000多名考生和家长参加了宣讲会,人们对上海的这所新大学饶有兴趣,很想知道上海纽约大学会带来什么。随后,我和招生人员又去了北京以及江西、江苏、浙江、四川、陕西的主要城市,作了九场宣讲;与此同时,雷蒙常务副校长、李玫副校长、卫周安院长和招生人员也在各地作宣讲。

在上海的宣讲会上,纽约大学校长约翰·塞克斯顿就纽约大学全球教育体系的理念和实践作了具体讲解,我详细介绍了学校2013年的招生政策和选拔方式,雷蒙常务副校长和李玫副校长也分别讲了大家感兴趣的话题。上海纽约大学首届招生活动不仅吸引了广大考生和家长的关注,也成为媒体报道的热点。中央电视台、新华网、凤凰网、东方卫视、上海电视台、《解放日报》《文汇报》《青年报》、《新民晚报》《东方早报》《新闻晨报》等主流媒体均对上海纽约大学的申请方式、招生程序、录取政策等进行了介绍。首届学生王嘉凌就是通过电视得知上海纽约大学每一届只招收300名中外学生,她觉得教学质量一定会有保证,就拿定主意报考。

除了报道现场情况外,媒体还对参加宣讲会的学生和家长进行了采访。新华网记者报道称,上海纽约大学的出现不仅让许多尖子生重新考虑自己的未来,也让中国高校在招生方面的竞争更加激烈,对整个中国的高等教育而言,无疑是有促进作用的。参加宣讲会的学生和家长普遍认为,在上海纽约大学不仅可以接受高质量的教育,也能立足中国本土,拓宽全球视野,获取国际体验,是绝佳的搭配。大家也很认同上海纽约大学始终强调的"优秀且适合"的招生选拔标准,意识到报考这所大学的难度并不亚于国内外名校。宣讲会后,上海纽约大学的工作人员还详细解答了学生和家长普遍关注的一些问题,如申请材料要求、"校园日活动"安排、录取程序等。

2013年2月22日至3月23日,上海纽约大学先后举行了6场校园日活动。其间,一些领导亲临现场调研指导,并要求认真总结上海纽约大学自主招生模式和经验。上海市教育委员会、浦东新区、华东师范大学领导及有关部门负责人现场观摩了校园日活动。我陪同领导一起去了约翰·塞克斯顿校长的模拟课堂，这堂课讲的是法学基础。塞克斯顿校长从一个假设的例子出发，深入浅出地引出有关话题，不断向学生提出问题，一起讨论法律的社会价值和意义。记得课后领导开玩笑地对我讲："如果放在我们的课堂里，这节课一开始可能会讲法律的定义、产生的过程以及不同的法律体系等。"这番感言，很恰当地对比了中美不同的教学方法，也是对上海纽约大学探索的期许。后来，应教育部的邀请，我去北京向国内90多所具有自主招生权的高校领导介绍了上海纽约大学的招生方案，特别是校园日活动的情况。主持人在总结时讲道："这就是我们希望的招生方式改革，自主招生的目的不是用更严格的考试来代替高考，而是综合评价学生各方面的能力和素养。"我特别欣赏这个教育观念，一直记忆犹新。

在上海纽约大学的招生过程中，中方和美方校长均不参与招生委员会的决策讨论，但我们都会以各种方式支持招生办公室的工作，发挥自己的作用。每逢校园日活动，我都会提前去看望学生和家长，和大家聊聊天，有时候还需要回答一些问题。同学们大多热情主动，积极参与选拔，但有些学生还是有点紧张。我一再告诉大家，校园日活动实际上是一个双向选择的过程，学校在选学生，学生也在选学校，希望同学们放松心态，表现真实的自我。校园日活动全程用英语交流互动，为了帮助学生热身，我在欢迎晚会上往往会问大家几个问题，希望同学们扪心自问：1.你是否愿意选择一条不一样的人生道路？充满挑战，但会带来许多惊喜。2.你是否愿意选择一种不一样的学习模式？选择权在自己手里，自主选择，主动学习。3.你是否愿意搭建与世界的纽带？充分利用上海纽约大学多元文化的平台，承担世界公民的责任。4.你是否有信心在较短的时间内适应全英语教学的环境？学生来自五大洲80多个不同的国家，教授也来自世界各地，英语是教学语言。5.你能否直面挫折，善于调整自己的心态？在多元文化环境下学习和生活会给学生带来较大的压力，需要不断调节自己的心态。如果回答都是"是"，应该是选对了学校。其实，这5个问题也概括了什么样的学生更适合上海纽约大学。我的体会是，学生的选拔标准和选拔方式在一定程度上也体现了一所大学的特质。

上海纽约大学旨在培养具有全球视野的国际化创新人才，强调主动学习、自主选择、积极思考。我们所期待的学生,除了学业优秀,还要有学术抱负、社会责任感。学校重视学生的开拓精神、创新意识和批判性思维能力;鼓励学生尝试新事物,努力丰富自己的思想,勇于探索和冒险,追求不一样的学习路径,探索不一样的人生道路,而不是一味因循守旧,循规蹈矩。我们也希望学生有强烈的愿望,充分利用上海纽约大学的平台,充分利用纽约大学全球教育体系,建立联结中国和世界的纽带。这些都是学校在选拔学生时所关注的。

根据我的观察,美方招生人员还是看重学习成绩的,但更关注学生的发展态势。有些舆论引导是有误的,好像美国大学只强调综合素质,并不看重学习成绩。实际并非如此,高中的学业成绩仍然很重要。从一定意义上讲,学习成绩优秀是必要条件,素质和能力优秀是充分条件,只是不同人对"优秀"的理解不同而已。学校更愿意选拔与自己的培养目标和培养模式相匹配的学生。在上海纽约大学的综合评价中,学生对世界的认知、人生的志向与追求、价值取向等都占了很大的分量。优秀学生的发展动力往往来自他们对这个世界的认知及由此产生的责任感、理想、抱负和价值取向等,所以任何一种教育体制都会把世界观、人生观和价值观作为评价学生发展潜力的重要因素。当然,这些评价也是多元化的。

考虑到一些家长的顾虑,前几次校园日活动没有让记者采访。直到最后一批学生的校园日活动结束后,才同意让记者采访。不少学生见到记者说的第一句话竟然是:"我感到我被尊重了。"校园日活动真正让学生感受到了什么是"以学生为本",什么是"双向选择"。时任华东师范大学招办主任周鸿老师带领他的招生团队全程考察了校园日活动。他说,至少有三个方面可以借鉴:一是给考生表述的机会,了解他们的思维方式和口头表达能力;二是与学生平等交流,不要营造紧张的气氛,让五位老师面对一个学生去提问和回答,而是采取一对一的交流方式;三是给学生一个相互交流、放松心态的环境,不是让学生站在门外等候进场,而是设置几个休息室,放一些茶水咖啡、糕点水果,学生可以自由自在地交流。这些方式实际上都是很容易做到的,但大家却没有这个意识。当年,他们马上就改进了华东师范大学自主招生的面试环节。

上海纽约大学选拔学生一是强调优秀,二是强调匹配。学生有各自不同的特质,学校有各自的目标定位和培养模式。因此,我们选择的不仅是优秀学生,也关注学生是不是适合我们的培养目标和培养方式。从选拔第二届中国学生起,学校就面向全国招生。至今,上海纽约大学已经毕业了七届本科生,无论是继续读研还是直接就业,毕业生大多受到一流大学或著名企业的青睐。应该说,选拔标准和招生方式让学校招收到了比较理想的学生。当然,上海纽约大学的培养模式对于学生的成长成才也起到了非常重要的作用。

探索21世纪国际化创新人才的培养模式

现任上海纽约大学校长、哲学家童世骏在建校之初就用极其精致的词汇描绘了这所大学的愿景:"上海纽约大学努力实践当代高等教育的最高理想,使纽约大学的全球教育资源受惠于中国文化的博大精深。她引导新生代在学业与精神两方面追求卓越,使他们将来能胜任人生各个领域之中的领导责任;她鼓励师生们在无涯学海中不停探索,使他们为人类更好地认识自己、认识世界作出独特贡献。"

为培养具有时代特征的国际化创新型人才,上海纽约大学的本科教育着眼于学生各方面的知识、技能、品格的发展,帮助学生充分发掘自己的潜力,让学生在追求成功和满意的人生道路上受益终身,而不仅仅是起到职业培训的作用。学校的人才培养模式特别关注以下几个方面。

一是科学视野与好奇心。未来的路能走多远,取决于学生的科学视野有多宽。因此,如何拓展学生的科学视野,激发学生的好奇心,是学校本科教育中特别关注的一个方面。

二是基于兴趣的主动学习。学校提供了很多机会,但是选择权在学生手里。如果学生有想法,能够主动学习,就可以把握好各种机会;如果不愿意主动思考问题,不自觉去作选择的话,就会失去很多机会。因此,学校有意识地启发学生改变学习方法,鼓励基于兴趣的主动学习。

三是实践、探索、试错。在上海纽约大学的培养模式里,课堂教学是主要部分,但不是全部。文化体验、社会观察、研究实践都是促进学生发展的重要方面。学校强调,学生要利用课堂内外各种实践机会积极探索自己感兴趣的问题,敢于试错,不怕有错。学会在生活中学习,在社会活动中学习,培育学生的实践探索精神。

四是人文素养。人文教育是通识教育的重要组成部分，不仅能让学生了解人文科学，也能拓宽学生的知识面，还能培养学生的人文精神，提升学生的思维能力。通识教育特别强调思想方法、思维能力、表达能力、阅读能力的培养。这些都是构成人文素养的重要方面，而不仅仅是知识。

五是批判性思维能力。学生要学会面对大量已有的知识、哲人的思想，通过自己的思考去认识它们，并在不同的文化环境或不同的时代背景下，发现其不合时宜之处或缺陷。敢于挑战权威，对不同观点批判性地接受或批判性地发展，这些都是创新的基础。

六是跨学科能力。随着科学技术的发展，学科越分越细，而人类共同面对的问题大多是复杂的，往往不是靠单一学科可以解决的，需要不同的学科知识和方法的集成。所以在课程教学中要鼓励学生打破学科界限，促进多学科交叉融合，增强解决问题的能力。

七是全球胜任力。培养具有全球视野的世界公民，需要拓宽视野、有同理心、增强社会责任感，重视对不同文化的理解、欣赏和包容，善于跨文化沟通、交流和合作。

上海纽约大学本科教育借鉴了纽约大学的通识教育模式（或称为博雅教育，Liberal Arts Education），重视学生的人格培养，但不是简单地复制。在实践过程中逐渐形成了以创新与创造力培养为核心的通识教育，我们称之为"21世纪通识教育模式"，强化了全球视野、多元文化、跨学科、中国元素等特色，并引入了一系列有关创新与创造力发展的课程。"21世纪通识教育模式"旨在让学生认识和理解世界的动态性，了解创新的工具和知识是在不断变化的，更深刻地理解人生的价值，不断完善自己。在日新月异的今天，具有适应变化、终身学习的能力，才能有可持续的创新能力。

雷蒙常务副校长曾在复旦大学谈过他个人对通识教育的理解，从高等教育的基本使命出发，讲到大学通识教育的目标、实施结构与具体课程内容。他认为，通识教育能为学生今后的人生做好知性与德性的准备；无论是否在职场，有助于学生实现个人价值。通识教育没有一个完美的模型。每个学校都应该为自己的学生悉心打造最适合他们的教育方式，给予他们必要的知识、技能、美德，从而使他们能够经历有价值、有贡献的人生。

他说,理想的大学通识教育特别重视课程、知识间的结构关联和学习的整全性。现在许多人误以为通识教育就是自由地选择课程,自由教育(Liberal Education)的"自由"不是想学什么就学什么。比选择更重要的是教育的要求和标准,通过一系列规定性的学习,塑造人格,扩展心智,从而才有可能获得独立思考的"自由"。世界一流本科教育培养学生的目标要素有三:知识(knowledge)、能力(skill)、美德(virtual)。美德教育的目标归结为一条就是"自我认同并被他人认可",即"将心比心的胸怀;谦虚谨慎的态度;慷慨大度的气魄;一往无前的勇气;真诚无私的情操;探索未知的渴望"。从肯定自我出发到达与他人的和谐共处,突出了包容性。美德教育的目标,重在人格化的榜样,要通过承载着思想的语言去接近背后那个"人"。通识教育要求学生直接阅读原典,倾听那些伟大人物自己的言语将带来完全不同于以往的触动。

在课程设置方面,"21世纪通识教育模式"要求学生既要在人文科学、社会科学和自然科学方面具备宽广的知识面,又要掌握扎实的专业知识和能力。学生不仅要学习当今最前沿的专业知识和技能,还要能适应并掌握其未来的发展态势,这样才能为创新能力的持续发展奠定基础。上海纽约大学在开设课程和专业方面充分发挥了纽约大学的学术实力,以及上海的区位优势,让学生的学习与世界先进的学术发展和最新的市场需求相结合。为此,纽约大学委派了资深副教务长马修·桑蒂罗克(Matthew Santirocco)带领专业团队,负责编制课程体系和教学计划,华东师范大学则成立了由多位著名教授组成的专家小组,与纽约大学的专家共同讨论研究。上海纽约大学的课程体系包含了通识课程和专业课程两部分。为了体现学校的特色和优势,中国社会与中国文化课程是社会与文化通识课程的重要组成部分,并要求中外学生必须在中国社会、中国文化两个课程模块中至少各选一门课。这样的课程设置不仅能充分利用本地资源,有效促进多元文化的交融,培养学生跨文化交流和沟通的能力,还可以使学生更好地了解中国的历史、现状和未来。

学生在第一、二学年里以核心课程学习为主,就是我们讲的通识教育课程,当然也有一部分专业课程;第三、四学年以专业课程学习为主。学生在进校时不需要明确专业,而是在学习过程中找到自己的兴趣,再考虑专业选择,但是在二年级结束前必须选定专业。学生可以选一个专业,也可以选两个专业,或者选一个主修专业和一个辅修专业,这完全取决于学生的兴趣和意愿。在学生明确了专业之后,就会有自己的专业导师,给予专业上的指导。学校不会考虑各个专业的人数比例,学生有选择专业的自由,也有选课的自由。

从进校起,每个学生都会有自己的学业导师(Academic Advisor),指导他们如何考虑专业发展,如何根据专业意向来选修课程,如何选择学习城市等。学业导师也会帮助学生了解学校各项政策、规章制度、学术要求以及相关程序,规划自己的学业生涯。学业导师大多毕业于哈佛大学、宾夕法尼亚大学、哥伦比亚大学、纽约大学、西北大学、加拿大多伦多大学等名校,均为硕士或博士学位获得者,有在海外大学从事相关工作的经验。他们所在的部门称为学业咨询办公室,这是上海纽约大学学术支持系统的特色之一。另一个独特的学术支持部门则是学术资源中心(Academic Resource Center),其主要目的是为学生提供课外学业辅导和咨询,如答疑解难、写作技巧、资料查询、论文引用等。学术资源中心的助教由两部分人员组成,一是世界一流大学毕业的博士、硕士以及部分本科毕业生,二是本校在读的高年级学生。他们给学生作一对一、面对面的辅导,含写作、语言、数学、科学、商科、计算机等各门课程。学生可以在网上预约,到学术资源中心得到助教们耐心的帮助。这些助教能力很强,也非常热情,只要学生需要,是没有时间限制的。这样的学习资源确实让学生们得到了很多机会,帮助他们真正掌握各门学科的理论知识和实践应用。有些学生开玩笑说,就是到学术资源中心聊聊天,练练口语和听力,也是很有帮助的。同时,年轻的助教们在走上正式工作岗位前也在学术资源中心得到了锻炼,获取了一定的教学经验。

我曾经建议过,我们体制内的高校可以进行类似的尝试。很多高校有相当数量的硕士生和博士生,也给了各种各样的奖学金,能不能换一种方式?不是以奖学金的形式,而是聘用他们当助教,给他们更高的报酬,但必须明确助教的责任。这样不仅使本科生得益,对研究生的职业发展也是有利的。助教的经历也能培养研究生各方面的能力,促进他们更多地思考,对知识有更深的理解。如果我们换一个思路,会得到两全其美的结果。上海纽约大学的助教一般不用付工资,只是给生活津贴,就是给他们一个实习的机会,聘用一至两年。但是我听到很多学生讲,这些助教水平很高,也非常敬业,对学生的帮助是非常大的。

在专业设置上,上海纽约大学有三个基本原则:首先,选择纽约大学在国际上领先的优势学科;其次,符合中国尤其是上海经济与社会发展的人才需求;其三,满足本科生毕业后继续深造的学科对接。我们首批报送教育部批准设立的本科专业有:数学、物理、化学、生物科学、神经科学、计算机科学与技术、电子信息工程、交互媒体艺术(IMA)、经济学、金融学、世界史11个专业。根据学科发展,后来又增设了数据科学。而纽约大学所有专业都对我们的本科生开放,学生还可以根据自身的兴趣,设计跨学科专业,但必须得到两名不同学科教授的推荐。

在大学本科学习期间,学生至少要有一个学期,通常会有两个学期,最多可以达三个学期,在纽约大学全球教育体系遍布五大洲的其他13个门户校园或海外学习点选课学习。试想,如果学生选修文艺复兴时代或者欧洲中世纪社会与文化的课程,同样的老师,同样的教材,这门课在佛罗伦萨学、在上海学,或在纽约学,最后的实效肯定是不一样的,因为学习环境、文化体验和社会资源是不同的。同样,如果学生选修中国改革开放三十多年来的社会经济变化的课程,同样的老师,同样的教材,在上海学,在纽约学,或在欧洲学,最后的效果也会是不一样的。这就是我们所强调的,学习是全方位、多通道的过程。所以,学校把课堂学习、文化体验、社会观察、研究实践在全球教育体系的平台上紧密结合起来,有利于提高学生的学习能力和知识水平。

与我们已经习惯的大学培养模式相比,上海纽约大学有什么不同之处呢?应该说,国内不少大学也在进行各种积极的探索。以下几点只是我的直观感受:一是倡导主动学习,充分体现教学以学生为本,"学"到什么才是教学的根本目的,学生必须阅读大量文献,在课堂上积极思考,发表自己的意见,才能有收获,跟上教学节奏;二是实施全英语教学,因为学生来自不同文化背景,有各自的母语,所以只能用英语授课,但国际学生都要学汉语,包括听、说、读、写,而且计入学分;三是推进通识教育课程改革,包含社会与文化基础、科学与算法基础、数学、写作、语言这五大板块,强化全球视野、多元文化、学科融合、中国元素的特色;四是推迟选择专业,学生在入学时不需要明确专业,在二年级结束前可以根据自己的兴趣和志向,自由选定专业;五是重视跨学科基础,培养学生跨学科思维和解决实际问题的能力;六是在纽约大学全球教育体系中的流动,把课堂教学、文化体验、社会观察、研究实践融为一体。

上海纽约大学的学分要求看似不高,最少获得128学分就能本科毕业,学生每学期修读的学分也不算多,在大一时只许学生选4门课,16个学分。有中国学生找我说,他们精力有余,可以多修几个学分。我和雷蒙常务副校长沟通过这个问题,他笑着说:"等几周后再看看吧。"但后来没有学生再提起这个问题,大家都在忙着阅读各种英文原著,准备小组讨论或撰写小论文,时间不够用啊!在微信上我曾看到过几张照片,是某日凌晨四点钟左右同学们在学习室里拍的:戏称学霸,一大堆书摊在桌上,大家仍在看书。我问了几位学生,他们说一个学期的阅读量,肯定比某些大学本科四年的阅读量都要大,而且很多是古今中外伟大思想家、哲学家的英文论著,如孔子、孟子、老子、邓小平、毛泽东、马克思等都在其中。只有阅读了大量原著,他们才能在课堂里参加讨论,才可能有写作思考,所以到凌晨才回寝室睡觉是很正常的。当然,学校并不提倡大家熬夜。有同学发帖说,他在学期结束整理东西时才意识到一个学期里他写了厚厚的一沓东西。实际上,第一学期"全球视野下的社会"这门课考评的一个方面是四篇作业论文,但是学生每篇文章至少要修改五到六次,每一次修改就仿佛是重写一遍,所以最后就是厚厚的一沓了。但这样的训练,也让很多学生的英语写作过关了。小班上课,老师们不会照本宣科,而是不时与学生互动,要求学生们阐述自己的观点,这个过程有助于提升学生的思辨能力和口头表达能力。

　　无论是通识课程,还是专业课程,每个课程模块都会有一系列课程供学生选择,只有极少数是必修课,给予学生充分的选择权。在通识课程中,"全球视野下的社会"和"全球视野下的艺术"两门课是所有学生都要修读的。写作很重要,但不是一门课,在很多通识课程中都有写作课,由专门的写作老师给学生上课,辅导学生写作。写作课的重点是提升学生的阅读能力、思辨能力和表达能力,其内容与各门课程相结合。数学是核心课程的基础板块,强调数学在不同学科领域中的应用,解决实际问题。各国学生都可以选择第二外语,但汉语是国际学生的必修课,有16个学分,有的课程从初级起步,也有课程从中级甚至高级开始。学生毕业时至少要完成中级汉语的课程学习,达到1200个以上的汉字量,他们在学习过程中可以更好地了解中国的文化与社会。

　　学校设立了本科生科研基金(Dean's Undergraduate Research Fund,DURF),鼓励学生们就自己感兴趣的研究方向申报研究课题。课题审核通过后,学生可以获得学校提供的食宿、科研经费以及教授的全程指导。仅 2015 年暑假，就有 18 个项目获批，涉及互动媒体技术、计算机科学、生物学、经济学、金融学、人类学、社会学等诸多科学领域。绝大多数项目的研究内容都跨越了两个或两个以上的学科，充分体现了面向问题的学科融合理念。在"由细菌发声的交响乐"项目中，学生运用生物学、计算机科学与技术、交互媒体技术等多个学科的知识和技能，小组成员分工合作，有的编写计算机程序，有的在实验室里做给蛋白质上色的实验，有的利用虚拟现实技术再现细菌内部结构。学生围绕一个目标，充分交流、协作互助，体现了和谐融洽的团队精神。另一个课题则是制造一款可以充当"导游"的机器人。通过计算机编程，使用交互媒体的理论与技术支撑，用激光切割机做出机器人的底盘，并进行组装。"机器人导游"可以成功地躲避障碍物。在设计制作中，同学们深深感到多学科专业知识的融合对项目的进展起到了至关重要的作用。

　　学术研究的选题灵感从何而来？学生打开思路，从身边的社会热点中主动寻找研究课题。在申报的项目中，两位金融专业的学生瞄准了沪港通新政策，分析在沪港通之间是否存在套利的可能性。他们运用经济学、统计学专业相关知识背景，设计出一套通过词频来对股票价格进行预测的方法，使得计算套利成为可能。住在上海石库门旧宅的一个学生，因为家里房子面临拆迁，便想到通过虚拟现实的手段，在拆迁前用视觉影像保存下石库门弄堂的风采。他研究了市场上现存的保护石库门的方案及材料设备之后，走街串巷拍摄照片，在电脑上进行编程，将一张张照片拼接成类似"谷歌街景"中的场景。佩戴一款特制的眼镜，就可以全方位地看到石库门的生活场景。这款"现代西洋镜"成本低、开放性强并且易于被他人借鉴，具有较好的可操作性和现实意义。同学们关注社会热点与现实变化，他们没有把学习局限在课堂里，而是扩展到社会实践中，关注和切入社会热点，从身边的实际问题出发，展开学术思考和科研探索。

　　在科研实践中，学生做出自己的作品，参加国际科技大赛，并获得优异成果，例如，"空气质量监控机器人"获雷诺兹创造者竞赛（Reynolds Changemaker Competition）一等奖，"练习乐器的虚拟现实系统"获 TechCrunch Disrupt 创客大赛一等奖，"预防交通事故的手机应用"获阿联酋移动政务（mGov）竞赛一等奖，"促进左撇子儿童与父母沟通的手机应用"获英特尔物联网创客大赛一等奖。"由细菌发声的交响乐"获得国际基因工程机器设计竞赛（International Genetically Engineered Machine Competition，iGEM）银奖等。

　　作为人才培养的一个重要方面，学校鼓励学生积极参与各类公益活动，担当更多的社会责任。学校每年组织志愿者招聘会，邀请企事业单位和社会公益组织来校园演讲，与学生交流，让学生了解公益活动的意义和参与方式；设立了公益服务项目基金，鼓励学生将课程学习和社会公益服务实践相结合，成为具有高度社会责任感的年轻一代。学校设立了院长服务学者项目（Dean's Service Scholar，DSS），与社会公益组织合作，支持学生的各种实习和实践活动。多年来，由中外学生混编而成的志愿者小分队，深入到国内外欠发达地区进行相关的志愿者活动，通过实践加深了对国情和全球问题的了解，同时也体验了当地的文化和环境。志愿者小分队相继奔赴云南、贵州、四川、河南、安徽、湖南、广东等地，为留守儿童提供教学援助，帮助建设校舍；探访河南的艾滋病村，关心受到艾滋病影响的儿童和家庭；在云南参与国家珍稀动物滇金丝猴生存环境的保护，并种植了600多棵树；在贵州与布依族村民一起建设和发展社区公共设施。很多国际学生第一次走出大城市，接触到中国农村社会，受益匪浅。中外学生小分队还去了柬埔寨、印度、斯里兰卡等国家的贫困地区，作为志愿者援助当地的儿童教育、环境保护和社区发展。

　　综上所述，上海纽约大学在创新人才培养模式的探索中突出了三个核心要素：一、学会选择，重视学生选择能力的培养，给予充分的自主选择权，让学生根据自己的兴趣和志向进行选择；二、学会学习，摆脱听课考试的模式，让学生感受到学习是无所不在的，能够利用各种学习资源，主动学习；三、学会思辨，重视学生思辨能力的培养，不设标准答案，强化阅读、思辨、表达的训练。这些核心要素贯穿于学习过程的始终。创新人才培养模式是一个体系，是在教育理念和教育思想引导下形成的。从知识、技能、品格这三个基本维度出发，上海纽约大学的培养模式不仅涵盖了全球科学史、思想史、文化史、政治史等通识内容，还致力于培养学生的全球胜任力、批判性思维、创新和创造、多种语言表达、计算机应用和计算等能力，激发学生的好奇心、探索的勇气，增强其社会责任感；与此同时，陶镕学生真诚、谦逊、同理心、博大胸怀等人格品行。

　　根据上海社会经济的发展，上海纽约大学还与纽约大学合作，精心设计了一系列研究生教育项目,立足于世界一流的标准,重实际,讲效率,促进人才的发展。迄今为止,上海纽约大学已经开设了社会工作、数据分析与商业计算、计量金融学、营销与零售科学、组织管理与战略、英语教育、互动媒体艺术等7个硕士学位项目,在校硕士研究生177人,已毕业学生597人;博士学位项目中设立了上海通道(Shanghai Track),在神经科学、计算机科学、数据科学、电子工程、化学、物理学、生物学、数学、交通运输规划与工程、公共管理等10个方向上招收博士生,在校学生48人,毕业学生10人;所有学科专业均与纽约大学相关院系合作,授予纽约大学的学位。学校和华东师范大学10个学院(包括心理与认知科学学院、生态与环境科学学院、软件工程学院、数学科学学院、精密光谱科学与技术国家重点实验室等)合作,深化了"上海纽约大学—华东师范大学联合培养研究生项目"专项计划,在认知神经科学、应用心理学、教育与发展心理学、人类学、光学、软件工程、物理电子学、物理化学、药理学、教育技术、数学、生态学、社会学、统计学、环境工程等15个学科专业联合培养研究生。目前,在校硕士研究生有27人,博士研究生有33人,已毕业的硕士生20人,博士生9人,均授予华东师大学位。这既是人才培养的合作,也是科研发展的需要。同时,也体现了纽约大学与华东师大两所母体学校对上海纽约大学的支持。

有一次,纽约大学时任教务长大卫·麦克劳克林来学校,在我的办公室里谈起学生的学习情况。我们无意中谈到了有些学生更关注绩点(GPA),而对参与社团活动、研究项目和社会服务积极性不太高。麦克劳克林教务长神色严峻,他担心地说:"这个倾向不好,应当引起充分重视,现在就要提醒同学们,大学教育不只是绩点,各方面的成长更为重要。"我想,这就是上海纽约大学创新人才培养的基本教育理念吧。

多样化的课堂教学与考评方式

在上海纽约大学,课堂教学方式是多样化的,一门课程可以运用不同类型的授课方式,有主讲课、研讨课、实验课、写作课等。学校开办之初,我去听过几门课,感觉与传统的课堂教学差别太大了。例如,"科学基础"(Foundation of

Science，FOS)每周有 4 节主讲课,每节课是 75 分钟,另外有 2 节研讨课,每节课也是 75 分钟,还有 1 节实验课,每节课 90 分钟。再如"全球视野下的社会"(Global Perspective on Society),每周只有 1 次主讲课,由雷蒙教授和保罗·罗默教授两人主讲,一位是法学家,一位是经济学家。他们从不同角度启发同学们思考古往今来的伟大思想家对各类社会问题的论述,和学生一起讨论这些哲学家的观点;每周还有 1 次研讨课(recitation section),由助教们组织学生讨论,中外学生混合分为 20 人左右的小班;2 次写作课(writing workshop),由写作老师根据教学内容指导论文写作。这门课从一开始就强调学生自学与老师教学相结合,要求学生必须完成课前阅读和预习。讲授大课注重文献讨论与观念引导,小课则注重对大课学习的深入讨论,学生最后必须完成书面作业。这样的教学组合形式,不仅能促进教和学的结合,也可以让学生对课堂内容进行深入的分析和思考。

不同教授的教学方式和风格各有特色,但小班化教学、互动式学习是课堂教学的基本形态。学校的大部分教室是 20 人左右的小教室,有 2 个阶梯教室和若干大教室能容纳比较多的学生。因此,如果选修一门课程的学生多了,就必须开设并行班,保持小班化,保证师生的互动。学生可以根据各自的喜好,选择适合自己的教授及教学方式,甚至可以在开课后 2 周内,更换并行班,或退出这门课程。在华东师范大学校园过渡期间,我办公室隔壁就是一个教室,从早到晚几乎没有安静的时候,一会儿是笑声,一会儿是鼓掌声,一会儿是争论声。可见,教学中有相当多的互动。上海纽约大学要求学生主动参与学习,敢于表达自己的原创观点,不怕犯错。对大多数中国学生来说,这和他们高中阶段的学习很不同,但这恰恰是对学生一生都很重要的。在开始阶段,学生也许会觉得困难。但一旦他们适应了这种教学方法,就会觉得自己的学习能力有了一日千里的进步。很多学生家长反映,自己的孩子读了一个学期回来以后,成熟度和思想的深度都有了质的变化,让人刮目相看。

上海纽约大学在运用现代科技提升教学质量方面也进行了积极的探索和创新,不仅在教室里安装了各种多媒体设备,还专门购置了录制、编辑网络课件的先进器材,开发辅助教学或网络教学的课件。国际知名教育期刊 *Inside Higher Education* 上曾刊登过 2 篇报道,介绍上海纽约大学的教授们如何利用现代科技创新教学方法,其中的一篇是关于如何提升学生的阅读能力,另一篇是关于向中国大众提供免费优质的在线教育。

负责课程设计的纽约大学副教务长马修·桑蒂罗克表示，上海纽约大学的教学方法注重与过去和当今伟大思想的直接与批判性互动、基本的分析和沟通技能的培养，以及对一个或多个学科的深入学习。在与教授们的沟通交流中，我感到有些课程或课程模块及其教学方式很值得重点介绍一下，也许会有一定的借鉴意义。

"交互媒体艺术"是上海纽约大学的一个本科专业，在国内专业目录上"交互媒体技术"属工科专业。它是在纽约大学蒂势艺术学院研究生项目的基础上开发的，关注新兴媒体与人文价值的交叉领域，旨在培养学生将算法思维和创意设计结合的能力，致力于培养"一专多能"的复合型人才。这个专业涉及一系列有趣的课程，除了学习原理，更注重动手实践，学生运用3D打印、激光切割、芯片制作、虚拟现实等信息科技手段，将个人的艺术创意通过技术方法加以实现，也会用剪纸、漫画、投影、设计制作等传统方法表达当代理念和现实问题。在教学过程中，这些课程越来越被学生所了解和喜爱，而社会对这方面的人才也有很大的需求，许多学生选择IMA作为自己的专业或辅修专业，更多学生选修了IMA的课程。在前五届毕业生中，约有10%的学生将其作为首选专业，约3%的学生将其作为第二专业，还有6%的学生将其作为辅修专业。

每个学期结束前，会在IMA实验室举行期末作品展示，学生们在自己的作品前讲解他们的设计思路或展示亮点。来观摩的人，不仅有师生、好友，还有不少业界同行和社会人士，就像过节一样热闹。每次展示活动我都会参加，学生的创意和想象力确实令人吃惊，有涉及城市规划建设、废弃物利用、环境保护等素材的作品，也有动漫、虚拟现实以及各种光声电应用的佳作。这些课程以及相应的教学方式非常吸引社会的关注，也有利于培养学生面对现实问题的创想、创意与实践动手能力。IMA后来也作为一个本科专业引入到纽约大学。2016年，"交互媒体艺术"专业的学科带头人玛丽安·佩蒂特（Marianne Petit）获得了纽约大学杰出教师的最高奖项，称其"运用创新、严谨而又富有魅力的教学方式鼓舞并促进了学生的学业发展"。

上海的一家中外合作机构曾找过我，希望学校IMA专业的毕业生留在那里工作，他们觉得这些学生什么都能干，很符合企业的需要，但同学们都有了自己的去向，我不能替大家回复。不久前，我无意中看到学校传播部于2021年在网上刊登的《在上海纽约大学读交互媒体艺术，我们为什么这样搭配双专业》文章，请了几位选IMA作为双专业之一的校友谈谈她们的体会。她们不同的建议对大家会有所启发，当然故事也相当有趣。建议读者看看她们的感受。

2018届学生姚毓夏进入大学后因为喜欢创意设计而很快锁定了IMA专业。之所以选择双专业，是因为她在学习和项目实施的过程中，遇到了技术不精通而带来的瓶颈。为了能够百分之百地将想法落地，她将目光转向了计算机科学，希望通过学习该专业，提高编程技能，获得最前沿的计算机学科知识。

在她看来，上海纽约大学有包容开放的环境，鼓励每一位学生不局限在某一个特定的专业里，而是要勇敢地去涉足其他专业，在学科的交叉点上不断探究，持续创新。姚毓夏认为IMA和计算机科学专业具有天然的互补性。前者将她领进基础编程的大门，后者则让她系统深入地掌握更全面的知识；前者教会她从用户体验的视角出发，也让她在做后者的项目时多了些人文的考量。

毕业后，姚毓夏以前端工程师的身份在一家国际创新咨询公司工作，工作的内容更偏向计算机领域。她发现双专业的背景让她拥有了更加广阔和"从用户场景出发"的视角，在与多元背景的同事沟通交流的过程中游刃有余，具有核心竞争力和较强的不可替代性。未来姚毓夏即将入职互联网大厂，继续深入研究网页前端、3D渲染和用户体验等方面，她逐渐将个人重心往感兴趣且有发展潜力的细分领域偏移，实现职业的发展与突破。

姚毓夏很推荐IMA和计算机科学双专业的搭配，但她也理性地认为这并不是大学的唯一"攻略"。在她看来，目前就业市场对有计算机专业背景的毕业生较为偏爱，能够提供的岗位也很优质，但更重要的是，要想成为跨专业人才始终需要有一门到两门的主专业作为"立身之本"。她希望大家能够在IMA专业的学习过程中挖掘出自己想要专攻的方向，再通过学习另一专业来加强该方面的优势。她建议学有余力的学弟学妹们永远不要吝啬于去开启专业的另一面。

同样是2018届的校友倪雨嘉，出于兼顾家庭要求与个人兴趣的考量，选择了IMA和金融学（商学与金融）这两个实际上并没有太多交集的专业。她说"把最喜欢的事当兴趣，次喜欢的事当主业"。由于父母都从事财务方面的工作，他们希望女儿也能走上这条道路，"青出于蓝而胜于蓝"。而倪雨嘉自幼喜爱绘画与媒体、设计与艺术,高中时因为学业压力而被迫中断了爱好。上海纽约大学包容创新的氛围,让她能够弥补心中遗憾,也给了她向家人证明自己的机会。

IMA 这一高度自由化的专业圆了倪雨嘉儿时的梦想。她在项目设计的过程中,看到每件作品背后设计者的独特想法,在欣赏同学们的全新创意和接受多角度评价的过程中,为下一次创作汲取源源不竭的灵感。这让她不禁感叹,这个专业的魅力就在于可以"享受不同想法交汇碰撞的过程,勇敢地表达自己,并且学会尊重他人的不同意见"。

在找工作的过程中,倪雨嘉首先锁定了市场营销与广告的方向,但在面试过程中,她发现自己与传媒、广告等专业出身的同学在专业技能上存在着不小的差距,以平面居多的广告设计也与她想要从事互动和创新类工作的想法存在较大偏差;她甚至还尝试过动画和视频工作室,但最终都与理想的就业方向南辕北辙。她最终选择了金融公司,就职于安永财务咨询团队,任高级咨询顾问。因为喜欢寻找新的问题解决方案,并且在通过自己的专业知识帮助客户解决问题、提升效率的过程中能够获得充分的成就感,倪雨嘉选择了咨询行业。

对倪雨嘉来说,金融学让她学到专业知识和逻辑思维能力等硬技能,IMA 专业则赋予她创意和艺术思维等软技能。从就业的角度来说,倪雨嘉认为 IMA 和计算机科学双专业可以"互相成就",而由于市场上并没有太多能够兼顾交互媒体艺术和金融学专业的工作,这样的双专业搭配则显得"较为割裂"。发现这一问题后,倪雨嘉一直在不断地摸索自己未来的发展方向。好在她对目前的工作状态比较满意,"工作之余我会主动学习新的财务知识,IMA 作为我的爱好以及生活中的调剂,我始终关注它的发展,每年都还会回学校看看期末大秀"。

2019 届校友胡文倩在完成卡内基·梅隆大学人机交互硕士项目后,去了巴黎技术公司 Zenly,担任产品交互设计师。她之所以选择 IMA 和世界史(人文学科)作为双专业主要还是兴趣使然,"好奇心是驱使一个人在一门学科或行业不断学习和发展的原动力"。她认为,人文学科不仅可以拓宽大家看待世界的视野,也能够训练一个人对待世界的思考方式,批判性思维使她成为一个更完整的人;与此同时,IMA 专业使她看到未来的可能性——世界和自己的可能性。胡文倩喜欢创作,对阅读和写作尤其感兴趣,但在大学之前从未想过能以修读双专业的方式将人文与科技紧密地结合起来。她表示,在 IMA 遇到了集热情与创意于一身的师生,至今她仍时常想起期末周凌晨四五点灯火通明、人头攒动的IMA实验室。

修读双专业使胡文倩保持着旺盛的创作力和思考力,让她能在自己热爱的专业中深耕,也让她获得了精神上的满足。胡文倩说:"作为时代洪流中一朵微小的浪花,双专业使我对'信息时代和社会个体如何互相塑造'的议题保持敏感,让我对社会环境和行业的细微变化能够有所觉察。"

"创造力与创新项目"(PCI)是由纽约大学斯特恩商学院亚当·布兰德伯格(Adam Brandenburger)教授领衔开发的,是面向所有专业学生开放的系列课程。通过课堂教学和课外实践活动,学生经历从形成创意(新的、有见地、有深度的想法),到实现创新(将创意具象成产品或服务的原型),再到开展创业(用新的、可持续的体系来生产和创新出产品或服务)的全过程,培养学生创新、创业的能力。参与该项目的学生已经在国际国内的各种创新创业竞赛中崭露头角。

PCI项目会为学生举办与创新创业有关的讲座和活动,内容涵盖数据可视化、新金融工具、绩效辅导等,并为学生提供一个实践他们创新创业点子的实验空间。同时学生还能在这里接受相应的创业辅导,比如运用"硅谷之父"史蒂夫·布兰克(Steve Blank)的商业模式课程(Lean Launchpad)对学生进行商业开发方面的培训。PCI项目还把学校和中国蓬勃发展的创新创业领域紧密联系在一起,邀请中国顶级企业家来和我们的学生进行交流。一家上海的商业加速器企业就在上海纽约大学举办了一场创业投资选秀。同时,学校还和一些上海极具潜力的创业企业合作,以实习的方式来锻炼学生的创业能力。

我和布兰德伯格教授有比较多的交往,我一直看好他的创新理念和教学方法。他曾表示,等女儿长大上大学了,他会花更多心思投入上海纽约大学的教学科研。我注意到,PCI新开设了"创造力与创新"(Creativity+Innovation)辅修专业,面向所有学生,以培养学生的创新思维和解决问题的能力,使之能更好地应对当今世界的各种挑战。18个学分的课程中包括"创造力入门"(Creativity Considered)这门课,由纽约大学斯特恩商学院瓦莱斯(J. P. Valles)讲席教授、布兰德伯格教授与雷蒙教授联袂执教。该辅修专业课程注重培养三种新的思维方式——组合思维、设计思维和创业思维。布兰德伯格解释说,组合思维(或称"联接思维"或"合向思维")是指从不同领域获取多个想法,并通过融会整合获得更多灵感的思维方式;对他人遇到的问题感同身受,而后从不同角度寻找解决或改进的方法,这样的思维过程就是设计思维;创业思维则是一种化挑战为机遇的思维能力。布兰德伯格教授认为,开设"创造力与创新"辅修专业,就是为了帮助学生将注意力从"想什么"转向"怎么想",帮助学生实现自我的同时贡献社会。实现自我指学生通过修读这一专业了解和挖掘出自己与生俱来的创造力,对自己的创意能力和成果更有自信;贡献社会就是鼓励学生用创造力去解决实际问题,让世界变得更好。

"科学基础"是一门供科学、工程、技术、数学专业学生修读的核心课程,据说纽约大学一直想推出这门课,却迟迟没有实现。这门课程融合了物理、化学、生物等学科知识和技能,由物理学、化学、生物学领域的三位教授参与讲授。担任"科学基础"这门课总协调(Director of Natural Sciences)的是来自以色列本古里安大学的亚伯拉罕·帕罗拉(Avraham Parola)教授,他是生物物理化学的客座教授(Visiting Professor of Biophysical Chemistry)。为了沟通内容进度,协调知识衔接,他和教授们每两周就要开一次协调会。帕罗拉教授是一个认真负责的人,知识面很宽,2013年就来到了上海纽约大学,负责"科学基础"课程的开发设计,直到2019年由于身体原因才回国,在上海工作了整整六年。我和以色列大学教授的交往,就是从他开始的。尽管他讲的英语很难听懂,但我们还是经常沟通。我知道亚伯拉罕·帕罗拉教授有不少科研成果和专利,曾把他推荐给华东师大的教授,共同推进专利成果的转化。

我看了"科学基础"的内容设计,类似STEM课程,强调学科交叉、项目引导、实践探究、团队合作等环节。可见,这样的课程结构还是很有新意的,但确实有一定难度。这门课程大致分为以下几个部分。

"科学基础I"的第一部分全面介绍"能量"和"物质"两个基本概念,它们的关系已经浓缩在$E=mc^2$的公式中。首先从物理学概念切入,重点探讨什么是速度、加速度、力、能量,并讲解原子和分子。然后,讲到化学反应,通过分析热力学三大定律,探讨化学反应所产生的能量。在实验部分,重点讲解科学方法与原理,以及实验设计、数据分析、科技写作和做科学报告的技巧。第二部分为"力及其相互作用",介绍各种基本的力,包括重力和电场力,探讨与力和能量有关的原子理论、分子键理论以及原子和分子的结构及形状,帮助学生理解与生命科学有关的分子。在实验部分,培养学生的计算机的应用能力及其建模能力,并注重技能展示。此外,通过生物学、化学和物理学等多学科的教学,为学生提供对经典论文进行深入分析和讨论的机会,加深他们对基本概念的理解,培养他们的实践技能。该课程每周举行讨论会,旨在提升学生以团队合作的方式解决问题的能力。

"科学基础 II"第一部分"变化中的系统"介绍物理和生物系统的变化,探讨电容、电流和基本电路以及它们在化学反应和生物细胞行为方面所起的作用,研究化学反应的速率和方向并以酸碱化学为重点介绍化学动力学和化学平衡状态。利用这些基本的物理和化学原理,描述基本的细胞单体和生物大分子,包括 DNA、RNA 和蛋白质,以及引发细胞核内的信息流和信息流调控的序列事件。这些原理也适用于生物界的宏观系统。在实验部分,聚焦经典的科学实验,旨在提高学生的基本实验技能。第二部分"形态和功能"尝试回答一个有关所有科学领域的问题,即物理实体的形态或形状如何决定其功能。这也引发了另一个问题:人们是否可以通过设计或修改某种形态或形状来实现某种设定的功能?进而引入磁场和电场内形态和功能的概念、小分子的行为和设计以及主导生物系统的蛋白质活动。在实验部分,学习设计与晶体和结晶学有关的实验,并研究宏观和微观层面的化学形式。此外,通过生物、化学和物理的学科训练,让学生对经典论文进行深入的分析和讨论,加深他们对基本概念的理解并培养他们的实践技能。每周举行讨论会,旨在提升学生以团队合作的方式解决问题的能力。

"科学基础 III"第一部分"推动变化"重点关注促使物理和生物界出现变化的干扰因素。在物理上,扰动会形成与光和声传播相关的波,生物的感觉系统(包括一些物种的神经系统)会探测到这些波并对其做出反应,因而这部分探讨电磁波与光、物质和生命系统的相互作用以及神经细胞的反应,在分子层面探索生物体成熟过程中所发生的变化。此外,让学生了解进化是导致变化的基本方法,从而产生生物界的新物种。在实验部分,将融合物理、化学和生物的内容,进行关于 DNA 重组技术、基因克隆、蛋白质合成和鉴定的实验。第二部分"振荡"探讨可预测的、重复发生的周期性事件是如何与内在的不确定性的结果产生联系的。这既是物理的又是化学的问题,也是量子理论和海森堡不确定性原理想要说明的一个问题。在研究生物系统(尤其是整个物种)的时候,可以发现无数"振荡"事件的例子:当科学家尝试预测结果时,这些事件本身却具有内在的不确定性。最后一部分对学生研究复杂问题和系统,以及评估与科学研究手段有关的不确定性因素等提出了挑战。在实验部分,包括一些合作项目,各小组利用所学的知识和技能设计实验并解决问题。在报告实验结果的时候,学生要牢记事件的不确定性属性,并讨论实现更圆满的解决方案需要的额外数据。

将物理学、化学、生物学结合在一起,组成一门"科学基础"课程,有利于学生理解不同学科知识和技能的相互联系,做到融会贯通,提升解决问题的能力,也有利于学生全面了解基础科学,进而选择未来的专业。遗憾的是,由于选修这门课程的学生感到负担过重、压力太大,若干年后就作了调整。出于笔者的特殊兴趣,此书仍然对课程内容结构做了具体描述,希望引起读者对"科学基础"的兴趣,进一步推动 STEM 教学的改革和发展。

"全球视野下的社会"是中国学生在第一学年里最具挑战性的一门课。课程所涉及的内容大多是中国学生不太熟悉的,而且教学方法也不同,包含了大量的原著阅读、自由讨论和写作训练,培养学生的阅读、表达和思维能力,特别是批判性思维。只有阅读了大量原著,他们才能在课堂里参加讨论,才可能进入写作思考。

这门课程没有专门的教材,取而代之的是主讲教授们亲自选编的"讲义",包含课程大纲(课程描述、课程目的与结果、课程评分方式)、课程单元及 79 篇阅读材料和文献,其中由中国名家撰写或与中国主题有关的文献有 20 篇。上海纽约大学文理学院原副院长、华东师范大学比较教育学专家赵中建教授在《上海教育》2014 年 9A 期上发表过一篇文章——《从一门课的开设看上海纽约大学的通识教育》,介绍了"全球视野下的社会"这门核心课程。征得赵中建教授的同意后,笔者从文中摘录和整合了有关内容,以飨读者。

"全球视野下的社会"由 12 个单元组成,每个单元都附有与之相关的阅读和讨论材料或文献,可以较为清晰地看到这门通识课程的基本要素和脉络。

第一单元"陌生者与陌生者"(Strangers and Strangers),为时 3 周,共有 10 篇阅读材料,其中 4 篇为涉及中国的阅读材料。第一周的 3 篇材料分别选自《纽约时报》和《国家》杂志。第二周的 4 篇分别选自柏拉图、康德、穆勒和亚当·斯密的著作。第三周的 3 篇则来自中国古代墨子、孟子和荀子的著述。

第二单元"财产、劳动和经济交流"(Property, Labor and Economic Exchange),为时 3 周,共含 10 篇阅读材料,其中 3 篇为涉及中国的阅读材料。第一周的 3 篇依次选自洛克、司马迁和亚当·斯密的著作。第二周的 4 篇选自柏拉图的《共和国》、孔子的"不患寡而患不均"、马克思的《资本论》以及恩格斯的《论家庭的起源、私有制和国家》。第三周的 3 篇阅读材料包括邓小平 1992 年在武昌、深圳、珠海和上海的讲话。

第三单元"主权、法律和权利"(Sovereignty, Law and Rights),为时 3 周,共 10 篇阅读材料,其中 2 篇为涉及中国的阅读材料,主要有中国的《中庸》和梁启超的《论权利意识》,以及亚里士多德的《伦理学》、孟德斯鸠的《法律精神》、卢梭的《社会契约论》、国际法之父格劳秀斯的《论战争与和平之法律》等。

第四单元"民族、种族社区和国家"(Races, Ethnic Communities and Nations),为时 2 周,共有 6 篇阅读材料,其中 3 篇是中国论著。第一周的 3 篇阅读材料有欧内斯特·勒内的"国家是什么?"、暴力理论代表人物弗朗茨·法农的《天下可怜人》和马丁·路德·金的"伯明翰监狱来信"。第二周的 3 篇则全部出自中国名家之手,包括李靖的"不同粗野之人的习俗"、王夫之的"中国政治和文化完整性之保存"和康有为的《大同书》。

第五单元"战争、共同暴力和国际关系"(War, Collective Violence and International Relations),为时 2 周,共有 6 篇阅读材料,其中 2 篇为涉及中国的阅读材料,包括《孙子兵法》(部分)、中世纪神学家托马斯·阿奎那的《神学大全》、德国军事战略家克劳塞维茨的《战争论》、俄国作家列夫·托尔斯泰的书信以及印度非暴力不抵抗运动倡导者圣雄甘地的"被动抵抗论"。

第六单元"女人与男人"(Women and Men),为时 2 周,共有 7 篇阅读材料,其中 1 篇为涉及中国的阅读材料。

第七单元"上帝与凡人"(Gods and Mortals),为时 2 周,共有 4 篇阅读材料,无涉及中国的阅读材料,主要讨论与宗教有关的问题。

第八单元"古代哲学与历史编撰学"(Ancient Philosophies and Historiographies),为时 1 周,有精读和泛读材料 6 篇,包括古希腊希罗多德的《历史学》、中国的《史记》、柏拉图的《理想国》和亚里士多德的《形而上学》中的部分内容。

第九单元"理想主义与现代历史编撰学"(Idealism and Modern Historiography),为时 1 周,共有阅读材料 4 篇,无涉及中国的阅读材料,内容包括刊于《美国历史评论》上的《作为信仰之艺术的历史》(1934 年)和《客观性与历史学家：一个世纪的历史写作》（1989年）两文及另外两篇论文。

第十单元"宗教与科学"（Religion and Science），为时2周，有阅读材料7篇，无涉及中国的阅读材料。阅读材料包括《圣经》创世纪第1章至第9章、《谁撰写了圣经》一书的若干内容、达尔文的《物种起源》结论性的几页内容，以及国际圣经正确协会的《圣经正确芝加哥宣言》及其他若干材料。

第十一单元"父母与子女"（Parents and Children），为时2周，共有阅读材料4篇，内容包括中国古代《孝经》之第一章至第十八章、费孝通的《乡土中国》之节录、美国斯坦福大学詹姆斯·菲什金教授的《正义、平等机会和家庭》一书的部分内容。

第十二单元"人类、其他物种和环境"（Humans, other Species and the Environment），为时2周，共有阅读材料5篇，包括中国的《道德经》的部分内容、美国生态伦理之父和新环境理论创始人奥尔多·利奥波德的《沙郡年记》（自然随笔和哲学论文集）节选、蕾切尔·卡森（国际环境毒理学和化学学会设有"卡森奖"）的《寂静的春天》（第一部反草坪运动著作）的节选、动物解放主义人士、美国普林斯顿大学生物伦理学教授彼得·辛格的《动物解放》节选和神经学家格里高利·伯恩斯刊于《纽约时报》（2013年10月5日）的《狗也是人》（"Dogs are People, Too"）一文（伯恩斯著有《好满足》《艾客：用非同凡响的思维改造世界》等畅销书）。

这些年来，尽管授课教师有变化，并不时有著名专家学者客串讲授，教学内容和教授方式也有所调整，但整体结构和预期目标没有改变。然而，刚入学的大学生正需要适应全新的大学生活与学业上的挑战，上海纽约大学为何选在大一时开设这门课程呢？对此，雷蒙常务副校长说："我们希望每位学生都能'获得优质的教育'，希望他们在踏出上海纽约大学校门时，能继续深入探索这些人类社会最具影响力的伟大思想，与来自不同文化背景、世界观的同学继续探讨和激辩。"他指出："短暂的大学时光对人生有着无与伦比的影响。从高中到大学的过渡是人生的关键。在这段时间里，学生们需要意识到，很多问题不是只有一个答案，有时候，这些问题可能根本没有答案。所以在开学后的第一个学期，他们必须学会适应不确定性以及模棱两可的地方。"

"全球视野下的社会"虽以"全球视野"为题，但并不是讲"全球化"的内容。教授们选取一些名著的经典章节集结成册，鼓励学生阅读、思考与比较不同时代、不同文化背景下的著名思想家和哲学家对各类社会问题的论述及异同点。在教学中,有时会让学生把若干学者的观点分类,填入相应的表格,总结流派;有时会让学生根据经验故事,联系某一学者的观点,把理论抽象和经验洞察相结合;有时又会让学生关注文中所设置的情境,分析雄辩的一面,以及作者的内在张力或者逻辑不严密的方面;有时还会通过比较不同学者的论证技术,探讨文章中使用的一些技巧。通过不同的方法,让学生逐渐培养起抽象性的、有挑战性的和反思性的理论思辨能力。基于这样的教学目标,期末的考核也汇总了多重评价。其中,教授和助教只决定总分的50%,含两次期中测试(分别为15%)和期末考核(20%),重点考查学生对课堂话题以及论著阅读的理解与阐释;另外50%的成绩则是根据写作课的课堂参与、作业和论文设计三个环节打分,若无故缺勤或只是复述他人观点,无自己的见解,往往会不合格。

我曾向杜安·沃伊特(Duane Voigt)请教过,教授们是如何给学生打分的。杜安·沃伊特是上海纽约大学首任注册官(Registrar),建校之初就担任注册办主任,直到2018年底因家庭的原因才回美国工作。他为人平和、耐心细致、热情坦诚、善于学习,在学籍管理上有丰富的经验,称得上是"老法师"了。我经常去他办公室,了解纽约大学的学籍管理范式、学生GPA情况,也会对他阐述中国大学的学籍管理要求以及教育部对中外合作办学的有关政策等。在他那里,我逐渐理解了美国大学,尤其是纽约大学的行事方式;我们可以坦诚交流中美学籍管理的要求和融合,受益匪浅。记得每次到他办公室,他总会放下手头上的工作,认真倾听我提出的问题。

关于如何评价"教"和"学"的成效是很值得我们思考的一个问题。他笑着对我说:"每门课的教师有自己的评价方式,但必须在第一次上课时,对学生讲明这门课的评价方法和评价依据。"个别教授一学期只有两次考核,平均成绩就是GPA,但大多数教授会在一个学期里有多次考核或测验。有时老师还会随堂考,甚至经常让学生做一些小测验(quiz),不读原著根本没法做。这些考核或测验成绩的综合便是学生的期末评价。也有教授把写作和考试成绩综合起来考虑,还有部分老师把学生出勤率也作为评价指标之一,虽然上课点名的教授很少,但一堂课往往只有十几个人,缺课十分显眼。所有评价过程贯穿在整个学期中,而不是取决于期末的一次考试。老师会给学生更多的补救机会。如果一次考试成绩不理想,后面仍然是可以弥补的。这样也让学生全身心地投入教学的全过程,任何一点的放松都会影响期末评价。沃伊特讲的应该是很多美国大学的实际情况。

根据我的观察,上海纽约大学教授对学生的考评有三个特点。一是重视过程考核,注意动态评价。考评目的是检验"教"和"学"的效果,需要在教学过程中不断鼓励学生全身心地投入学习。二是重视实践与规范的评价。第一学期"科学基础"课程的考核内容之一,就是让学生组成研究小组,做一个小课题,培养学生用多学科的技术方法来解决现实问题的实践能力和团队合作精神。我看了学生展示的研究成果,在表现形式、内容规范上与国际学术会议的展板(post)完全一样。在学术规范上有任何细小的瑕疵,教师都不会通过,必须一次次反复纠正。有一位学生讲到,她的作业论文引用了专著中的一段话,并在参考文献中列出了这本书,但老师看了后,把她找去谈话,严肃地说这样做是不规范的,必须在引用之处标注出来,要求她不仅要修改,还要写下保证书,以后一定注意学术规范。学生对此印象非常深刻。由此可见,大学教育就应该关注学术规范,这是学术研究很重要的方面,也是学术道德的基本要求。三是在动手制作中看学习成效。"交互媒体艺术"是一门把技术和艺术结合起来的课程,期末作业就是要学生自己制作一个作品,并在展示会上展示,邀请老师、同学、家长等观摩,学习成效可以通过他们创作的作品表现出来。我在华东师大的一次讲话中提到了这三个特点,有位教育学博士很激动地说:"俞校长,这是杜威论述的,教学是个过程!这样的考评方式,是在激发学生参与教学的全过程。"我感到,注重学生参与教学过程,改变传统的以知识考试为主体的考评方式,这才是课堂教学和考评的应有之义啊!

尽管上海纽约大学的教授们都有丰富的教学经验,但在每学期开学前,学校都会组织一次教授培训活动,强调上海纽约大学多元文化背景的学生群体以及在教学中必须关注的问题;介绍上海纽约大学课程体系的规划理念和各门课程之间的联系,以及学生考核评分原则等。对于新任教师有一周的入职培训,内容包括课程设计、引导讨论、学生评价、多媒体技术应用等方面。学校每周或每两周有一次教授午餐会,交流教学和科研的心得,协调和沟通相关问题。

在上海纽约大学成立以来的这些年里,本着改革与创新的精神,学校一直在不断调整和完善人才培养模式,探索课程体系、课程内容、教学方法、评价模式的更新。在合作办学的过程中,使之更符合时代发展的特征,更适应多元文化的需求,更体现对本土资源的利用。而我也在这个进程中有了更多的反思和感受。

第三章
个人的"梦"和世界的"梦"

面对多元文化的世界,人类需要相互理解、和谐相处,携起手来共同解决我们所面临的全球问题。这应该是世界的梦,人类社会的梦,而教育应该让孩子们看到一个完整的世界,为创建人类社会的美好未来而奋斗。每个人都有自己的梦想,只有把自己的梦融入世界的梦之中,才能实现有意义的人生价值,这也是我们希望学生们追求的目标。

万事开头难,办一所中美合作的新型大学更是如此。我们从一开始就清醒地意识到,上海纽约大学任重道远,学校的教育理想和培养模式能否得到学生、家长和社会的认同,尚待实践的验证。

当今时代,自媒体高度发达,人人皆可在自媒体上发表自己的观点。尽管主流媒体积极支持新生事物,作了很多正面的报道,但我们仍需关注社会各方面的疑虑,特别是在网络媒体上发表的意见,并及时给予回应。在社交媒体上,我也看到过对中美合作举办上海纽约大学的一些异议,一是对中美合作办学能否成功有疑问,并断言必败无疑;二是认为上海纽约大学的学费太贵,工薪阶层的孩子根本读不起。对于这些帖子,我一一做了回答,但绝不参与争论,只是希望他们能够进一步了解学校的理念与举措,理解这项探索的价值和意义。学校也承诺了,只要被上海纽约大学录取,如果学生家庭经济不佳,学校会以助学金或奖学金的方式帮助学生完成学业。《新闻晨报》以"上海纽约大学不是富人大学"这样醒目的标题对我进行了一次专访。我坦诚地说道:"我们选拔的是学生,而不是家庭。现有学费标准对贫困家庭而言是昂贵的。学校会为选中的来自贫困家庭的学生提供助学金,帮助他们完成学业。"借此机会,我再次说明了招生的过程和结果都是招生团队集体讨论出来的,中、美双方校长没有参与招生讨论。从申请材料的审阅到校园日活动到最终录取,只看学生本人情况,不考虑学生家庭背景。事实上,上海纽约大学的学生绝大多数都是来自工薪家庭。出于对学校教育理念的认同,知识分子家庭背景的子女居多,但这已是后话了。对于一项新的探索,必然会有不同的看法。面对挑战,需要理性的解说,更需要用事实来证明。

上海纽约大学的创建是在努力实践所有参与者的教育理想。纽约大学在教学资源上给予了全方位的支持,华东师大更是重视学校的建设,不仅把位于中山北路校区核心部位的三馆修缮一新,作为上海纽约大学第一学年的过渡校园,而且帮助学校协调与政府以及社会各界的联系,探索合作机制,推进资源共享。为了确保学校建设各项工作的顺利推进,经过两校管理层的认真讨论后,形成了华东师范大学《关于支持上海纽约大学建设、推进资源共享的工作机制备忘录》,主要内容包含:

一、工作协调机制的基本原则

包括对口协调原则和部门协调原则,按照学校管理职能分工,实行对口协调;如果某项工作涉及校内多个部门,由某一部门负责协调,避免多头沟通。

二、建立最高层级定期协商机制

在上海纽约大学理事会框架下,建立非决策性的两校领导的定期协商机制,主要沟通学校发展的重大事项,讨论推进战略合作的意向,检查相关合作事项的落实情况。该机制一般以会议形式举行,出席人员包括华东师范大学党委书记、校长、分管副校长,上海纽约大学校长、常务副校长、副校长。

三、建立研究中心建设协调机制

根据华东师范大学—纽约大学合作办学协议,在上海纽约大学平台上建立两校联合研究中心。为了做好联合研究中心的工作,成立联合研究中心理事会和工作委员会。理事会作为联合研究中心建设重大事项的决策机构,其成员包括华东师范大学校长、副校长,上海纽约大学校长、常务副校长、教务长。为了落实理事会决策,加强相关工作协调,推进学术平台建设,建立工作委员会。工作委员会由华东师范大学副校长和上海纽约大学教务长共同负责。

四、建立人力资源合作协调机制

为上海纽约大学教师创造更多的学术活动机会,促进两校教师间的交流合作。基于上海纽约大学的需要,华东师范大学选派高水平教师与上海纽约大学教师合作,支持推进中国社会历史和文化课程教学研究。基于尊重教师学术追求的原则,华东师范大学聘任上海纽约大学的部分教师担任兼职教授,在教师完成上海纽约大学聘约任务的基础上,上海纽约大学支持其担任华东师范大学兼职教授,招收研究生,开设相关课程,开展学术讲座。

五、建立财政经费资助资金管理协调机制

帮助及时落实上海市政府给予上海纽约大学的财政经费资助资金,按照上海市政府《关于支持上海纽约大学给予财政经费资助的实施意见》(沪财教〔2013〕20号)的精神,建立财政经费资金的有关工作规则和流程,明确财政经费资助资金申报、拨付流程和双方的责任。

六、建立学生事务协调机制

支持上海纽约大学学生事务的开展,促进两校学生在学术、文体等方面的交流。基于在共同校园的便利,联合举办一些学生交流活动,促进学生跨文化交流。华东师范大学以等同于华东师范大学学生的待遇,为上海纽约大学学生活动提供便利,包括礼堂、运动场地等。

七、建立教学事务协调机制

支持上海纽约大学教学管理工作的开展,促进两校在课程教学方面的交流。上海纽约大学的教学活动如有特殊安排或遇到困难,华东师范大学尽力提供帮助。上海纽约大学同意向华东师范大学开放部分课程,帮助协调授课教授,接受华东师范大学选派部分教师旁听课堂教学等活动。上海纽约大学举办的大型学术讲座,在可能的情况下,尽量向华东师范大学开放。

八、建立安保事务协调机制

基于在过渡期上海纽约大学和华东师范大学共同使用校园的因素,为了保障师生安全,维护校园正常的教学和生活秩序,华东师范大学的公共安全管理,覆盖上海纽约大学过渡期校园区域,并为上海纽约大学的重要公共活动提供安保服务和业务指导。上海纽约大学举办重要公共活动应主动与华东师范大学取得联系。

九、建立新闻事务协调机制

加强信息沟通,协调对外宣传的基调,提升上海纽约大学的社会美誉。华东师范大学作为上海纽约大学合作举办方之一,积极支持上海纽约大学拓展在中国主流新闻媒体上的宣传。遇有公关危机事件,双方应该协调立场,积极共同应对。

这些沟通协调机制在创建一所新型大学的过程中是至关重要的,尤其在建校初期。我深切感受到,中美两所母体学校对上海纽约大学的建设与发展起到了关键的支撑作用。不是简单地签署一个合作协议,而是全方位地介入和扶持,因为

我们是在追求共同的教育理想,也是在实现世界的"梦"。

追梦人

上海纽约大学从本科教育起步,因此首届入学的本科生受到了大家的特别关注。他们是敢于"吃螃蟹"、愿意在挑战中积极探索的第一批学生,而且在学校创建的过程中他们以出色的表现、坚定的信念赢得了一片喝彩声。我还记得在首届新生正式录取后,学校组织过一次中国家长见面会,在会上一位来自外省市的学生家长十分不愉快地发问:"俞校长,请你说一说上海纽约大学有什么好,至今一无校园,二不见教师,三没有历史,我家孩子明明可以被推荐去清华大学,但她却坚持要选择上海纽约大学,我们无法说服她,但是心里是不痛快的!"我理解家长的情绪,曾有一位上海高校的领导在咨询会上说过,上海纽约大学是高等教育改革的"试验田",但我可不愿意让自己的孩子来当"小白鼠"。作为一线的教育工作者尚有这样的顾虑,何况一般的家长呢?正因为这个孩子在参加了校园日活动后,拿定主意要进上海纽约大学,家长劝说无效,于是有了上述一幕。针对家长的疑虑,我心平气和地回应道:"我能理解您的心情,但作为家长,我们首先要尊重孩子的选择,因为这是他们的未来。您的孩子很有主见,有自己的考虑,应该为她感到高兴才是。"然后,我具体讲述了上海纽约大学的办学理想,人才培养的理念、目标和方法,并详细介绍了学校的教师队伍情况以及未来的发展。听完我的一番话后,这位家长无奈地说道:"校长讲得也许有点道理,反正孩子已作了选择,我们也没有办法,只能随她去了。"说来也巧,2016 年末纽约大学新任校长安德鲁·汉密尔顿教授来上海,在外滩华尔道夫酒店举办了一场酒会,不少学生家长都在场。我一走进酒店华丽的大厅,就瞧见了这位家长,问候之余便开玩笑地问他,对孩子的选择是否仍耿耿于怀?他不好意思地笑了,说道:"女儿一切都很好,明年毕业后就要去美国的一所常春藤名校(Ivy League)攻读博士学位了,看来她的选择是对的。"

毋庸置疑,首届学生及他们的家长,当初选择上海纽约大学确实冒了一定的风险。新的办学体制,新的培养模式,没有历史积淀,没有参照样本,甚至校园还没有建成,教师还没有到位。这一路走来,学生、家长和所有参与学校创建的教职工真是在共同创造历史——学校的历史、教育国际合作的历史。

龚小月是华师大二附中2013届毕业生,时任二附中校长何晓文多次和我谈到这个孩子,说她各方面都很出色,已经得到了清华大学的推优推荐名额。但何校长觉得龚小月的性格很适合上海纽约大学的教育理念和培养目标。那年,我们在龚小月的母校举办了一场招生宣讲会,给她留下了很深的印象。二附中校长也非常赞赏这所充满可能性的新大学。龚小月毅然决定报考,成为上海纽约大学首届本科生。她常常回想起当年的决定,为十七八岁的自己敢于冒险的精神而感叹。"我不太在意风险,只在意我喜欢的地方。当时的我就是想要做有创造力的、有趣的事。"走过的路,她很认同,上海纽约大学是一所国际化学校,可以让她接触到很多迥异的文化和人。正是因为对世界充满好奇心,才作出了这样的选择。而且她认为"成为被寄予厚望的第一届学生,来创造这个学校的历史,是极酷的事情"。

来自同一所中学的顾盛也是上海纽约大学的首届学生。高中毕业时,他身边的很多同学选择就读国内顶尖大学,或出国留学,而顾盛却走了一条不同的路。回顾在学校的四年,顾盛说:"上海纽约大学的同学们来自五湖四海,背景不同,每个人都带来自己的独特经历与文化,不同的视角与想法不断发生碰撞,这样全球化的平台也带来全球范围的机遇。"

坦率地讲,我对首届学生确实有种特殊的情结,就如同他们对这所学校有的那种发自内心的淳朴的感情。在各种机遇和选择面前,他们不仅勇敢地投入到全新的多元文化环境里学习和生活,积极探索新的学习模式,而且在建校之初不得不三易学生公寓,并经历了从华东师大中北校区到世纪大道校园的迁徙。但是,大多数学生自始至终保持了旺盛的精神状态,坚忍不拔地面对困难和挑战,相互鼓励和提醒,努力维护学校的声誉。当然,一分耕耘,一分收获,他们的成长也是令人惊叹的。我真希望能记录下当初的这点点滴滴。

2013年8月11日是首届新生的报到日,学校的行政人员早早地在华东师范大学三馆的大厅里布置好了接待学生报到的桌椅和应发的物品,财务部、注册办、图书馆、健康中心、职业发展中心等部门都安排了咨询服务;银行、电信公司也赴现场协助新生办理银行卡、手机卡等业务。学生进入报到现场后,都会首先拿到一份当天的报到流程图,只要按图索骥便可以完成报到手续。除了学生证、校园卡、宿舍房卡等,学生还可以领取学校为新生准备的欢迎礼包,其中包括专门为此次新生入学设计的纪念 T 恤、上海及学校校园地图、交通卡、上海纽约大学钥匙扣等物品。中国学生则需递交档案、户口迁移证、党团关系等材料。为了让学生尽快地认识彼此,学校还为每位新生制作了印有学生姓名和国籍信息的"名牌",让学生戴在胸前。"名牌"背面则印有每位学生接下来几天主要的日程和活动安排。那天,除了闻讯赶来的记者,华东师大宣传部、摄影组、校友、学生摄影爱好者等也纷纷到达现场,采访和拍摄新生报到的场面。

夏日的清晨,天亮得很早,微风吹拂,颇感惬意。我 7 点钟就匆匆赶到校园,打算迎接新生的到来。不料有的学生和家长比我到得更早,看见有人坐在三馆外的长凳上,我上前一问才知道是来自美国佛罗里达州的新生丹尼尔·塔马约(Daniel Tamayo)和他的母亲,他们凌晨就进校园等候了。报到时间还早,我们就在三馆外面交谈起来了。不一会儿,时任文理学部主任卫周安也加入攀谈,大家边说话,边拖着行李走进报到大厅。常务副校长杰弗里·雷蒙迎了上来,老乡见老乡,更有说不完的话。在工作人员的引导下,丹尼尔很快就办好了报到手续,与同学聊上了。7 点半过后,新生们陆续前来报到。华东师大还在暑假期间,校园内格外宁静,正是这些学生和家长的到来,使得大厅里一下子热闹了起来,各种肤色的人聚在一起,场面非常感人。感谢《青年报》摄影记者、华东师大校友余儒文,他拍摄的照片留下了不少激动人心的场面。我从中认出了不少学生的身影,郑丹蒙、赵家宁、黛布拉·基亚(Debra Chia)、田牧童、余点、凯文·科拉瓦尔·阿肯福林(Kevin Kolawale Akinfolarin)、邵剑桥、马樱梦、李嘉维、方思遥、萨拉·巴特(Sara Batta)、湛希、顾力嘉、杰克·沃尔滋(Jacko Walz)、朗西·黄(Lancy Huang)、林依栩、王逸樵、叶天戈……中外学生在报到大厅里就攀谈交流起来了。远道而来的国际学生还有些羞涩谨慎,而作为一方地主的中国学生则显得格外热情洋溢,从他们身上,我隐约看到了上海纽约大学学生的特质。不少中外学生未曾谋面,却早已在互联网上相互结识,进了报到现场,就开始寻找自己的室友。在大厅里,他们就像熟识已久的朋友,亲切地交流。很多中国学生还主动帮助外国室友办理有关手续,熟悉学校环境。

一位来自美国的女生和家人特地从美国飞到北京与室友相会,在北京游览了一番后,两家人一起来到上海。来自纽约的学生爱文·马克斯(Ivan Marks)在叫

/上　2013年8月11日，上海纽约大学首届新生报到
/下　2013年8月11日，迎接第一位报到的学生

/上　2013年8月11日，首位报到的国际学生和家长在华东师大校园
/下　2013年8月12日，在首届新生入学典礼上致辞

/ 上 2015年3月14日，上海纽约大学教授参观上海自然博物馆
/ 下 2015年7月18日，联合国各国雇员访问上海纽约大学

/ 上　2015年10月，潍坊街道在上海纽约大学举办的传统文化交流活动
/ 下　2015年12月，上海纽约大学学生在上海陶艺馆

了我一声"爷叔"后,竟然说起了流利的上海话,着实让我大吃一惊。爱文可谓是语言天才,他会讲多国语言;汉语不仅会讲普通话,还会上海方言、广东方言,当然他仍在学习中。交谈中,我才知道他曾在纽约唐人街跟着来自各地的中国人学讲普通话和方言,又在华东师大与华美协进社合作的纽约孔子学院学习汉语,也许这就是他选择上海纽约大学的原因吧。有趣的是,大个子美国学生马克·韦斯特(Mark West)有六七位亲戚陪同来学校报到,他们也顺道在中国旅游,带了不少行李。下午,烈日当空,天气炎热,进校门才到半道就走不动了。马克连忙赶来报到大厅求助,我们马上派车把他们接了进来,大家不亦乐乎。

和学生、家长们在一起,时间不知不觉就过去了。整整一天,学校领导和行政人员一起在大厅里忙着给新生指点引路,与学生和家长交谈。和新生相见的喜悦与期待之情真的难以描述,也许记者余儒文抓拍的那张我开怀大笑的照片就是我当时心情的写照。数日后,我才注意到《中国青年报》《解放日报》《东方早报》都有写到学生的感受:"一进大学就见到了校长,还和中美双方校长握了手,感觉特别地亲切和惊喜。"这个结果是我们没有预料到的。作为学校文化的一部分,迎接新生的传统在不经意中坚持到了今天。中央电视台、新华社、中新社、《人民日报》、《光明日报》、《中国青年报》、《解放日报》、《文汇报》等主流媒体都刊发了首届新生入学的相关报道,从多个视角显示了上海纽约大学的"不同"之处。

早在新生入学前,《新闻晨报》就率先报道了上海纽约大学的学生宿舍管理模式。学校设立了7个不同类型的文化区域——"上海城市建筑区""城市文化和艺术区""运动人生区""流行文化区""摄影:全球化的视角区""音乐:跳跃的八度区""我是志愿者区"。以宿舍区域为单位,开展各种类型的活动。入住哪个区域的宿舍,是由新生自主选择的。学生在递交住宿申请的时候,同时递交自己对文化区域的偏好。学生宿舍也是由学生自主管理的,每个文化主题区域,都配备1—2名高年级学生担任宿舍管理助理,他们是来自美国纽约大学的学生,在上海学习一个学年或一个学期。经过申请、选拔、培训等一系列程序才能担当助理的工作。他们为新生提供住宿生活方面的指导和帮助,并且与新生一起组织形式多样、丰富有趣的主题活动,在帮助新生适应住宿生活的同时,创造独具特色的校园生活和文化氛围。这种新颖独特的宿舍文化,吸引了社会各界的关注。

随着首届新生的入学,记者们更以浓墨重彩的笔调来描写这群充满活力的学生。《中国青年报》的采访中写道:"萨拉(Sara)是一名来自美国迈阿密的女孩,她的父母和妹妹都陪同她来学校注册。在萨拉的母亲看来,她是一个非常独立的小姑娘,'我的女儿参观了10所大学最终选择了上海纽约大学'。萨拉列举出了她被上海纽约大学吸引的理由:喜欢上海、中外学生融合的学校氛围、纽约大学的崇高声望以及全然不同的生活体验。"《解放日报》采访了来自美国加州的学生凯丽,"第一,她想去一个没有去过的地方念大学,在求学的过程中可以了解当地的历史文化。中国有着几千年的灿烂文明,她很有兴趣……第二,她希望将来从事国际贸易领域的工作,中国是国际贸易大国,因此,学习中文非常有必要,而学中文最好的途径就是来中国读书。第三,上海是一个国际化大都市,纽约大学是一所国际化高等学府,上海纽约大学汇集了来自世界各地的学生。在这里可以接触到不同的人,接触到不同的文化,这和她的家乡加州很不一样。"《新闻晚报》也刊登了一些学生和家长选择上海纽约大学的理由:"来自美国的女孩希德尼说,几年前我来上海旅游,很喜欢这座城市的多元文化环境。""在美国的大学,我也能感受到文化多元性,但多元化程度也许只有20%,而我到了上海,多元化程度也许就有75%了,我可以和很多东方人交流。""毕业后如果我能在上海或纽约就业,将获得很多机会。""来自巴拿马的陈比利(Billy Chen)是一名华裔男生,能说西班牙语、英语、汉语三种语言。此前,他已被六所美国大学和香港大学录取。小陈的妈妈告诉记者,之所以最终选择上海,是因为她想让儿子回到父母的故乡。""小安同学毕业于上师大附中,她告诉记者,她是抱着试一下的心态报考上海纽约大学的,没想到在校园日(candidate weekend)活动中得到好评,被A档录取。她放弃了上海交大的提前录取面试。小安觉得上海纽约大学最吸引她的地方,是把国际先进的教育理念引入国内,如本科前两年不选专业,这样同学们就能在各个学科的学习中了解自己真正喜欢什么,两年后再选专业就能更有利于未来的发展。"

学生选择上海纽约大学的原因各不相同。但是,中外学生都在追逐自己的梦,憧憬着未来。对于中国学生来说,他们想要看到世界,体验不同的教育模式,上海纽约大学能给他们一个国际化的学习环境和培养模式;而对于国际学生来说,上海纽约大学有一个更具探索性的多元文化环境,他们希望有不同的人生经历,也许对中国、对上海更感兴趣。学生的文化背景不同,对学校的期待不同,想得到的东西也不一样,这正是上海纽约大学多元化的特点之一。新生刚入学时,有位华东师大的老师对我说:"在校园里看到你们的学生了!"我以为他说的是穿着学校 T 恤的学生,自然容易识别。然而他却否认了,他说这些学生的气质不一样,自信、阳光,而且看到中外学生走在一起。

第二天便是首届学生的入学典礼。面对来自世界各国的学生,我应该讲些什么呢?这些日子里,我是绞尽脑汁,煞费苦心,希望能尽到校长的责任,对这些怀揣梦想的学生讲些有价值和意义的话。我和雷蒙常务副校长沟通过,也看了他的讲话稿,我们都觉得在入学典礼上大家讲话的侧重点应该不同。他会以自己的美式幽默,与学生们聊聊大学教育和社会责任,以及上海纽约大学的人才培养目标与培养特色。那么,我讲什么呢?冥思苦想,几易其稿,联想到这些在各种机会面前作出选择的中外学生,我不由得想起了自己的大学梦。

我的大学梦

我是在娘肚子里听到解放上海的炮声的。出生后 16 天,北京天安门广场上就升起了五星红旗。作为新中国的同龄人,命运使然,无论是艰辛还是幸福,总是与共和国的坎坷与兴旺相伴而行。1966 年开始并席卷中国大地的一场"文化大革命",不仅给新中国带来了极其惨痛的经历,也改变了我的人生轨迹。我是市西中学 68 届高中生,1965 年至 1968 年应该在学校念书,但实际上高中只读了一年。同那一代人的命运一样,我无学可上了。父母是需要改造的知识分子,正在接受审查,更使我感受到了人情冷暖。当"知识青年上山下乡"的号召落到我们这届学生头上,我毫不犹豫地选择了黑龙江,只希望走得越远越好,离开这个伤心之地。1969 年 7 月,我毅然决然地离开了养育我近 20 年的上海,与一批命运相同的知青踏上了北上的列车。整整三天三夜,由火车转到卡车,一路开到黑龙江长水河农场三分场的新点。所谓新点就是新垦区,一眼望去只有泥巴糊墙,茅草盖顶的两栋房,一口井,一间厨房,其他什么都没了。刚到农场,这两栋大房子里住了我们 100 多个男知青,秩序非常混乱,当地领导也管不了,只能听之任之。新生活刚开始,就有一种被人抛弃的感觉。

开荒是新点的一个重要任务,就是用拖拉机把草甸子翻了种庄稼。农场的主要作物有小麦、大豆、小米、玉米、土豆等，很少有绿叶蔬菜。黑龙江被称为粮仓，但我们下乡的头两年里吃不饱、饿肚子是经常的事。据说当年虚报粮食产量，必须多交公粮，所以不得不把口粮和种子都上交了，导致后来农场不得不吃返销粮。但返销回来的粮食都是粮仓库底发霉的麦子和玉米。馒头发不起来，蒸得像团子一样黏糊，玉米粉做成的窝窝头带有霉味。就这样的粮食有时还供应不上，只能土豆蘸盐糊口。这就是我们刚下乡时的经历，吃的没有油水，也没有菜；住得很简陋，冬天取暖也是个问题，甚至要戴着棉帽睡觉。

小兴安岭山麓气候寒冷，一年中有半年被冰雪覆盖，极端温度在零下40多度。在去黑龙江之前，听说东北人有"猫冬"之说，即冬天不用干活，但是我们在农场那么多年从没体验过"猫冬"。一年四季，春天播种，夏季除草，秋天收割，冬季备料，不会有闲的时候。北大荒土地广袤，人力有限，我们几百号人就要管上几千垧地，必须靠农机。但机械并不配套，农机数量有限，质量无法保障，如果碰到天公不作美，连续大雨，拖拉机、康拜因（谷物联合收割机）还下不了地，只能靠人工。到农场的第二年，就遇到了连绵大雨，我们只能拿起小镰刀，下地割麦子。日出日落，一天十几个小时在麦田里弯腰挥镰，腰撑不住了只能跪在泥泞的地上继续干。可以想象，那么大片的麦田，几百把小镰刀再努力也只能收割很小一部分。几周下来，大家疲惫不堪，但本着抢下一点算一点的愿望，我们还是咬着牙关一直坚持到天冷下来，田地冻住，康拜因才可以下地收割。看到粮食受到严重损失，都是大家的劳动果实，谁不心疼啊！人与天斗还是力不从心的。

看到农场的地有多大，才能理解知青的付出有多大。正是"农业学大寨"的年头，天天在战天斗地，农忙季节根本就没有假日。好在年轻人还有拼劲，大多数人能吃苦耐劳。两百斤左右重的一袋小麦或大豆，小青年能扛在肩上走三级窄窄的跳板，到两三层楼高处倒进囤里；能几个晚上不睡觉下地抢运麦包，上山扑救山火。夏天铲地（锄草），一日三餐都在田地里吃，清晨、傍晚有小咬的困扰；中午顶着烈日，汗流浃背，每个人的衣衫上都结了一层白花花的盐霜。连队那么大面积的大豆地、小米地、土豆地，靠这些人是管不住的，但是只要有一天就铲一天，起早贪黑，干多少算多少。冬天也不清闲，上山伐木采石，备料盖房子。为取暖砍树割草，把附近山头的好树都砍掉了，现在想想真是在破坏生态环境。最荒唐的事要算是积肥了。开始还可以，把废弃的牛棚猪圈挖地三尺，作为肥料送到地里。但牛棚猪圈面积毕竟有限,而学大寨还必须苦干,干什么呢?有一句东北话,叫作"土换土,二百五",就是把这块地的土换到那块地就是肥料了,可以增产。于是,到后来"冬天学大寨"就是把一块地的土刨起来,运到另一块地里。结果到了春天,下面翻过的地开化了,而上面搬过来的土却化不开,要春耕播种了,只得把冬天运到地里的"肥料"再搬走。要知道,地冻三尺的北大荒,镐头刨土,一镐一个白印,很不容易的;拖拉机拉着爬犁运土,耗油又耗机。这样得不偿失的结果,大家心里都很清楚,但"学习大寨"形式大于内容,要的就是这个劲,不断苦干,不断付出,生命不息,"折腾"不止。

随着时间的推移,很多知青被选进了机耕队、医务室、学校,成为技术工人、医生和老师;一批知青成长为农场的领导干部,有了一定的话语权;农场的生活条件也逐步得到了改善。那些年里,我们新开垦了几万亩良田;场区面貌也发生了很大变化,有了养猪场、蔬菜地、苗圃、菜窖,建起了道路网、行道树,甚至还种植了一大片青年林。我们自己开石、采砂、烧砖、架房梁,盖起一栋栋砖瓦房,有了知青集体宿舍、食堂、机耕队宿舍、车库、办公室、卫生所、学校,还建了一批家属宿舍……

北大荒的农垦生活无疑是刻骨铭心的,天寒地冻、农作辛劳、生活艰苦、物资匮乏、疾病肆虐,无不在挑战人的生存极限,磨炼着知青们的身体与灵魂。对年轻人而言,生活上的煎熬、体力上的劳累,都是可以坚持下来的,而让人更难以忍受的则是那思乡之苦和看不到未来的忧虑。随着岁月的流逝,这样的苦恼与日俱增。在迷茫中,我内心深处一直有个强烈的信念,那就是要继续学习,做一个真正的"知识青年"。从而,上大学成了我挥之不去的梦。

70年代,农场可以推荐工农兵上大学,每次我都被连队知青推荐上去,但都不了了之。1973年,在选拔工农兵大学生的程序中增加了文化考试,这让我喜出望外,觉得有机会了。可是命运又和我开了个玩笑,一个叫张铁生的知青在考试时交了白卷,还在试卷背后写了一封对文化考试有异议的信。所谓的"白卷事件"给"文革派"提供了一发重型"炮弹",当年的考试也就作废了,我的大学梦再次破灭。直到我25周岁那一年,这是当时推选工农兵上大学的年龄上限,最后一次机会了。有消息传来,说是看到我的名字已在同济大学录取名单上。在等通知时,家人电告我祖父病逝,我都不敢回上海奔丧。其他人陆续收到入学通知书,一个个都走了,我还在等待消息。等到实在熬不住了,我拜托一位朋友到地区招办打听消息。电话里传来的是:"我都找了,没有看到你的名字。同济大学太热门了,我们猜测也许你的推送资格被人替掉了。"一切又落空了。我听到消息后,一个人沿着田埂走了很远很远,然后站在田埂的尽头,对着天地放声歌唱,借以缓解自己的情绪。一切都过去了,我得从头再来。说实话,每次落选对我的打击都很大,但我属于比较想得开的人,情绪过了,继续努力。我觉得人生没有必要那么悲观,只要努力了,机会总会有的。

"文化大革命"终于结束了,拨乱反正,中国走上了改革开放的道路。1977年,恢复高考改变了我们这代人的命运。欣喜之余,我才注意到报上公布的消息是25周岁以下的青年可以报考,66、67届高中生学业优秀的,也可以报考,而我恰恰是68届高中生,又超过了25岁,不在此范围。尽管我不死心,请市西中学给我开了一张学业优秀的证明,但最后还是没有让我报名。为此,我先后到哈尔滨、北京上访。一位领导对我说,你还是回去好好准备吧,别上访了,后面还有机会。半年后高考报名果然全面放开了。为了抓住这个机会,我在短短几个月时间里,自学了高二、高三的各门课程。没有教材,就到处去借,甚至自己誊抄。白天必须下地劳动,绝不能影响工作。只有在夜深人静之时,我才能放心地在蚊帐里打开手电筒翻看书本。为了不影响他人休息,经常是亮一会儿手电,赶紧把知识点和习题记在心上,然后再关上,躺在炕上反复琢磨、回忆,在心里默默解题。清晨出工前,我把重要的数学公式、物理概念写在手上,歇息时看一下,加深记忆。总之,任何支离破碎、分分秒秒的间隙都成了我复习迎考的宝贵时间。我就是在这样的环境下,以这种方式复习迎考的。说来也怪,那个时候真有过目不忘的本领,上大学就是我的"梦"!

黑龙江有一大批下乡知青,1978年报考人数特别多,省里组织了一次初试,选6万名左右的考生参加全国高考。我还留存了当年的2张准考证,理科初试考3门:数学、物理、政治。我以黑河地区理科初试第一名的成绩,取得了当年全国高考的资格。记得去参加考试的那天凌晨,我们一群参加高考的知青怀着无限的期待,坐着货运卡车颠簸了一个多小时赶到北安农场学校,进了考场还没从"头昏脑涨"中缓过劲来,就开始答卷了。中午一碗井水和两个馒头就算是午餐了,下午还要继续考试,一天下来感觉十分疲惫。我们几个知青合计了一下,觉得不能再坐大卡车来回折腾了,不然肚子里的"学问"都会被"颠"出去的。于是我们就借住在当地一户老乡家里,一张小炕空空如也,晚上六七个知青裹着军大衣挤睡在土炕上。没灯怎么复习?我们自有绝招,黑暗中轮流提出各种问题,大家一起答题和讨论。就这样,两个夜晚也凑合着过去了。

考完最后一门课,我深深地舒了口气,我知道自己一定能考上大学。我的第一志愿就是华东师范大学(当时上海五校合一,称为上海师范大学),这是我心目中最理想的大学。我还清楚地记得1978年9月的一天,我在地里干农活,同时参加高考的一位朋友坐着拖拉机匆匆赶到麦田找我,神秘兮兮地问:"如果考上了师大你高兴吗?""那还用问吗?当然高兴啦。"我不假思索地回答。"那我告诉你,你考上了。"我的这位朋友用非常低沉、非常平静、非常严肃的语气向我传递了这个改变我人生的喜讯。我明白,他的"刻意"是怕我落了"范进中举"的套。

就这样,近而立之年的我终于如愿以偿地踏进了梦想中的大学校园,回到了阔别已久的故乡上海。回想自己高考的历程,真的很不容易,今天的年轻人恐怕难以想象。那时,有一个坚定的信念支撑着我,那就是要把握自己的命运,用知识改变人生。现在想来,曾经走过的那段不平坦的路,让我变得更加坚强,更加刚毅。艰难的高考之路磨炼了我在逆境中前行的能力,增强了我应对困难的信心和勇气,这足以让我受益终身。

九年多的农场生活,让重新回到校园的我无比珍惜来之不易的学习机会,一头扎进了知识的浩瀚汪洋中。在78级这个特殊的学生群体里,年龄上下最多能相差十几岁,许多同学都是从农村、工矿的工作岗位上考进大学的,大家都憋着一股劲学习,以弥补失去的岁月与韶华。除了课堂学习,一本好书、一个好讲座、一个参与科研的机会,学生们往往如饥似渴地去看、去听、去参与,自学蔚然成风,根本不需要教师催促。我们每天六点多就起床,拿着英语书在校园里找个角落去背英文单词和课文,然后到操场跑步锻炼、做广播操,再去食堂吃"老三样"——稀饭、咸菜、馒头。吃完早饭后大家就匆匆进到教室占前排座位,以便听清老师讲课。晚上的教室和图书馆里一定挤满了自修的学生,往往一座难求。而晚自修的结束并不意味着一天学习的结束。熄灯后,只有宿舍走廊和厕所的灯光还亮着,不少同学会在那儿的灯光下看书。我们真的是用全部时间在学习。那时还是一周六天工作制,但周日回家也是看书,而更多人则是选择不回家。我们的求知欲体现在大学生活的方方面面。比如,但凡学校有讲座,我们一场也不会落下,尤其是那些"海归"的讲座,即使只讲一点海外见闻,偌大的教室都会坐满、站满学生。学校的人文艺术类讲座也是人满为患。整整十年,国人压抑着对文化的饥渴,随着"文革"的结束,正是万物复苏的时代,人人都怀着拨云见日的欣喜在重新审视周遭的一切。

大学毕业后我留在学校工作。正逢教育部争取到了世界银行贷款,要选派一批高校教师出国学习。除了中青年老师外,地理系还选了三名毕业班学生去参加考试,取得了出国名额,学校就把我留了下来,担任82级的辅导员,同时准备出国。1985年5月,我踏上了海外留学之路,赴英国利物浦大学深造。根据英国大学的规定,我必须先注册为硕士研究生,但不到一年时间我便通过了论文开题报告,转成博士研究生。1989年我取得了博士学位,只用了不到四年的时间。我是新中国成立后在英国利物浦大学地理系学习的第一个来自中国大陆的学生,也是当时系里为数不多的在那么短的时间内完成博士研究的学生。我觉得"文革"十年浪费了我们那么多时间,我必须抓紧分分秒秒,把时间抢回来。在英国学习研究的日子里我几乎每天都是第一个到实验室,最后一个离开大楼的学生,很多节假日也都在学校里工作。幸运的是,我的研究工作很受导师弗兰克·奥德菲尔德(Frank Oldfield)教授的重视。在他的指导下,我获得了英国海外学生奖学金和利物浦大学奖学金,并在国际一流学术刊物上发表了多篇论文。奥德菲尔德教授是国际著名的环境生态学家,也是环境磁学的创始人,我在他那里受益匪浅,博士论文完成后又随导师做科研项目,一直到我护照五年期满。在我要求华东师大同意我延长护照期限的时候,时任华东师大校长袁运开教授委托国际交流处处长给我写了回信,希望我尽早回国工作,并表示回国后学校还会同意我出国合作研究。没有太多的考虑,出国时我就打算学成后回国的,只是在考虑合适的时机。而且,我从事的环境磁学研究和应用,在国内尚未开展,确实有这个需要,我的想法也得到了导师的支持。

为了回国后能顺利开展研究工作,我用节省下来的生活费买了一台当时比较先进的计算机及绘图仪、打印机等外设;和英国的仪器公司商量,以答应帮他们做宣传演示换得赠送的一套磁化率测量系统。回国后,学校给了不少支持,不仅是实验室和实验设备,也通过科研项目经费进口了各种磁性测量仪器,装备了国内第一个环境磁学实验室,并且很快就和相关领域里的专家教授们建立了联系。我还和国外专家合作申请了若干国际合作项目,也得到了国内外的科研基金支持,如中国国家自然科学基金、教育部留学回国人员基金、英国皇家学会、英国文化委员会、日本大学校长基金等,在此基础上先后派出了几十人次的青年教师去国外合作研究半年、一年,甚至两年。在比较短的时间里,就把环境磁学研究开展起来了。

与同时代的人一样,我没有太多选择的机会。是大时代的浪潮,让我有幸在而立之年进入到高等教育与科学研究领域,而后又把我推到了大学管理岗位上。我从1978年考入华东师大后,就一直没有离开过大学。回头一看,到我退休时已经在大学学习和工作了42年,其中在学校行政管理岗位上工作了24年,1996年担任华东师大校长助理、科研处长,1997年任副校长,2003年调任上海师范大学校长,2006年回华东师大任校长,2012年被聘为第一所中美合作举办的国际化大学——上海纽约大学的首任校长,直至2020年退休。我有幸见证了我国高等教育事业从改革开放之初的复苏,到世纪之交的快速发展,又到21世纪以来的质量提升的整个历史进程。

回想过往,感慨万分。我生在上海,长在上海,而人生中对我影响最大的两段时间却是在黑龙江务农的九年和在英国留学的五年,我戏称为"土插队"和"洋插队"。上山下乡有迷茫与困惑,但实实在在改变了我对社会的认知视角;海外求学打开了我的视野,让我体验到了世界文化的多元,成为我未来发展的基石。这些经历在无形中影响了我的人生观、价值观和世界观。时代不同了,当代青年学子在面对困难、面对差异时,能否追随激情,不灰心、不放弃,努力前行?青年是世界的未来,他们也许有更多的"梦",并在为之奋斗,但能否把个人的"梦"和世界的"梦"、人类的"梦"连接在一起,从而使这些"梦"更有价值、更有意义呢?我很想讲讲自己的经历和感受。

融入世界的梦

当今世界变得越来越小,现代化交通工具、互联网与无线通信技术使人们之间的连接越来越密切了。面对多元文化的世界,人类需要相互理解、和谐相处,携起手来共同解决我们所面临的全球问题。这应该是世界的梦,人类社会的梦,而教育应该让孩子们看到一个完整的世界,为创建人类社会的美好未来而奋斗。每个人都有自己的梦想,只有把自己的梦融入世界的梦之中,才能实现有意义的人生价值,这也是我们希望学生们追求的目标。

夏日的炎热尚未退去,树上的知了还在尽情欢唱,上海纽约大学的首届新生在炽热的气氛中开始了他们的新生活。8月12日清晨,华东师范大学中北校区的大礼堂内外一片紫罗兰色,门前拉起了印有"WELCOME CLASS OF 2017"的横幅,大草坪上空的气球下悬挂着中英文的条幅"热烈欢迎2013级新生""WELCOME CLASS OF 2017"。大礼堂台上的会标上同样是中英文这两行字,既有入学年份,也标明了学生的届别,不同的表述方法,格外有意思。前来助兴的华东师大的4位学生歌手一大早就来大礼堂走台排练了,大家都期待着这一喜庆时刻的到来。9点还不到,学校教职工、嘉宾和新生家长就陆续来到礼堂,华东师范大学民乐队的同学们在舞台上奏起了欢快的音乐,欢迎来自世界各国、五湖四海的人们。作为一所国际化大学,学生的母语各不相同,英语就是通用语言了,因此在入场前中国家长都能拿到一份中文稿,以帮助大家知晓学校领导致辞的内容。教职工被安排坐在礼堂两侧的座位,家长们则都集中坐在后排,而为入学典礼的主角——学生留出了前排和中间的位子。

近300名来自中国10个省区市的中国学生以及来自美国、德国、俄罗斯、巴基斯坦、印度、波兰等34个国家的国际学生早早就在学生宿舍前集合,整队来到大礼堂外等候。上午9点48分,时任学生事务部副主任彭汉智(David Pe)宣布入学仪式开始,乐队奏起了欢快的中国民乐,烘托着同学们入学的喜悦心情。首届新生精神抖擞地从礼堂两侧大门步入会场,教职工和学生家长都纷纷站立起来,以热烈的掌声欢迎这些朝气蓬勃的新同学。只听得一阵咔咔的拍照声,带着众人的期望,首届新生留在了历史的镜头里。2名年龄最小的中外学生最后进场,她们手执校旗,气宇轩昂地走上舞台,把旗帜插在主席台的两侧。校旗上由4个火炬组成的白玉兰花格外引人注目,这是学校的徽标,既有纽约大学的元素(火炬),更体现了上海的城市精神(市花:白玉兰)。

按入学典礼的议程,我第一个上台致辞,欢迎新同学的到来。

亲爱的同学们、家长们、同事们、朋友们：

今天我们欢聚在这里，举行上海纽约大学首届学生的入学典礼。这是一个具有特殊意义的时刻。不仅是因为这所学校的特殊身份，也因为在座同学们的特殊身份。请大家注意，这所大学、这批学生承载着很多的"第一"，我们都是这个全新事业的开拓者，我们在共同谱写高等教育国际合作的新篇章，开创上海纽约大学的历史。请允许我代表上海纽约大学，欢迎同学们的到来。我也想代表上海纽约大学，感谢各位家长的光临，感谢你们给予孩子们的关爱和支持。

我叫俞立中，上海纽约大学校长。同学们可以按照英语习惯，叫我 Lee；或者按照中国传统，叫俞老师。今后的 4 年里我们会经常在一起，希望成为大家的朋友。也许，在微博或 QQ 群里，我们已经是朋友了。

同学们，现在我们已经是上海纽约大学这个大家庭的一员了，作为这个大家庭的一位长者，我真的有很多话想和大家讲讲。但是，我还是决定把那些严肃的话题留给杰弗里，我们的美方校长，因为他要对这所大学的学术水准和教学质量负责任。这里，我就和同学们谈些轻松的话题吧，一个和我自己有关的"梦"的故事。

首先，请同学们再问一下自己：我为什么选择了上海纽约大学？每个人都会有很多梦，这个选择圆了我什么梦？今天的场景，让我想起了 35 年前我进入大学的那段经历，那年我已经 29 岁了，那年我已经在黑龙江的农场里度过了 9 个多年头。在座的年轻人也许知道"文化大革命""知识青年""上山下乡"这些名词，但是否明白这些名词对我们这代人意味着什么？中国的孩子不太了解，来自海外的同学们更无法理解了。

历史事实是，"文化大革命"中断了我们的学习，所有的学校都不上课了；大批学生被送到边远的乡村，知识青年上山下乡，接受再教育。我去了黑龙江小兴安岭山麓的一个农场，在那里一待就是近 10 年。农场的工作和生活条件是非常艰苦的，对于年轻人来说，生活上的煎熬、体力上的劳累，都是可以坚持下来的，而最让人难以忍受的是那无法看到的前途。但是，在最困难的 10 年里，我的内心深处一直有个强烈的信念，"上大学，成为一个真正有知识的青年"，这就是我挥之不去的梦。

20 世纪 70 年代末，中国走上了改革开放之路。恢复高考，给了我们改变命运的机会。在短短几个月的时间里,我自学了高中的各门课程。白天必须努力劳作,只有在夜深人静之时,我才能在蚊帐里打着手电筒翻看书本。经常是亮一会儿,赶紧把知识点和习题记在心上,然后关掉手电筒,躺在炕上反复琢磨、回忆,在心里默默解题。每天清晨出工前,我会把重要的数学公式、物理公式写在手心上,歇息时打开掌心看看,加深记忆。总之,任何支离破碎、分分秒秒的间隙都成了我复习迎考的宝贵时间。

记得去参加考试的那天凌晨,我们坐着货运卡车颠簸了一个多小时,头昏脑涨地进入了考场,就开始答卷。馒头加冷水是我们的三餐,晚上只能借住在老乡家里,六七个人挤睡在一张土炕上。我很幸运考上了华东师范大学,重新开始学习生涯,实现了自己的梦想。要知道,当年只有不到1%的年轻人才有这个机会啊。

"文化大革命"磨蚀了我们这代人的青春年华,十年里我们不知道自己的未来在哪里。十年后,我们这代人却在机会面前大分化了。我经常想,为什么我能走上这条路?也许就是因为梦,这个大学梦使我在任何困境下,不放弃、不灰心,坚持不懈、乐观处世。"梦"是人生的一个目标,一个愿景,一个希望,一个动力。人需要有"梦"。

如果说进入上海纽约大学是同学们的一个梦,现在这个梦已经实现了,下一个梦是什么呢?在校园日活动中,有一些中国同学说,上海纽约大学有一半是中国学生、一半是国际学生,全英语教学和互动学习模式更适合国际学生,他们有竞争优势。在国际学生活动中,也有美国学生问我:听说中国学生学习都很努力,我们会不会跟不上呀?我很高兴同学们能意识到自己的优势和弱项。但是,发挥自己的优势,弥补自己的不足,需要勤思考、需要有所付出。为了实现美好的"梦",勤于思考、刻苦努力是必须的。我希望同学们享受学习过程,也希望同学们有艰苦奋斗的准备。大学只是为我们的成长提供了机会,创造了条件,而成功的人生,一定需要自己加倍付出。

当年,我们在大学学习真是憋足了一股劲,因为大家知道机会来之不易。让我给大家展示几个情景:为了提高英语水平,清晨6点多,校园的每个角落都有学生在猛背英文单词和课文;晚上自修教室和图书馆都坐满了学生,甚至还有站着看书的;各种学术报告、文化讲座、社团活动,都会挤满了学生,以致席地而坐;

熄灯后,还有同学在宿舍的走廊和厕所里看书学习。那个年代的我们太想读书了,真想把全部时间都用来汲取知识、提升能力。因为大家都明白一个道理,要想成为能跟上时代发展的社会栋梁,需要积极思考、需要努力探索,必须有更多的付出,我们是在补回失去的年华呀!

我无意提倡同学们向我们这代人学习,只是想告诉大家:实现美好的"梦",必须有所付出。

今天,同学们面对的是一个新的时代,被称为"全球化时代""知识经济时代""信息化时代""生命科学时代"等。上海纽约大学希望为当今这个时代培养一大批具有全球视野,有跨文化理解、交流和合作能力的国际化创新人才,以迎接未来的挑战。这是符合时代发展、世界需要的探索。这也是所有上海纽约大学的创建者、参与者的梦,是我们大家的梦。每个人都有"梦",当我们把个人的"梦"和社会的"梦"、世界的"梦"联系在一起的时候,个人的"梦"也变得更有意义,更伟大了。

愿同学们"永远有一个美好的梦",希望同学们"为实现梦想而努力",希望同学们"把个人的梦和社会的梦、世界的梦联系起来"。这就是我想送给新同学的见面礼。

祝愿同学们有一个愉快而成功的大学生活。

随后,上海纽约大学常务副校长杰弗里·雷蒙向新生和家长们介绍了上海纽约大学会带给学生的教育体验。他表示,我们的教育使命不是简单地向学生传授知识、提供答案,而是培养学生成长为具有创新思维和批判精神、能够理解和融合不同文化、愿意服务社会和他人的世界公民、未来领袖。他说:"创造者、发明者和领导者不可能靠背诵和记忆别人的答案来创造、发明和领导。他们必须掌握为旧问题找到新的、更好的答案的能力,必须掌握能及时发现旧答案已经不合时宜的能力,因为世界是在不停变化的……大学教育不只是给你们前人的智慧,不只是要给你们已有的知识,也不只是要告诉你们某个正确答案。我们要把你们培养成出色的学习者,对事物充满好奇,并且懂得如何去加深自己对事物的认识。我们要把你们培养成有创造力的世界公民,能在不同文化、不同背景的人群中游刃有余。为了实现这个目标,我们会不断向你们提出非常难的问题,这些问题没有标准答案。我们会教你们怎样发表精深独到的见解。同时,你们也会看到别人用同样精深、同样独到的方式给出完全不同的答案。当然,你们也会发现有些答案是错的——提出全新的见解并不一定表示你具有创新精神,未经深思熟虑,不是源于诚实和严密思维的答案是经不起推敲的。"这些话很好地体现了上海纽约大学的教育理念,至今我还时常会引用。

时任上海纽约大学教务长汪小京、文理学部主任衛周安、商业与工程学部主任埃坦·泽梅尔(Eitan Zemel)等也分别在入学仪式上发表了简短讲话。华东师范大学学生艺术团穿插演出了精彩的民乐、舞蹈、校园歌曲等富有中国文化特色的节目。历时一个多小时的入学仪式结束后,中外学生纷纷拥到会场外设立的签名墙前签名,留下这个历史时刻的印记。还有很多学生和家长在此合影留念。大家对即将开始的大学生活充满了激情,期盼着未来。

在首届新生的入学典礼上,我并没有过多阐述上海纽约大学的办学特色和宏伟蓝图,而更多是与中外学生分享了我年轻时上山下乡的经历和求学之路,希望通过人生故事,传递给大家一种追逐梦想的精神,那就是要把个人的"梦"与人类进步、社会发展的"梦"紧紧联系在一起。这是个人价值的实现方式,也是上海纽约大学的教育理想。我不知道,听者能否明白我的用意,但出乎我意料的是入学仪式结束后,我被一些学生、家长,甚至外籍教职工们团团围住,他们被这些故事所感动。来自美国的注册官沃伊特挤到我面前,眼眶里还含着泪花,他说:"没有想到你还有这样的经历。我听了以后很受感动,更觉得我们要办好这所学校,让学生们有实现'梦'的机会,体现人生的价值。"

有位新生家长在新浪微博上发了一段推心置腹的话。"作为家长,离开上海纽约大学已经超过 24 小时了。回想起新生入学仪式还是激动万分,有很多瞬间铭刻于心:勤勉、可亲的俞立中校长,严谨、诙谐的雷蒙校长,所有人集体起立为开启大门的每一个孩子鼓掌,推心置腹的餐间交流,处处显示出一流学府的大牌风范,令人回味。这可不是国人理解的'贵族学校',各种文化思想的前沿让充满勇气和信念的先行者无怨无悔。衷心祝福上海纽约大学,祝福上海纽约大学的建设者。"

入学欢迎仪式后,为期三周的入学教育就正式开始了。为了帮助首届新生适应新的环境,上海纽约大学管理团队倾注了极大的热情,做了细致周到而富有创意的安排。新生营课表上,每天从早到晚都非常充实,课程与活动的设计既体现了"国际范",又融入了"海派味"。训练内容涉及学术技能、语言培训、通识课程、素质拓展、学生交流等方方面面,主要目的是向学生介绍学校的基本情况、办学理念、培养模式和教学方式等,帮助新生尽快适应在上海纽约大学的学习和生活。学生在报到时,就拿到了一份详细的入学教育的日程安排。入学教育的主要内容包括以下五个部分:

1. 学校基本情况介绍:学校的有关部门在入学教育期间都会开设专门的活动,向新生介绍相关情况。如学术事务部将介绍课程及专业选择、选课系统、学业指导等事宜;学生事务部将介绍课外活动、学生社团组织、住宿生活、健康咨询等事宜;信息技术部将介绍网络使用、信息技术支持等事宜;公共安全部将介绍校园安全、消防安全等事宜。

2. 学术研讨及讲座:入学教育期间,安排了一系列学术研讨会,帮助学生了解和适应上海纽约大学的教学和培养模式。这些研讨会涵盖时间管理、学术规范、阅读技巧等不同内容。教授们也将围绕学术成功、创造思想、科学研究、人际交流等主题开设多场学术讲座。

3. 语言课程:作为入学教育的重要方面,学校专门针对中国学生开设了英语会话、写作、阅读等强化课程,帮助中国学生提前适应即将面对的全英语教学环境;专门针对国际学生开设了汉语基础课程,帮助国际学生掌握常用汉语,尽快适应上海的生活环境。

4. 师生交流:入学教育也安排了讨论会、午餐会等形式多样的师生交流活动,让学生和教授进行沟通交流。

5. 课外活动:入学教育的目的之一就是促进中外学生的跨文化交流与融合,引导学生开展丰富的课外生活,建设多元的校园文化。为此,学生事务部在入学教育期间安排了多种多样的课外活动,包括瑜伽、保龄球、篮球等体育活动;才艺展示、电影、歌舞等娱乐活动;浦江夜游、城市观光、外滩游览等休闲活动;以宿舍主题区域或楼层为单位的其他活动等。

在新生营活动中,来自34个国家的295名首届本科生都要佩戴胸卡,上面用中英文写着各自的姓名以及国籍,便于相互认识。首日的"新生指导课",目标就是打破文化界限,采用的方法是"分组,分组,再分组"。"专业选择指导"和"跨文化意识培养"两堂课,学生被分成两组轮换听课,以胸卡吊带的颜色分组。而接下来的课,分组依据则是"十二生肖"。每个学生的胸卡背面都有一个属相,分为"子丑寅卯""辰巳午未""申酉戌亥"三组,各组轮流上不同的课。在探讨各楼层的文化主题时,又按住宿的楼层分组,一共7个组,大家分组共进午餐。频繁变换的分组原则,打乱了学生因国别、语言等因素自然形成的"小群体",让同学们熟悉不同的文化背景,加快彼此间的融合。学生普遍反映这样很好,但中外学生的融合是一个长期的过程,需要学校的持续关心和推进。为了让国际学生尽快适应中国的生活环境,让中国学生适应全英语的教学环境,上海纽约大学的中美管理人员在办学进程中积极探索,不断思考总结。

上海纽约大学异彩纷呈的新生营活动,从形式到内容都体现了多元文化的特色,从一开始就给了学生以及周边的市民们不一样的感受。在华东师大附近的"环球港",来自世界各国的新生们向社会展示了多元文化的魅力。大楼门前的"快闪"街舞表演,引来无数市民驻足观赏;文化舞台上的"达人秀"有60多名学生登台表演,高超的才艺与不同的文化素材交相呼应。新生摄影大赛从不同的视角展示了各国学生眼中的上海、上海人与市民生活,从细微之处看到不同之美。组建社团、健身操、瑜伽、足球、观影、品尝美食、游览上海等内容丰富的各种活动,让学子们迅速熟悉学校、了解上海。而通过媒体的报道,这些活动以鲜活生动的故事,活灵活现地展现在社会大众面前。

当然,学术研讨和讲座是新生营的重要内容之一。纽约大学生物系主任史蒂芬·斯莫(Steve Small)教授特地从美国飞过来,给同学们讲"科学研究"。话题很严肃,但内容并非那么难以亲近。整个讲座没有艰涩的言辞,严格的规训,更像在"拉家常"。斯莫教授告诉学生,他的家人在俄亥俄州有一项"事业",其中一项重要内容是培训孩子,让他们知道每一根水管在卫生间地面下的位置,并且教他们如何修理。而做研究也是一样,不但要弄清问题的来龙去脉,还要告诉别人这是怎么发生的,最后要做的则是解决问题。

斯莫教授向同学们介绍了他本人的学术生涯,展示了他从大学本科到博士研究生所做的毕业论文的选题,他的研究领域涉及甚广,从基因学到发展生物学。他说,科学的美妙之处在于总有新的东西等待人们去发现,而研究最有趣的地方是谁都不知道答案是什么,探索过程中总是蕴含着很多种可能性。

在讲座中,斯莫教授一直鼓励学生提问,反复说道:"请再给我提一些问题

(Please give me more questions)。"同学们也是热情高涨,一个问题接着一个问题。教授不厌其烦,有时除了给出科学范畴内深入浅出的回答外,还会根据问题抛出一些开放性的思考,让同学们自己再探索。他认为,大学是培养科研能力最好的时期,在上海纽约大学有许多机会接触到一些学科领域的顶尖研究项目。斯莫教授鼓励新生们与教授多交流,并强调"我们身上有着不同的基因,每个人都是独一无二的个体。学会学习,学会发现,在这里必定意味着更多的可能性"。

和孩子们一起成长

首届新生入学后,我在网络上发现了一个标题为"探索下一步"的博客。一看就知道这是上海纽约大学首届中国学生的家长创办的。在相当长的一段时间里,家长们在这个平台上讨论和评价上海纽约大学的办学模式、课程体系、教学方法、生活服务等问题,而他们的感受往往来自孩子们平时的议论和细微的变化。这些话语更真切地体现了家长心目中的上海纽约大学。为此,我们从网上采集和整理了家长们发的一些评论和帖子,写了一份简报——《学生家长眼中的上海纽约大学》,从侧面来反映上海纽约大学建校之初学生的学习、生活以其产生的效果。

一、新生训练营

上海纽约大学新生训练营开始了,短短两周孩子作了如下汇报。

1. 同宿舍的校友来自西雅图,比较文静,对中国感兴趣——多元化。

2. 有了指导教授,和教授探讨了将来的专业兴趣,教授给出了选课的建议——个性化。

3. 写了一篇学术论文,教授批改了,表扬了一番(其实是鼓励,你想第一篇论文不可能好,但美国教授说再修改扩充一下,有可能发表,孩子的积极性马上就来了)——重视鼓励,学以致用。

4. 将瑜伽锻炼作为课程——重视体育。

5. 到电视台录节目——增加社会见识。

6. 社会日(每周一次):捡垃圾,到养老院服务——培养社会意识。

7. 数学考试不是分快慢班,只为检验学生水平,为选课提供指导——个性化。

8. 孩子变化:回家就看书,是古希腊的书,家长看不懂——看完要写论文。

二、夜访上海纽约大学

上海纽约大学开学已经两个月了,到底是什么情况,大家都很关心。国庆节后孩子就没有回家,给他送了点衣服,天气逐渐变凉了。

今天是周末,正好有空。我上次来学校还是开学,由于人多,把孩子放在学校就走了。孩子都上大学了,家长要放手了。

晚6点多到学校,一路往宿舍走。正巧遇上几个外国学生回学校,肯定是上海纽约大学的学生。几个外国学生和中国学生三三两两边走边用英语聊天,不时哈哈大笑。往前走又遇到几位,大家都热情地打招呼。中国学生用英语,外国学生用几句简单的中文,夹带英语。但中文发音很标准,虽然他们来中国才两个月。感觉这些学生都非常热情和有礼貌。

到了宿舍,各种通知、海报上全都是英语。坐在会客厅等孩子时,还看见了另一位家长。桌子上下都是英语刊物。不时有各种肤色的孩子进进出出,不时有英文的交流。仿佛到了联合国。但比较安静。

跟孩子去宿舍,遇见几个学生,他们很热情地和我们打招呼。我一律用中文,他们有的用中文,有的用英文,但都表现出了发自内心的热情,非常可爱。有几个和孩子说了他好幸福之类的话,指我们为孩子送东西。

宿舍很安静。完全是宾馆式的,门锁是磁卡式的,两张床,两个书桌,两个衣橱。旁边有公用厨房间,没有明火,有冰箱、微波炉、电磁炉。孩子带我参观,正好有两个美国孩子在做菜。感觉学校想得很周到。

尽管是周末,但大部分学生都在读书、写作。几个学生在练舞蹈,是舞蹈社的。问孩子怎么不回家,孩子说回家耽误时间,没有这里的学习氛围,还说刚才遇到的那个学生,尽管家在上海,国庆也没回去。我问孩子:"感觉怎么样?"孩子回答说:"学习和高三一样忙,但很快乐,很喜欢学校。最后告诉你,我们的老师这次获得了诺贝尔奖提名,差点获得诺奖哦!"

回来后好高兴!孩子学习不要我们操心了,已经从被动向主动转变了。关键是精神面貌很好,不像以前。高中时孩子有点怕数学,这次孩子告诉我,喜欢上统计学了。我学过统计,是比较难的。不知道这上海纽约大学的教授有什么魔力,为孩子选择了这所学校而高兴,但愿孩子忙并快乐着。

三、上海纽约大学的方方面面

许多家长和学生想了解上海纽约大学,这也不是一两句话讲得清楚的,今后有机会我会把它方方面面的情况写出来。

(一) 玩

我自己都奇怪:为什么孩子到了上海纽约大学,就喜欢读书了呢?首先是要让学生会玩。上海纽约大学在大的考试前后都会让学生痛快地、彻底地玩。

1. 这学期期中考试前所有学生和老师租了一艘游艇开舞会,高高兴兴玩了一晚。

2. 考试后,又组织活动,有画画活动、传统服装照相,尤其外国学生很感兴趣。

3. 马上又要期末考试了,前几天学生会组织到酒店开晚会,还有一定的服装要求。

文武之道,有张有弛,学生的工作主要是学习,但工作之余你不让他放松,那工作就变成了苦役,学习也变成了苦役。为什么高中孩子不喜欢学习?因此学习负担太重了,没有休息的时间。到大学为什么喜欢学习?因为可以痛快地玩。这就是辩证法。当然,要玩出名堂,要在玩中有收获,那是要动一点脑筋的。上海纽约大学在这方面明显有经验,孩子都挺高兴。

(二) 学习

上海纽约大学第一学期是通识教育,主要是文理方面的内容,其中最主要的是写文章。学生阅读完教授推荐的几本书后,结合教授给的题目写出自己的观点。这个要求与一般的作文要求完全不一样。教授要求文章的事实必须有内在完整的逻辑性,不是只有景物描写,或者抒情。这样一是培养思考方式;二是培养严密的逻辑性思维;三是培养写作表达能力;四是培养创新精神。这是我自己的观点。

随着教学的推进,文章的内容不断扩展,一开始要求写2 000字,后逐渐增加到5页,目前要求是写10页。10页的内容,要分析,要议论,要有根据,要有自己的观点。这不是一点点难!

上星期轮到孩子发言,要求做PPT,正装出席,进行10分钟的演讲。讲完,同学评价,观点讨论,最后教授点评。这既锻炼了学生的表达能力,又锻炼了胆量和思维能力。这不就是相当于求职时的面试吗？不就是申请课题经费的发言形式？不就是申请奖项时的演讲？

古云：独学而无友，则孤陋寡闻。讨论，再讨论，则能不断深入探究问题。这就是大学，既培养了学术能力，又何尝不是一种社会能力的训练？

（三）老师

上海纽约大学的老师来自世界各地，就是一个国际化的环境。这学期教课的老师中，统计学教授是个以色列人，在欧洲大学教书，目前担任以色列统计学会会长职务，该教授教书的确有一套。以前我也学习过统计课程，那时用中文学都非常吃力，许多问题搞不清楚。我爱人也学习过统计，感觉比较困难。现在孩子也学习同样的内容，经过这个教授的课程，他感觉很容易，几乎都是满分，可见教授的水平。学期要结束了，教授特意把孩子叫去，给了通信方式。"我下学期要去欧洲了，你的统计课程很出色，今后一定要考博士，可以来欧洲读书，那里奖学金比较多。"教授叫什么我们都不知道，也没有见过面，可见他们是真正地热爱学生，热爱教师这个工作。

数学教授来自巴黎六大，是个法国女教授。以前虽然孩子是学习理科的，但是数学一直不是强项，到了高中有时还有点害怕数学。但奇怪，在这位教授的教授下，孩子高等数学非常出色，经常拿到附加分数，变成数学学霸了！怎么起的变化？不是很清楚。

"全球视野下的社会"由雷蒙校长和纽约大学的一位经济学教授讲授，该经济学家获得了诺贝尔奖提名，据说差点就评上了。两位教授要求非常严，评分给得很低。学期要结束了，教授把学生第一次写的文章复印后交给他们，让他们自己看看初次的写作水平。孩子感叹道，自己原来的水平那么差，进步那么大！

（四）考试

前面写了上海纽约大学的方方面面，包括学习、老师和如何玩。结果反应热烈，博客的访问量暴增，说明大家对新的大学都充满了期待，同时也说明对新的大学类型缺乏了解。

今天我来介绍一下考试情况。上海纽约大学的考试方式与纽约大学一致。平时出席，课堂发言，平时作业都计分数。每2—3周有课堂阶段测验，也是计分数的。期中、期末考试只占一定的比例,好像期中考试占20%。所以要想成绩好,要注意平时成绩,否则可能你期末考试成绩优秀,也不一定能及格。这就使得学生不敢放松平时的学习,不存在平时混混,考前突击的情况。所以这里的学生平时很用功的,经常要学习到凌晨。

考前学校有许多活动,你可以选择参加,也可以不参加。教授也不会给你划重点,更不可能带着你复习。对于复习,如何安排时间是你自己的事。一面要考试,一面教授布置的作业要完成,截止时间一到,概不接受,计为0分,没有任何理由和商量的余地。

昨天晚上孩子来电话了,非常高兴。一是学期结束了,二是报告成绩。刚得到消息:本次统计学课程考试采用的是一种新的题型,考完感觉没有把握。结果助教告诉他答对了,所以非常开心。数学有12道题,前面的题目半小时就做完了,后面几道题,整整花了2个多小时思考,终于做出来了(对不对不知道)。

考试是开卷考,可以带纸张,上面可以写上公式和其他需要记忆的东西,他们不考记忆,可见他们的考试主要是考理解和思考。靠重复练习,希望熟能生巧没有用。

孩子也有考试不理想的时候。我安慰他道:"又不是只看一次成绩,期中、期末考试只占一部分,主要靠平时成绩,不要太看重一两次考试。平时认真,有收获才是主要的。另外,你的同学在各个方面都非常优秀,希望你平时多学习他们的优点,这也是大学生活的重要内容之一。"孩子倒也认同。

上星期我去学校送东西,明显感觉孩子成熟了许多,言语中带着自信,有了自己的想法和思想。进大学了,有变化了,是好事情。希望你与上海纽约大学一起成长。

(五)学期总结

1. 学生融合

时间过得真快,一个学期结束了。国外的学生都准备回家过圣诞节了。大家依依不舍地告别,孩子送几个美国同学,一路送到了浦东机场,其间还发生了一件有趣的事情。

机场里有人在演奏钢琴,一个美国学生见了也想演奏一曲。通过中国学生去沟通,演奏人员同意了。结果这个美国学生上去演奏了一曲自己创作的钢琴曲。

大厅里很多人围观,纷纷鼓掌,要求再演奏几曲。大家看见一个毛头小伙,都问哪里来的。那学生经过一个学期的中文学习,倒也听得懂几句,说:"不是来的,是去的。我是上海纽约大学的,放假回家去。"

其实学期刚开始,很多国内外学生交往是分开的,外国学生与外国学生玩,中国学生与中国学生玩,那时大家还不太熟悉。经过一个学期,大家熟悉了,已经没有国内外学生的概念了。只要谈得来,就是好朋友,现在融合得很好。春节大家都在讨论,怎么带外国学生出去玩,去哪里玩。

2. 课程大不同

"全球视野下的社会"是美国大学必修课程,其理念是,人必须要了解人类文明历史,这个课程对学生成为了解社会的人有帮助。它是由一个团队来教授的。每个章节由不同的教授讲课,每周由雷蒙校长和来自纽约斯特恩商学院的经济学教授同时上课。雷蒙校长是法律出身,经济学教授是教经济学的,两个人同时上课怎么上?

为此我专门问过孩子。孩子告诉我:一是促进学科融合,打通学科的界限;二是通过写作来训练逻辑思维,训练对社会的认识程度;三是教授从不同的学科角度来问学生问题,回答出来了,教授再进一步提问,不断深入,一直到你回答不出来。我想:可能是一个教授来组织,有时忙不过来,同时知识面也不够,所以要两人互相弥补,一唱一和。有点像节目主持人,也有点像"说相声的形式"(不知道我理解得是否正确)。

3. 学生面貌大不同

放假了,大部分学生都回家了,也有部分国外学生留了下来,他们要学习一些自己感兴趣的东西。

下周孩子也要赶回学校了,旅游计划泡汤了。一是他报名参加了学校的活动,要帮助整理材料。二是学校在假期开设了课程,由来自纽约大学斯特恩商学院的经济学教授以讲座的形式上课,不计学分,也不收费用,自愿报名。原来以为第一个假期,大家会留在家里,结果报名的学生很多,只能在大教室开讲了。

四、我感觉到的上海纽约大学

1. 通过孩子我似乎也感觉到了上海纽约大学的点滴。孩子平时喜欢音乐,所以选择了音乐社区,上周来电话说选错了。学校要为社区买设备,老师问谁会钢琴,19个学生举手,就我孩子没举手。老师问谁会小提琴,19个学生举手,又只有我孩子没举手。最后老师问:"你会什么?"孩子想想说:"我会口琴。"老师说那就替你买个口琴。我说你不是会长笛吗?孩子说:他们太强了,都过十级了,有个波兰人都已经是有名的演奏家了。看来这些学生的综合素质真不错。

2. 还没来得及听孩子对上学一个多月的描述。中秋没有回家,今天刚到家,看到孩子慢慢适应,很是欣喜。孩子回来给我印象最深的是箱子很重,打开一看是电脑和书本,书又大又厚,说回来还有作业要做。

3. 今天还未看到孩子,只是在电话中,以及返家的交通方式上,作为妈妈,还是可以敏锐地感觉到孩子的长大。首先,计划回家时,在火车没有坐票的时候,儿子选择了七个多小时的站票,而且是在火车过道中。回到家后表示"无怨无悔",让我等开了眼界,私下窃喜"他可以吃苦了"。其次,我们眼中的"少爷"会自己独立安排事情了,如"如何自如地穿梭于两个城市之间",以及"合理调配假期和学习的时间";"主动拜见问候家中长者"等中国传统美德都有加强的主观趋势!我们很欣喜。我知道,儿子会成为学校的"礼品"回馈给家长的。

4. 为了节省路费,孩子没有回家。入学两个月来,孩子更能理解父母了。自理能力增强,考虑问题也更有条理、更理性。学校注重激发学生自主学习能力、注重个体能力培养的教学模式很吸引孩子,孩子的学习兴趣也很浓厚,真欣慰!

5. 孩子和没回家的一些同学约着到苏州游玩两天。昨天孩子不小心弄伤了脚,本打算放弃出游,但同学们为了不丢下他,特意租来轮椅,今天同学们推着轮椅带他一起出发了。不管是中国学生还是外国学生都热心地帮助他,关心他,电话里听见外国同学用英语安慰他感到好温馨。昨天通电话得知,同学们一些扶着他,一些推着轮椅游完了留园。晚上在电话里听见他们在餐馆里热烈的交流声,欢笑声,真高兴!我告诉孩子记住今天:"以后当别人需要帮助的时候,你也要像他们一样尽力去帮助别人。"

6. 这个春节是儿子成为上海纽约大学学生后第一次同家人一起过的春节。在家期间,儿子的表现给了我许多的惊喜。昨晚,吃完孩子给全家准备的晚餐后,儿子单独把我叫到他的房间,拿出一个红包,说:"妈妈日常上班辛苦了,这是我自己利用假期做家教赚的小红包,我把它送给妈妈,您去买个新手机做新年礼物吧!"我感动不已。

7. 孩子多次表达对学校的热爱,那种对一个团队的迷恋的表情让我们这些在社会上奔波的家长很羡慕。谈到公众话题时,儿子眼界的广度、深度令人意外。谈到个人财务管理有小小的混乱时(指叫外卖),他幽默地总结道:"这是一个小地方的人刚到大城市时,于花花世界中有点迷失。"全家大笑。成长,真好!

字里行间都透露出中国家长对孩子的关爱。他们从学生身上看到了上海纽约大学的与众不同,感觉到孩子们在学校教育中的变化。可见,家长和孩子们一起在思考,共同成长啊!我们何尝不也在学习、思考和探索中呢!

第四章
全球化时代的文化理解和文化融合

教育应该让年轻人看到更大的世界,增强对多元文化的理解和包容,从而求同存异,共同应对人类所面临的全球问题与挑战,促进世界和平与可持续发展。这也是上海纽约大学的社会责任,学校在努力培养这样的一代人。

多元文化融合是一所国际化学校的永恒主题,不仅是教育理念,更是社会责任。青年是世界的未来,他们对世界的认知,对不同文化的理解与包容,是否具备跨文化沟通、交流与合作的能力,会影响到人类文明的走向。

提到教育现代化,我们更多会想到教育技术及方法的现代化。我觉得,教育目标及教育理念的现代化才是最重要的。全球化时代,世界变得越来越扁平,不同文化背景的人沟通交往越来越频繁。中国在融入世界,需要一大批具有全球视野、理解多元文化、善于跨文化交流合作的国际化创新人才;同样,也需要一大批真正了解中国并且愿意搭建连接世界与中国纽带的各国青年。显而易见,由于文化背景、成长环境、认知方式的不同,对于同样一件事情,很多时候大家的看法会产生差异。教育应该让年轻人看到更大的世界,增强对多元文化的理解和包容,从而求同存异,共同应对人类所面临的全球问题与挑战,促进世界和平与可持续发展。这也是上海纽约大学的社会责任,学校在努力培养这样的一代人。

2013年9月,上海纽约大学首届本科生开学后,时任纽约大学校长塞克斯顿带着纽约大学的一批学生来上海,为新生演出真人秀(Reality Show)。这是为帮助新入学的学生尽快适应大学生活而创作的音乐剧,纽约大学蒂势艺术学院每年都会根据不同的需要和具体的场景有所改编,一般由二、三年级的学生作为演员。真人秀围绕新生遇到的各种学习和生活上的问题,用音乐和舞蹈的表演方式,启发新生思考可能的应对办法,其中的一个问题就是跨越文化藩篱。上海纽约大学新生入场后,塞克斯顿校长请大家看看座位两旁的同学,建议给他们一个拥抱。这一看,问题就来了,很少有室友相邻而坐,基本上是按语言习俗坐在一起的。学校在新生营活动中想尽办法把同一文化背景的学生打散,让学生有更多机会去接触和理解不同的文化,但在自由组合中,大家又不经意地聚起来了。当然其原因不尽相同。首先,可能是语言的因素,新鲜劲过去后,大家觉得还是讲母语更舒服。诚然,对今天的孩子来讲,语言能力不是问题,但作为交流工具,母语能表达的深度,体现的思想与情感还是和外来语言有所不同。其次,同学们在不同文化环境中长大,习惯、喜好、思维、举止等一定会有所差别,一般的交往没有问题,要实现文化融合就困难了。而我觉得,更深层次的原因是上述两个因素会影响到学生各自的人生态度、价值取向。更直接地讲,如何找到共同感兴趣的话题?是否愿意耐心听取并包容彼此的差异?在深度交往时一定会遇到这些问题。

在学校的招生方案中,我们坚持中外学生的适当比例,希望创建一个国际化的环境。不仅在课堂内,而且在课堂外也能让学生最大程度地适应和融入多元文化的氛围,做到相互适应、相互学习,提升他们在全球化的世界里游刃有余地工作和生活的能力。这是当今时代的需要,也是学生未来发展的要求。但我们也深刻认识到,要真正跨越文化藩篱,需要全方位的规划与考虑,更需要内在的动力和坚持。

跨越文化藩篱

学生服务理念是一所学校文化建设的重要方面,也体现了学校的培养目标和思路。上海纽约大学配备了一支专业化的学生服务团队,帮助学生各方面的健康发展。多元文化的理解和融合当然是学生服务的重要内涵。在宿舍安排、学生会组成、社团与俱乐部申请、社会活动组织等方面都考虑到了如何跨越文化藩篱。例如,上海纽约大学的学生公寓分两人间和三人间,均由中国学生和国际学生搭配合住。在报到前,新生们都已填表,讲明了自己的习惯与性格,"住宿安排程序"据此自动匹配异国室友。入学后,一定是两种或两种以上文化背景的学生住在一个寝室里,这样便有了语言交流和文化碰撞,打破了文化间的距离感。不同文化背景学生混住的方式,促进了中外学生的交往,加深了大家对不同文化的理解、包容与欣赏,有利于文化的融合。国际学生与中国学生住在一起,也可以从更多的生活细节处了解中国孩子的价值理念和文化特质,这种实际生活中的感受,远比在课堂上讲解中国文化更为生动,也更易获得认同,深入人心。反之亦然。

我们鼓励学生申请各类学生社团和文体俱乐部，发起和组织多样化的公益活动、志愿者服务、文艺体育活动，让学生有更多机会广泛接触社会、服务社会、体验文化，也可以展示各自特长、实现自我价值。但是，任何社团或俱乐部、公益活动、志愿者服务等都必须体现文化融合，由两种或两种以上文化背景的学生共同提出、共同参与。

在首届本科生的入学教育期间，《新闻晨报》记者采访了一位曾担任过上海中学学生会副主席的男生杜冰凌。他有机会进入清华大学、上海交通大学、香港大学、香港科技大学等名校学习，但最后选择了上海纽约大学，并获得了奖学金。还未报到，杜冰凌就通过校园网络社区和电子邮件结识了自己的室友——美国黑人小伙子马克·韦斯特。报道中有几段文字很有意思，不仅提到了新生训练营的一些活动，也谈到了学生对多元文化的感受。

从兴趣爱好出发，他选择入住的宿舍区为"流行文化区"。根据校方一中一外学生混寝的原则，马克，一个美国人，成为他的室友。"他很真诚、和善，有礼貌，中文很好。"

第一周，他们除了语言强化分开进行，多数活动一起参加。杜冰凌上英文对话课、写作课，提高英语水平，而马克则在中文对话课中加强中文口语水平，适应在中国的生活。他们共同聆听了一些讲座，如网络信息系统、安全教育等，还参加了一些团队协作游戏。

入学典礼的当天晚上，学校附近的"龙之梦"避风塘，成了晚餐专场。上午才见过的校长，没想到晚上又见到了。杜冰凌看见校长俞立中从第一桌走到里面最后一桌。当俞立中发现中、外学生没有混坐，立即分别问学生："你为什么不跟室友在一起？"俞立中理解的国际化人才，首先是能积极和不同文化背景的人沟通。当了解到，造成这一状况的原因是，下午的新生训练营的最后一场活动是语言导入，中、外学生分开，俞立中脸色舒缓不少。晚饭结束，不少中国学生带着外国学生去家乐福、宜家买东西，俞立中带着欣赏的口吻大声赞扬学生。有许多学生大声回应："俞先生，你在微博上面跟我们说，'同学们不要忘了中华传统，尽地主之谊'。我们记住了。"

上周三晚上华师大附近的上海城市景观观赏、周四晚上的外滩跑步，杜冰凌、马克两个孩子都同进同出,甚至,熄灯后也要开卧谈会。卧谈会上,马克听说杜冰凌和中国学生一起玩"真心话大冒险",好奇心顿起,"这究竟是怎样的游戏?从来没有玩过"。结果立即受到了杜冰凌的热情邀请,参加周五晚饭后的"真心话大冒险"。这一晚,去了10多个中国学生,也有其他中国学生带来了外国室友。一群年轻人,把一个宿舍挤得满满当当,语言不通时,"我们就打手势沟通"。

宿舍的活动刚结束,杜冰凌和马克又一起参加8点档的"中国最强音"演唱会。为了这场晚会,事先杜冰凌和另外4位男同学组队,把要唱的歌反复练习了好几天。比赛前一天,团队中一个同学嗓子哑了,"你们换人吧"。同学们不愿丢下队友,"学校活动很多,以后还有机会"。尽管无缘周日的颁奖晚会,队友们却并不后悔。

"这一周,我最深的体会是,中外文化不同。"杜冰凌觉得外国同学很开朗,愿意认识其他朋友;中国同学也很阳光。多元文化,多元选择,在开学的第一周,让杜冰凌时常感到新鲜而兴奋。

跨越文化藩篱确实不容易,但有时会给我们带来惊喜。2015年的某一天,我在世纪大道教学楼的大厅里和一位来自成都的家长聊天,正好走过来一位外国学生,他们两人互相打招呼。我很好奇地问:"你怎么会认识我们学校的外国学生?"家长笑道:"他是我儿子的室友。他们已经商量好了,今年暑假他和我儿子来成都玩,然后一起去巴基斯坦看看。"我这才恍然大悟。中外学生一起在国内学习、考察、游览的情景很多。我经常在微信群里看到中外学生相约,一起到外地旅游。就是在国外,中外学生也会碰头见面。我去纽约开会时,也时常会邀请中外学生一起聚聚。尽管大家学业繁忙,见面机会并不多,但又能和同学们相见相聚还是很开心的。在2017年奖学金答谢晚宴上,和我同桌的有几位来自印度和巴基斯坦的亚洲学生。说真的,我很难说出她们的区别,经常会认错人。于是,我就问她们:"你们能否说说两国学生有什么异同?"她们竟然都愣了一下,然后笑着说:"没什么差别呀,我们本来就是一样的嘛!"我释然了。2021年我去北京参加两位校友的结婚仪式,当证婚人。但我没有预料到的是,曾经和他们一起在上海纽约大学学习的外国同学也和许多中国同学一样,在视频里纷纷亮相,祝贺这对新人。这就是上海纽约大学的年轻人!

当然在跨越文化藩篱时，也会碰到挑战。对于学生宿舍的安排原则，大家基本没有意见。我问过学生事务部门：如果学生相互不适应，他们会怎么处理？回答是，必须坚持一个月，他们会请学生宿舍的志愿管理者协调矛盾，帮助双方相互理解，制定公约，有所改进；如果还是不行，再考虑调换。曾经有一位学生家长联系我，说她的孩子需要早睡，而室友睡觉很晚，而且还有朋友来访。为此，她很不放心，要求学校换室友。我们根据实际情况，向她说明了学校的原则和程序。但是，有一天晚上我突然收到她发来的照片，说是在学生公寓楼下现场拍摄的，已经很晚了她儿子房间的灯还亮着。我只能请这位家长不要再参与此事，让孩子学会自己来解决问题。半年后，我偶然遇到这位中国学生，问起他和室友相处的情况。他很坦诚地说，他们已经是好朋友了，双方已有默契，并没有换宿舍。

让学生自己解决文化或习俗的差异，学会相互包容，和谐共处，这是学校的理念和措施之一。直到我退休之时，我还没有听说过有更换室友的情况。学生到二年级就可以自主选择室友了，但实际上多数学生还是和原来的同伴住在一起。从某种意义上讲，学生的第一个学习对象就是室友，相互理解，相互学习，打开了视野。在互帮互助，沟通交流，共同见证彼此成长和成熟的日日夜夜中，不少室友成为好朋友。学校网站经常会和大家分享一些感人而有趣的故事。

"我的室友来自意大利罗马。我平时对历史、国际关系挺感兴趣，看了很多欧洲历史的书，所以一开始为了打开话匣子，和他聊了很多欧洲历史的话题。"后来，黄淇和室友成了无话不谈的好朋友，除了海外学习那年两人去了不同地方，四年里，他们做了三年室友。"在和室友以及各国同学交流的过程中，你自身的观点会不断地被挑战，你也会一直地反思。我逐渐认识到，不同文化背景的人，可能会有不一样的想法和经历，但重要的是在平等、尊重的基础上相互了解、彼此包容，"2019届校友黄淇很有体会地说。

孙娜和莱迪·塔帕斯科（Leidy Tapasco）是2018届的学生，也是好朋友，她俩从大一开始就是室友。两人都喜欢韩流音乐和韩剧，从而越走越近。室友相互帮助，一起来适应大学新的学习和生活环境。"我们算是一起奋斗，一起挣扎吧，"孙娜笑道，"还记得我们熬夜写论文的场景。莱迪一直帮我纠正语法，特别是连写句的错误。而她刚到中国，开始学中文时，什么都不懂。"孙娜说："一开始发生了很多好笑的事。她不知道怎么读拼音，因为我们都懂韩语字母，所以，我就用韩语字母教她中文发音。"

大一时,莱迪应邀来到孙娜的家乡厦门。"我们一起在鼓浪屿散步,品味美食,远离城市喧嚣,给身心放个假。"大三时,莱迪邀请孙娜在自己的家乡亚特兰大过寒假。"我和莱迪的家人一起度过了圣诞节。"孙娜说,"真是难忘的经历!"

两人一起在纽约大学海外学习,又在布拉格学习了一学期后,莱迪搬回了金桥的宿舍。这一次,她还担任了宿舍助理一职,为新生提供帮助。"我觉得住宿舍很方便,当宿舍助理也很有挑战性,让我与我们的学生大家庭建立起更紧密的联系。"莱迪坦率地说:"我最喜欢孙娜的诚实,她总是告诉我事实,而不是说我想听的。"而孙娜说:"她一直都很照顾我,关心我的身体健康、心情好坏。她是一个好'妈妈'。"

2021届学生戴娜·布朗(Dayna Brown)和冯语欣入学时就住在一个宿舍,自此一直是室友。戴娜讲述了她们一起学习、生活的点点滴滴:"由于我父亲在军队,所以我从小到大经常搬家。来上海之前,我住在美国俄克拉荷马州。……我们什么都聊,电视节目、身份认同、政治、音乐等。我修读了一门名为'中国概念'的课程,受这门课的启发,我们有许多关于中国的有趣对话。她跟我分享了中国的文化与习俗。比如,她会告诉我食物具有热性、凉性;她会说,'我需要暖胃,所以不能喝哪种茶',也会跟我解释为什么不应该喝冷水。"戴娜说:"我们真的很聊得来,她很聪明,经常是妙语连珠。无论什么话题,她都能把它讲得有滋有味。"

冯语欣是苏州人,她说:"戴娜似乎没有这样的属于某个特定地方的身份认同感。因为她父亲的工作,他们一家人在很多地方生活过。而我跟她恰恰相反,在上大学之前,我一直住在苏州。戴娜和她家人的经历,让我对'家'的含义有了新的理解和认识。"

"戴娜让我认识到怎样去接受挑战,寻求新的机会。我原来是个偏保守的人,但认识了戴娜以后,我开始敢于尝试很多新事物。在她的鼓励下,我在故事分享活动上讲述了自己的经历,在公众场合作演讲演说,还参加了校内实习。我印象最深的一次是在'全球视野下的社会'这门课期末考的前一晚,戴娜和我一起讨论笛卡尔的《第一哲学沉思集》,一直谈到凌晨两点多,她对我的帮助非常大。"

在冯语欣看来,"戴娜是一个很随和友善、开朗自信的人。她总是能把自己的生活安排得丰富多彩,在课业之余,她还积极参与各种社团活动。同时,她勇于尝

/ 上　上海纽约大学的学生学习中国传统武术

/ 下　在上海纽约大学"炬力·筑梦"奖学金晚宴上和国际学生在一起

上海纽约大学饺子节

/ 上　2012年,上海纽约大学成立之初的中美校长的碰头会
/ 下　2014年,在华东师大地理馆举行的教职工会议

/ 上　国际学生和家长在我的办公室
/ 下　和学生共进午餐

试新事物、接受新观点。我觉得,她这种积极的态度对我的影响真的很深"。

戴娜和冯语欣一家一起度过春节,她们还一同与宿舍里的蚊子"斗智斗勇"……"在上海纽约大学,每个人都对新事物抱有开放态度,与戴娜成为室友,更是让我深刻体会到了这一点。"冯语欣说。

周忠文和贾斯汀·佐托斯(Justin Zotos)也是2021届的学生,进校时就是室友,两人均选择去纽约进行海外学习,继续当室友。在和周忠文一家人共度春节之后,贾斯汀就期待带周忠文去芝加哥,和自己的家人一起过感恩节。

贾斯汀说:"从一岁起到高中,我一直在新加坡生活。直到搬回芝加哥我才意识到,能在一个不同的文化环境中成长是一段多么难能可贵的经历。所以我选择来到上海纽约大学,继续我的多元文化探索之旅。来参加校园日活动时,我就觉得上海纽约大学很棒。我在这里交了很多好朋友,体验了不同的文化。上海纽约大学的最特别之处在于这里的人。每个人都尽其所能地接触、理解不同的文化。大家都很重视自己的职业发展、求学道路,但也很关心身边的人。正是这些可爱的人,让上海纽约大学成为世界上最棒的学校。"

"刚入学时,Frank(周忠文)很为他的英语发愁,我也很担心自己的中文,所以我们就搭档互相练习,给彼此制定学习目标并互相督促。这段经历也加深了我们之间的友谊。Frank是我见过的最用功的人,他可以一整天时间都在专注地学习,有时候甚至会在截止日期的前几周就完成作业。而我完全不是这样的。他让我懂得早起早睡和吃早饭的重要性。养成这个习惯后,我感觉自己的时间也多了起来。我目前的GPA成绩达到了有史以来的最高水平,这多亏了Frank的帮助。"

"贾斯汀性格随和,很好相处,朋友也很多。我之前给自己定下的一个目标是要多和朋友们交流。所以,我结识了很多新朋友,尝试更多地走出去。刚搬进宿舍的时候,我们需要签一份室友协议,上面有一个空白处可以写下任何想说的话。我看到贾斯汀写着:'我们会成为一家人。'当时我非常感动,我觉得我们不需要再有其他协议或规定,只要我们互相关心、互帮互助,就可以解决所有的问题。"周忠文说。

有意思的是,2022届学生莎拉·阿姆斯特朗(Sarah Armstrong)和黄思嘉在入学时只是住在同一层楼,两人在晚上开冰箱时常常会撞见。回首往事,她们把当年的偶遇戏称为"缘分"。三年来,她们一同旅行,为彼此庆生。即便新冠疫情将两位挚友分隔在大洋两岸,她们仍保持联系,利用网课课间休息时间视频聊天,或定期共度网游之夜。

莎拉笑着说,她们成为好朋友是川菜的功劳。"我的室友是重庆人,她和思嘉的妈妈都会寄来一些川味小吃。思嘉常待在我们房间里,说着四川话,和我室友比较自己收到的小吃,如同我们的又一位室友。思嘉妈妈还曾给我的重庆室友寄来自制豆瓣酱,好让她在宿舍自己做回锅肉。大二时,思嘉邀请我去成都过春节,那时我最喜欢吃的就是钟水饺,甜甜的水饺风味十足,配上辣酱更加美味。""高中时我学过普通话,但刚来上海时,听见思嘉和我室友说四川话,我十分沮丧,因为我一句也听不懂! 不过几年下来,我已经能听懂一些四川话了,甚至还能说几句。回到美国,在家乡的一家餐馆,我的耳边传来熟悉的四川方言——一位母亲在和她的孩子聊天。我便上前问她是不是四川人,我们就这样攀谈起来。太不可思议了!"

黄思嘉是莎拉的头号"粉丝",因为莎拉是校女足队队员。不管是周六晚上、期末考试周,还是刮风下雨天,只要黄思嘉没有课,她一定会去看足球比赛,为莎拉加油打气。

"思嘉总是在上心理学的课,而我总是在上交互媒体艺术的课,所以我们在学校见面的机会并不多。为了有机会多聊聊,我们自发形成了一个习惯。我是'交互实验室'课程的助教,她会在我的答疑时间来找我,这样我们就可以一起点杯奶茶聊几句。"

黄思嘉晚上习惯从冰箱里拿杯酸奶喝,经常会撞见莎拉从冰箱冷冻室里拿点冰块,加到水杯里。她谈起了冰箱前的对话:"哦,来拿酸奶啊?""嗯,你来拿冰块啦?"

"成都有熊猫,有美食,从认识莎拉的第一天起,我就想邀请她来家乡玩。终于盼到了她来成都的那天。我带她去了我们一家人常去的水饺店。她离开成都之前,我们互相道别:'两周后上海见!'没想到新冠疫情暴发,她不得不回美国了。……因为疫情不能相聚,我们会打开 Zoom,聊会儿天,然后一连玩两个小时游戏。虽身处两地,但我们感觉仍在一起。我最喜欢的是给朋友做表情包(meme)的游戏——我们两人交换彼此的照片,然后用对方的照片来做表情包。"

"每年,莎拉都会送我一个圣诞礼物,其中一个礼物是一本搞笑版的学中文的书。上面全用英文单词来标注中文发音——读出来就像外国人说中文的腔调。这礼物让我爱不释手,在回成都的航班上,我边读边哈哈大笑。"

沟通交流也促成了中外学生间的互信。很多媒体都采访过同寝室的两位中外室友闫亚元和埃于普·埃尔多安(Eyup Erdogan),他们2017年毕业前在浦东注册了亚雷(上海)贸易公司。其实,在校学习期间他们已搭建起寝室里的"丝绸之路",从事中国与土耳其及中东地区的贸易,成为大家聊天时的美谈。中国学生闫亚元毕业后去美国纽约大学读研,而来自土耳其的埃于普·埃尔多安则在上海交通大学读研。尽管身处两地,但他们的公司还在运营。两位校友坦然表示,希望自己能成功,以报答母校。

当然,有些挑战可能不是我们自己能化解的,必须得到各方的理解和支持。学校参加上海市大学生足球联赛的过程就是一个典型的例子。从多元文化融合的角度出发,上海纽约大学要求所有社团和体育俱乐部必须由两种或两种以上文化背景的学生组成,因此在申请参加上海市大学生足球联赛时就碰到问题了。因为球队有国际学生,又是集体项目,我们就不能加入联赛。同学们感到很遗憾,同时也表示不能理解。当学生部门告知我这个消息后,我也很纳闷,立即联系了上海市教委。领导能理解学校的困惑和诉求,但他查询下来发现,这是上海大学生足球联赛章程规定的,只允许中国学生参加。而我想到并坚持的是:"名次不重要,参与更重要,这不就是年轻人在一起运动吗?时代不同了,作为教育工作者,可不能固守老观念。在强调文化融合的今天,相应的规定能不能改一下?大学生体育联赛对所有在校注册的全日制学生应该一视同仁,而不能以中外学生作为分界。"在市教委的建议下,联赛修改了有关规定,上海纽约大学的球队得以参加上海大学生的体育联赛。其实,如果大家换个视角考虑问题,任何规章制度都应该根据时代发展而调整,做到与时俱进。尽管这只是上海市大学生足球联赛规定的改变,但却体现了上海在高等教育发展过程中教育理念的变化。

然而,如果操作上简单化,也会有问题。有一天,我接到一位学生家长的电话,说是网球社的学生想报名参加网球比赛。由于是国内赛事,只有中国人才能参加,如果中国学生参赛,是否违反了学校"文化融合"的原则?为此,中国学生的家长提出了异议:"这是个人比赛,不是团体赛,中国学生想参加为什么不可以呢?"我认同家长的意见,每个学生都应该有权以个人名义参加各种赛事。于是,我就联系了学校有关部门,在得到大家的认同后,直接与组委会沟通,让学生报上了名。后来,在这次网球赛上,我们的学生分别拿下了男子组冠军和女子组亚军。对此,我深有感触,在实践中不断发现问题、完善规则,才有可能让学校的文化生生不息地传承下去。

清华大学曾有教师来上海纽约大学交流,了解我们在文化融合上的理念和措施。他们非常赞同在学生公寓的安排上考虑多元文化融合。当然,出于其他的因素,体制内的高校会遇到不少困难。而从大学的社会责任着眼,随着中国社会经济的发展,这些举措早晚会得到大家的认同,因为这个世界太需要多元文化的理解与融合了。

文化融合也一定包含了对中国文化的了解和欣赏。事实上,大多数国际学生对中国的了解并不多,更多的印象可能还是来自国外媒体。不少学生到了上海一看,往往感到震惊;而到了中西部地区,对中国也会有更全面的认识。因此,在中国举办中外合作大学,可以让学生更全面地了解中国文化,理解当代中国的发展,从而更体现出中外合作大学的价值。

在上海纽约大学,汉语是国际学生的必修课。此外,中外学生还需要在"中国文化"与"中国社会"两个课程模块里至少选一门自己感兴趣的课,其中有些课程是由华东师大教授用英语讲授的。学校的中文教师会根据国际学生的汉语基础分班,采用小班化、互动式的教学方法,更是激发了学生学习中文和中国文化的兴趣。而每逢元宵节、端午节、中秋节等传统节日,学校各部门和学生社团都会共同发起和组织一些活动,让同学们了解节庆的由来和意义。学生事务部还借鉴了纽约大学一年一度的"草莓节"的形式,举办了具有中国特色的"饺子节"(dumpling festival),在餐厅里展示、制作、品尝不同类型的饺子、馄饨、小笼包、生煎馒头、汤圆等十多种在英文中被统称为 dumpling 的中外点心。来自世界各地的学生在一起学做各种不同的"dumpling",并饶有兴致地说出"小笼"和"生煎","饺子"和"馄饨"的差别。

潍坊社区的中国历代服饰秀、浦东文化部门走进校园的浦东非物质遗产展示、上海陶瓷科技艺术馆向学生提供的陶艺创作体验、上海昆曲团在学校的演出等,更丰富了国际学生理解中国文化的渠道。学校的教授们也会把学生带到上海名目繁多的博物馆、科技馆、纪念馆、艺术画廊、金融机构和企事业单位,它们既是国际学生了解中国的窗口,也是课堂教学的实践场所。

来自世界各地的教授们也需要有中国文化的体验,融入当地文化,丰富教学经验。在建校之初,有80%以上的教师来自国外,既有来自纽约大学的教授,也有来自美国其他高校乃至欧洲、亚洲、澳洲、南美洲的教授。为了让外籍教授有更多机会感受中国文化,了解上海的发展,融入生活环境,学校人力资源部经常会组织一些参观访问活动。我认为这也是学校文化建设的重要内涵,是校长的职责之一,应该发挥自己的作用,促进文化融合。我尽自己的努力,积极推荐和联系有关场馆,并争取华东师大各界校友的支持和帮助,推动各项考察活动的实施。

开学后的第一个冬天,上海雾霾严重,接连几天污染指数"爆表"。尽管形成雾霾的原因有多方面,但我觉得还是应该让各国教授们知晓市政府的决心,了解改革开放以来上海在环境治理方面的努力。苏州河是上海城市环境治理的典范之一,可以通过考察让外籍教授们了解苏州河环境变化的历史,感受上海环境治理的成效。华东师范大学曾参与苏州河环境综合整治工作,承担了多个研究项目,我们一直与苏州河环境综合整治办公室(苏办)保持着密切的联系。2013年11月"苏办"特地安排了一条船,让上海纽约大学的教授们泛舟考察苏州河沿岸的景观。在船上,大家聆听了上海市环保局老领导介绍苏州河的治理历程,并靠岸参观了"梦清园"苏州河综合治理博物馆,了解上海内河的污染和治理过程。显然,苏州河给参加考察的教授们留下了深刻的印象,他们无比感慨中国在环境治理上的决心和措施。

为了让外籍专家们更好地体验中国传统文化,我们和华东师大设计学院联系,通过他们的渠道,在静安雕塑公园安排了一次古乐、书法、茶道的鉴赏活动。2014年3月正是樱花(早樱)盛开的季节,无奈天公不作美,教授们乘坐大客车刚到达静安雕塑公园,就下起了毛毛雨。恰似"雨中漫步"看樱花,沥沥细雨挡不住大家的热情,各国教授们从公园的樱花步道穿过,走进公园深处的习作室。设计学院的老师和志愿者们早已在室内等候,在悠扬的古琴声中,志愿者们以茶道的形式,让客人们品尝了一杯杯沁人心脾的中国绿茶。整整一个上午,大家在一起欣赏古琴、琵琶、竹笛的演奏,也体验了中国的书法和茶道。虽然春雨越下越大,但参加活动的外籍教授仍然兴致盎然。

学校组织的参观访问也能很好地发挥外籍教授的才智。2015年3月,新的上海自然博物馆建成了,开始试运行。我们在正式开馆前与自然博物馆的领导取得了联系,并受邀提前感受了新建的场馆和展示形式。上海自然博物馆确实有很多新的理念,中外教授们饶有兴致地观看了各种展示,整整花了一个下午的时间参观。大家对展示的内容和形式赞不绝口,在参观体验的同时,也对展示说明的英文翻译提出了不少意见和建议。教授们从英语母语习惯的角度,一一指出了有些不太恰当的表达方式,并表示愿意帮助修改,得到了博物馆领导的高度重视。

同年11月我们和华东师范大学在虹口区工作的校友取得联系,组织教授们参观上海犹太人难民纪念馆,在当年犹太难民经常聚会的白马咖啡馆喝咖啡,听一段不寻常的上海故事。二战期间,犹太人遭受法西斯迫害而流亡世界各地,上海曾为两万多名犹太难民提供庇护,成为当时最大的犹太人"临时家园"。上海纽约大学的外籍教授中有不少犹太人,这段历史更让大家唏嘘不已。来自美国的艺术教授巴贝拉·埃德尔斯坦(Barbara Edelstein)的堂祖父是当年流亡上海的犹太人之一。她深有感触地谈到,为了纪念那段特殊的历史,她在2008年组织过一场艺术活动,将充满思念和希望的石块装入富含中国情调的红色锦囊,大家踏着自行车绕犹太难民居住区骑行一圈,最后把石块放置在一座纪念碑前。法西斯的罪行给人类带来的苦难更激发了中外教授们对世界未来和平的期盼。

我们在虹口区区委书记的引导下,漫步考察了虹口区多伦路历史文化名人街,并参观了多伦路59号的鸿德堂。这是一座中西建筑风格相结合的教堂,鸿德堂的牧师向教授们介绍了教堂的历史与现状。"鸿德堂"的名字是为纪念著名传教士费启鸿(George F. Fitch),而上海纽约大学文理学部主任费大卫(David Fitch)教授正是费启鸿的后代。有意思的是,他也在考察团里,和大家一起参观了教堂。历史的巧合令人惊叹。

那些年里,学校还组织教师游览了乌镇,体验江南古镇的文化风情,参观了张江高科技园区、同步辐射光源等场馆。这些参观访问都给教授们留下了深刻的印象,也是大家了解和体验中国文化和社会经济发展现状的过程。

我们还利用各种机会,在华东师范大学、上海音乐学院、东方艺术中心的支持下,让各国教授们欣赏了华东师大交响乐团的音乐会、上海音乐学院的《犹太人在上海》等音乐剧,观看了东方艺术中心的各种演出等,让大家不仅感受到上海文化设施建设的突飞猛进,更是看到了中国文化和当代艺术的发展,体会到多元化的上海文化形态。

在多元文化融合中,如何让各国教授们对上海有家的感觉,并能发挥自己的特长?这是我经常考虑的问题。只要有利于国家和教育事业,对师生、对学校有帮助,我都会想方设法给予帮助。佩卡·桑蒂拉(Pekka Santilla)教授是芬兰注册心理学家和法律心理学专家,有多年与警方合作并担任专家证人的经验。他来找我,表达了希望有机会和上海警方合作,去有关院校讲学,我帮助联系了浦东新区公安局、华东政法大学、上海公安学院等机构。这些单位都热情邀请他去交流演讲。每年的国际商业论坛都想请几位外籍专家演讲。当论坛组委会向我求助时,我会积极与上海纽约大学发展战略副校长、纽约大学商学院教授埃坦·泽梅尔进行沟通,多次邀请他在论坛上分享经验和见解。亚当·布兰德伯格教授希望到张江科学城访问,我帮助联系了张江高科技园区的领导,并和他一起走访了相关的企业。我还多次陪同诺贝尔经济学奖获得者罗伯特·恩格尔参与陆家嘴论坛,在企业家论坛上交流发言。我感到,多元文化融合也有利于推进上海国际大都市的建设。

中外合作办学的社会责任

早在 2012 年 4 月的"上海纽约大学筹建工作发布会"(NYU Press Conference)上,理事会(筹)就宣布了聘任我和雷蒙教授分别为学校未来的校长和常务副校长。当时,《解放日报》记者分别采访了我们,大家不约而同地谈到了文化理解和文化融合的话题。在 2012 年 4 月 6 日《解放日报》的同一版面上刊登了对我们的专访文章,以《不会西风压倒东风》和《学会两只眼看世界》为题,阐述了我们的观点。

我在接受采访时讲道,在上海纽约大学多元文化交融的教育环境中,不存在"西风"压倒"东风",或者"东风"压倒"西风"。我们只有在比较、反思以及理性批判中,才能形成真正的文化价值取向,并扎根于师生心中。学生应该具有国际视野,能在文化包容、交流和理解中与人合作,推进人类文明的进程。我们的教师也应在国际化环境中,与来自不同国家和教育背景的教师相互砥砺、激发智慧。在这些问题上,我们与纽约大学的教育理念是一致的,也是双方合作的重要基础。雷蒙常务副校长说:"我本人就是跨国教育的直接受益者。我在康奈尔大学读的是数学专业,大三时赴法国游学一年,这段经历改变了我。在法国,我除了学习数学,还学了许多,从法国哲学到法国艺术,当然还有法语。当我在另一种文化环境中,说着另一种语言时,我的思维方式也发生着变化,学会了用另一只眼睛看世界。……来自不同国家、不同民族的师生在教授和学习时的切入点都是不同的,存在一种互补性。"

多元文化的氛围会影响人的思维方式。仅仅沉浸在自己熟悉的文化环境中,往往会缺乏同理心,容易形成单一思维模式。而在多元文化环境里,更能理解"求同存异"——面对同一问题,从不同角度思考;在不同的视角下,找到共同点。我们生活在一个多元化的世界,多元文化构成了世界的精彩。如果年轻人只是习惯于从单一文化的角度考虑问题,往往不可能完整地认识世界,也很难拥有包容的心态。其实,为年轻人提供多元文化环境,在文化交融过程中深入理解和包容世界文化的多样性,提升跨文化交流、沟通与合作的能力,是大学的社会责任,更是中外合作大学的社会责任。

上海纽约大学有一半以上的学生来自中国各省、市、自治区(包括港澳台地区),另外近一半的学生来自世界各国。截至2020年,先后有80多个不同国家和地区的国际学生在上海纽约大学学习,教授也是来自世界各国。学校致力于培养有社会责任感的世界公民,而学生来自不同的国家,同样有责任建设好自己的祖国。世界公民和家国情怀并不矛盾,关键是对多元文化的认同与包容,并承担起自己的社会责任。我们坚持的理念与联合国可持续发展的目标是一致的。

2015年9月25日,世界各国领导人在一次具有历史意义的联合国峰会上通过了《2030年可持续发展议程》,该议程涵盖17个可持续发展目标,并于2016年1月1日正式生效。这些新目标适用于所有国家,在以后的15年内,各国将致力于消除一切形式的贫穷,实现平等和应对气候变化,同时确保没有一个掉队。联合国193个成员国在峰会上都投票,正式通过了这17个可持续发展目标。虽然可持续发展目标不具法律约束力,但是各国政府都应主动承担责任,建立实现17个目标的国家框架。各国对目标的执行情况的跟踪和审查负有主要责任。

中国作为一个负责任的大国,也一直倡导"人类命运共同体"的建设。2016年

11月11日习近平总书记在纪念孙中山先生诞辰150周年的大会上讲道:"中国人民不仅希望自己发展得好,也希望各国都发展得好,希望各国人民都能拥有幸福安宁的生活。我们要推动构建以合作共赢为核心的新型国际关系,推动形成人类命运共同体和利益共同体,始终做世界和平的建设者、全球发展的贡献者、国际秩序的维护者,同世界各国人民一道,共同创造人类和平与发展的美好未来。"因此,促进联合国17个可持续发展目标的实现,推进人类命运共同体的建设,讲好中国故事,应该是上海纽约大学的社会责任。

改革开放40多年来,中国孩子对于西方国家、对于欧美文化的了解越来越多。很多中小学生就有机会去国外旅游或访学,大学生出国交流的机会更多,从而可以体验不同的文化和教育,对于西方社会的认识也更多元化。即便没有出过国的人,也可以通过媒体、视频等各种方式了解西方文化。但学生对欠发达国家文化的了解并不多。而国际学生,特别是没有机会出国的学生,对中国的了解还是很片面的。经常会听到一些来华的外国学生说:"原来中国是这个样子呀!"和他们想象的不同,说明了交往交流的重要性。所以构建人类命运共同体首先要理解和认同文化差异。各国文化不同,选择的道路不同,只有相互理解,和平相处,才能积极面对全球问题,推动人类社会的发展。

作为一所中外合作举办的大学,学生来自世界各地,上海纽约大学更有义务把文化融合和社会服务结合起来,激发学生的社会责任感。我们与各类社会机构合作,鼓励和组织中外学生深入社会,服务社会。除了院长服务学者项目外,平日里我们还组织各类服务社会的活动,如在养老院当义工,在阳光之家引导智障儿童活动,参与都市农业、农民工子弟学校支教、环境保护等项目的建设。让学生在社会服务中,全面了解中国社会,增强社会责任感,同时也促进了多元文化的融合。

我们和"铺路石青少年发展中心"合作,参与外来务工人员随迁子女的英语教学工作。上海纽约大学每学期都有20名左右的志愿者,按每周一次或每两周一次的频率去上海各中小学执行英语教学任务。志愿者们要接受培训,了解学校平时用的英语教材以及课程进度,还要以新颖有趣的授课方式提高孩子们的学习兴趣。国际学生加入志愿者队伍,让中小学生有机会锻炼口语,纠正发音,感受异国的风土人情和文化特色,也能拓宽孩子们的视野,激发他们对世界的好奇心,始终保持探索和学习的热情。

上海纽约大学与"牵手上海"（Hands On Shanghai，HOS）合作，参与各类公益社区服务项目，如老年关怀、儿童健康、教育和环境保护等活动。志愿者们定期前往儿童医院，设计并组织趣味性和教育性兼具的活动，给患儿们睡前讲故事，为住院的儿童们带去欢乐，让他们在病痛中能感受到关怀。志愿者还经常参与"牵手上海"的敬老院项目，在很多情况下国际学生要克服语言障碍，与敬老院的老人们一起聊天、做游戏、做康复操，并为老人们表演节目。每年春秋季，学校还组织志愿者们参与"牵手上海"的南汇海滩清理项目，统计清理垃圾数据，为美化上海环境尽一份力。

在潍坊街道，学生志愿者与"阳光之家"的学员一起制作手工贺卡，在上海纽约大学校园里义卖所有手工制作的贺卡，用集得的款项完成"阳光之家"学员们的节日小心愿，如，买一本新书，吃一块好吃的蛋糕，看一场电影等。我们还与上海浦东特殊学校结对，参加2016年阳光融合跑比赛，并挑战世界最多人次同时融合跑的吉尼斯纪录。赛前，学生志愿者与浦东特殊学校师生一共进行了4次训练，增进相互间的了解，达成合作默契，获得了不错的成绩，得到中国特奥委员会颁发的奖牌。

志愿者活动是学校教育的一部分，让学生以不同方式服务社会，融入上海城市建设，接触不同社会群体，关心各类社会问题。学生在传播爱和正能量的同时，收获求索新知的动力。我们希望学生有服务他人、融入社区的意识，不仅在学校里，而且能延续到毕业后，能不断完善自我，帮助他人，成长为一名合格的全球公民。

例如，2018年9月的新生入学教育中，学生事务部组织新生深入社区，从进校起就培养学生回馈社会的价值观。学生以小组为单位，分头前往上海各地。其中一组到浦东新区花木敬老院，看望孤寡老人。中外同学们分成两队，一队学生与老人们一起交流做手工；另一队学生与老人聊天，聆听彼此的故事，以不同方式陪伴老人左右。敬老院的很多老人只会说上海话，而同学们大多来自外地，还有刚到上海的国际学生，不过，语言的障碍完全没有影响大家的沟通。同学们与老人共同完成了蝴蝶图案的手工艺作品。来自山东的崔艺璇说："这次活动中，我认识了钱奶奶，虽然大多数时间我听不太懂她的上海话，但在做手工时，我们一直通过手势和笑容交流,度过了一段快乐的时光。以后我会参加更多这样有意义的活动。"

另一组同学前往浦东新区的"三阳基地"看望残障人士。同学们和"三阳基地"的学员们一起学做月饼,共庆即将到来的中秋佳节。这组同学,恰好一半是中国学生,一半是国际学生,国际学生在活动中也体验了中国文化。"三阳基地"的学员平时比较沉默,话也不多。上海纽约大学的同学们来了之后,他们很开心,一直在笑。同学们表示,每个人都应该被尊重和公平对待,大家愿意以后继续来这里送温暖。其他三组学生分别与"阳光之家"的学员举行趣味运动会,或是前往位于闵行和宝山的动物保护基地义务劳动。

教育在人文交流中发挥了重要的作用。作为一名教育工作者,我对教育国际合作寄予更多的希望,在多元文化环境里,学生不仅学习知识和技能,更重要的是在人际交往、碰撞和融合中理解文化的差异,看到人类的共同之处。无论是外国学生到中国来学习,或中国学生去国外学习,这个流动过程都是良性的互动。流动交往使各国学生能亲身体验到不同的教育模式、教育体制,选择适合自己的学习模式,学习喜欢的知识和技能;流动交往使学生能更好地理解不同的文化环境以及不同人群之间的文化差异与共同点;流动交往使学生能感受这个多元文化的世界,开阔自己的视野,欣赏和包容不同的文化,提升跨文化沟通和合作的能力。这是世界和平发展、可持续发展的重要基础。不管国际形势发生什么变化,我们都应该积极推进人文交流,让年轻人有更多的接触、更多的交往、更多的理解,相互学习,以更开放的心态、更宽广的胸怀去承担人类社会文明进步的责任。人和人之间如果因为文化和语境的差别而相互怀疑、相互猜测、相互对立的话,对世界的和平发展肯定是不利的。我也希望来中国学习的年轻人能真正认识到中国有很多值得大家学的东西。

在跨文化平台上必然有碰撞与摩擦,而只有通过沟通交流方能实现文化融合。不同文化视角的碰撞会激发出更多的创新理念,这便是教育国际合作的价值和意义之一。关于文化理解和文化融合,我有切身感悟。1985年5月,我去英国利物浦大学地理系从事博士研究。刚到利物浦时,总共只有8位来自中国大陆的访问学者和研究生,我是新中国成立后在利物浦大学地理系学习的第一个来自中国大陆的研究生。二次世界大战前后,利物浦大学地理系曾有一批中国留学生,后来这批学生大多成为国内著名教授,其中有好几位中国科学院院士。这段特殊的历史给了我很大的激励和帮助。在世界著名教授的指导下,从事前沿科学研究,我只用了不到四年的时间就完成了博士论文,获得了博士学位。

学术研究之余,我并没有忘记利用海外留学机会,观察英国社会的方方面面,深入了解当地的文化环境。国门刚打开不久,大家对海外情况的了解不多,对国际社会已经和正在发生的经济、文化、科技与教育等方面的变化知之甚少,有些认知可能还停留在较早的年代。为了应对文化冲击(Culture Shock),出国前我们都学习了英国的风土人情、礼仪习俗,做了不少思想准备。跨出国门之后,我才意识到英国社会已经发生了很大的变化。传统的英国人往往被描绘成比较刻板、冷漠,而实际上我的导师以及周围的教职工和研究生同学们都非常热心随和,他们在学业和生活上给了我许多帮助。在我刚到英国的这段时间里,地理系的很多教职工都会邀请我去他们家里做客吃饭,还给我送来了各种生活用品。他们改变了我头脑里英国人的形象。当然,在普通英国市民脑海中也有中国人的形象,那就是电视剧里的李小龙,留着长辫子(pigtail),不善言辞,功夫了得。时常会看到有些英国小孩在我们身后一边比划着拳术,一边发出"哈、哈"的声音。竟然还有英国市民会对我说:"哇,中国人也有这么高的呀!"其实,我才184厘米。显而易见,缺乏人文交流,往往会少见多怪。

我所在的研究生办公室比较大,最多时有5名研究生同处一室。我们平时会交流一些不同的话题。尽管大家的研究领域不同,仍有兴趣讨论各自的论文课题,相互启发。其中,有一位研究生来自德国,他的研究领域是爱尔兰文化;一位是来自非洲加纳的研究生,研究人口地理;还有两名是英国学生,前后毕业有替换,她们分别是研究历史地理和人文地理的研究生。最后一位进到这个办公室的是西蒙·哈钦森(Simon Hutchinson),我们是同一个导师,研究领域相似,在一起讨论的时间最多,成了最好的朋友。回国后,我和西蒙共同申请了国家自然科学基金会与英国文化委员会的国际合作项目"滨岸潮滩环境监测和管理研究"和"长江口岛屿的可持续发展与社区参与"等,持续合作八年,至今仍保持着联系。

英国大学在上午和下午都会有"茶歇"(Tea time)时间,当年只要花5便士就能买一杯茶,10便士买一杯咖啡,但这对于每月只有200英镑生活费的中国留学生来说还是一笔不小的支出。我觉得"钱要花在刀刃上","茶歇"既是英国人典型的生活方式，又是英国大学教授和研究生交流的重要场合，应该去看看。一开始我只是带着"好奇心"，想知道教授们在"茶歇"时聊些什么，后来才意识到这是与教授们沟通交流的好机会。在闲聊中能熟悉系里的教职工，和大家交朋友，提高英语听讲能力，同时也是了解英国大学、社会与文化难得的机会。

我在与教职工和研究生同学们的聊天中知晓了系里各位老师的学术领域，确定了自己的研究方向，并了解到不少英国文化习俗以及不同人对英国社会经济的思考。同样，我也是在茶歇时认识了我后来的导师，了解到环境磁学的学科前沿和研究方法。通过和大家的沟通交流，我学会了如何大胆、准确地表达自己的兴趣和观点，找到共同的话题。当年结识的教授和同学很多成了我回国后学术发展的合作伙伴。那时候，在利物浦的中国大陆留学生不多，教职工和研究生同伴都愿意听听中国的历史文化与改革开放带来的变化。他们也对我个人的经历很感兴趣，我会利用茶歇时间讲讲我心中的中国。记得当时有位英国研究生开玩笑说："中国变化那么快，也许我们将来要到中国来找工作了！"如今看来，这些都不像是笑话。中国的发展举世瞩目，世界也变得越来越扁平，外国人在中国工作并不罕见了。

酒吧文化也是英国的特色之一。有意思的是，利物浦大学的校园里有两个酒吧，分别叫牛津(Oxford)和剑桥(Cambridge)，平日晚上都挤满了人，门外也站了很多学生，热闹非凡。我们系里的研究生也会定期约着去市里不同的酒吧聚会，我自然在被邀请之列，有时候导师和实验室职工也会一起参加。这是英国的社交活动之一，我不会喝酒，但为了考察文化习俗，参加过几次。大家喝啤酒，我饮苏打水，多说说话也就成了朋友。

诚然，中英两国的政治制度、文化环境、社会历史进程不同，但是人和人之间仍有很多相通之处，有不少共同的话题。我深刻体会到文化理解和文化融合是个双向的过程，成效如何取决于大家的意愿。在和英国同学的交往中，我对多元文化、国际教育、社会发展等问题有了更具体的认识，也锻炼了自己跨文化沟通、交流和合作的能力。

我曾担任过利物浦中国学生会主席，因此需要接触学校相关部门和当地华人社团。在当地华人的帮助下，我们组织中国留学生和访问学者参观访问了设在利物浦或附近的不少大型跨国企业和一些社会机构，如联合利华、帝国化工、福特汽车、利物浦监狱、英国广播公司等,了解企业的全球发展战略和运作方式,了解英国城市和社会的治理模式。我还促成了在利物浦大学学习的华人研究生和学者联谊会,使来自中国大陆、香港、台湾地区的学生和学者有更多的交流和联谊活动,一起组织去企业参观访问、外出旅游和参加体育活动等。

也许正是在利物浦大学的五年留学经历,拓宽了我的视野,使我对世界文化的多样性有了较为深刻的感知和理解,激励我冲破文化藩篱,在跨文化沟通、交流、合作中有所作为。也许正因为这段亲身体验的经历,我更意识到文化理解和文化融合的重要性,促使我在而后的工作中承担起这份社会责任。

为了走向世界的年轻一代

上海纽约大学是一所国际化学校,旨在培养具有全球视野的国际化创新人才、具有家国情怀的世界公民。由于学生来自世界不同的国家,文化多元,成长背景不同,因此在帮助学生提升知识和技能的同时,作为人的培养,如何实现大学教育的目标呢?学校把关注点放在以下三个方面:首先,上海纽约大学提供给学生的是一个多元文化的学习和生活环境,文化差异是客观存在的,更重要的是在认同差异、尊重差异的基础上积极寻找共同点,实现不同文化的融合;其次,拓宽全球视野,引导学生在比较、思辨的基础上建构自己的世界观,不是一味追求标准答案,而是敢于挑战权威,看看那些已被大家认同的论述,在不同文化或不同时代背景下,还有哪些不完善的地方,有哪些不合时宜之处,批判性思维是创新的源泉之一;再次是树立社会责任心,以积极的人生态度和价值取向面向未来,具有对人类社会发展的强烈责任感,而不是成为极端利己主义者。这些方面对学生的长远发展都很重要,对构建人类命运共同体、积极参与全球治理也是非常重要的。

文化差异是客观存在的,看到文化差异,才可能认同和欣赏不同的文化。我曾参加过一次关于种族歧视的讨论会,各国学生就种族歧视现象纷纷发表自己的意见。印象特别深的是一位来自美国纽约的黑人学生,他说从来没有去过纽约的某些区域,妈妈特别关照他,到那里会受欺负的。这个故事引起了大家的共鸣,种族歧视是一个全球性的问题,但不少同学认为上海比较包容。然而,一位非洲女孩表示,上海也有种族歧视,原因是她走在大街上或在地铁里时,经常有人对着她拍照。她不理解为什么。这些照片会派什么用场?是否含有种族歧视的意思?这番话引来了一阵善意的笑声。一位白人姑娘笑着说:"这些人一定是觉得遇到了一位漂亮的非洲姑娘,发到朋友圈去炫耀呢。"尽管这种解释是有可能的,但我意识到在没有得到允许的情况下,对着人拍照是不礼貌的,往往会引起误解。这就涉及文化差异和文化理解的问题。还有一位黑人教师说到,有一次她和几位白人同事一起去饭店用餐,大家是先用餐后付款,而当她自己一个人到饭店用餐时,点菜后服务员马上就让她付钱,她觉得这是种族歧视。讨论会结束后,我和这位老师交流说:"上海的饭店有的是先用餐后付款,也有点菜后就要付费的,我们也经常遇到这种情况。"当然,这些都谈不上种族歧视,也许更需要文化理解和文化包容。但我并不否认有部分人对不同肤色人群的观念和态度是有差异的,而这些问题恰恰是在现代化进程中需要认真面对的。不卑不亢,互相平视,互相尊重才是人和人相处的应有之理。由此可见,为了帮助和支持这代年轻人走向世界,跨越文化藩篱,我们必须在各方面借力。

学校不仅采取了一系列文化融合的措施,也积极与国际组织联系和合作,邀请国际组织的官员与学生交流。上海纽约大学原副校长刘虹霞,曾在多个国际组织任职,积累了丰富的经验,更是发挥了重要的作用。在她的努力下,上海纽约大学和联合国(UN)、联合国教科文组织(UNESC)、联合国开发计划署(UNDP)、世界银行(World Bank)、国际货币基金组织(IMF)等国际组织建立了紧密联系。联合国学术影响力项目(UNAI)负责人拉穆·达莫达兰(Ramu Damodaran)先生2017年曾来上海纽约大学给学生作过"共享的世界——联合国及模联项目的目标"(A World really shared by all——Goals of United Nations and Model UN Program)的演讲,回答了同学们关于联合国组织和模联的问题。2018年联合国助理秘书长、联合国开发计划署助理署长兼亚太局局长徐浩良来学校访问,和学生们座谈交流了在联合国工作的体会和如何争取国际组织的聘用。学校还鼓励学生参加联合国活动,了解国际组织的规则,支持学生在国际组织或跨国企业实习、见习,以更好地理解世界是一个多元文化的共同体,将来争取在国际组织或跨国企业工作。上海纽约大学很早就成为了UNAI成员,多次组织参与了UNAI的国际活动,如绿色环保行动等,出现在联合国网站上。

联合国秘书处公共关系部在 2018 年批准接纳上海纽约大学为附属非政府组织，并认可上海纽约大学在参加联合国纽约总部会议时有观察员资质，在包括国际红十字会、国际奥林匹克委员会等在内的共 1 500 个非政府组织中拥有联合国观察员身份。这意味着，上海纽约大学师生能参加在联合国总部举行的联合国大会及其他公开会议，学生代表在纽约学习阶段不仅能参观联合国总部，而且可以有定期列席联合国会议的经历。"上海纽约大学将履行自己的承诺——我们愿尽一份力量，提高公众对联合国使命和其他全球议题的认知，"上海纽约大学国际组织代表刘虹霞说，"学生们有了更多难能可贵的机会，可以进入联合国实习工作或者志愿服务，将这一目标变为现实。"

2019 年 1 月 24 日，在纽约学习的 2020 届学生扎卡里·杨（Zachary Young）与武光宇作为上海纽约大学的青年代表，参加了首届联合国民间社会会议。在现场，全体与会成员起立鼓掌，欢迎上海纽约大学正式成为联合国认可的非政府组织成员。扎卡里表示："联合国认可上海纽约大学的观察员身份，为我们走向国际舞台、履行社会责任提供了更多的机会，我们将全力以赴，成为合格的全球公民。""联合国为促进和平、医疗与教育所提出的可持续发展倡议和方案，与上海纽约大学成立的许多项目的目标一致。"武光宇说。未来他希望能寻求在公共政策领域的职业发展，成为一名社会企业家，或推动教育公平。"上海纽约大学获得联合国观察员身份，让我们有机会发挥更大的作用。"

学校职业发展中心（Center for Career Development）每个学期都会组织各类讲座和招聘会，请国际组织官员和企业家与同学们交流，让学生了解各类机构和企业对雇员的要求，并提供各种类型的咨询，帮助学生更清楚地认识自己，了解不同类型的大学和企业，发现自己的兴趣所在，为读研和就业做好准备。

上海纽约大学全球奖学金项目办公室（the Office of Global Awards）主动引导有更高追求的学生，瞄准更高的学术和职业目标，挖掘自己的学术才能和职业潜能，在多元文化的融合中，思考和利用自己的能力，对世界产生积极的影响。从 2016 年到 2019 年四年里，上海纽约大学学生进入诸多全球顶尖学术和奖学金项目的最后选拔阶段，其中包括罗德奖学金、盖茨剑桥奖学金、奈特-汉尼斯学者奖学金、苏世民学者项目、燕京学者项目、富布赖特项目等，且多数学生成功入选。在申请过程中，全球奖学金项目办公室为学生提供了很多咨询和建议，帮助他们在申请材料中更自如地阐述个人目标。

我们的工作也得到了华东师大校友的积极支持,周廷华在联合国总部工作,曾先后在联合国新闻部外联司、安理会人道主义事务协调厅实习和工作,后来又作为联合国秘书长行政助理,现在正式转到管理部做人力资源政策和合规部的工作。她曾亲自带领多批上海纽约大学的学生参观联合国总部大厦,介绍联合国的章程,引导同学们体验世界的多元文化,理解人类命运共同体的理念。周廷华校友还多次来学校给学生讲解联合国的工作原则,以亲身经历和体验向学生传授在国际组织实习、工作的机会和努力方向。当然,她也成了同学们的偶像。

上海纽约大学成立以来与联合国的联系与合作源源不断。联合国原中文部主任何勇先生多次率联合国雇员代表团来到上海纽约大学参观访问和交流。代表团成员分别来自联合国总部纽约,还有其他联合国组织常驻之地,包括日内瓦、维也纳、曼谷等。作为上海纽约大学的校长,我也被联合国中文部邀请去联合国给来自各国的雇员做报告,介绍上海纽约大学的探索,谈谈开展国际人文交流的重要性。上海纽约大学"让世界成为课堂"的教育理念以及"具有全球视野的国际化创新人才"的培养目标,和联合国谋求和平与可持续发展的目标一致,我们希望未来有越来越多的学生在开阔视野、不断提升跨文化沟通交流和合作能力的基础上,承担起世界公民的责任和使命。

作为一个国际大家庭,上海纽约大学让同学们感受到了社区(community)的氛围。有学生称:"回到上海纽约大学就像回到了自己的家。"帮助学生理解文化多样性,促进不同文化背景的学生沟通、交流和合作,是学校义不容辞的职责。尽管这些学生成为一代社会精英还有很长的路,但上海纽约大学的多元文化环境对他们的影响,以及他们对中国文化的热爱是显而易见的。学校中文教学部曾汇编了"国际学生中文习作赏析",取名为《跬步集》。同学们用中文写的故事幽默感人,老师的评析更是画龙点睛。我认真看了《跬步集》,注意到在故事的后面,学生往往会写上几句,内容是关于为什么写这个故事,为什么学中文。

"我非常喜欢汉字,它们非常有趣。受益于轻松又丰富的课堂学习,我学会了如何自如地在课内外练习中文,这也是我写这篇文章的原因。"

"我是在美国出生长大的中国人,但我的汉语只学了差不多三年。我决定来上海纽约大学学习中文,以此加深我对中国文化的理解。"

"我学习中文已有三年,除此之外,也学过韩文和法文。学习中文和其他语言给我提供了更多开阔眼界的机会,让我能够享受到跟世界上其他国家的人交流的乐趣,从而了解更多丰富多彩的文化。"

"一年前我开始自学中文。这学期的中级中文二结束以后,我还打算继续学习中文,希望自己的表达能够越来越流利。我写这篇文章,是因为我是英国人,想与大家分享伦敦在过去五十年中的巨大变化。"

"我觉得环境保护是一个非常重要的问题。这也是为什么我写了这篇文章。我学习中文一年多了,遇到的每位老师都让我更加喜爱中文。"

"上大学以前我没有学中文的经历,上海纽约大学的中文课让我爱上了这种语言。我自己是一个海外留学生,这是激发我写这篇文章最重要的因素。"

"在过去的三年里,我有了更多的机会去学习中文和了解中国文化。"

"因为新加坡的华人比较多,在父母的鼓励下,我从小就开始接触中文。我对《非正式会谈》这档节目非常感兴趣,是因为我觉得这档节目展示了世界各地不同文化之间的交流,对此我深有共鸣。"

"去年,因为我参加了一个海外学年的活动,所以有机会在北京学习一年。也是从那时候起,我开始学中文和中国文化。我觉得中国特别有意思,因为跟美国很不一样。"

美国学生何力(Wesley Livingstone)中学时在北京学习过一年,住在一个中国家庭,从而结下了深厚的感情。他在上海纽约大学学习时汉语的听、说、读、写都很棒,经常用中文在微信上发文章,做中外文化比较。他说:"在这里,无论是中国学生还是国际学生都能找到各自喜欢的学习环境,我个人希望更多地学习汉语和中国文化,而中国学生偏爱这里的英语环境,学校包容各种想法,鼓励多元化的选择,这可能就叫'跨文化的共存'。"

来自纽约的爱文·马克斯讲得一口流利的普通话,也喜欢讲上海方言和广东方言。他曾多次参加电视台的节目和汉语比赛,并获得上海外语频道"外国人讲沪语"比赛的第一名。这个美国小伙子很活跃,经常会和我用沪语聊聊天。碰到不熟悉的上海话,爱文会把这些话录下来,下次再遇到我,他就会讲一遍,问我发音是否正确。他有空会去公园里找老爷爷、老奶奶们练地道的上海话。爱文爱上海、爱中国文化。在毕业前,他很认真地约我在学校咖啡吧见面,表明了自己毕业后想在上海创业或就业的愿望。我问他："你是否有意当翻译？"他使劲摇了摇头说："这个没多大意思。我想当一个帮助大家理解文化差异的网红主持人。"他觉得中美文化不同，语境不同，往往因为语境和习俗差异而产生误解。他有不少具体的设想，以帮助两国人民相互理解。毕业后，他果真成了网络视频传播者。尽管后来因为疫情，他回到了美国，但我注意到爱文依旧在业余时间里坚持做中美文化的比较，积极传播中国文化。

洛葛仙妮·罗曼（Roxanne Roman）是位美籍菲律宾姑娘，担任过校学生会主席，也是学校"2013基金会"的创始人。在读期间，她曾在白宫第一夫人办公室、希拉里美国总统竞选团队以及菲律宾参议院实习。她说道："在18岁的时候，我根本想不到来中国这个决定对我的人生会有多大影响。……希望有一天能用这些经历，推动可以让美国、菲律宾和中国共同受益的对话。"

2018届校友苏汉来自河北涿州，毕业后去麻省理工学院（MIT）读研。他利用纽约大学全球教育体系的游学机会，三个学期分别去了阿根廷布宜诺斯艾利斯、美国纽约、阿联酋阿布扎比。苏汉善于观察，文笔很好，他把在三地的故事和文化感受都用文字写了出来，和大家分享。其中一段话很有意思："无论是阿布扎比还是上海，都有着对世界大同的理想和对文化交融的实验。当然，每一步探索都少不了艰难险阻，但也正是在幽暗昏惑里跋涉的过程中诞生了新的希望与生机。'道路是曲折的，前途是光明的'，我愿溯流而上，找寻她的踪迹，却见依稀仿佛，她在身边伫立。"

毕业后，仍有不少学生怀念上海纽约大学的多元文化环境。在摩根大通担任研究分析师的朱华回忆起在上海纽约大学的四年时光，深有感触地说："大家来自五湖四海，真的很难得能有这样一个环境让如此多拥有不同文化背景、不同思想的人相聚在一起。我在上海纽约大学四年学习生活的最大收获是同理心的建设，即能够从更加多元化的角度去思考问题。随着同理心的提升，我变得更加包容，思维也更加多元。无论是现在步入职场，还是和我的初高中同学交流时，我都一直觉得上海纽约大学的环境非常独特、有趣，很怀念能在这样的环境中学习生活了四年。"

"大一时，我住的是三人间，室友是一名中国同学和一名波兰同学。大家来自不同的地方，生活习惯自然有所不同，但正是在不断调和的过程中，我们每个人都收获了成长。这样一起生活、互相了解的宝贵经历,是在单一的学习环境中不会获得的,"2018届校友刘令仪说道,"很神奇的是,在伦敦读研时,我在'脸书'上得知波兰室友来到伦敦工作,于是我们就约了见面吃饭。见面时,她还提起大一刚住一起时,她很难理解为什么我们都喜欢喝热水,因为之前她从没见过有人喝热水。在我看来,来自不同文化、家庭背景的每一个人,可能就是一杯热水或一杯冰水,而上海纽约大学的多元化环境教会我们为了容纳彼此,适当地升温或降温。走出舒适圈的过程大概都伴有些许不适感,但最后我们会发现,做一杯温水也没有什么不好。至少我是这样认为的。"

"这一独特的多元文化环境极大地促进了我的全面成长。在学术上,不同观点相互碰撞可以产生很多新的想法和灵感,帮助解决难题。就个人发展而言,我有机会接触到不同种族、国籍、宗教信仰的人,可以从他们身上了解多元价值观。这也让我认识到,除了保持包容和尊重的态度,还应该主动与他人沟通交流。"毕业后去普林斯顿大学从事量化与计算生物学博士研究生项目的陈雨航校友说,"我的室友来自以色列,起初我觉得我们存在语言和文化上的差异,但后来我决定走出舒适区去了解对方,结果我欣喜地发现,我们之间的共同点竟然如此之多。"

在国际组织任职的叶霖讲道:"我希望能够理解世界、探索世界以及为世界作贡献。理解世界的第一步就是去理解身边的人,理解每一个人的个体价值与他们背后的文化、身上的符号。每个人身上的经历故事以及看问题的不同视角都让我颇感兴趣。"叶霖的室友曾经是一名以色列女兵,她向叶霖讲述了自己在战场上的那些经历。于是,叶霖开始采访聆听周围师生身上的种种人生,并把他们的故事发表在自己开设的微信公众号上。"这个经历开启了我理解世界的第一步。"

2018届的校友陈梦竹,曾获得CCTV英语大赛第一名,毕业后在微软全球第一方设备研发部门——微软亚洲硬件中心(深圳)担任用户体验工程师,后来赴麻省理工学院攻读联合设计管理硕士项目(Integrated Design Management)。"我在上海纽约大学认识了来自世界各地的同学。记得大二我在意大利参加暑期课程时,借机从匈牙利玩到了塞尔维亚、克罗地亚,一路上都有认识的欧洲同学接待,他们还邀请我去他们家里住,真的觉得特别幸福!"陈梦竹回忆道,"在跟他们交流的过程中,我学会了不随意评判他人,去聆听、沟通、交流,去换位思考。我觉得这不仅是在微软工作的非常重要的品质,也是当今国际形势下需要的处事态度。"

2019届的吴雨昕校友坦言:"中国学生来自全国30多个省、市、自治区,国际学生更是来自全球70多个国家。不同的成长环境、不同的教育理念、不同的家庭背景、不同的意识形态,这些不同不可避免地使每一个个体都有不同的理念。而在上海纽约大学这样一个国际化的环境下,各类思想上的不同甚至冲突就更为明显。但是这样的不同在上海纽约大学并不会造成隔阂,因为从进入上海纽约大学的第一天起我们就开始学习如何理解与尊重他人的观点。所以有时在学校的小组学习室我们可以看到两位同学因为一个问题争论得面红耳赤,而一踏出小组学习室又勾肩搭背和好如初。我们在坚持自己的理念的同时听取别人的观点,在宣扬自己想法的同时从争辩中学习。"

据我所知,已有多名上海纽约大学毕业的中国学生在国际机构工作或实习。2017届毕业生赵天一任职于联合国纽约训练研究所,任项目经理,帮助企业、机构和组织与联合国建立合作关系。2018届毕业生叶霖在联合国工业发展组织上海办公室任商务发展经理,她也曾在"亚太示范电子口岸网络"工作,积累了跨文化协调的经验。2022届毕业生才静远获得哥伦比亚大学国际金融和经济政策硕士学位后,去了世界银行工作。2019届毕业生任奕欣入选了上海市高校学生赴国际组织实习项目。2020届学生王子昕毕业后去了清华大学苏世民学院读研,曾在联合国驻华协调办公室担任协调官员(全职志愿者)。叶霖回首四年在校经历时,骄傲地说:"如果当初没来上海纽约大学,而是去了某个成立已久的大学,可能就享受不到那么多从无到有地创造新事物的过程了。"在她的朋友圈里至今都能看到上海纽约大学的动态,足以可见母校对她的意义及她对母校的感情。

21世纪的优秀人才应该具备跨文化的理解能力、跨学科的学习能力。多元文化环境让学生有机会接触到世界不同的文化,改变了他们对学习、对文化、对世界的认知。无论今后在哪里发展,他们都能尊重和包容文化差异,具有跨文化合作能力和领导力,以自如地应对未来的挑战。2018年,纽约大学全球咨询会在北京召开。其间,我们邀请六位上海纽约大学校友谈了学习的经历和体会。他们表达的观点非常真实,特别讲到多元文化对大学生活和未来工作的影响,更使我从多元文化角度看到中外合作办学的意义。

伊丽莎白·费希尔(Elisabeth Fisher)是2018届的美国学生,毕业后去了北京大学国际关系专业读研究生。她说:"刚来的时候,我们中的很多人对中国知之甚少。仅有几个人会说中文。我们上了一两年的语言课。很多人都认为中国是未来,所以希望走在最前沿,不如从年轻的时候开始。因此,我们从第一天起就知道如何主动地去做事情,这是一个非常独特的经验。……我们一半的同学都是国际生。所以你每天都在学习多元文化。这个城市对你来说是陌生的,但即使你对上海很熟悉,在课堂内外也都可以收获新的体验。我从中获益良多,很多同学也有同感。"

佐伊·乔丹(Zoe Jordan)也是2018届的美国学生,毕业后在北京大学燕京学院攻读硕士研究生。她感慨地说:"18岁之前我从来没有搬过家或有在别地居住生活的经历。我上的是公立高中,也从来没有在美国以外的地方生活过。18岁时我来到中国,和来自世界各地的人一起学习,和中国室友住在一起,这是一段不可思议的经历,我们的背景差异如此之大。但大家有一个共同的目标,那就是走出舒适区,真正去了解我们所在的这个地方。当与那些和自己截然不同的人在一起,一定会有一些挣扎和困难,但最终收获的帮助不仅是在学业上完成作业,在生活上也有助于你去看医生或者去超市。我不认为这是我在美国的高中同学会有的经历。"

布兰登·泰勒(Brendan Taylor)来自美国芝加哥,2018年毕业后作为普林斯顿的亚洲学者,在蒙古国做项目。他说:"上海纽约大学教会我们从不同的角度看待世界,同时有落地的能力,这是我最大的收获。我在蒙古国一家投资银行工作,它非常有趣,因为当地的金融市场非常不发达。那里有很多监管机构,来确保公司公布的财务报表是准确的。因此我必须不断努力去了解当地经济及其运作方式。"

赵泽宇是上海纽约大学首届毕业生,毕业后在艾社康健康咨询(ACCESS Health International)工作。在会上他动情地述说道:"我认为我在上海纽约大学遇到的同学们,将会在未来的岁月里,成为生命中永远的朋友。"庄臣也是首届毕业生。从上海纽约大学毕业后,她先后在普华永道和阿斯利康工作。她说:"上海纽约大学为我们提供了一个与来自世界各地的学生交流的机会。当我大三去海外交流学习时,不同于其他选择纽约的同学,我选择了捷克共和国的首都布拉格。……每天醒来,都有一种去探索城市的冲动。同时,我认为纽约大学全球教育体系为我们提供了这样的机会,鼓励我们去探索。……上课时,教授都会带我们走五分钟到达主广场的标志性建筑,然后开始解释历史和文化背景。这是一次非常有趣且独一无二的经历。"

以色列姑娘韩宁菲(Nofar Hamrany)是2018届毕业生,毕业后在清华大学苏世民学院攻读公共政策和国际关系硕士。她说:"当我身处上海、身处中国,体会到的东西是我那些外国朋友没有办法,或没有机会体会到的。而这是非常重要的感受,因为你可以想想看我们每天要听到多少次'中国',想想看每天我们可以听到多少次关于中国的新闻。我订阅了《纽约时报》,每天都会推送新闻到我的邮箱,'中国'几乎每天都要在报纸里出现至少5次。所以我觉得在中国生活,从中国的内部理解这个国家,同时通过我给中国学生一个外部的角度理解中国,这个机会是非常好的。我们可以了解到中国的各方面,当你身处中国,你可以在这里学习到关于中国的所有东西,包括经济、金融等。但你同时也可以从那些国外教授的身上以及从这所大学的社区本身学习到一些新的观点。我觉得这些对我来说都很有价值,也让我乐在其中。……想要成为一个世界领导者,不管是在哪一个领域的领导者,都需要了解中国。我觉得这些就是我在上海学习中的最大收获。"

当今世界,政治冲突激烈,经贸摩擦不断,逆全球化气焰甚嚣尘上。面对各种不确定因素,学校教育应该有更长远的思考和眼光,不能被眼前暂时出现的困难所吓倒。上海纽约大学坚持多元文化融合,让学生在多元文化环境里学习和生活,在文化沟通交流中成长。学生们有机会接触到世界的不同文化,增强了对不同文化的尊重和理解,改变了对世界的认知。我们认为,大学教育会影响人的一生,也能改变人们的思维模式。理解不同文化的差异,才会更包容,才可能求同存异。如果大家都能够站在这一种互相包容和理解的角度去看待自己,看待周围,看待世界的话,世上的矛盾和冲突会大大减少,而文化之间的理解、融合和合作会越来越多。

第五章
大学治理文化的磨合

上海纽约大学的治理必须基于"三个C"的原则,一是沟通(Communication),二是让步(Compromise),三是合作(Cooperation)。首先,要充分沟通交流。中美的学校治理文化存在差异,只有沟通交流才能相互理解、争取共识。其次,要学会让步妥协。如果意见有分歧,先看看是否违反法律法规,考虑是否与教育理念相背。如果不是原则问题,双方都要有让步妥协的态度,懂得适时退让,包容不同意见,做大家都能接受的事。第三,要相互合作补台。经常提醒对方,我们是在一个新的环境下办一所新体制的大学。由于办学体制和模式不同,出现问题很正常,所以双方需要互相支撑、互相配合,相互补台,争取学校利益最大化,才能够让这所学校平稳、健康地发展。

中外合作大学如何发挥双方的合力？如何体现合作办学的优势和独特性？这些是大家都很关心的问题。中外教育体制不同,管理体制不同,国家制度也不同。在教育国际合作中体现双方的优势,形成中外合作大学的治理文化,同时满足不同国家的学位要求,确实不是件容易的事,需要不断摸索。

中国现有的具有独立法人资格和学位授予权的中外合作大学,在管理架构、运行模式和治理文化等方面不尽相同,大家都在坚持自己的特色,做不同类型的探索,从而为中外合作大学提供了不同的发展模式。从根本上讲,中外合作大学的治理结构,取决于合作办学的目的,而随着中国高等教育的发展,教育需求在不断提升,中外合作办学的目的也有所变化。我认为,中外合作办学不仅是为了"让中国的孩子不出国就能享受国外优质教育资源",更重要的是在中国这片土地上积极探索教育国际合作的模式,充分发挥中外方的教育优势,推动教育改革和创新,为学生提供不一样的教育模式。中外合作大学既给了各国学生多样化的选择机会,也满足了中国改革开放的人才需要。通过各国学生的人文交流,更有利于世界的和平与可持续发展。

鉴于中外方教育管理体制的不同,我们从筹建时就感到这是一个棘手的问题。一方面我们要坚持国家《中外合作办学条例》的原则,体现中国文化和体制的优势,另一方面我们要考虑如何能真正引进国外优质教育资源,充分借鉴一流大学的教育理念和培养模式。因此,在学校建设发展中,需要我们大胆探索,勇于承担责任,从而实现治理文化的磨合,逐步形成学校治理的特色。

根据协议备忘录和学校章程的规定,理事会是上海纽约大学的最高决策机构,具有批准中美双方委派的理事会成员、聘任和解聘校长、修改章程和重要规章制度、批准发展计划和工作计划等重大职权。理事会由八人组成,中美双方各四人,上海纽约大学校长担任理事长,纽约大学校长为副理事长,每年召开三次理事会。除疫情期间不得不在线上开会,平时每年三次的理事会都在上海纽约大学举行,美方理事基本都来上海。学校实行理事会领导下的校长负责制。按照国家《中外合作办学条例》的规定,中外合作办学机构的法人代表必须是中国公民。而中外合作办学的一个重要因素是要引进国外优质教育资源,上海纽约大学必须达到纽约大学的学术水准和质量要求,学生方能获得纽约大学的学位。怎么来保证呢?这就涉及治理模式和责任问题了,需要中美双方的共识。

校长作为法人代表,是由华东师范大学推荐的;常务副校长负责学校日常运作,是由纽约大学推荐的。当然,校长和常务副校长的任命都要通过学校理事会的批准,而具体治理架构则需要学校自己来谋划。为此,有人分别画了两张管理框图。第一张框图是把校长放在理事会下面,常务副校长则置于校长之下,并连接学校各行政和学术部门,看似体现了理事会领导下的校长负责制,但实际上并没有可操作性。按此框图,常务副校长的汇报对象是校长,而在《上海纽约大学章程》中的表述是:"常务副校长负责学校学术和学术支持性运行的设计、实施和日常管理,包括但不限于第六章和第七章所确定的教学、研究以及其他学术事务和要求。"显然,常务副校长很难接受第一张框图的治理架构,校长和常务副校长应该各司其职,不需要谁向谁汇报。

在谈判阶段,我们更多考虑的是如何确保上海纽约大学的学术水平和质量,让美方常务副校长承担起这个职责,同时也给他具体权力。但在实际操作时,又碰到了治理架构上的问题。于是,便有了第二张框图,理事会之下就是常务副校长,直接管理学校各个部门,只是在常务副校长框框的左侧画了一条线,连接的框中写的是校长。而实际上,上海纽约大学实行的是理事会领导下的校长负责制,校长作为法人代表,责任同样很大,这样的架构也不合理。

我们意识到中国大学的治理更多提倡协商民主,集体领导;而美国大学则强调的是汇报线(report line)。我有比较深刻印象的是,建校初期有一位刚聘用的中层领导,请我带她去拜访上海相关的部门和单位,希望尽快建立与本地的社会联系。她直接来找我,是因为我比较熟悉上海的政府部门和企事业单位。结果她的美方分管领导知道了,很不高兴,认为她越级报告,不管三七二十一就把她解雇了。看来中美合作办学必须要解决治理文化的差异。我和雷蒙常务副校长商量说:"上海纽约大学是国内第一所中美合作举办的大学,我们俩要坚持'两个身体,一个脑袋'(two bodies, one mind)才能把学校办好。我建议把校长和常务副校长放在一个框里,置于理事会下面,体现了理事会领导下的校长负责制。具体工作大家一起商量着办,我会尊重你的意见,你能做的事情你干,不想做、不能做的事情我来干。"雷蒙同意了我的建议。但话是这么说,在实施中仍然会碰到很多意想不到的困难。

磨合与兼容

有人曾问过我,大学治理不就是涉及学术及学术相关事务吗?如果都由美方常务副校长负责,校长干什么呢?我只能笑着回答,校长可忙了呢,绝对不轻松。其实,在《上海纽约大学章程》中关于校长的职责只有一句话:"校长履行法律规定的职责,行使理事会赋予的职权,执行理事会的各项决议。"并没有具体要求,但校长作为学校的法人代表,必须承担法律责任,对学校发展要有问题意识。退休之后,我仔细回顾了以往的工作,深深感到责任重大。学校的稳定和持续发展,与国内教育体制的接轨,与中国社会、经济、科技发展的需求相适应,一切都需要主动思考,积极应对。为此,校长必须加强与纽约大学的沟通,与华东师大的沟通,与上海市政府及相关部门的沟通,与浦东新区的沟通,与教育部及相关部门的沟通,与企业和媒体的沟通以及与学生、家长、教职工的沟通等。简而言之,因为这是一所全新体制的大学,没有现存的模式,校长要随时发现并解决问题,推进校园文化建设,确保学校的和谐与可持续发展。因此,在学校的发展进程中,校长既要敢于承担责任,又要善于激发大家的智慧,妥善处理好发生的各种问题。

上海纽约大学设在上海,想要用好当地资源,符合当地规范,适应当地文化,必然会涉及治理文化与教育体制的兼容问题。为了借鉴和对接纽约大学的管理模式,华东师范大学在筹建期间就选拔了一批管理干部到上海纽约大学的不同行政岗位任职,其中包括文理学部的赵中建,人力资源部的郭纬、陈春红,学生事务部的李慧媛,传播部的王政吉,财务部的李媛媛、张宇等人。他们也分别到纽约大学人力资源、财务、学生事务等管理部门挂职工作,体验和学习了纽约大学的管理经验,大致了解了纽约大学的管理架构和运作模式。在充分研究纽约大学的相关制度后,结合国内情况,学校制定了上海纽约大学人力资源管理、财务管理、基金会管理等制度。我们还积极探寻市场化、专业化的途径推进相关工作,尽快启动上海纽约大学的运行。在学校建设过程中,又先后从华东师大选调一些管理干部,如招办主任周鸿,校园安保部主任尹秋艳,科研部副主任陈瑜婷,人力资源部的叶明武,副校长丁树哲等。只要上海纽约大学有需要,华东师大就会全力支持,保证上海纽约大学各项工作能与国内体制接轨。华东师大给调入上海纽约大学的干部保留校内编制,代缴四金,让这些干部进退自如,解决了后顾之忧。纽约大学也一样对待在上海纽约大学工作的教授,包括教务长,副教务长,三个学部的主任以及与上海纽约大学联聘的教授们。在这个磨合过程中,双方都尽了很大的努力。

在申报设立上海纽约大学之时,我们就已经想到了中国文化与中国社会经济发展的课程设置。不少来中国学习的国际学生对中国语言、文化感兴趣,也希望深度了解中国改革开放以来的发展之路;中国学生更需要在多元文化背景下学习中国文化和中国国情。因此,上海纽约大学做了三件事。一是在开设的"全球视野下的社会"课程中增加了中国古代和现代哲学家、思想家的文章,给学生提供了各种阅读材料,以更完整地体现世界不同文化、不同时代、不同社会环境下伟大思想家和哲人的观点,让学生在比较中建构自己的世界观。二是在通识教育课程体系中,设立中国社会和中国文化两个课程模块,涵盖了社会、经济、政治、文化、教育、环境等方方面面的内容,供学生选学,中外学生都必须在每个课程模块中至少选修一门课。三是设立了中文教学部,国际学生都必须选学中文听说读写课程,计入学分,并在毕业时达到中级以上水平。学校鼓励各国教授利用当地的各种资源,把教学从课堂拓展到社会,让中外学生在观察和实践中加深感受。

我们再三强调,上海纽约大学是华东师大和美国纽约大学合作举办的具有独立法人资格和学位授予权的国际化大学,也是纽约大学全球教育体系的组成部分。在不同阶段、不同场合大家的侧重点会有所不同;对个人而言,理解也不尽相同;但作为校长,在学校性质问题上必须把握好分寸。上海纽约大学的徽标(LOGO)是外包设计的,体现了创办者的理念,它是由四个火炬组成的白玉兰花(上海市花),既有纽约大学的要素(火炬、紫色),体现出与纽约大学的关联,又有地方特色和独立性。LOGO 是上海纽约大学双重身份的体现。由于和纽约大学的 LOGO 不同，纽约大学的传播部门一直很关注这个问题，反复要求我们把它改成与纽约大学一样的 LOGO。但这是个原则问题，而且上海纽约大学的 LOGO 已经被公众所接受，我们觉得不能随意改变，经过多次商谈，最后坚持下来了。

在合作问题上，大家需要相互理解和磨合的东西太多了。学校初创时期，刘虹霞副校长是连接中美方的桥梁，她了解双方的治校原则和运行模式，积极沟通和协调，发挥了重要的作用。我们有很深的感触，中外合作办学不能简单化，签约并不等于成功了，有不少问题值得去探索，必须有积极的态度去面对不断产生的问题和挑战。比如，美国大学一般把学生的反常表现归结为心理问题，而中国大学则有各种解释。面对学生的一些反常表现，怎么把握好度？对中国学生和家长而言，往往不习惯去看心理医生，更不愿住院吃药。其实，如果真是严重的心理问题，如抑郁症等，一定要就诊治疗，甚至休学。然而，由于某些偶然因素，学生心里可能会有过不了的坎，或许我们与学生谈谈，找到问题的症结，情绪就缓解了。中美大学在对待心理问题上的态度和方法有差异，我们一定要在处理上相互补台，促进学生的健康发展。又如，美国大学一般认为，如果学生不是在校内出的事情，与学校无关，但中国大学是无限责任制，只要是注册在校的学生，我们都是有责任的。面对这些差别，校长一定要加以关注，并及时处理。有时，因为处理方法不同，会产生意想不到的后果。

上海纽约大学本科毕业可以获取中美两个学位，而两者一定有不兼容的部分。仅仅符合纽约大学的教学管理体系，授予纽约大学学位是可以的，但未必满足中国学位的要求，所以就得做大量的沟通协调工作。但真正做到兼容并不简单，需要在教学实践中逐步发现问题和解决问题。一开始有些人不理解，认为既然引进了国外优质教育资源，就按纽约大学的制度规范来做就行了。我们把关于学生、教师、教学等方面的制度捋了一遍，大家就看出问题来了。对于不符合中国法律、不符合教育部对本科生要求的地方，我们必须说服美方作修改调整。这是一个相互理解的过程，有时会有争议，但最后大家都能心平气和地坐下来解决问题。久而久之，大家也学会主动沟通与对接了。

原注册办主任杜安·沃伊特是位认真负责的美国人。我们在沟通中建立了互信。我经常去他办公室请教问题，同时沟通一下中国高校的相关政策等。我们俩的交流很频繁,也很顺畅,他帮助我理解纽约大学的相关政策,以及需要作调整的部分,也从我这里知晓了中国本科学位的要求。每到学期结束时,他都会根据我的要求,让我看看学生的学习评价表,以便了解学生的学习情况,做分析对比,看到教学工作的成效,思考可能需要提醒的问题。

在纽约大学本科专业目录里,有不少是交叉学科,学生入学后可以选任何专业。如果目录中没有学生感兴趣的专业,只要有两个不同学科教授同意,学生就可以自主设定自己的专业。然而,国内本科教育还没有开放到这种程度,在推进教育改革过程中如何实现突破且符合国内的规范?我们根据国家学位办的本科专业目录,充分考虑国内需求和学生未来发展,在申报时提出了12个专业(计算机科学和计算机工程在国内属于同一个学科),把纽约大学各专业分别融入国内申报的专业。

中美不同大学对本科毕业的学分要求不同,纽约大学的要求是128个学分,而一般中国大学则要求160个学分甚至180个学分。在首届学生即将毕业时,我们才意识到根据中国本科学位的要求,修满128个学分并未达到中国大学的毕业要求,这该怎么办?我去教育部国际司汇报,详细解释了教学体制上的差别。上海纽约大学学生修读的每个学分,实际学习量远远大于一般高校。在这些问题上,教育部领导予以了充分理解,支持上海纽约大学的改革与探索。目前,上海纽约大学已经毕业了七届本科生,并授予中美两个学位,可以说在本科教育上我们已基本实现了兼容。

坦率地讲,管理文化的磨合更不容易。除了文化因素外,学校领导的个性和处事风格亦不相同,难免在一些问题上意见相左,甚至会发生争论。中外合作办学特别要求大学校长有依法办学的精神,也要有耐心倾听的心态。当然,我们在实际运行中也遇到过不少困惑,是在沟通与磨合中逐步走过来的。

与美国纽约大学一样,上海纽约大学也有保护成年学生隐私权的规定。如果没有学生授权,学校不能向家长透露学生的学习成绩和在校表现。但有些中国家长觉得无法理解,认为自己出钱供孩子上大学,当然有权知道孩子的成绩,如果不知道孩子的学习情况,怎么能及时督促学生呢?我理解,保护学生隐私权的背后是学校的教育理念,作为成年人,学生要学会对自己负责。但我同样也理解部分中国家长的担忧,呵护孩子已成习惯了。对此,我们觉得有责任来沟通解决。我询问了美国大学的行政人员，了解到保护学生隐私权的规定中，还有学生可以授权的选择。

正巧，有一名中国学生因不适应全英语教学而退学，但学生的妈妈并不知情，还继续在交学费。后来家长得知学生已经退学了，便到学校来讨个说法。学生部门求助于我，我便出面与学生的母亲谈了一次。一方面，我把大家所做的工作告诉了家长，学校已经尽力了，学生不适应这样的学习环境，自己作出的选择，也有利于他未来的发展；另一方面，请她谅解，因为学校各部门沟通不够及时，误收了她交的学费，这部分学费很快会退还的。同时，我也请家长理解学校的管理规则，如果学生没有授权，学校无权向家长告知学生的隐私，这些规定在学生手册中都有。这位家长马上质疑："我没有看到学生手册，是用英文还是中文写的？如果是英文写的，我也看不懂啊！"我知道，在这种情况下任何解释都不会有效果，我们必须在具体操作中考虑中国的实际情况，不能再出现类似事件。

我和学生部门沟通了，今后在新生入校的家长会上，必须把这项规定说清楚了。如果家长希望知道学生的学习情况，学生也愿意授权，可以当场填写授权表。因此，在此后的新生家长会上，学校用中文强调了这项政策，请家长们理解学校的人才培养理念，转变观念。如果家长不放心，需要向学校直接了解学生的学习情况，可以让学生授权，从而解决了部分家长的顾虑。打那以后，就再也没有出现过此类问题。

上海纽约大学的学生来自世界各国，不同国家的文化和制度差异比较大，需要不断发现问题，及时与家长们沟通交流，避免焦虑。"可怜天下父母心"的道理在哪儿都是一样的，但中外家长关注的问题并不完全相同。学校刚成立，中国家长关心的是这所中美合作的新型大学在学校资质、毕业文凭、师资力量、就业前景、校纪校规等方面的信息，而外国家长更想了解学校在文化融合、治理模式和安全保障等问题上采取的措施，毕竟他们的孩子远离自己的国家来到上海，他们更关心饮食、住宿、购物、交通等各种生活细节。考虑到这些差异，后来学校在召开新生家长会时就分成两场，同步举行中文场和英文场，介绍不完全相同的内容，家长可以自由选择。基本内容讲完后，中外方校长和相关人员再交换场地，表述各自考虑到的问题，并接受家长的提问。由于中外方的文化背景有差异，讲述国情、校情的角度不同，家长们也感受到了上海纽约大学的多元特色。

建校之初，社会公众对上海这所全新模式的中美合作大学并不太了解，有些学生和家长还有顾虑。个别自媒体也想当然地提出了一些体制性的问题，不看好学校的发展。如何让上海纽约大学的办学初衷和教育模式为大家所知，并得到社会公众的认同？我们去全国各地作宣传演讲，我也在我个人的社交媒体和学校公众平台上介绍学校，但我深深地感到与主流媒体合作的重要性。对国内的学生和家长而言，主流媒体的宣传和认同有着不寻常的价值和意义。学校要有理想，做实事，但也要把自己的理念和想法说出来，让社会知晓学校付诸实践的行动，这样才能真正引领教育的发展，扩大学校的社会影响。但中美双方对国内媒体的认识不尽相同，也有个磨合的过程。

因为是第一所中美合作举办的大学，不少媒体对首届新生入学很感兴趣。一开始，美方对媒体采访抱谨慎态度，他们担心会影响学校秩序，更忌讳有记者会捕风捉影，作不真实的报道。我坦诚地告诉他们，"No news is good news"也许是社会公众对西方媒体的认识，这句话的意思可以理解为"没有一则新闻是好消息"或者"没有新闻报道就是好消息"，但根据我在上海师范大学和华东师范大学任校长时的工作经验，办学理念和教育模式需要通过媒体让社会了解，很多舆情也可以通过媒体来解释引导。上海纽约大学是新生事物，更应该让记者走近我们，了解学校实情，更应该和记者交朋友。我们是通过而后的实践才慢慢形成共识的。

2013年8月是首届学生的入学教育，《解放日报》记者徐瑞哲跟我说，希望能够跟踪采访新生营活动，进行系列报道。当时学校为了保护学生的隐私权和肖像权，婉拒了所有媒体对新生营的采访请求，但他还是没有放弃。在他的坚持下，《解放日报》成为唯一一家进入上海纽约大学新生营和学生宿舍，与首届学生近距离接触的媒体。徐瑞哲观察并记录了许多学生故事，并在8月12、13、14日三天连续刊登报道。新生营结束后，《解放日报》还在9月2日的"解放周一"上，用三个版面刊登了《上海纽大今天开学》等图文报道，留下了历史的印记，也起到了很好的宣传效果。如果当时他没有坚持，这段历史可能就无法被详细记录下来了。

首届学生入学一年后，上海纽约大学正式搬入了世纪大道1555号的新建大楼。这栋教学楼的功能、格局、标准、用材、设施等体现了各方的理念和意愿，纽约大学的基建部门也有参与。因此，彼此之间需要很多沟通和交流。浦东新区下决心引进上海纽约大学，陆家嘴集团是教学大楼的投资方，上海市第五建筑公司是建设者。学校作为使用方，提了不少具体要求。从筹划到建设，大家进行了充分的协调，陆家嘴集团和上海纽约大学几乎每周都要碰头，协商和解决建设中的难题。学校坚持自己的理念，如不符合设计要求，就会要求敲掉重做，但陆家嘴集团有建设经费控制，确实有点为难，但由于大家保持了有效的沟通，尽可能地减少了返工和浪费。

在校园施工期间，《纽约时报》曝光了纽约大学阿布扎比校区在建设中出现的一些劳工问题，给纽约大学造成了很大的压力，美国有社会舆论要求调查在上海纽约大学建设中的工人情况。因此，纽约大学建议在工地设置摄像头，便于实时监控，而作为投资方的陆家嘴集团早就安装了摄像头，可见国内的有关规范更周全。为了缓解舆论压力，纽约大学还聘请了美国律师事务所，来上海调查校园建设工地的工人待遇和生活情况。当时，大家觉得有点不可思议，我们只是使用者，而且参照的法律应该是《中华人民共和国劳动法》，美国律师是否知晓？律师们看了建筑工人的住所和卫生条件，也询问了工人工资待遇和休息时间，最后的反馈意见是，中国的劳动法比美国相关法律或纽约大学劳动价值声明对工人保护的要求更多，没有什么问题。唯一有异议的是建筑工人每周两天的休息时间不能保证。我们建议律师们计算一下，每年的休息天数，因为工人们更愿意把平时的休息时间积攒到春节用，过一个放松的春节长假，这是中国特色，也是两国的文化差异。

离大楼交付时间很近了，最后竟然卡在通信网线上。出于长远的考虑，纽约大学要求安装 6A 的网线，但当时国内还没有大楼用 6A 网线，更没有库存。网线没有安装好，就不能上天花板，更不能做地坪。眼看就要误工了，陆家嘴集团提议在工棚召开现场会，提出了两个建议：1. 推迟大楼交付时间；2. 美方在一周内解决 6A 网线问题或改成安装 5A 网线。我非常清楚，如果大楼推迟交付，第二届学生入学就有问题了，但美方在一周内解决 6A 网线问题几乎不可能，真是两难的选择。我只能和纽约大学沟通，他们与供应商联系后，决定把全球 6A 网线库存全部用飞机运到上海。我和上海海关商量，请他们帮忙，到货后尽快通关。建设方表示，到一部分网线就先安装一部分，然后就上天花板，做好地坪。大家都没有想到现场会竟有那么高的效率，中美双方都克服了很多困难，做到了相互理解，相互支持。最后的结果是校区按时交付，上海纽约大学顺利搬进了大楼。想到这样的合作精神,怎么不让双方对学校的建设发展更有信心呢!

如果中外双方领导在一些问题上不能形成共识,很难办成事,就是坚持做了,也会造成很多误会。我常常和雷蒙常务副校长说,我们俩一个是中方校长,一个是美方校长,两个身体,但必须是一个脑袋,需要经常沟通,共同承担责任和风险。我们需要强调的不是谁领导谁,而是相互尊重和理解。在涉及办学水平和学术质量的问题上,我充分尊重美方校长的意见,也会根据中国的实际情况提出自己的意见和建议。如果双方有不同意见,尽可能去说服对方或被对方说服。在办学过程中,相互尊重是前提,有效沟通是基础,取得共识是保证。做到这一点很不容易,但大家都尽了力。

有一天,我突然在网上看到了新教务长任命的布告,很是诧异。对于人选,我并没有不同意见,但此事没有讨论过,也没有经过任何程序。想到合理的用人和提拔机制,我马上给雷蒙常务副校长发了短信,问他是怎么回事。因为我正好在纽约大学开会,也同时给纽约大学校长和教务长发了短信,请他们对程序问题发表意见。他们的回复都认为这样重要的任命应该走程序。当日,雷蒙常务副校长约我在纽约大学图书馆的大厅里见面。他表示了歉意,但说这项任命已和我讲过了,而事实上我们并没有商议过。我再三强调了决策程序的重要性,希望大家要相互尊重,有效沟通,这样才能保证学校的安全稳定运行。为此,在法律事务负责人的帮助下,学校完善了各方面的制度建设。2017年2月,我们制定和发布了学校重大决议审定流程,其中包括中层领导任命和重大事务的决策程序。后来,又确定了每周一次的校长办公会议制度,中方校长和副校长,美方常务副校长和教务长,四人在一起开会沟通,交流信息,并讨论重要决策。在全球疫情期间,学校领导往往人在各地,不能经常见面开会,但大家有了交流协商的意识,可以通过短信或邮件沟通,这个机制在全球疫情暴发时起了重要的作用。

关于学校数据库建设也有过一次争论。阿布扎比校区使用的数据库是WORKDAY,与纽约大学不同。通过比较和借鉴,上海纽约大学也用了WORKDAY。一段时间以后,纽约大学信息办认同了这个系统,但觉得分别签三个合同,建三个数据库不合算。于是,提出了由纽约大学购买使用权,三地把数据库建在一起,共同使用,这样可以节省费用。雷蒙常务副校长觉得很合理,高兴地和我谈了这个设想。我感到数据库是个敏感问题,尽管学校数据并没有涉密,但一旦国家有数据库独立设置的要求,再分开就麻烦了,还是谨慎为好。没有想到,为了这个问题,我们俩竟然在走廊里争吵起来,路过的教职工很惊讶地看着我们在大声嚷嚷。冷静下来后,我建议我们还是先回办公室仔细想想。雷蒙是法学教授,法律意识比较强,他提出是否先看看文件的规定。我马上给教委法规处领导打了电话,他们查了当时的文件,尚未有这方面要求,但又说国家很快就会发文。我知道,雷蒙常务副校长感到不理解的是,为什么可以节省费用,我偏要阻拦,而我考虑的是,学校长远发展需要有一个独立的数据库。当我们再一次坐下讨论,大家冷静多了。我提了一个折中方案,好比在纽约大学数据库的房子里有上海纽约大学一间独立的房间,钥匙在我们手里,学校保持数据的独立;如果纽约大学有统计需要,可以向我们提出,一般情况下我们会提供相应的数据。雷蒙常务副校长赞同说:"好吧,让纽约大学信息办考虑一下可操作性!"通过沟通协商,我们最终形成了合理合法的解决方案。如果仔细思考一下,中外合作大学是中国高等教育体系的组成部分,需要依照中国的法律法规,学校有独立的数据库也是理所当然的。不久以后,国家经济和信息委员会果然就下发了关于数据安全的文件,作了相关的规定。

平心而论,中外合作办学在不少方面需要磨合。作为学校领导,要有问题意识,在办学过程中随时发现问题,思考解决问题的办法,同时,双方都要保持倾听和理解的心态,这是解决问题的前提。

我们都是学习者

上海纽约大学是国内第一所中美合作大学,也是上海第一所中外合作举办的具有独立法人资格和学位授予权的大学。对外,我们需要和方方面面打交道,争取资源和机会。学校有着探索意义,政府部门经常找不到适用于我们的条款,不知如何处理,往往需要我们做很多的沟通和解释工作。对内,学校涉及两种不同的教育体制,为了有利于学生未来的发展,一切问题都必须仔细考虑,努力做到兼容。我在很多会上都强调过,上海纽约大学的治理必须基于"三个C"的原则,一是沟通(Communication),二是让步(Compromise),三是合作(Cooperation)。首先,要充分沟通交流。由于大家思考问题的方法和角度不同,行为方式有差异,已习惯的制度环境也不一样,如果不能够经常沟通交流,任何一件小事,哪怕一句话,都容易造成误会。中美的学校治理文化存在差异,只有沟通交流才能相互理解、争取共识。其次,要学会让步妥协。如果意见有分歧,先看看是否违反法律法规,考虑是否与教育理念相背。如果不是原则问题,双方都要有让步妥协的态度,懂得适时退让,包容不同意见,做大家都能接受的事。第三,要相互合作补台。经常提醒对方,我们是在一个新的环境下办一所新体制的大学。由于办学体制和模式不同,出现问题很正常,所以双方需要互相支撑、互相配合,相互补台,争取学校利益最大化,才能够让这所学校平稳、健康地发展。这是学校治理的基本前提,如果不坚持这"三个C"的原则,学校的任何目标都很难实现。

我曾经在上海师大和华东师大担任过校长,但上海纽约大学的办学模式、管理模式、评价模式、教学和科研活动,与体制内的高校不一样。中美合作大学没有现成的模式,我们不仅需要积极探索,而且要敢于承担责任。杰弗里·雷蒙常务副校长曾担任过美国康奈尔大学的校长,有大学管理经验,但上海纽约大学是一所由两个有着不同教育体制、不同政治制度的国家合作举办的高校,不同于一般美国大学。我们的学生来自不同的文化背景,中国学生占一半。本科毕业要授予中美两个学士学位——上海纽约大学的中国学位,纽约大学的美国学位,因此必须符合两种不完全兼容体系的基本要求。面对全新的办学模式,学校可能会遇到各种问题,我们的责任就是解决问题。由此可见,在多元文化环境里,我们每个人,包括校长、管理人员和教师,都不能简单地照搬以往的经验,而必须是一个好的学习者(good learner),要在实践中相互学习,把自己放在一个学习者的角度去思考问题。

从某种角度讲,我和雷蒙常务副校长是有互补性的。他了解美国大学的治理,与大学的部门主任有日常汇报制度,往往在办公室就安排布置好工作了。他还要经常和纽约大学领导开视频会议,沟通学校情况。我更喜欢去各部门负责人的办公室坐坐聊聊,相互交换看法,并不是布置工作,而是做好信息沟通和集成。只要人在学校,我几乎每隔几天就会到学校各部门转一圈,倾听意见,了解需求,带回疑难问题,再和学校领导一同探讨解决方案。我习惯于用这种方式与部门主任和职工沟通交流,促进相互理解,确保中美两个教育体制的融通。而在大学共治问题上，我们的意见还是很相似的，都希望上海纽约大学在学校治理实践上起到示范作用，将机构管理的一般经验和学术机构的独特环境相结合。学校制定了行政管理16条原则，用来指导日常工作的规范。核心是明确教授是大学的中坚力量，行政工作是为了帮助教授更好地完成工作，而不是"管理"教授，从而摒弃官僚主义作风，实践21世纪大学管理和共治的原则。在学术支持、运营支持、流程支持等方面，大胆创新、互信合作，全力保障学生和教师的学习与工作的顺利开展，形成积极进取、勇于冒险、互信互助的工作文化，为教育国际合作提供有益的经验。

由于各国文化、政治体制不同，会有一些意想不到的挑战。在一次教师例会上，教授们提出，希望听我讲讲对学术自由的看法。由于国内某高校处分了一位教授，国外教授不了解具体情况，有点焦虑。其实，我早就了解过美国大学关于学术自由的政策，也思考过这个问题。我向大家表达了两点意见。首先，中国没有任何法律文件否定大学有学术自由，因此学校理应确保教授的学术自由。其次，学术自由和学术自律是相辅相成的，纽约大学教师手册中引入了美国大学教授协会与美国高校协会发布的《1940年关于学术自由和终身聘任制的声明》，该声明规定教师除了以下两项限制以外，享有学术自由：（1）不要在课堂教学中引入与课程无关的争议性话题；（2）语言表达要准确、有节制，尊重他人的观点，并且尽一切努力告知他人，他们的观点并不代表学校的观点。因此，学术自由并不意味着可以触犯当地的法律法规，只要不碰法律底线，学校必须保护教师的学术自由。我的意见得到了教授们的认同。

我们经常讲依法治国，但大学的法律意识并不强。现代大学制度提倡自主办学，但必须在法律层面自我约束，而且要有风险意识。虽然上海纽约大学的管理部门不多，但我们借鉴了纽约大学的管理经验，成立了合规与风险管理部。这个机构主要负责研究中国相关的法律法规和政策制度，以及美国纽约大学的相关管理条例，监督和保证学校的合规运行及风险管理。在2014年的合规审计中，发现了学校有68个不同级别的风险。后来，通过明确责任、完善制度、加强监督等措施，大多数风险问题都整改了，若干重大风险也降为低风险。例如，原来学校很多部门都存有对外的公章，带来颇多隐患，改进的措施是都收归学校保管，对外公章必须依法依规。此外，根据中外合作办学的特点，学校还制定了严格的礼品接受和赠予政策等。

雷蒙的办公室就在我办公室的隔壁,我们常常会到对方的办公室谈论一些问题,交流看法。他在国内工作时间长了,对中国教育现状有些想法,对各种评审程序和评审标准有不同意见。外出做报告时,他也很想了解大家感兴趣的一些问题,他都会问问我的想法,我当然很乐意谈自己的见解。有时候,我会和他讨论一些问题,比如,美国对人文社科教授的评价标准,通识教育的核心价值和课程结构等。

我在美国访问时,多次看到中小学教师带着学生,在实地进行爱国主义教育。我很想请雷蒙常务副校长给我们谈谈美国的爱国主义教育,作为对比和借鉴,没有想到他一口答应了,而且趁回国的机会,带来一大摞中小学的教科书。他认真地讲了美国中小学爱国主义教育的理论基础,如何根据不同年龄段孩子的认知特点,以不同方式让学生认同和热爱自己的国家。我印象最深刻的是,他列举了美国在不同时期存在的负面问题,老师是如何对孩子们讲述这些问题的。这些例子很值得我们思考。

上海纽约大学在教育领域的鲶鱼效应,逐步得到了验证。我和雷蒙常务副校长经常会被外单位邀请去做报告,介绍学校的改革与探索,讨论不同的教育话题。大家在相互学习中理解,推进上海纽约大学的改革尝试。教育国际合作有个重点话题是"国际化"和"本土化"的关系。我个人感到"国际化"和"本土化"并非矛盾,关键是怎么去理解。教育国际合作的目的是相互学习,促进教育发展。积极引进优质教育资源,可以近距离观察世界一流大学,更清晰地了解它们在做什么,怎么做的,为什么要这样做。切实感受到哪些是适合本土现状或当地文化环境的,哪些方面需要作调整。国际化要求我们不断去学习、思考和分析问题,真正了解不接地气的地方,有的放矢地去改进,探索具有时代特征的教育理念和人才培养模式,从而使之在中国大地上扎根。

我曾请华东师大档案馆提供一些案例,特别是民国时期燕京大学的经验教训。当上海纽约大学进入稳步发展阶段,我和雷蒙常务副校长交流说:"我们都是学习者,如果说第一步是学校成功引进了国际优质教育,第二步就是使之本土化,更适合中国的情况。如果能取得成功,那将是功德无量!"上海纽约大学借鉴了纽约大学的办学经验和培养模式,但不是简单地复制,而是根据时代的发展,做了新的改革尝试：一是形成了以创新和创造力培养为核心的21世纪通识教育模式；二是创立了交互媒体、数据科学等本科专业，后来也被引入了纽约大学；三是尝试了强化以全球视野、多元文化、中国元素、跨学科、创新和创造力等为特色的通识课程体系。显而易见，我们在多元文化融合、大学治理磨合、教学体制兼容等方面也积累了经验。在实践中，我随时能领悟到教育改革开放的价值和意义。

上海纽约大学位于浦东陆家嘴，开放的校园，让学生生活在一个现实的世界里。在浦东这个大校园里，我们能直接感受到都市发展的活力，也能看到城市化带来的问题，更会有大量的实习实践机会。贴近社会的学习和生活环境，会对学生未来的学业、职业发展有重要的影响。在上海纽约大学担任校长的八年里，我也在学习和反思一些问题，特别是大学治理方面的比较与思考，我感到有些方面应该是教育改革的方向。

我们经常讲"办学以教授为本，教学以学生为本"，但如何真正落实？教授们在学术事务上有多少发言权？学校在培养学生上花了多大功夫？有多少会议的议题与学生发展直接有关？这些问题都值得我们扪心自问。我在华东师大和上海师大工作时，大家也经常会思考和讨论大学改革和人才培养的一些问题，例如教学科研的组织架构、学术民主治理、人才培养模式、校园文化建设等。我们试图做一些初步的改革尝试，但往往会碰到很多困难。而在上海纽约大学，尽管我们还有很多新的问题要解决，但学校大部分工作都是围绕着学生的发展，很多会议讨论的话题都是与学生相关的。不仅教学工作和学生活动，而且科学研究、社会服务、国际交流等都和学生发展密切关联，直接体现在人才培养模式、大学文化建设、空间布局设计等各个方面。

上海纽约大学成立以来，吸引了国内外很多人来参观学习，仅我个人出面接待的访客就不下两万。大家到上海纽约大学的第一感觉就是不同的空间布局形态处处体现了以学生为本的理念。学校尽可能利用公共空间，为师生、同学之间的讨论和交流创建环境。学校面积不大，设施并不豪华——简洁、实用、环保，但布局紧凑便捷，几乎所有的大厅走廊都设有座椅，可以坐下来自学或交流，让学生有更多机会与教授及其他同学接触沟通，激发思想碰撞，共享学术氛围，共建学习共同体。这种给学生和老师充分的公共空间的布局，是一般大学比较缺乏的。一踏进这栋楼就会有很浓郁的气息扑面而来，学术的氛围、多元的文化、师生和生生间的互动,让人无时不感受到:这是一所国际化的大学,而且是一所互动性很强的学校。

当年,我们在华东师大理科大楼也做过相关尝试,学生很喜欢。但毕竟公共空间开放利用率还不高,满足不了需要。同样,教室格局也会影响到教学方法与互动效果。在上海纽约大学大部分是小教室,课桌椅可以随意移动或折下,教室格局可以进行调整变化,方便教师尝试自己不同的教学方式。在华东师大对外汉语基地大楼改建时,我建议在教室格局上作点调整,也提议大家看看不同的教室设计,学习和思考一下。但改建后我去看了,还是传统的排排坐,据说是教师们已经习惯了这样的教室格局,我只能遗憾叹息了。

当然,体制内某些高校的生师比很高,客观上难以实施小班化互动式教学。如何坚持教学以学生为本,积极推进教学改革是一个值得大家思考的问题。在这个过程中,教育观念的转变是关键的因素。有个例子很好地体现了上海纽约大学的教育理念。学校鼓励学生利用假期外出学习或参加各类社会实践。2015年暑假,有十多名学生自己报名参加了以色列特拉维夫大学的暑期学习项目,是特拉维夫大学提供的奖学金。他们在当地学习了一个多星期后,巴以冲突爆发,学校非常担心学生的安全,想尽快让学生安全撤离,而学生不愿意,他们没有感到不安全,还想继续学习。然而,事态发展很难预料,学生的安全最重要。考虑到学生的学习愿望,学校决定由学生部门出面帮助办签证,出资订机票和旅馆,把大家转移到了土耳其的伊斯坦布尔继续学习。学校还派了老师从纽约、上海、特拉维夫赶到伊斯坦布尔,为这些学生上课,安排生活,保证他们顺利完成三个星期的学习。无论在何种情况下,学生的发展是学校最在意的问题。

现代大学既有行政管理,也有学术管理。一所好的大学应该将行政管理和学术管理有机结合。客观地讲,学术民主治理的问题大家都很关注,但对内涵的理解各不相同。多年来社会公众对大学去行政化的呼声很高,我们在工作中也采取过各种措施,试图改变大学治理模式。在当今时代,大学不能没有行政管理,但绝不能通过行政管理来处理学术问题。教师晋升、课程设置、教学改革、培养模式、科学研究等学术范畴的事务,应该更好地发挥教授们的主导作用,通过学术委员会、教学委员会等组织形式做决策,推动改革和发展。很难想象在大学校园里只是通过行政指令来运作各项学术事务。

我在英国留学期间对学术民主治理有过亲身的体验,留下了深刻的印象。时任利物浦大学地理系主任奥德菲尔德教授是我的导师,他曾邀请我去旁听地理系的教授会议。带着对英国大学的院系是如何运作的好奇心,我接受了他的建议,以博士生的身份旁听了几次地理系的学术决策会议。在一次会议上,奥德菲尔德教授提议要加大对教师的科研要求,他认为利物浦大学地理系的学术竞争力面临着重大挑战,在英国大学学科评价排名榜上,地理系由五星级降为四星级,所以,他觉得所有教师应该将三分之一的时间投入到科研工作中。这一提议在会上引起了争论,特别是来自人文地理专业的教授们,纷纷强调他们不能将教学实践的时间用于学术研究,而且其理由也非常充分:教师应该对学生负责,科研与晋升是每个教师自己的事情。由于争议很大,奥德菲尔德教授的提议未获得通过,最后只能宣布休会。对此结果,我觉得有点困惑,即便大家意见相左,总得有个说法吧。当我向奥德菲尔德教授提出这个疑问时,他略显无奈地摊了摊手,不过,还是耐心地给我做了解释:在英国大学任何一项学术决策议题都必须得到教授会的同意,即便系主任意欲行使职权,在教授会成员未达成共识时,系主任也不能草率做决定,需要得到大家的支持与认同。尽管我后来没有再去关注这个提议,但是这一真实鲜活的例子,以及奥德菲尔德教授的一席话,却给我上了生动的一堂课。我意识到,学术事务的决策与执行,不是依靠职务权力就可以顺利推进的,为了达成共识而进行的积极沟通,才是管理决策过程中极富艺术性的方法。学术民主的核心价值在于学术决策过程中可以有争议,允许不同意见的存在,而为了实现共同的学术目标与价值,必须通过沟通交流去寻求共识。英国大学的这种教授集体决策模式和以沟通、交流为主要手段的学术治理方式,显然要比强行实施某项决策发挥了更大的功效与作用。

在上海纽约大学,我对学术民主治理有了更深切的感受,无论是校长,还是学校行政管理和学术服务部门,都必须坚持以服务为本的原则,支持教授的教学科研工作,支持学生的发展。学术事务大多是学校教务长带领各个委员会的教授们讨论决定。事实上,学校领导更多的工作是在校外争取资源,做好校内的行政管理和各方协调,一般都不参与员工招聘、招生选拔、教学管理、学术评价等事务,对学术事务不会随意发表意见。遗憾的是,有些人并不理解上海纽约大学的治理模式,经常会闹出些误会。

有一次，我们去上海科技馆商讨馆校互动事宜。科技馆领导谈到馆内有互动媒体艺术教室，但是没有合适的教师，不知上海纽约大学能做些什么。我很爽快地回答："我们学校有这个专业，也有很好的教授，可以和科技馆合作呀！"然后，我就滔滔不绝地讲起了可能的合作模式。雷蒙悄悄地拉了我一下，轻声地说："是否先听听教授们的意见？"我这才意识到有问题了。事后，他坦诚地告诉我："如果教授们没有合作意愿，很难推进的。我们必须尊重教授的意见，校领导不能替他们做主。"这个例子给我留下了很深的印象，我们必须在学校工作中充分考虑教授的意愿，尊重他们的选择。事实上，在我过往的工作中经常会出现这种情况，领导层面谈好了合作，但就是推不动，为什么？因为老师没有积极性，中国的教授们不一定会表现出不高兴，只是不做而已；但外籍老师就不同了，如果没征求他们的意见就做决定，那就有问题了。这是我在实践中领悟到的治理问题。之后，浦东人才中心到学校来联系合作，我特意请了相关的教授一起聊，听听教授们的意见。有企业或社会机构来沟通学生活动的合作时，我一定会叫上学生事务部的老师们共同来商谈。在参观中国3D打印文化博物馆时，我们看到馆内有那么多不同类型的3D打印机，都非常兴奋。但我并没有自说自话地谈合作意向，而是再次带互动媒体艺术专业的教授们一起来博物馆看看。教授们有合作意愿，自然会直接与博物馆谈合作模式。

在上海纽约大学的八年里，我既是校长，更是学习者，在学习中增长见识，提升对教育国际合作的理解，积极思考教育改革的方向。坦率地讲，上海纽约大学中美双方坚持在合作办学的过程中相互学习，相互理解，相互磨合，相互补充，才促进了学校的发展，从而提升人才培养的质量，推进高等教育的改革。

做学生的知心朋友

时代在变化，教育理念、教育内容、教育方法也在变化。因此，我们必须把自己放在一个学习者的位置上，耐心倾听师生的心声，深入思考教育的内涵，在办学的过程中不断更新教育观念。大学的基本任务是人才培养，同样体现在校园文化上。上海纽约大学的学生来自世界八十多个国家和地区，就仿佛是一个"小小联合国"。多元文化的激荡,不同思想的碰撞,有利于创新人才的培养,但也给学校文化建设出了一道难题。大学是否办得成功,有赖于师生员工的同心协力。没有共同的理想,很可能南辕北辙,背道而驰。

在一个多元文化的平台上,怎么能聚拢学生,为一个共同的目标前行呢?前面已经谈到了,我们把重点放在三个方面:一是对世界多元文化的认同,理解、欣赏、包容不同文化的差异,寻找人类的共同之处;二是在比较和思辨的基础上,建构自己的世界观;三是做一个有社会责任感的青年,以积极的人生态度和价值取向面向未来。这些想法在上海纽约大学校歌中都得到了体现,而如何让这些理念成为大家共同的追求,学校领导和教职工必须身体力行、言传身教。

在学校治理的实践中,中美双方都愿意创造更多的机会,与各国学生相知相识、沟通交流,但选择的途径有所不同。中美合作办大学是一项全新的尝试和探索,我们会通过参加各种活动,和同学们见面交流,拉近与学生的距离,传播学校的教育理念。我们也很乐意接待学生和家长的到访,了解学生和家长的想法,及时调整学校教育的政策和措施。教务长卫周安经常举办茶话会,邀请同学们参加,边喝茶边聊天,讲讲学校的发展理念,听听学生的意见和建议,在交谈中走近学生。

倾听学生的声音,激发学生的成才热情是大学文化建设的重要内涵之一,也是我一以贯之的教育理念。在上海师大和华东师大工作时,我就非常重视与学生的沟通交流,在多元文化构成的上海纽约大学这更不可缺少。人都需要被尊重,学生也一样。如果我们平时愿意倾听学生的声音,成为学生的知心朋友,关键的时候学生才愿意了解你的想法,这就是互信。我从心底里感到和学生沟通交流、相互信任的重要性。尽管我是这个大家庭里英语讲得最不流利的一个,但我利用各种时机,设法和大家打成一片。工作期间,我几乎都在学校餐厅里用早餐和午餐;有时晚上有活动,我也在学校用晚餐。每到用餐时间,我总会找机会和学生、教职工坐在一起,边吃边聊,听听大家的打算,谈谈对学校教育的思考。有时我也会和学生一起在学校咖啡吧聊聊。当然,我更愿意邀请来沪的外地或外籍学生家长到校长室坐坐,倾听家长对学校发展和孩子成长的感受和建议。

经常有人问我:"你怎么会知道这么多学生的消息?"其实,无论是在校园餐厅或咖啡吧与学生聊天,还是参加学生文体活动或期末展示,通过这些看似平常的沟通交流,可以获取和传递很多信息。与国内其他高校相比,上海纽约大学花在开会上的时间少多了,而我不习惯打电话招呼人,乐意在教学楼里跑上跑下,多听听,多看看,在一线发现问题,在沟通交流、解决问题的过程中积累经验,弥合差异,考虑学校的未来发展。我希望让师生员工感受到,无论什么时候我们都在一起;我更愿意作为大家的知心朋友,千万不能有疏远感。

从新生入校那天起,我就尝试走近每一届学生,用自己的言行来阐释上海纽约大学的文化。美国学生何力说:"我可以和这位中国校长分享我的一切想法,包括对学校和学生会工作的各种建议和意见……我觉得和他特别谈得来。"国际学生愿意跟我聊聊自己的就业打算,创业的设想,遇到的困难和麻烦等,看看是否能得到帮助。中国学生则经常会来我办公室谈谈学习,专业或课程选择中的困难,面对文化冲突时的困惑,对学校制度的不解,或者就是希望我支持他们组织的活动,争取社会援助等。

巴基斯坦学生安仁换(Raheel Ahmad)和习木达(Muddassar Sharif)打算创业,他们分别是2018届和2019届的学生,当时才大三和大二。他们给我发来微信,想了解一下上海的创业环境,也想听听我的建议。我请两位同学来我办公室,当面讲讲他们的想法,并根据具体情况,考虑该怎么帮助他们。在大家约定的时间,安仁换和习木达到我办公室来了。我仔细听了他们的介绍,知道他们的研究领域是大数据分析的技术应用,非常值得鼓励。但创业需要资金,为此我帮他们引荐了浦东人才中心和投资公司。我了解到,学生毕业以后一直在从事高新技术的创业,尽管道路是曲折的,但他们还在坚持。

韩宁菲是上海纽约大学绿色行动计划(Go Green)的创办者。这位以色列学生经常来我办公室介绍他们组织的活动,或者谈谈她对绿色校园的思考。每年在校园开展为时一周的多项环保活动,已经成为上海纽约大学校园内的一项传统活动。"作为绿色上海社团主席,我在校园内,也在中国和世界范围展开长期的、有深远意义的活动,希望提高社会环保意识,同时我们也采取行动,试图突破一些影响人类日常生活的环保问题。"我参加过他们的活动,还帮助她联系了联合国学术影响力部门,在联合国网站上报道了上海纽约大学的绿色校园活动,向全球推广他们的绿色活动。韩宁菲毕业后在清华大学苏世民学院攻读公共政策和国际关系硕士,后来又被以色列创新署聘用,作为以色列政府方面的代表,负责与上海的中以创新园联系。如今她已经在自主创业,我们还保持着联系。

更有意思的是一位来自中亚国家的学生,到我办公室来了解上海的餐饮业发展,他的朋友想来上海开餐馆,问问上海人是否会对他们的餐饮感兴趣。还有一位来自东欧国家的学生希望我给他的女朋友介绍上海的工作。和学生成了知心朋友,建立了信任关系,他们很愿意谈点心里话,希望得到理解。当然,我也会尽力给予帮助。

我与中国学生的沟通更是频繁。每学期校办的服务台都有学生来挂职帮忙,我经常走进走出,有空的时候就和同学们聊聊天,都是些家长里短,在交谈中能了解到学生的学习情况,参加的活动,遇到什么困难,有何收获等。看到他们在学校的成长,我打心眼里感到高兴。一旦学生有难处了,也愿意到我办公室坐坐,聊聊他们的想法,看看能否得到帮助。有同学向我了解,是否选择人文专业就业机会很小;有时学生与家长在思想观念上发生冲突,问我该怎么处理;也有孩子受到了学术处罚,心理压力很大,希望知道怎么面对;有些学生在选择海外学习点时,举棋不定,想听听我的分析。对于同学们的问题,我有求必应,会和他们谈谈自己的想法,但更为强调学校的教育理念,希望大家独立思考,直面问题或困惑。同学们能积极组织各类活动,他们想法很多,但有时因没有经验,会遇到不少挫折和困难。他们来求助时,我会尽可能给予指导,或联系相关老师予以帮助。

也许是巧合,我曾应邀参加过《少年爱迪生》电视节目的录制,没有想到会和这些孩子在上海纽约大学再相遇。首届《少年爱迪生》的冠军朱序、《少年爱迪生》节目的参与者王小枣等都是上海纽约大学的学生。最有意思的是2014年1月上海电视台在青云中学现场录制《超级家长会》节目,我应邀作为演讲嘉宾。那时,郑鸣谦同学还是一名初中生,她作为学生代表送给我一幅她原创的漫画作品《申城 APPLE》。这幅画我一直珍藏在办公室的书橱里,不料2018年她也成了上海纽约大学的学生。这些学生都非常优秀,勇往直前,敢于试错,有自己的想法,而上海纽约大学给了他们广阔的天地。很多时候,与学生的沟通交流也会让人感到兴奋和激动,从学生的言行中获取学校教育成效的案例。首届本科生毕业前,我在食堂吃饭,常常有学生聊到就业问题。有一天,听到有学生在议论招聘面试的结果,我好想知道我们的学生在就业选择面前是怎么考虑的。正好看到金融专业的学生王嘉凌与我同桌而坐,我随口就向她发问。她回答说:"一定要找一个自己喜欢的、感兴趣的工作，这可能就是上海纽约大学的教育对我的影响吧。"我继续问："你就不在乎起薪多少？在哪里工作吗？"她很爽快地说："这些不是我优先考虑的问题，我更希望我的工作将来有较大的发展空间，人生会过得更有意义。"

每个人有自己的发展目标，不是所有人都要走同一条道路。大学毕业后进名企、赚高薪不算是成功，找到自己真正喜欢的、适合自己的路更重要，这是学校教育的成效。我很高兴地看到学生在思想观念上真正解放了，他们会思考、会选择，知道自己想要什么，哪里更有发展空间。

还有一次，我在学校食堂和学生们一起用午餐。2019届学生向家乔问我："我打算推迟一年毕业，您有什么建议？"他当时还是大二的学生，学习成绩优秀，是什么原因促使他选择一年的间隔年（gap year）呢？我有点好奇，就问他："你有何具体打算？"原来，向家乔小时候就梦想周游世界。高中时，他曾读到有个学生在船上学习并周游世界的故事。后来他查了"海上学府"（SAS）项目，立刻被"102 天、11 个国家、15 座城市、4 大洲"的游学设计深深吸引。向家乔说："我想申请这个项目，如果成功获得奖学金，我打算花一个学期时间去海上游学；同时，我也申请了昆山杜克大学的奖学金，打算第二学期在那里学习，丰富自己的阅历。"向家乔清楚地知道自己的心之所向，也许以后不会再有这样的机会了，趁着年轻，去体验不一样的人生。我当然非常认同他的想法。结果，他成功地获得了"海上学府"项目提供的覆盖 2/3 费用的奖学金，实现了他的愿望。同时他也得到了昆山杜克大学的全额奖学金，完成了第二校园国际化学习课程（Global Learning Semester Program）。

对我来讲，能和学生坐在一条板凳上沟通交流是件很愉快的事情，也相当有意义。我可以了解学生的真实诉求、思考和心愿；学生也会有自豪感，觉得自己在参与学校的建设与发展，对学校有归属感。上海纽约大学的学生走的是一条教育新路，他们选择了人生挑战，学校应该给他们更多的激励、更多的理解、更多的机会。无论是学习还是生活方面的问题，学校都应鼓励学生把自己的想法说出来并予以重视，及时讨论并解决。遇到中外学生对学校的安排有不理解的地方，学校要主动解释或处理，只有这样，学校教育才能真正发挥作用。如果学生的要求是合理的，我们会尊重他们的想法，但并不意味着学生想要怎样就怎样，而是看是否更有利于学生的发展，大家需要在相互理解的基础上达成共识。一所大学的教育理念要体现在方方面面,时时让学生能感受到,才能帮助学生更好地感悟人生,思考什么才是最有价值的生活。即使学生毕业,走出了校园,仍能受到大学精神和文化的延续性影响。

参与教学活动也是和学生接触与沟通的机会。纽约大学老校长塞克斯顿教授是上海纽约大学很多学生的偶像。有一个学期,他给遍布全球的学生开了4门课,每周从纽约飞往上海,再去阿布扎比,然后飞回纽约,只能在飞机上打个盹。他的巡回讲课深入浅出、激情洋溢,不仅激发了学生的学习热情,也着实让我吃惊,感叹不已。我很明白,这是塞克斯顿校长了解一线教学的途径,也是与学生互动的机会,更是体现了他的教育理念。我想,听过他讲课的学生一定会有类似的感受。雷蒙常务副校长和衞周安教务长也一直坚持给本科生开课,我都去听过他们的课,很有感触。

在上海纽约大学工作期间,我和纽约大学阿布扎比校区的约翰·伯特(John A. Burt)教授一起开设过一门课"在城市遇到海洋的地方"(Where the City Meets the Sea),16名上海纽约大学的学生,16名纽约大学阿布扎比校区的学生,分别在两地,通过网络互动。这门课程涉及城市化、人口变迁、全球变化、生物地球化学、海洋环境、地理信息系统应用等内容。除了基本原理外,伯特教授主要讲阿布扎比、纽约或世界其他沿海城市的案例,我重点讲上海或中国其他沿海城市的案例。这门课程是跨学科的,旨在帮助学生了解全球变化对沿海城市的影响,思考在城市化进程中世界各国对环境问题和环境污染的应对措施,鼓励学生在实践中比较和理解应对挑战的本土策略。在世界两个不同的城市上课互动、做策略比较是很有意思的尝试,这也是纽约大学全球教育体系的优势。当然,我也利用了讲课和实习的机会和各国学生沟通交流,加深了对大家的了解。

在长江口的一次野外考察中,有位外国女生走在我身旁,看起来像美国人,竟然和我讲起了上海话。她说平时在课堂上没有机会聊天,她的普通话讲得不太好,但上海话没有问题。一了解才知道她的妈妈是上海人,她选择来上海纽约大学学习,就是希望能体验她妈妈的成长环境,更多地了解上海。同样的故事也发生在旧金山。首届学生毕业前,我们去美国访问,让大家了解上海纽约大学的教育理念和培养模式。在旧金山,我们邀请了在加州的上海纽约大学学生家长和纽约大学校友参加一个聚会。会上,有位美国老先生一定要单独和我聊聊,并合影留念。谈话中才知道他的太太是上海人,两人在美国旧金山相遇成家。但在女儿莉莉(Lily)幼年时,他太太因病不幸去世,莉莉的外婆只身从上海来到人生地不熟的美国,帮助抚育莉莉,在美国一待就是16年。莉莉各方面都很优秀,中学毕业时得到了斯坦福大学的offer,但她还是选择了上海纽约大学。父亲一开始还不太理解女儿的选择,有点生气。外婆年纪大了,早就回上海居住,莉莉觉得到上海学习,可以有一段时间和外婆在一起,说说从小就会讲的上海话,那是很幸福的事情。而且,女儿也很喜欢上海,可以在这片土地上感受中华文化。后来,老先生到上海来探亲,特意到我办公室和我合影,他非常感谢学校对他女儿的培养,而且越来越感到女儿的选择是正确的。我了解到,莉莉毕业后在纽约工作,做得相当不错。莉莉熟悉并了解两个国家的文化,这就是通向未来的软实力,她希望能成为中美沟通的桥梁。上海纽约大学有不少这样的跨国情缘,一旦与学生和家长成了知心朋友,经常可以听到孩子们在人生岔路口上作选择的故事。

随着信息技术和传播方式的发展,我们有了更多有效的沟通平台。技术进步给我们带来了新的机遇,能通过新媒体走近大家,成为学生的朋友。上海纽约大学规模较小,我有机会和大多数学生当面沟通。前两届学生进校时,我还能叫出大多数学生的名字,但后来学生越来越多,我越来越老,很难记住大家的名字。好在有了微信,每届学生都有微信群,我就通过微信群和同学们联系,成为真正的群友。学生三年级以后,就会散布在世界各地。在微信上我能看到同学们在国外过春节的场景,知道他们碰到了什么挑战,有什么开心或伤心的事情。如果我有什么事情要提醒大家,也可以通过微信群发给学生。在微信上,我看到了同学们的勤奋,察觉到学校的不足之处,也会发现大家共性的问题。学生半夜在图书馆学习的照片就是在微信上看到的,我及时转发并给予鼓励,同时也提醒同学们要劳逸结合,注意休息。我非常享受和学生的沟通交流,我的微信朋友圈里很多是上海纽约大学中外学生的各种消息,从中我可以及时了解同学和校友在何地,关心什么问题,学业或职业有什么新发展。

尽管现在我已经退休,但仍活跃在社交媒体上,持续向外界传递学校的消息。我希望让更多的社会公众看到上海纽约大学不一样的教育模式。目前,我的新浪微博个人主页已有173万多人关注,微信上也有近6 000名朋友,其中不少是上海纽约大学的校友、学生和家长,或者是未来的学生和家长。我的微信不设限,任何人加我,一般都会接受。至今,还有上海纽约大学的毕业生会在微信上联系我,或希望我参加校友的活动,或邀请我参加他们的婚礼,或回国休假期间约我聊聊他们的发展,给他们的研究课题提提建议。每每看到学生的微信,我总会想起大家在学校的时光,仿佛自己仍然是这个群体的一员。每年12月的最后几天,我还会忍不住在微博和微信上提醒未来的学生和家长:"最后几天了,请有意申请上海纽约大学的同学们再认真看一下,千万不要在程序上失误。"

第六章
共同的家园

在上海纽约大学,学生的追求目标各不相同,毕业选择大不一样,但可以看到大家在试图走出舒适区,追随内心的呼唤。共同的家园给了孩子们选择和创造的机会,在多元文化环境的浸润和陶镕下,不断丰富自己的思想;在实践和试错的过程中,发现和理解自我,寻找自己的兴趣和前进方向。

新的大学,新的教育理念,新的培养模式,要得到大家的认同不是件容易的事。我们旨在把上海纽约大学办成一所世界一流、多元文化融合、文理工学科兼有的研究型大学,成为全球化进程中高等教育国际交流和合作的典范。能否实现这样的目标?最终是否被外界所认可?能否可持续发展?一切有待对办学成效的检验,而学生能否得到社会的认可则是其中相当重要的环节。

创校过程很艰辛,中美双方都为之付出很多。在建设发展中,上海纽约大学得到了各方的支持和帮助,合作办学的母体学校——纽约大学和华东师大更是竭尽全力。四年后,首届学生就要毕业了。这无疑是对学校教育的一场考核,也是上海纽约大学办学成效的汇报。

回想2017年首届学生毕业前,我们还担心毕业生能否受到企业的青睐,能否被世界一流大学看好。尽管学生拥有中美双学位,尽管上海纽约大学也是纽约大学全球教育体系的一部分,尽管学生各方面的能力和素养口口相传,但人们对这所诞生不久的中外合作大学的认知不尽相同。学校职业发展中心举办了多次就业招聘会,让跨国企业走近我们;各大媒体也介绍了上海纽约大学的教育理念和培养模式,讲述了即将毕业的学生的故事,但我们还想为首届学生做更多的推介。

2016年,在刘虹霞副校长的组织安排下,我们走访了美国的一批名校。同年3月,我在旧金山参加美国教育学会年会,借此机会访问了美国西海岸的斯坦福大学、华盛顿大学、加州大学伯克利分校、加州大学洛杉矶分校、南加州大学等名校;7月,我去参加罗格斯大学举办的国际会议,顺便访问了美国东海岸的哈佛大学、耶鲁大学、麻省理工学院等名校。在访问过程中,我向这些大学的校长、教务长、教授们或研究生招生官员阐述了上海纽约大学的办学模式、教育理念、改革方向和培养方式等。令人高兴的是,听完介绍后大家都非常认同和欣赏上海纽约大学的教育理念和培养模式,也表示在全球化时代这些探索与改革有着特殊的意义。

我们在共同创造历史

在首届学生即将毕业前,学校各部门与2017届学生共同策划和组织了一系列活动,毕业班的同学还制作了各种毕业纪念品,如上海纽约大学音乐人等,展示大家的才艺。2017年3月2日,学生事务部和学生会一起组织了首届学生毕业88天倒计时活动;5月22日,在东方明珠隆重举行了"筑梦上海——上海东方明珠广播电视塔与上海纽约大学战略合作"签约仪式,上海纽约大学图片展首次在东方明珠塔亮相;5月27日,东方明珠塔为首届学生的毕业点亮了紫罗兰色灯光,毕业班的学生在东方明珠广场上载歌载舞,为参加毕业典礼的各国家长和社会公众表演了精彩的节目。

五月的上海,晴空万里,阳光灿烂。2017年5月28日,上海纽约大学在东方艺术中心举行首届学生毕业典礼。同学们穿着紫罗兰色的学位服,从上海纽约大学校园走向东方艺术中心,世纪大道上顿时出现了一片移动着的紫罗兰色,盛况空前,赏心悦目。来自世界各国的家长们早早就进入东方艺术中心的大剧场,从各个角度拍照留念,在欢乐的笑声中,快门的"咔嚓"声时隐时现。当毕业生们踏着庄重的音乐节奏随着领队走进剧院大门时,全场顿时响起了热烈的掌声和欢呼声,走在最前面的是旗手和火炬手,两位毕业生代表高举着校旗和火炬昂首走上主席台,将其放置在舞台的两侧。毕业生们入座后,领队引导着教师代表进入会场。只听到家长和毕业生们的欢呼声经久不息,表达了大家的感恩之情。主席台成员最后入场,在音乐声中缓缓登上舞台。看着毕业生由衷的欢笑,听着家长们激动的掌声,我心里不禁又想起了"我们在共同创造历史"这句话。是啊,上海纽约大学的辉煌是师生员工一起来建构的,上海纽约大学的历史也是由我们共同创造的。

时任上海市副市长翁铁慧、政协副主席张恩迪、教育部国际交流司司长许涛、上海市教委主任苏明,前中国驻美大使周文重、企业家王石、上海纽约大学教育发展基金会理事长滕一龙,上海纽约大学理事会成员等特邀嘉宾,华东师大党委书记童世骏、校长陈群,纽约大学董事会主席威廉·伯克利(William Berkley),纽约大学校长安德鲁·汉密尔顿、教务长凯瑟琳·弗莱明(Katheriine Fleming)、前任校长约翰·塞克斯顿、前任教务长大卫·麦克劳克林,上海纽约大学领导、教授、行政人员、学生代表等在主席台上就座,和大家共享喜悦之情。

中美合作大学的首届毕业典礼,没有可参照的模式,但又要为今后的毕业典礼提供一个范例,学校办公室反复讨论,精心策划了典礼的议程。下午两点整,我和雷蒙常务副校长一起走上讲台,分别用中英文宣布毕业典礼开始,全体肃立,先后奏响中美两国国歌。毕业典礼的第一个议程,由时任教育部国际交流司司长许涛宣读国务院副总理刘延东的贺信,向学校首届毕业生致以热烈祝贺,向全体师生员工致以亲切问候。在贺信中,她再一次强调上海纽约大学是中美教育合作交流的重要成果,充分肯定了学校成立以来的探索与创新,并希望中美双方共同努力,培养出更多国际化创新型人才,不断增进中美青年之间的相互理解与友谊,共创中美人文交流的美好明天,为中美关系发展作出新的更大的贡献。

上海纽约大学教务长衛周安、纽约大学校长安德鲁·汉密尔顿、纽约大学董事会主席威廉·伯克利,纽约大学校友辜仲立先生先后致辞,祝贺上海纽约大学首届学生顺利毕业,衷心期待同学们未来的发展。上海纽约大学学生事务部主任夏琳·维斯康蒂(Charlene Visconti)分别介绍了中外毕业生代表赵泽宇和洛葛仙妮·罗曼。毕业生代表自信地走上讲台,阐述了自己在上海纽约大学学习和生活的感受,感谢教职工的付出,并表达了回报母校的决心。随后,我和雷蒙常务副校长分别致辞。

作为毕业典礼的嘉宾,前中国驻美大使周文重先生、企业家王石先生先后发言。在他们讲话前,我和雷蒙为两位贵宾戴上了上海纽约大学校长荣誉奖章,感谢他们对学校创建作出的贡献。接下来,就是毕业生最期待的学位授予仪式。各学部主任宣读毕业生名字,学生们一一走上舞台,从雷蒙常务副校长手中接过纽约大学的学士学位证书,我给毕业生颁发上海纽约大学的学士学位证书及毕业证书,纽约大学校长汉密尔顿则与每位毕业生握手表示祝贺。在学位授予仪式中,同学和家长们不时爆发出热烈的掌声和由衷的欢呼声,对毕业生表示祝贺。而后,我和汉密尔顿校长先后用中英文宣布,确认学位的授予;2017届毕业生和2018届学生进行了火炬交接仪式;学生合唱团唱起了大家熟悉的校歌,歌声回荡在大剧场上空。卫周安教务长悄悄地和我说,每次听到校歌都感动得想哭,我深有同感。上海纽约大学是很多人的理想,学校的发展过程凝聚了大家的心血。我在致辞中表达了这份情感。

亲爱的毕业生,

各位家长、各位老师、各位嘉宾:

四年前,当上海纽约大学迎来首届学生之际,我曾对同学们说"我们在共同创造历史"。时间过得真快,今天你们就要和学校一起展示这第一篇章。此时此刻,你们可以骄傲地说:"我们没有辜负大家的期望!"

首届学生是一群敢于冒险、勇于探索的开拓者,也就注定会面对更多的困难和挑战。不少同学在进入上海纽约大学之前从未离开过自己的国家,甚至从未离开过家乡。是否还记得那些片段?在一个全新的城市学习和生活的迷茫,学生公寓室友间文化习性的磨合;入学第一年的极端高温、暴雨积水、极度雾霾;从浦西到浦东,从丽娃河畔到世纪大道的校园搬迁;举办上海纽约大学编程马拉松赛、TED演讲会,组织"达人秀"、Sila上海活动,参与国际遗传工程机器人设计竞赛、微软设计展览大赛的艰辛和付出。当然,在你们的记忆中,更多的还是收获的喜悦。

你们在上海纽约大学这个多元文化环境里,加深了对这个世界的理解,打破了文化壁垒,求同存异,建立了信任和合作,与来自不同文化背景的同学结下了深厚的友谊,成为连接世界和中国的纽带。

你们在老师们的鼓励、启发和悉心指导下,不仅很好地掌握了不同的专业知识和技能,更培养了独立思辨的学术品格和人文精神,拓宽了视野,增强了学习和选择能力,发展了全球胜任力,明确了今后的人生目标和道路。

你们利用各种机会,融入社会,在实践中探索,在实践中学习,积极参与内容丰富、形式多样的科学研究、企业实习、社会活动和志愿者服务,在社会服务中展现了才华,赢得了荣誉,提升了责任感和使命感。

离别之际,心情有点复杂。就像有的同学说的那样,四年过得真快,舍不得离开学校,舍不得离开这个群体。其实我们更舍不得你们离开,但该放手让你们去闯荡世界了。我相信,上海纽约大学的教职工和你们的学弟学妹们会永远记住你们,想念你们,不仅因为你们的出色表现,更因为你们是敢于"吃螃蟹"的首届学生,体现了勇于探索、不怕风险的精神,用你们的理想和实践展示了学校的理念、质量和水准。

同学们都明白自己承担的责任,无论你们将来在哪里,无论你们在什么岗位上,你们都将延续上海纽约大学的历史,并继续创造属于你们自己的辉煌历史。你们的成长经历将会给中国高等教育,乃至世界高等教育的改革与发展提供一个个鲜活的案例。

世界在不断变化,上海也在不断变化。在你们入学时,还没有中国(上海)自由贸易试验区,而现在已经覆盖浦东地区的大部分,给国际学生的就业提供了新的机会;在你们入学时,还没有"一带一路"倡议,而今响应和参与的国家和地区越来越多,这也是各国学生发展的机遇。据我所知,毕业班同学中已有中外室友在上海合作注册了公司,创建了自己的丝绸之路。

在过去的两年里,全球化面临新的挑战,但全球化进程并未止步。世界需要一大批具有全球视野、理解多元文化、愿意并善于跨文化沟通和合作的创新人才。希望你们发扬上海纽约大学独立思考、创新创造的学术精神,开放、包容的文化精神。期待你们对人类和社会的进步作出更多的贡献,体现你们的价值和责任,也让更多人从你们身上感受到上海纽约大学探索的价值和意义。"我们在共同创造历史"将永远伴随着你们。

借此机会,请允许我代表学校感谢教育部、上海市、浦东新区及社会各界对上海纽约大学的关心、支持和帮助;感谢华东师范大学和纽约大学两所母体学校对上海纽约大学的设立和发展给予的父母般的持续关爱和支持;感谢各位家长对学校的高度认同,对孩子们的全力支持;感谢上海纽约大学中外教师和员工的付出和奉献;感谢社会慈善人士和企业家对学校和学生的慷慨捐赠;感谢所有在创建上海纽约大学过程中作出贡献的中外人士。我想特别感谢纽约大学前任校长约翰·塞克斯顿。因为他的远见、勇气和奉献,开启了上海纽约大学的建设,并使之成为现实。纽约大学老校长约翰·塞克斯顿今天参加了我们的毕业典礼。让我们一起鼓掌,表达我们的感激和敬意。谢谢,John(约翰)!

上海纽约大学会以更出色的办学成效回报社会。我们的学生更懂得感恩,一定会记住大家的关爱和期待,并以自己的行动回报母校,回报所有给予我们关爱和帮助的人。

不知同学们是否还记得四年前,在入学典礼上我送给大家的见面礼,我想在这里再重复一下:愿同学们"永远有一个美好的梦",希望同学们"为实现梦想而努力",希望同学们"把个人的梦和人类的梦、世界的梦联系起来"。今天,我可以肯定地说,同学们对未来一定都有一个美丽的梦,也会为实现梦想而努力;今天,我更期待的是,同学们要把个人的"梦"和人类的"梦"、世界的"梦"联系在一起。如果这样,我们每个人的"梦"也会变得更有意义,更加伟大。

不忘初心,仰望星空。祝愿同学们鹏程展翅,勇敢迎接未来。

上海纽约大学的首届学生尝试了新的培养模式,体验到了改革创新的喜悦,同样也遇到过很多挑战。学校还在创建中,一切尚未有定论,这批学生就是第一次"吃螃蟹"的孩子。他们相信学校的未来,勇敢地往前冲,探索创新,和教职工们共同创造学校的历史。入学那年的秋季,一场瓢泼大雨,大水包围了华东师大三馆,并灌进大楼内,一楼实验室浸泡在水里;冬天的雾霾,PM2.5爆表,大气质量异常恶劣。但同学们并未受影响,而是以出色的表现给大家留下了最深刻的印象:环球港广场的快闪,给市民们带来了震撼;T型舞台上表演的职业装秀,不仅星光灿烂,更显示了同学们的自信;一年级的职业教育,与企业人力资源部门领导的见面会,让大家赞不绝口;同学们自己创设或组织的各类活动和竞赛,如编程马拉松赛、TED演讲会、Sila上海活动等,既锻炼了他们的创造性思维和组织能力,又表现出同学们的探索意识;期末学生课程成果展示,特别是IMA的作品展示、艺术课程的表演展示、科学课程的post展示等,精彩纷呈,就像过节一样热闹;每次就业、实习或志愿者招聘会都吸引了很多企业,在和同学们的交流中,招聘人员加深了对上海纽约大学的印象,对学生的认同……涓涓细流汇聚成河,首届学生以自己的行动证明了这所大学。

临别之时,校园里处处可见毕业生们在拍照留念,同学们依依不舍地告别我们共同的家园,他们即将迎接新的挑战。

对于第一届学生的变化和表现,我和雷蒙都深有感触。在和毕业生的聊天中,我能感受到他们观念的变化。他们中的大多数人都有清晰的方向,有自己的想法,不同专业的学生都积极主动寻求未来更大的发展空间。雷蒙感叹地说:"5

年前我刚来这里,那时候上海纽约大学还只是一个梦。如今首届学生即将毕业了。我知道,说他们表现好容易让学生骄傲,但我还是得冒险说一句:不可思议!令人吃惊!(So incredible! So amazing!)"

据上海纽约大学2017届本科毕业生就业质量报告,首届毕业生261人,其中中国学生141名,占54%;国际学生120名,占46%;来自32个国家;51%的毕业生在非原籍国就业与深造。中外学生中,56%的毕业生踏入职场;38%的毕业生被国际顶级院校硕士、博士项目录取,其中有10人直博;6%的毕业生则选择了志愿者服务或游历等,追寻自己的热情和理想。读研的学校包括美国的哈佛大学、麻省理工学院、宾夕法尼亚大学、哥伦比亚大学、康奈尔大学、纽约大学、加州大学、卡内基·梅隆大学、杜克大学、芝加哥大学、约翰·霍普金斯大学、埃默里大学、伊利诺伊大学、波士顿大学、华盛顿大学等,欧洲的剑桥大学、帝国理工学院、伦敦经济政治学院、爱丁堡大学、华威大学、巴黎九大、日内瓦高级国际关系及发展学院、挪威科技大学等,澳洲的墨尔本大学、悉尼大学等,还有亚洲的阿卜杜拉国王科技大学、中国香港大学、中国香港科技大学等。就业的企业包括普华永道、毕马威、德勤、安永、波士顿咨询、尼尔森、中金公司、摩根士丹利、摩根大通、真格基金、汇丰晋信基金、艾社康(上海)健康咨询、香港奥法赛、阿迪达斯、群邑、欧莱雅、贝莱德集团、GE金融、IBM、谷歌、西藏东方财富证券、工商银行、招商银行、纪梵希、金鹏航空、喜力等。

中国毕业生中,有72人出国(境)深造,占51%,其中9人直博,都是数学和计算机方向,分别去了麻省理工学院、宾夕法尼亚大学、康奈尔大学、纽约大学、加州大学、阿卜杜拉国王科技大学;52人签订就业协议,占37%;还有17人是合同就业或灵活就业,占12%。国际毕业生中,有19人在中国就业或深造,占16%;其中有11人就业,毕业生获得了中国首张本科学历的外国留学生工作许可证,成为《上海人才新政30条》海外人才工作新政策的首批受益者,成功办理了外国人就业手续,并获得工作类居留许可;8名国际学生在中国攻读研究生,包括清华大学苏世民学院的硕士项目。

职业发展中心做了调查,2017届毕业生在求职过程中,人均投递24份简历,获得6个面试机会,平均获得1.83个工作机会;在申请研究生的过程中,2017届毕业生人均申请7所院校,平均获得3.2个研究生深造机会;攻读海外研究生项目的毕业生中,有 37.68% 的同学获得奖学金。

学生就业的选择面很广,有各类金融机构、公益组织、企业、学校等。学校职业发展中心的调查表明,就业率和工作单位满意度双双达到满分水平。企业对我们学生的知识结构和学术水平、沟通交流能力、职业精神和工作的主动性,以及学生的全球化视野,都予以高度肯定。我曾问过企业选用上海纽约大学学生的缘由。从回答中可以归纳出三点:第一,知道自己内心想要什么,该做什么,有主动性,而不是简单地服从;第二,沟通能力强,有同理心,能接纳不同意见,团队合作融洽;第三,看问题的视角不同,考虑问题比较长远,有积极的人生态度和价值取向,也有职业精神。

这是一批勇敢的"拓荒者"。看到这一串名校和名企,上海纽约大学首届毕业生的去向已经很好了,然而学生背后的思考更让人感到惊喜。我知道很多毕业生在择校择业过程中的故事,也看到了学校传播部和社会媒体对他们的一些采访,同学们的观念变化了,很多人都认识到"不是所有人都要走同一条路",也许这就是上海纽约大学学生的与众不同之处。通过四年的学校教育,他们在读研和就业的选择上十分理性,大部分学生已从世俗化的、功利性的束缚中解脱出来,思想观念得以解放,不再是寻找通常意义上的标准答案,而更愿意听从内心深处的呼唤。不盲目地随从大流,这是难能可贵的精神。同样,他们也有勇气迎接未来更多的挑战。

徐艺是上海纽约大学首届毕业生,在校期间表现优异。毕业前,她妈妈在微信上告诉群友说:"徐艺已经收到哈佛大学研究生项目录取的通知。"大家兴奋之余,又收到了第二条微信:"孩子不一定会去哈佛大学,因为她同时申请了哈佛大学、哥伦比亚大学和卡内基·梅隆大学等名校。如果被卡内基·梅隆大学录取了,她会去这所学校,因为卡内基·梅隆大学的计算机专业更强,更合她心意。"最终徐艺同学收到了哈佛大学、哥伦比亚大学和卡内基·梅隆大学等名校的入学通知。她没有去哈佛大学,而是选择了卡内基·梅隆大学,她希望能用自己所学,从事数据可视化与社会科学相关的工作。在她看来,卡内基·梅隆大学更适合未来的发展,自己不会后悔。我从中看到了这位学生自己知道想要什么,在追求什么,而且她知道应该通过什么途径去实现自己的人生理想。

王嘉凌在毕业时选择入职真格基金在上海新设的华东区办公室。之前,她也可能进入更加"高大上"的企业，但她坚定地听从自己内心的呼唤。王嘉凌说："真格有一个口号，为初创公司服务，真格自己的华东区办公室其实就是一个初创公司。"这和四年前她入学时的上海纽约大学很像，她再次成为"吃螃蟹"的人。从无到有的创建过程，始终让她向往。"去什么公司、拿多少钱或去哪个城市都不是我的要求，这是上海纽约大学教给我的理念。我更愿意去一家能够实现我个人价值的企业。"当时我就很佩服她敢于挑战自我的勇气。在真格基金，王嘉凌参与了近亿元人民币的项目投资和管理，方向覆盖人工智能、SaaS 等。一年以后，王嘉凌给我发微信说，她加入了"有个机器人"公司。我有点担心地问她："你跟基金公司负责人讲过吗？他会不会觉得你不安心工作？"她回答说："就是他支持我去的，因为这家机器人公司是我用天使基金做的第一个投资项目。他认为我去那边会发展得更好，更有前景，所以推荐我去。"看到她干得很带劲，我也为她高兴。她在机器人公司担任 CEO 助理一职，为企业引入了多家知名投资机构，并牵头企业出海。

以智能连接世界，创造人机共存的未来生活，是人工智能发展的愿景，也是王嘉凌正为之奋斗的事业。数字化时代，人工智能已渗透到各行各业。上海是全球人工智能发展的重要培养皿与试验田。智能机器人已出现在上海市民生活的方方面面，一大批服务型机器人为都市生活展现了新的图景。十年前，这位宁波姑娘在上海纽约大学连接并认识世界。她满是朝气、年轻大胆，毕业后扎根上海立业，也向世界展示着 Z 世代青年的独立意识和"想要做更多对世界有实质影响的事情"的决心。

和她们一样，上海纽约大学首届毕业生中很多人并没有盲从，也没有将名气、排名、薪酬作为择校择业的价值取向。比起一味追求企业的名声，他们更在意自己内心的渴求，眼光长远、面向未来。这是学校教育最有价值的地方。

大学四年，龚小月一直遵循自己的节奏和热爱，随心所欲地探索。她修读了荣誉数学和交互媒体艺术双专业，以优异的成绩顺利毕业。在纽约大学库朗数学研究所学习期间，她进修了好几门研究生的课，还担任了数学学术协会主席。她的交互媒体艺术课的期末设计是一个智能空气净化项目。这一融合了数据科学、环境科学和工业设计的项目，先是斩获 Autodesk 在交互媒体艺术专业设立的智能家居设计奖，而后又赢得 2015 年纽约大学"雷诺兹创变者挑战赛"最佳创业大奖。龚小月说："艺术和数学，为我的世界增加了不同轴向的宽广。"2016 年，在纽约举行的联合国青年大会上,龚小月展示了项目进程和商业构想,并被非营利机构 Resolution Project 授予奖学金。

毕业时,龚小月收到了十余所世界顶尖名校的博士全奖,也是那年罗德学者在中国的 14 位最终候选人之一。深思熟虑后,她决定赴麻省理工学院攻读运筹学博士,那是一门以数学理论、计算机科学和管理科学为基础的交叉学科。龚小月充满好奇心和创造力的灵魂,使她在天才云集的麻省理工学院如鱼得水。读博期间,她绩点满分,多门课程得到 A+,担任助教也评分优秀,在顶级期刊发表了论文,并到谷歌研究院、微软人工智能研究院、纽约顶级对冲基金公司 D. E. Shaw 实习。在博士毕业前,龚小月收获了卡耐基·梅隆大学等多所一流研究型大学的助理教授职位。多番斟酌后,她最终选择了人工智能领域世界排名第一的卡耐基·梅隆大学,展开新一段交叉学科的探索之旅,研究领域是人工智能在可持续化、供应链等问题中的算法设计和应用。

赵泽宇是金融专业的学生,以"实惠"的眼光看,当时在金融行业工作,机会和薪水都是不错的。然而,在探索和思考后,赵泽宇觉得自己对法律和公共政策更感兴趣。大二时他曾和授课老师、纽约大学前任校长塞克斯顿就美国宪法第一修正案进行了辩论,从此就对法律越发感兴趣。在大三赴布拉格海外学习时,他又选修了两门法律课,同时他还在国际非政府组织实习了一段时间。因此,毕业后他加入了一家全球性公益智库"艾社康健康咨询",同时做好继续深造的准备。两年后,他去了密西根大学攻读法学博士。博士毕业后,他在芝加哥的一家律师事务所工作。

到上海纽约大学学习前,胡爽未曾离开过家乡宁波。她说,在收到这所全新大学的录取通知书时,家人和亲戚感到诧异和不解,让她重新考虑。"在家人看来,冒这个险,会遭遇不可预知的挫折。但我认为自己是一个探险者、一个探索未来的先锋,"胡爽自信地说,"上海纽约大学之所以吸引我,是因为它勇于引领和创造的精神,而非简单地循规蹈矩。在这所大学里,大家都才华横溢。如果只是舒舒服服地随大流,就永远不可能挖掘出自己的潜能。"毕业后,她选择进入咨询行业,先去了普华永道从事管理咨询工作,后又去了字节跳动做商业分析师,就和当初来上海纽约大学一样,都是为了让自己走出舒适区,揭开新的篇章,创造不同的可能性。

有些学生毕业后并没有立即入职或深造,或是选择去贫困地区做志愿者,或是在实习岗位上积累经验,准备读研。学生有自己的价值观,不会人云亦云,更多考虑如何实现自己的人生目标和价值。他们自信、主动、勤奋、勇于探索的人生态度也得到了社会的认可。

整体而言,我并没感到上海纽约大学的中外学生在就业方向选择上有明显差别。我个人认为,有些国际学生并不那么急于找个稳定的工作,他们还希望多做点自己有兴趣的事,多看看世界,再想清楚自己想干什么。所以,他们也许会找一个临时的工作,积累更多的人生经验;也许会到世界不同的地方待一下,拓宽自己的视野;也许会做一些和自己专业无关的事,探索不同的人生价值;也许会寻找机会,选择自己创业,闯出一条新路。

一位国际学生的妈妈给我发来电子邮件,祝贺上海纽约大学首届学生毕业,同时也感谢学校对她儿子的培养。我顺便问了一下,孩子现在到哪里去了。不料,她回复说,她也不太清楚,可能在非洲吧,不方便联系。因为她的儿子一直想去非洲做志愿者,一方面尽社会责任,一方面看看非洲的自然风光。然后,他可能会去法国,看望亲戚,再考虑去哪里工作。

如果这也算是就业选择方面的差别,我认为造成这个差别的原因有很多,但从根本上讲是人生态度和价值取向的多样化。"条条大路通罗马""行行出状元"也许是最合适的解释,不是所有人都要走同一条路,成为自己想成为的人,做更有意义的事。当然,其中包含了每个人对"幸福"的理解,面对社会舆论和家庭压力的承受能力,以及社会的包容性等。除了在中国工作和深造外,很多的国际学生奔赴世界各个角落,追求更为丰富多元的人生理想。他们不安心于传统眼光里的安稳工作,在实践中追寻自己的兴趣和社会价值。

宋逸舟(Kenny Song)是美籍华人,自小在美国长大。大学毕业后,这位马拉松长跑爱好者、户外运动玩家,被谷歌公司聘用,担任储备产品经理。如今他已经自己创业,是一家人工智能公司的创建者之一兼 CEO。宋逸舟高中开始对计算机编程产生兴趣,而真正体验中国文化、了解中国,还是在上海纽约大学读书以后。大学期间,他选择到纽约大学阿布扎比校区交流学习了三个学期。在那里,他与四位同学合作设计出"RoadWatch"应用程序,在阿联酋政府举办的大赛中获奖,奖金高达 27 万美元。

他将美国高校的"编程马拉松"引入上海纽约大学,担任了 2014 年中国最大的大学生编程马拉松"创客上海"的总负责人。为了吸引目标受众参加比赛,他不仅通过社交网络宣传,还跑到上海交通大学等高校的计算机课教室门口去发传单。这个编程设计比赛最终吸引了来自世界各地的近 100 支参赛团队来参赛。宋逸舟说:"我在美国的同学,毕业后都继续留在美国上学工作,没有人愿意去世界其他地方。我来到中国以后想法变了,我觉得我是世界公民,不想一直待在一个国家一座城市生活。"

获得富布赖特学生奖的汉娜·约翰斯通(Hannah Johnstone)毕业后赴马来西亚从事英语教学实践活动。"在上海纽约大学本科学习期间,我见证了跨文化学习的重要性,跨文化学习对树立人的基本信念、观念和视角发挥着积极的作用和巨大的影响,"汉娜说,"我一直笃信,人需要跳出舒适区,结识不同人群,参与各种讨论,挑战对'外国'这一概念的各种误解。"另一位美国学生克里斯塔·杨(Krista Young)获得"普林斯顿在亚洲"奖学金,在缅甸一家非营利机构实习,推动当地在教育、公共健康、环境保护、经济发展与社会正义等方面取得进步。

洛葛仙妮·罗曼和杰克·沃尔兹(Jacko Walz)两位首届毕业生入选了清华大学"苏世民学者项目",在中国继续攻读硕士学位。"我很荣幸能争取到这个绝好的机会,以创新的方式推动世界,并和未来领袖学习、共事。能投身其中,对我来说真是太有意义了,"洛葛仙妮真诚地说,"上海纽约大学教会我积极主动、勇气和毅力,这对个人成长,成为一名领导者和社区领袖都至关重要。上海纽约大学促进了我的个人成长,激发了我克服困难、接受挑战的潜能。"

杰克表示:"在中国的生活,给我提供了无数的学习和成长机会。更重要的是这段经历既塑造了我对中国以及世界的观点,又帮我确立了未来的目标。我希望能通过研究生阶段,更深入地学习中国以及国际问题,探索未来数年里国际社会将面临的重大挑战。……上海纽约大学非常重视培养学生具有国际视野,理解和认知不同文化的世界观。我相信这种领导力培养和多元文化的经历,是造就'新一代领导者'的利器。"

"为了攻读中国历史的研究生学位,理解文献、寻找相关研究资源,读懂古汉语是必须的,"来自荷兰的卡托·范·沙伊克(Cato van Schaik)说,"无论是攻读研究生,还是从事其他领域的研究,这一经历都相当有用。精通中文,可以让我成为西方与中国的沟通桥梁。"

毕业后,卡托去台湾大学继续语言学习,更深入地了解中国的政治文化与哲学。在上海纽约大学进行本科学习时,她完成了关于中国古代制图发展的毕业项目,研究公元前200年的汉代早期地图。"中国的制图技术早在2 000多年前就已出现,但在而后的一段时间里消失了。我希望能了解它为什么会消失,又为什么出现,同时了解这些历史文物在关于中国及其发展的叙事中是如何被解读的。地图是对空间的概念化,将自己置身之地与世界相对照,这样的联系与想象,给了我很多启发。"

卡托认为,选择上海纽约大学是一个值得的冒险。"学校不大,但这让你有机会实现自己的各种想法。你可以参与、见证学校的发展壮大,这让你有一种使命感。如果你度过了适应期,就会获得对中国的细致观察与一手经验,这是别人所没有的。这就是对勇者的回报。"卡托曾在安徽体验农家生活,食过鳖,饮过白酒。"在上海生活是一种很好的体验,这里非常现代、先进。不过在农村,你可以看到中国的另一个侧面,学习当地习俗,这些习俗在大城市已经看不到了。"她热心于促进平等与服务社区的公益活动。大一时她参与发起的"为爱联盟周",现已发展成为上海纽约大学的年度活动。她曾担任过学生会秘书长,两度获得鼓励学生积极参与活动的"纽约大学校长服务奖"。"不管是读研还是工作,我都希望延续自己与中国的联系,学习中文对我来说,尤其重要。"卡托说。

马克西米利安·里夫(Maximilian Reiff)是位极具天赋的壁球运动员,在美国拥有职业竞赛排名。毕业后,他想将中国的共享单车商业模式移植到美国的土地,成为一名年轻创业者。在上海习惯了扫二维码骑车的马克西米利安想把共享单车推行到纽约大学或美国其他学校。他结合美国的情况对中国的单车进行了改进,多了一种类似于共享平衡车的产品。

在学习期间,他利用课余空闲时间进行市场调研,与供应商沟通谈判,联系美国的潜在市场。身在万里之外的中国,要与美国的各大学和地区建立联系是极其困难的事情。这些挑战都没有让这位来自费城的男生退却,他争取到了在美国南部一些地方测试自己共享单车的想法。马克西米利安说:"我一直都想成立一个公司,而上海纽约大学是使这一切真正发生的催化剂。"四年里,马克西米利安修了几门与商业相关的课程,打好了坚实的学科基础,让他更有信心追逐自己的创业梦。"在中国做生意"这门课让马克西米利安了解到过去几十年来中国经济的高速发展。"高级组织沟通"帮助他提高了沟通与演讲技能,掌握了有效说服别人的技巧,这些技能在展示商业提案和筹资过程中非常有用。在海外学习期间,马克西米利安在惠普的"软件孵化项目"实习了四个月,实践了精益创业理论,并帮助公司实现员工的商业创意,让他的创业激情更进一步。

通过电话、邮件和托在美国的朋友帮忙等方式,他联系了美国的几所大学陈述了自己的商业模式。马克西米利安说:"抓紧时间、迅速去行动,是我在中国市场、在上海纽约大学学到的。做任何事情都是有风险的,而我愿意去承担共享单车的风险。即使失败了,我也觉得这是我人生一段非常好的故事。"

来自美国俄勒冈的杨安(Ann F. Yang)毕业后去了剑桥大学攻读硕士学位。在大学四年里,她过得丰富又充实,创建舞蹈社团,将"国际遗传工程机器大赛"(iGEM)引入上海纽约大学,赴纽约参与生物医学工程项目,到加纳阿克拉参加交流项目,学习"文化与生殖健康",开创了很多的第一次。她原本打算在海洋生物学领域发展,但在印尼瓦卡托比国家海洋公园做志愿者时,看到有人被狮子鱼的毒刺蜇伤,她很焦急,不知该怎么帮他。直到找到了医生,才展开施救。这是一次意外的事件,但让她改变了学习方向。"我仍然喜欢海洋生物学,但我希望学医,这能更直接地帮助人。"

杨安说:"我喜欢上海纽约大学的国际化氛围,这里有着创新、开拓的精神。在这里,所有的梦想与渴望,都取决于你积极主动的努力和付出。"

四年前放弃美国10所提供全额奖学金大学的录取、遵循"内心的声音"来到新建的上海纽约大学的美国小伙子马克·韦斯特,给自己起的中文名字是魏永辰。四年大学生活,他去过20个国家,曾在非洲加纳政府的一家小额贷款中心工作,得以深入观察非洲文化。能说一口流利的中文、热爱中国文化的魏永辰,被伦敦政治经济学院中国研究项目录取。魏永辰很有体会地说:"上海纽约大学与众不同的是,它鼓励学生走出教室,走遍世界。在这个过程中观察体会,积累经验。这样的经历,只待在学校里是不会有的。"

在上海纽约大学,学生的追求目标各不相同,毕业选择大不一样,但可以看到大家在试图走出舒适区,追随内心的呼唤。共同的家园给了孩子们选择和创造的机会,在多元文化环境的浸润和陶镕下,不断丰富自己的思想;在实践和试错的过程中，发现和理解自我，寻找自己的兴趣和前进方向。

在我看来，学校是一个学术共同体，是师生共同的家园。学校的发展与学生的未来休戚相关，学生对学校由衷的"爱"是大学文化建设的重要内涵。我认为，学校的教育理念可能会影响学生的一生，激励学生去担当社会责任；而学生在未来发展中会以自己的行动维护和扩大学校的声誉。在上海纽约大学的首届毕业生身上我能隐约感受到这一点。

学校成立之初，大多数媒体对上海纽约大学的探索持肯定态度，但总会有人在社交网站上发出一些不认可的言论，对学校性质不理解，从而嘲讽新入学的学生，引起一些争议。上海纽约大学的学生无疑是很优秀的，有自己的价值观。大多数同学会有很多选择机会，但他们不愿意随大流，选择了不一样的上海纽约大学。我特别关注了学生在不同声音面前的反应。一开始，有些学生不能容忍别人对自己的母校和个人选择的非议，针锋相对地反驳，极力维护学校的声誉。但我意识到，最后同学们达成了共识，用行动让大家看看上海纽约大学是什么样的学校。首届毕业生的去向选择就是他们和学校共同展示的第一篇章。

有一个故事我一直记忆犹新。二年级结束后，首届学生将奔赴世界各地继续学习。临出发前，针对2018届学弟学妹们碰到的问题以及一些学生的困惑，2017届的王澈同学写了一封公开信，他根据过去两年在学校的经历，对文化融合、价值取向、维护学校声誉等问题谈了自己的想法："……我们中的每一个人都会代表这所学校。我们说的话，在网上发的东西会被作为评价我们学校的资料，我们参与文化融合的程度会影响校园文化，我们与其他的学校合作留下的印象会影响我们学校的声誉，我们与教授的互动会影响优秀的教授来我们学校教学的意愿，我们的成绩会影响学校的学术水平，我们构建的组织社团和学生会将会影响未来数年学校学术活动的运作，我们在海外学习时跟其他校区学生的互动会影响他们对上海纽约大学的理解，我们毕业时候的就业水平会影响企业对我们学校的认可程度……"

最后他写了这么一段话："Orientation（入学教育）的时候，我写道，'请不要忘记你们和2017届一样是这所学校的主人，也是这所学校历史的创造者'，你们肩上的任务其实可能比我们的还要艰巨。太多事情刚刚开始，我们没有足够的时间和能力做到最好。接下来就要靠你们了，改良社团，完善学生会，解决各种问题……经由2018届的手,它将获得重生,变得更为蓬勃繁荣。我们要去世界各地为你们铺平道路了。希望在上海的你们好好利用2017届建立的基础和用各种教训换来的经验,成为比我们更出色的人……请照顾好上海纽约大学。"王澈的这封信清晰地阐述了学生和学校的关系,共同的家园靠大家努力建设,在学生成长中创造学校的历史。最让我感动的是最后这句"请照顾好上海纽约大学",它不仅在提醒后来的学弟学妹,也是对所有创办者的期待——让学校可持续发展。王澈毕业后,继续攻读纽约大学计算机科学博士学位,并顺利完成了学业。

在职业发展中成长

学校职业发展中心为每届学生设计了职业发展的四年规划。一年级,职业发展启蒙;二年级,职业发展方向探索与定位;三年级,职业素养的进一步提升;四年级,身份角色的顺利过渡转换。为了帮助首届学生在大一阶段就建立职业发展启蒙的教育基础,上海纽约大学职业发展中心联合纽约大学沃瑟曼职业发展中心,开展了"职业发展月"活动,给首届学生提供了一系列职业发展讲座和经验交流,举办了"与职场精英的下午茶活动",让学生有与企事业单位、公益组织的社会精英和人力资源部门近距离交流的机会。学生可以在这个活动中实践在社交场合介绍自己、合理提问和倾听他人的技能,通过与各行各业精英的对话,了解不同行业对人才素养和能力的要求,有利于学生的自我发展和未来职业选择。用人单位可以在这个活动中深入了解上海纽约大学的办学理念、培养目标,切身感受到我们学生的能力和素养。参与这项活动的企事业单位都表达了对上海纽约大学学生的高度兴趣。

学生毕业后的道路之所以多元而平坦,同样得益于学校职业发展中心搭建的平台。中心与各行业优质雇主建立长期紧密的合作关系,纽约大学全球教育体系连接了35 300家企业,年均提供25 000个就业实习机会;全天候的线上职业生涯教育平台,提供了5门基础技能课、9个数字工具箱和3座视频图书馆,供学生随时随地自主学习。学校注重培育"积极的探索者和选择者",鼓励学生在不同的阶段尝试不同的探索,"过程与结果同等重要"。正是在这样的教育理念的感染下,学生在四年就读期间不断尝试,也为自己的最终选择打下基础。

2014年,在上海纽约大学职业发展中心和纽约大学全球校友项目的共同努力下,让一批拥有丰富行业经验和人生阅历的校友与学生结成对,帮助学生打破信息壁垒,找到职业与未来发展的方向。这个被称为校友导师的项目,将纽约大学的全球校友资源与上海纽约大学的莘莘学子相连,让很多学生在探索未来的过程中获益,并感受到来自校友的温暖与力量。这些年里,已有56名在业界工作的校友通过这一项目,将智慧与经验无私地传递给315名上海纽约大学的在读学生。除此之外,上海纽约大学的专业职业咨询师还会根据学生不同的特点,为他们"私人订制"职业发展计划。在大一时,会鼓励学生探索职业发展领域;大二时则让他们深入了解不同行业和领域;到了大三,学生需要累积相关经验,提高综合能力;最后一年,职业发展中心会鼓励学生和老师面对面探讨如何有效地为求职做准备以及申请研究生项目。

每次去国外访问,我总忘不了去看看我们的学生,了解他们在纽约大学全球教育体系的学习情况,有机会和大家一起吃饭聚聚。在我退休告别时,在上海纽约大学成立十周年的校友联谊会上,和校友们重逢,感到特别的亲切。真没有想到全球疫情后,还能见到2017届国际学生大卫·桑蒂亚诺(David Santiano)、基里尔·博洛特尼克夫(Kiril Bolotnikov)、黄美智(Meizhi Ng),他们都留在上海工作了。

退休后的三年里,我作为证婚人,参加了三对首届中国毕业生的婚礼。在婚礼现场见到了不少校友,很长时间未见了,他们的变化也很大。我了解到一批在国外读研的学生有的已经回国工作,有的还在国外继续读博或工作;也知道一些在国内工作了一段时间的校友又选择了出国读研,每个人都在追逐自己的"梦"。

2021年,我去北京参加闫亚元和2018届校友赵紫毫的婚礼,他们俩都是在纽约大学读的硕士,已经回国工作。在婚礼上得知,2018届校友朱昊留校当了两年助教后在纽约大学攻读神经科学博士学位;李思遥在哥伦比亚大学获得法律博士学位后去香港当了律师;吴艳秋和王轩阳成了一对,吴艳秋在纽约大学获得博士学位,王轩阳在哥伦比亚大学获得硕士学位,他们都在澳大利亚工作;赵妍在哥伦比亚大学获得硕士学位后回北京工作了;宋子豪自约翰·霍普金斯大学硕士毕业后到安永工作;李彩奕在约翰·霍普金斯大学完成硕士项目后回成都工作了;向珊自杜克大学硕士毕业后到上海工作了；姚赛礼自哥伦比亚大学硕士毕业后在中金工作；黄瀚涛、张韵仪也在中金工作；李雯倩在上海浦东自贸区工作；蒋晨晟在国内工作了一段时间后又去悉尼大学读经济学硕士。

2023年，我在上海参加2017届校友叶天戈和虞康妮的婚礼，新郎叶天戈在南加州大学商学院攻读金融博士，新娘虞康妮在上海工作，在职攻读研究生。我在婚礼上见到了2017届校友陈鸿宾，了解到他和夏家铭到法国高等科学研究所做博士后了，他们在毕业时就是一对，双双去美国读博。最近，我得知陈鸿宾已和上海纽约大学签约，成为学校助理教授（tenure track）。我还碰到同届校友郭蕾，在美国获得硕士学位后就回上海工作，目前在携程担任效果销售经理。

同年，我还参加了2017届校友赵泽宇和庄臣的婚礼，他们毕业后都在上海工作，庄臣于2021年去美国西北大学凯洛格管理学院攻读工商管理（MBA）硕士，毕业后入职麦肯锡咨询公司芝加哥办公室；赵泽宇于2020年去美国密西根大学攻读法律博士，毕业后在知名律所——瑞生国际律师事务所担任诉讼与政府调查律师。在婚礼上，我见到了很多在国内工作的校友，六年未曾见面了，他们的工作单位和任职岗位都有了变更：俞士杰在腾讯公司任高级商业分析师，吴瑶霏在蔡司（ZEISS）公司任战略发展副经理，顾盛在罗氏制药任副经理，胡爽在字节跳动任商业分析师，谌希在艾尔建美学（Allergan Aesthetics）任战略规划经理，黄美智在上海舍宴公关策划有限公司（Social Supply Shanghai）担任高级经理，朱奇苗是"小红书"客户伙伴，王开婕是国改基金高级投资经理，谢之颖是百事的品牌经理，童雨馨在浙江亲清民企服务中心任办公室主任；也有不少校友完成了在海外的研究生学习，已回国工作，周羽从哥伦比亚大学硕士毕业后在瑞安集团工作，陈梓青从日内瓦国际和发展问题高等研究所硕士毕业后在AFRY做高级咨询师，顾力嘉在纽约大学商学院硕士毕业后做了高沃信息技术有限公司（Discover）的商业分析师，蔡忱瑶从爱默生大学硕士毕业回国后在韦柯广告做高级品牌主管。

首届学生毕业快七年了，大多数同学都经历了入职后的考验，每个人都得以成长。我总感到有义务继续宣传上海纽约大学的教育理念，讲好每届学生的故事。只要听到校友们进步的故事，我就会推荐给学校传播部。

最近，看到学校传播部采访两位上海纽约大学首届毕业生的文章，她们讲述了自己从业后的历程，也谈到了学校教育对她们的影响，受益匪浅，很受启发。从两位校友的阐述中可以看到,上海纽约大学的教育理念一直伴随着她们的人生。文章写得很好,我不想再画蛇添足,就直接和大家分享了。

上海纽约大学首届校友吴雨蔚:快消大厂市场人养成记

上海纽约大学创校生吴雨蔚,自 2017 年毕业后,进入市场营销领域工作五年有余。数学专业的她,在本科期间一步步发掘出对市场营销的热爱,而后投身理想行业。职场中,无论是在欧莱雅、联合利华这样的快消大厂,还是自主创业,她都在挫折和成就中,慢慢提炼出了自己的工作逻辑与信念。

如今,她决定重返校园,沉淀、充电,迎接新的挑战……而在此之前,她和我们分享了这些年在校园和职场中的所见、所学、所思、所感。

从数学到市场营销

进入大学的吴雨蔚和许多同龄人一样,对未来的发展方向感到迷茫,既不想被一些主流观点左右,也不敢贸然踏入未知领域。经过权衡,她最终选择了数学作为专业,"数学是许多学科的基础,在我有方向之前,可以为各种可能性打下良好基础"。

上海纽约大学在专业和课程选择上给予了学生很大的自由。专业不但没有限制她的跨学科尝试,反而激发了她对兴趣的积极探索,让她在更广阔的领域发挥自己的专业优势。

大一暑假,吴雨蔚通过学校职业发展中心(CCD)的项目进入了四大会计师事务所之一的普华永道实习,初次接触了关于零售和营销的咨询项目。她发现,数学专长,原来可以这样应用在商业领域。

她很快就在大二选修了商学部主任、全球杰出商学讲席教授陈宇新的课——市场营销概论(Introduction to Marketing)。"陈教授是我的榜样,他也是从基础学科转市场营销的,又在顶尖商学院任教。这么厉害的教授开设了我正需要的基础课,我毫不犹豫就选了。"

在这门课上,吴雨蔚第一次系统性学习了市场营销知识,陈教授也十分鼓励她对该领域的深入探索。"我大三时要前往纽约校园进行一年海外学习,想找斯特恩商学院教授做研究,他就鼓励我去学院官网上查询教授信息,主动给感兴趣的教授发邮件。"

吴雨蔚由此加入了纽约大学市场营销学副教授石哈尔·正和(Masakazu Ishihara)的团队,运用经济模型研究日本电子游戏一手市场对二手市场的影响,其间不仅学习了编程等新知识,还在研讨会上与众多优秀博士生交流,这对一名本科生来说是十分难得的科研体验。

同样是在海外学习时,斯特恩商学院的"数据驱动市场营销"(Data-driven Marketing)课让她了解了数学、计算机科学这些理工学科可以如何与营销结合,"我认识到营销不仅是感性的创意,还是一个可以用大数据去分析的理性的东西"。

这些体验让她一度想要投身市场营销研究,不过最终,她还是选择先迈入职场,因为"没有在行业内实际工作过,一时有些不知道要做什么研究"。

打破职业信息差

为了让自己对市场营销的认知更落地,也为了让日后的研究更有的放矢,吴雨蔚开始了有目标的职业探索。在CCD的"职业导师项目"(Mentor-Mentee program)中,她找到了自己的"人脉"。

"职业导师",即拥有丰富行业经验的纽约大学全球校友,他们将自己在职场中多年的积累分享给学弟学妹。

吴雨蔚的导师在互联网大厂负责金融产品,他是纽约大学斯特恩商学院的校友,恰巧,也是她华师大二附中的学长,可谓"亲上加亲"。

吴雨蔚时常向他请教各个行业、公司的情况,这对于尚未跨入职场的学生来说,是不可多得的直接获取行业信息的机会。

"我们每隔几周有一次谈话,我会问他互联网、金融、快消这些行业是什么样的,一些公司和岗位具体做哪些事。他给了我很多有用的信息和职场发展建议,还推荐了一些好上手的实习。"吴雨蔚回忆道。

"我觉得大学生和职场间总是存在信息差,如果不了解每个工作在做什么,以及自己是否适合,会在职业发展上绕很多弯路。"吴雨蔚说。而这个项目相当于在学生和一线工作者间牵线搭桥,打破了这个信息差。

正是在导师的鼓励下,吴雨蔚在大四找到了联合利华市场营销研究方向的实习,后来,联合利华也成了她第二份工作的地方。

把产品当成自己的孩子

吴雨蔚对数字敏感又对快速消费品感兴趣,所以选择了欧莱雅电商销售岗位作为职业起点,"这份工作需要调动专业知识,去完成生意指标,涉及创意、数据分析、客户管理等多方面的工作,目的性强,对我来说很有挑战性"。

结果导向型的工作,既能最大程度激发能动性,也会带来巨大压力。吴雨蔚承认,自己的学习生涯没遇到过太大的挫折,如今面对初入职场时的环境和身份转变,以及有时无法达成的业绩,也会陷入低落和自我怀疑。

但工作中总有一些富有成就感的时刻,让她更加确信了自己对市场营销的热爱。

在欧莱雅销售岗磨炼一年半后,吴雨蔚加入了联合利华的渠道营销部门,从面对电商这一单一渠道,转为负责多渠道的平衡与整合,渠道选择、预算分配、商品定价等,都是她需要考虑的问题。

在吴雨蔚看来,这份工作中涉及的许多经济学模型问题,让数学专业的她更有施展拳脚的空间,且工作内容掌握着许多生意的走向,跨部门连接强,"很有价值,也让人很有成就感"。

初次完整跟进新产品线诞生的经历令她印象深刻:"联合利华会把不同品牌的同一品类,比如洗发水,放在一起管理。而我当时的项目,则是借鉴了美妆品牌的思路,将同一品牌的洗发水、沐浴露、磨砂膏、身体乳等不同品类做成一条完整的产品线,推向市场。"

"这是一个十分创新的项目,又是我第一次完整参与从品类整合到系列上市的全过程,就像自己生出来的小 baby 一样,对它有特别的感情,"吴雨蔚说,"这也让我深刻体会到,做市场营销,一定要把亲手培养的产品当成一个小孩去关心照料,对品牌有足够的热爱。"

吴雨蔚也将自己积累的市场营销经验运用在了创业中。她曾与朋友合伙将传统茶文化与年轻人社交空间的概念结合,创办了茶吧品牌。"我们的商业模式类似酒店,需要把包厢填满。而我作为市场营销负责人,最大的贡献就是通过引入桌游、剧本杀等吸引年轻人的娱乐形式,以及与餐饮等类目进行异业合作,为空间吸引了更大的客流。"巅峰时期,茶吧在上海共有六家分店,后来因为遭遇疫情等问题,业务无奈按下暂停键。

经历过低谷与高光,吴雨蔚不断成长。

"我们在相对自由的教育环境里待了四年,遇到不同观点时,习惯了直接表达、讨论,而这种沟通方式在职场有时是不太适用的。"这种校园与职场环境的差异带来的不适,却也促使她发展自身的适应力与灵活性,"我也是经过一段时间的纠结,才逐渐总结出该如何更好地沟通不同的观点,管理上级的期待,合力将工作做好"。

同时,想在一个领域内生根发芽,也要耐得住寂寞,潜心积累。"上海纽约大学的学生都很优秀,难免会产生同辈压力,互相比较。但工作,首先就要放平心态,因为处理压力的方式,以及眼界和格局,才决定了你能走多远,"吴雨蔚说,"我觉得每个人都有自己的时区,有些人20岁就赚到了第一桶金,有些人则很晚才找到合适的位置,你比别人早或晚都是正常的,不要给自己太大压力。"

回归校园

虽然2017年就已经本科毕业,但吴雨蔚的身影还是会时不时出现在校园里。"学校组织的校友活动,我只要有时间就会参加。我曾主持过市场营销行业领袖座谈会,也在迎新周作为嘉宾给新生分享过自己的学习和工作经验,"吴雨蔚说,"因为我自己充分受益于上海纽约大学的资源,所以我也愿意把我的经验分享给学弟学妹,我觉得这十分有意义。"

她观察到,上海纽约大学融贯中西的多元文化,使得毕业生既拥有比传统高校学生更突出的语言能力,又比留学生多了对国内环境的了解与适应,大家可以利用这些优势在职场中争取更多的展示和锻炼机会。她也鼓励立志于市场营销的同学,注重培养解决问题的能力和团队协作能力,并在实践中培养行业敏感度。

如今,吴雨蔚决定带着工作中的实际经验和思考,有目标地重回课堂。目前,她已离开了工作岗位,专心准备研究生申请。

"之前的创业经历让我发现了自己在商业运营、财务、风险管理等方面的知识经验较为薄弱,所以在市场营销之外,我想朝更宏观的商业方向前进,看看更大的世界里是不是有更加有趣的东西。我也许会朝着自己目前熟悉的方向深耕,也或许会有一些创业的想法,不给自己设限。"

从哥大教育学院到耶鲁医学院,上海纽约大学创校生桑榕的跨界求索

"有时去治愈,常常去帮助,总是去安慰",这句医疗行业的名言,时常被上海纽约大学创校生桑榕想起。如今就职于耶鲁大学医学院的她,希望在医疗健康领域踏实地走下去。

桑榕的硕士阶段在哥伦比亚大学教育学院度过,专业是教育科技与媒体。毕业后,她加入哥大牙医学院的研究团队,负责设计开发基于网络应用的数字医疗产品,帮助纽约州低收入家庭的儿童和智力障碍人士维护口腔健康。

此番发展方向看似与本科专业相去甚远。彼时,她在上海纽约大学主修金融学(商学与金融),辅修交互媒体艺术。

表面上风马牛不相及的职业道路,实则环环相扣。

学以致用,学以解惑

2012年,《大江晚报》上刊登的《招生简章》,是桑榕与上海纽约大学的初遇。

任教于传统高校的父母,力挺她的决定。面对这所崭新的大学,一家人决定当回"吃螃蟹的人"。

一学期后的"寒假学期"项目(January Term),让桑榕从理论到实践,体验了一回隐形眼镜行业的"商海浮沉",和小组成员共同探索满足消费者需求、解决现实商业问题的创新方案。

将知识技能转化为实际应用,提高资源配置效率,是桑榕选择金融学的初心。

2017年,电商行业风起云涌。桑榕毕业设计选择的形式是项目实践。

学生小组与斯沃琪(Swatch)集团旗下的浪琴品牌合作,和营销部门主管及主管助理直接对接。还在读大四的他们,有机会吸取行业人士的一手经验,在企业制定电商网站战略时,贡献来自商科学生的一点智慧。

最后,同学们来到了浪琴上海总部展示成果,提案被评价为"仿佛出自从业四五年的人之手"。斯沃琪集团中国区总裁亲自接待了学生们。

桑榕感慨,尚未正式踏入社会的他们竟有与行业精英共事的珍贵机会。"我

们见识到,业内有这么多优秀的人,他们的亲和力、沟通能力令人向往。这对当时的我而言,是一种强大的指引。"

得益于毕业设计项目,桑榕从校园过渡到职场时,少了些"水土不服"。

她先到群邑广告公司做了两年管培生,主要负责基于消费者洞察和媒体数据的分析,制定媒介策略方案,并在轮岗期间和团队一起,先后服务于欧莱雅集团、京东集团和伊利集团。

下一站,她到一家教育科技公司任数据产品经理,探索用户研究、媒体和教育的交叉领域。

桑榕对教育心怀热忱,本科在读时就加入了教育公益组织PEER毅恒挚友,并在大二时创建了"毅恒挚友"上海纽约大学"分友"——PEER Pal社团。

这段公益旅程里,她去过贵州丹寨支教,带县镇学生用视频记录当地的古法造纸术;前往湖南中方县和长沙县,设计项目式学习方案,帮助高中生填报高考志愿;也把上海纽约大学交互媒体艺术项目的技术带到县镇,让当地同学上手一试;还曾在校园培训志愿者,帮助更多同窗习得公益教育需要的能力。

种种探索和职业经验,让桑榕体会到科技对其他行业的塑造和影响。无论是受到大数据和人工智能(AI)冲击的传统广告公司,还是教育领域,"究其根本,都绕不开'人'本身,只有更好地了解受众,才能制定出适宜的方案"。

没有什么法子能"放之四海而皆准"。借鉴别人固然重要,桑榕也想"创造好的方法供别人借鉴"。工作三年后,她重返校园充电,寻求解决问题的创新之法。

工作无大小,细节藏真知

受疫情影响,桑榕在国内完成了哥伦比亚大学硕士项目第一学年的学习。因家中老人生病,她频繁去往医院陪护。

身为患者家属,桑榕心中有着自己的挣扎,也看到了医护人员的辛劳,明白"诸多原因可造成医患矛盾,而医疗资源的稀缺是其中之一",医生分配在每位病人身上的精力往往有限。

在上海纽约大学学习的四年让她习惯将困难视为思考、解决问题的宝贵机会——整体资源有限,如何才能最大限度地满足多方需求?

桑榕以病人及陪护人员为主体,设计了一款个性化移动应用雏形。她以病人为中心,运用患者赋能和行为改变模型,提供知识和看护支持,提高患者及其家属的认知和主动参与度,缓解焦虑,目标是提升医疗质量,减轻医生负担。

硕士毕业在哥大牙医学院的工作告一段落后,桑榕将目光投向时下热门议题:儿童身心健康发展。

2021 年,耶鲁大学医学院加入美国儿童灾病医疗健康保护网络(Pediatric Pandemic Network),与各方一道,帮助医院、医护人员、业内人士、儿童及其家庭和所在社区,减少疫情、灾难和紧急事件对儿童身心的负面影响,提高医疗系统和社会各方保障儿童健康的能力。

通过教授,桑榕得知该医疗网络在未来有机会覆盖全美普通家庭的儿童,且正需要一位具有实践和研究能力的成员。她申请并成功加入了耶鲁大学医学院负责的教育板块。

研究团队借助实施科学(Implementation Science),和各利益相关方合作,通过内容创作、课程设计、软件开发、传播研究等方式,弥补信息从被创造到被学、被用的鸿沟,提升教育的可达性。

目前还鲜少有人去填补这个鸿沟,即便有也是来自受稳定医疗保障的中产或精英群体。桑榕发现多数团队在设计搜索功能时,常以资源或技术为导向,而"现实生活中,与应用产品朝夕相处的主体是人"。

她曾为团队设计工作坊,让教授和领导层以角色扮演"亲历"各类灾难场景,思考极端事件中不同人会有怎样的困难和需求,团队如何有效地介入并予以支持。

"时刻反思个人视角和经历的局限性,才可能对服务对象产生深层次的同理心,设计出以用户为中心、能真正解决问题的方案。"

团队通过游戏引擎 Unity 进行健康公平模拟(Health Equity Simulation),让用户体会弱势群体病人的诊疗全过程,评估自己在不同场景里的情绪感受和变化,提升对社会经济背景与就医体验间关系的认识。

该模拟游戏的一个目的,是希望来自不同背景的人能感受到"在社会经济条件或族裔性别等方面处于弱势的人们,在面对灾病时更易受到不公平待遇"。

团队目前正在搭建资源中心平台(Resource Central),统一管理和展示不同机构、部门产出的大量资料,并提供搜索服务及 AI 聊天机器人,帮助各方在短时间内获得对症信息。

从上海纽约大学毕业至今,已两入职场的桑榕坦言,工作内容和设想的会有出入,但没有心理落差。

入门级的工作也能构成上层决策的基础,帮助机构和个人从微观层面了解整个行业。她认为,工作不分大小,细节藏着真知。当然,全局观也必不可少。

"知识之外和之上的许多核心能力都可迁移。"没有医疗领域的学术背景,桑榕就努力补充相关知识,并从过往体验中取经,深入了解、梳理整个医疗系统的问题,希望为解决问题找到合适的切入点。

"相较于刚毕业的自己,我更加成熟了,心态更坦然一些,对结果的预期也更切实际了。"

将"上海纽约大学气质"刻进DNA

还是"菜鸟"的桑榕一度忽视了人际关系的重要性,有点"只谋事,不虑人",困惑陡增。有一次参加校友会活动,她重遇了创校校长俞立中,以及商学部主任、全球杰出商学讲席教授陈宇新。俞校长很理解她的感受,并分享了自己在上海纽约大学这个多元化校园里建立信任关系时的挑战与方法。这样的点拨,让桑榕受益至今。而始终向学生敞开大门、倾听学生声音的陈教授,也令她十分感激。与两位恩师的情谊要追溯到2014年。桑榕参加了陈宇新教授和世界自然基金会(WWF)聚焦长江经济带可持续发展的研究,在队内负责项目协调。筹办峰会时,团队在邀请环境研究领域的演讲嘉宾上犯了难。俞校长见她风风火火地跑着,得知缘由后,不仅提供建议、引荐嘉宾,还亲临现场以示支持。

在上海纽约大学,有些成长是立竿见影的,比如项目过后,桑榕就开始思考"如何运用专业知识技能,为可持续发展贡献微薄力量"。而有些则像一枚穿过岁月的子弹,飞了多年,才在你回身时正中眉心。比如,未定专业前修读的五花八门的课,"在课上学到的不同思维模式,可能在未来的某一刻才融会贯通"。

新生必修课"全球视野下的社会"令她记忆犹新。师生一起比较阅读中外典籍,每次被问是否同意文中观点时,刚入学的桑榕都很诧异:"白纸黑字的大家哲思,我还能发现它有不对的地方?还能反驳吗?"结果成绩不尽如人意。

"经典文本也是在特定环境中产出的,彼时个体视角的局限性、时代的局限

/ 上 2017年5月27日，首届毕业生在东方明珠广场的汇报演出
/ 下 2017年5月28日，上海纽约大学首届毕业生学位授予仪式

/ 上　2017年5月28日，上海纽约大学首届学生毕业了
/ 下　2023年8月，部分首届毕业生回华东师大三馆（上海纽约大学第一学年所用的教学楼）合影

性,都不可避免。谁说大师的观点就一定是对的呢?"工作多年的桑榕愈发感受到思辨能力的重要,"我们曾在课上议古论今,这些内容都可以迁移到课外,成为我们日后思考的养料。在上海纽约大学习得的思考方式,有助于我们理解不同的视角和处境,探究问题的根源,更全面地思考解法"。

在上海纽约大学求学、于阿布扎比和纽约交流学习期间,她广交良师益友。大家和而不同,互相欣赏。桑榕看到,人生的路不只有一条,要按自己的意愿走下去。

"多元性是当代生活的必备要素。"帮助他人了解彼此的不同已成为她工作的一部分,"所谓多元视角,我认为是指深层次的同理心,这也是在上海纽约大学的求学经历帮我开始意识到的最最重要的东西"。

因此,在中国及世界医疗养老体系面临巨大压力的今天,桑榕希望和团队一起,在未来联合社会及企业的力量,探索如何提高医疗系统的服务效率和社会公平性,帮助人们健康且有尊严地生活。

在她看来,上海纽约大学的"以世界为课堂",是值得践行终身的生活态度和方式,也是创造快乐、意义、公平等美好事物的起点之一。

桑榕现在和校友们还时常联系,偶尔为学弟学妹答疑解惑。"加入上海纽约大学,就是加入一个大家庭。因为这些人,我爱上了这所学校、这座城市。"如果能重来,她还会选择上海纽约大学。"有时我会想,时间要是能停在校园里,永远不溜走,那真是再好不过了。但只要这些记忆一直陪着我不断成长,那生活和世界也是我更大的校园嘛!"

共享资源,共同前行

上海纽约大学不仅是全体师生员工的共同家园,也是浦东新区乃至全上海共享的教育资源。在学校创建和发展过程中,浦东新区和华东师大都给予了大力支持和帮助,但它们能获得什么?学校有何回馈?

在浦东改革开放的热土上诞生了中国第一所没有围墙的城市大学,"改革、创新"是上海纽约大学和浦东自带的基因。从世纪大道教学楼到前滩的新校园,无不体现了上海市和浦东新区的胆略和气派。校园没有围墙,思想观念上更没有围墙,陆家嘴金融城、前滩综合开发区乃至整个浦东,都是上海纽约大学的校园:源深体育场、东方艺术中心、东方明珠、浦东图书馆、上海科技馆……浦东的诸多优质社会资源都对上海纽约大学开放,浦东是我们共同的家园。

上海纽约大学落户浦东,也希望回馈浦东。自2014年8月迁入浦东校园,学校就与浦东建立了深层次、全方位的紧密合作。上海纽约大学的师生深度融入浦东、与之共生,在浦东图书馆开设免费英语角和"大家说文"教授系列讲座,共享教育资源,服务社会公众。诺贝尔奖获得者罗伯特·恩格尔教授在这里创建了"金融波动研究所",并在陆家嘴金融城设立"金融风险沙龙",亲自担任主任,促进学术界和金融业界在研究领域的合作,致力于全球金融风险和中国金融改革的应用研究和理论研究。在张江,2011年诺贝尔经济学奖获得者托马斯·萨金特教授主导筹建了上海张江金融量化研究中心。

我们的学生走进潍坊社区的阳光之家和敬老院帮助特殊人群,参与各类公益活动,增强社会责任感;学校多次入选陆家嘴金融城的年度公益榜;首批本科毕业生中就有11名外籍学生,受益于"推进科创中心建设"的自贸区人才新政,留在了浦东新区工作或创业。上海纽约大学努力在浦东辐射大学文化,探索大学和社区的新型关系,这无疑体现了现代大学的社会价值。

上海纽约大学是中美两所高水平大学合作的结晶。可以这么讲,在中国的所有中外合作办学机构里面,上海纽约大学是与母体大学合作最紧密的学校。首届学生的第一年,是在华东师大校园里度过的,我们免费使用了华东师大的校园和各种教学条件。至今,联合研究中心还是依托了华东师大的科研基地;上海纽约大学的研究生培养、人才计划和科研项目申请等很多方面都得到了华东师大的全力支持和帮助。不仅享受了母体学校丰富的学术资源,同时为了确保党、团员和党团组织能根据学校工作的特点更好地发挥作用,上海纽约大学的党团组织始终挂靠在华东师大的党委、团委下面。我们保持着与华东师大领导的日常沟通,共同应对学校发展中遇到的困难和问题。

建校之初,我们就开始考虑学校能对华东师大有什么回馈。这些年里,在逐步落实,付诸实现。在上海纽约大学的平台上,先后设立了数学、物理、化学、社会发展、神经科学、数据科学6个华东师大和纽约大学联合研究中心,而后又增加了人文科学领域的联合研究中心。纽约大学的一些教授,包括诺贝尔经济奖获得者、美国科学院院士等,担任了或曾担任联合研究中心的联席主任。除了联合培养研究生,也有不少合作科研成果,每年都在 SCI 刊物上发表一批论文。通过联合研究中心,上海纽约大学解决了实验室、动物房等实验空间问题,并让青年教师有了成长的通道。而他们和华东师大教授一起合作培养研究生,联合申请科研项目,在科研上开展紧密的合作。两校还合作举办了一系列国际会议和研究生工作坊。在联合研究中心评估的基础上,可能会增加一些新的机构,去掉一些不够活跃的中心,或者要求调整运作模式。这些联合中心对华东师大和上海纽约大学的科研和学生培养都起到了积极作用。

当年华东师大和纽约大学合作的宗旨,就是希望通过和一所世界一流大学近距离地接触和合作,提高自身教学、科研和管理等方面的水平。上海纽约大学成立后,华东师大很多院系和部门都来这里考察交流,保持各部门之间的沟通,了解合作办学的管理模式,也有管理人员在上海纽约大学挂职。华东师大在探索中汲取有借鉴意义的成分,如在大楼空间改造中吸纳了上海纽约大学的布局形态,强调了以学生发展为本的理念。这就是我讲的近距离观察世界一流大学的成效。我们的目的是希望通过这样的一种合作形式,能够真正地让中美两种教育模式相互合作和借鉴,而不是简单地建立一所大学。

我觉得最有现实意义的是,从学校开办起,每学期都有一批华东师范大学的青年教师在上海纽约大学全程观摩课堂教学。在双方教务部门的积极配合下,一批英语基础比较好的各学科青年教师随堂听课,近距离考察上海纽约大学的课堂教学,深入了解通识课程和专业课程的内涵,学习来自世界一流大学教授们的教育理念、教学态度、课堂组织、授课方式。青年教师完整地听一门课,和上海纽约大学的教授们交了朋友,也把教授们请到华东师大做讲座,建立合作研究的关系。这种合作带动了华东师范大学青年教师的成长,为推进教学改革,更新教学理念和提高教学质量提供了示范案例。在市领导的推动下,从 2017 年起上海纽约大学也向上海大学、上海理工大学、上海师范大学等部分地方高校提供了教师来校全程观摩听课的机会。

为了支持教师们全程听课,华东师大教务处补贴听课老师车费和午餐费,并且要求每位老师完成书面总结,确保听课的成效。毋庸置疑,青年教师们很珍惜这样的机会。他们对上海纽约大学老师的教学理念、方法、内容有很多感触，受到不少启发。从老师们的课堂观摩心得中可以看到，这样近距离的学习使大家受益匪浅。通过比较和思考，他们也对华东师大课程设置和教学方式的改进提出了很多有益的建议，这正是华东师大合作举办上海纽约大学的目的之一。

我仔细看了第一、第二、第三批青年教师在上海纽约大学观摩课堂教学的总结，从中摘录部分内容，与大家分享。

"打开第一学期给一年级本科生授课的教师名录，有15位来自纽约大学的教授，包括美国国家科学院院士、人文与科学院院士、古根海姆基金会研究学者奖获得者、美国科学促进会会士、美国物理学会会士、美国数学学会会士等，很多教授都是学界非常有影响力的著名学者。第一学期给本科生上课的还有8位来自以色列、法国和美国其他名校的访问教授。上海纽约大学美方校长、教务长、文理学院院长等都为首届本科生授课。从一开始就确立了学校的学术水准和教学质量。上海纽约大学的基本理念，不仅体现在优秀的学生群体、卓越的培养模式和课程体系，也体现在一流的教师队伍组成。"

"'科学基础'（Foundation of Science, FOS）课程是一门将物理、化学和生物学结合在一起的课程，有利于高中时学科背景不同的学生在有限的课时内对于基础科学有更加全面的了解，从而帮助他们选择具体的专业。本学期由纽约大学物理系的皮埃尔·霍恩贝格教授讲授。霍恩贝格教授是美国国家科学院及美国人文与科学院的双料院士，在物理研究方面有很高的成就，物理教学方面也有非常丰富的经验。从霍恩贝格教授的授课中，我们可以感受到一些独特之处。一是教学以学生为中心，通过教学反馈表，了解学生的需求，并且在后续教学中不断根据学生的学习情况调节课程进度与难度；二是课程以问题为线索，通过一个个的课堂问题来引导学生学习，使学生从被动地接受知识变成主动地寻求知识；三是注重物理知识与其他学科以及历史发展的结合，帮助学生在掌握物理概念和原理的同时，也能够建立更全面的知识结构。"

"我观摩的课程是由以色列海法大学教授巴列夫讲授的'商业与经济统计'（Statistics for Business and Economics），两个平行班的选修人数分别都为40人左右。教授会由浅入深进行讲解,教材内容涉及面较广,有基本统计概念、排列组合理论、概率、随机变量、二项分布、抽样分布、中心极限定理、正态分布、区间估计、假设检验、相关和回归分析等。巴列夫教授在教学中选用了 Minitab 软件,在课堂上和学生的互动比较多。统计学中的一些知识点,如区间估计、假设检验和回归分析等,对大一学生来说相对困难,学生在听课过程中如有问题,可以随时打断教授进行提问,教授都会很耐心地讲解,也有学生是在课堂结束后或者教授的答疑时间到办公室向老师请教。此外,课堂教学十分信息化,课程讲义、相关资料和作业都在纽约大学网络系统里公布。每周五的讨论课主要以随堂的习题练习和讲解为主,由助教进行讲授,加深学生对知识点的理解。总之,'商务统计学'这门课程能够很好地与国际高水平大学接轨,教授和助教的教学热情都十分高昂,花了大量时间,为课程准备了非常丰富的资料和算例;他们按时上课,从未迟到早退,课上认真对待,一丝不苟、孜孜不倦地回答学生的提问。无论是学生,还是作为听课人员的我,都受益匪浅。"

"以色列海法大学教授金姆在讲授'微观经济学'时结合当前的热点话题——城市化和贫富差距进行了讨论,告诉学生当市场价格被政府干预到低于企业的生产成本时,企业会如何应对。非常精彩地实现了理论联系实际,或更准确地说是理论在实际中的拓展,极大地激发了学生的学习热情。大家都听得很入神。金姆教授讲课激情澎湃,也会突然停顿让学生发问,或者对学生提问。听了一个学期的课,我获益良多。金姆教授讲课认真、富有激情,PPT 生动,讲解时深入浅出,案例丰富且恰到好处,和学生积极互动。他在课上从不卖弄自己的学识,而是全心全意为提高学生的理解而努力。金姆运用的大量实例不仅是知识的积累,更是他人生的积淀。他讲的好多例子,我从未听过。30 多年的教龄,赋予了金姆敏锐的洞察力,却没有磨去他对教学的热情。能有金姆这样的老师,是学生的幸运。我也很幸运,这个学期从金姆身上学到了很多,也有很多的感悟。相信这些会帮助我成为一个好的老师。"

"'全球视野下的社会'(Global Perspective on Society)是由法学专家杰弗里·雷蒙和经济学家、2013 年度诺贝尔奖提名者保罗·罗默来共同授课的,这门课应该是上海纽约大学学生都必须修读的通识课程。第一次去听这门课时,我受到了很大的震撼:课程的内容和我预想的完全不一样。虽然这门课以'全球视野'为题,但并不是讲'全球化'的内容。教授选取一些名著的经典章节集结成册作为教材,包括中外经典哲学家和启蒙思想家有关价值和伦理的探讨。对此我感到困惑,课后便问了老师。他告诉我,因为全球化时代,大家在交往中要达成一些最基本的关于伦理价值的共识,所以这门课程通过阅读一些经典文本来启发同学们思考哪些伦理价值具有普适性。'全球视野下的社会'特别适合我们思政专业以及其他讨论价值、伦理的通识课程来借鉴教学方式。"

"上课方式上,有一点让我特别惊诧,授课时间为1个小时15分钟,很多时候,老师上课就以短短几个问题串成了一节课。第一节课老师在黑板上给出了四个问题,然后全体学生用'表决器'发表意见,并马上在PPT上显示意见分布。然后,教师随机点名,让一位同学来回答问题。他选了什么答案,为什么选这样的答案。在回答问题的过程中,教师会让学生联系文本,讨论站在作者的角度,他会选择什么答案,或者这个现实的问题,对应了书里哪些相关论述。通过这样的上课方式,教师把一些抽象的伦理讨论用一些非常微妙的现实经验问题表达出来,让学生进行回答,从而培养学生的问题意识,而不是以一种艰涩的文本语言来组织思考,这是把学习的主体性给了学生,我个人感觉很有效果。当然,这对教师本身的要求也非常高,他们对于学问已经达到了一种'返璞归真'的境界。讲授这门课的两位教师之间还就同一问题进行回想发问,让学生见识到了不同学科的视角差异。"

"虽然授课时只用几个问题来组织讨论,看似很轻松,但是对学生课外学习的要求很高,要求所有学生在课前读过所有文本,熟悉课程内容,课后要参加讨论课和写作课。任课老师每周都安排特殊的答疑时间,基本上在下课后,一些学生都围着老师问问题。另外每节课课前和课后,任课教师都会对课程的主要内容和前后脉络进行总结。所以,看似这门课没有很直白地介绍一定的知识体系,但是很分散的讨论有一定的系统性,教师会在课前和课后做一定的'点题'来进行引导。如果我们学校要开设这么灵活的课程,我觉得需要在课程设置上'少而精',通识课程不是学生攒学分的课程,能够让学生上少量的课,但是课程要求会比较高。"

"除了运用经验问题来组织课程讨论,两位教师还注重培养学生的理论性思维能力。比如,让学生把几个学者的观点分类,填入相应的表格,总结流派;又如,让学生根据经验故事,联系某一学者的具体观点,把理论抽象和经验洞察相结合;再如,让学生从学者的文章中总结他所设置的情境,分析里面雄辩的一面,以及作者的内在张力,或者逻辑不严密的方面;还有通过比较不同学者的论证技术,探讨他们所使用的一些'烟雾弹'技巧。通过这些手段,教师旨在培养学生的抽象性的、有挑战性和反思性的理论思维能力。"

"在最后一节课上,两位任课学者又对大家阅读的经典作品进行了分析,做了某种形式的'解构':从文化相对论的角度对'普世价值'进行了反思;从各种论证的技巧出发,分析了'大家'们的薄弱环节和机巧的论证方式;从偏好和价值取向方面,对不同学者的'客观性'进行了探讨。这种'解构式'的逆转,我认为体现了一种学术本身的严谨性和客观性:培养学生的多元文化赏鉴能力,培养他们反思和挑战权威的能力——这些对培养新时期学生的创新能力来说都很重要。"

"我强烈建议,我们学校也开类似的必修通识课程,培养学生成熟地思考社会和个人关系的能力,以后他们出了校门,不会轻信、盲目接受所谓的自由化思潮。我觉得我们学校应该开设类似的通识课程,培养学生在当下'全球化'时代中的批判性思维能力。"

"由玛丽安·佩蒂特教授主讲的'通讯实验室'(Communications Lab)是入门课程,旨在为学生提供数字工具的使用基础。让学生了解数字工具的形式和用途及新技术,包括数字图像、声音、视频、动画和基本的 Web 开发。在实验室条件下,学生动手实践,要完成五个不同技术的作业。我觉得这门课程有三个特点,一个是实用性强,课程主要是让学生熟悉数字沟通工具的使用,包括数字图像、声音、视频,动画和基本的网页的开发等内容,这些都是工作中经常接触到的数字媒体。二是实践性强,这是一门实践课,注重动手能力的培养。老师会先演示软件,然后让学生使用相关软件。比如,如何对照片进行修改,或者再编辑;如何用声音的混合来表达一个故事;如何根据故事,取景拍摄,怎么编辑小视频。每部分内容老师都会布置相关的作业,学生分成小组进行汇报,老师一一予以点评。教师也重视其相关问题的思考,探讨人际传播的理论和原则,比如,对版权等问题的延伸讨论。三是教学设备非常好,网络成为不可或缺的教学工具,包括激光打印机、3D打印机、录音设备、摄像设备等,学生可申请使用,并由老师辅导。讲课没有PPT,

只有电子版的教学大纲,教学大纲上有丰富的网络内容链接。课程老师设有专门的网页,学生将作业上传至网站,网站上有教学大纲,也可以查阅实验设备的使用说明,以及以往学生的作业情况。该门课程每周五有半天的教师答疑时间,没有期末考试。"

"通过对这门课程的观摩我得到了以下三点教学启示。1. 在我校开设类似课程。这门课程非常实用,我们学校也可以考虑给学生开课,比如用'互动媒体应用基础'之类的名称。这对于互联网时代的学生来说,应该是必备的办公技能之一。2. 在自己的课程中,增加新工具的使用,比如网络。课程通过网络互动呈现,给出很多网络内容,让学生课后阅读、思考。这样能够形成立体的沟通网络,学生可以多方面获取知识,和老师保持快速有效的联系和互动。这是面向新时代教学发展的一个方向。3. 增加课程的实用性,激发学生的创造性。在这门课上,教师把沟通工具交给学生后,学生要利用自己的想象力和创造力创作作品。在互相的激发中,学生的不少作品都充满了创新的火花,特别是在期末的展览当中,可以集中看到一个学期里,学生的一个个作品充满了新奇的创意。以上只是我众多感受中的点滴,再一次感谢学校提供这样的学习机会。这次学习观摩中的收获,将会在今后很长时间内,在我的教学实践中,体现出它的价值和力量。"

"本学期,我听了两门数学的课程,有不同的感受。'数学分析'是数学系的专业课,任课教师是林芳华教授和查尔斯·纽曼教授。林芳华教授上前半学期,期中考试后查尔斯·纽曼教授开始授课,本课程配有一名助教,助教每周都来上习题课,学生提问,并进行相关的测验。林芳华教授上课不慌不忙,带领学生慢慢地进入数学学习的状态,每个学生都跟着他的思路前进,他会将数学思想慢慢、慢慢地渗透到学生的思维中,使二十多个学生对数学的热情愈来愈高。虽然他每节课所授内容并不多,但他总能将骨感的内容讲得很丰满,让学生忍不住去思考。林教授的讲课风格很值得我学习,是我的偶像,未来的努力目标!"

"纽曼教授是美国人,讲课有美国人的特点,即在第一学期更注重计算和数学的基本思想,但没有更深入的证明,板书相当仔细,说的每一句话几乎都能在黑板上看到,可能是由于考虑到学生对英语授课的适应能力。而且,纽曼教授把所讲内容和课本结合起来,会告知学生所讲内容出现在书上何处,以便于学生课后复习与进一步理解。两位教授授课时,课堂气氛比较轻松,互动比较多,学生有不太懂的地方可随时向教师提问。两位教授教学的另一主要特点是并不把书上的所有内容都讲完,而只是讲主要的思想,很多东西是留给学生课下自己学习的。而我校教授会讲得非常详细,在课上会努力将书上的主要细节与数学分析的主要思想讲解清楚,因此,课时安排上略显紧张。"

"肯尼斯·沃德(Kenneth Ward)教授讲授'微积分'这门公共数学课。在课堂上,沃德教授注意引导学生主动探究,与学生合作交流较多,课堂气氛活跃。'微积分'对于绝大多数大学生,特别是文科生来说都是一门比较难学的课程。要上好这门课并不容易,特别是对于学生来自不同国家且数学背景并不相同的一个班级来说,就更困难了。但是在沃德教授的课上,他很耐心地上每一节课,整堂课总是充满着欢笑。'微积分'作为公共课程,学生总成绩的计算中平时成绩的占比很大,平时成绩占35%(平时测验15%,平时作业20%),期中考试成绩占25%,期末考试成绩占40%。因此学生通过课程考试的可能性大为提升。与之相比,作为我校公共课,'微积分'的期末考试成绩占到60%,大一阶段很多学生对'高等数学'视若畏途。"

"上海纽约大学的课堂教学明显以培养学生的学习兴趣、自学能力为主,充分调动了学生的学习自主性以及团队合作能力,使得学生从大一开始就能够掌握自己收集材料、分析材料、总结材料的科研能力。且课堂上不同小组之间互相提问以及回答这样的训练也很及时地锻炼了学生的应变能力,使他们更仔细地阅读和学习课堂上所要展示的内容。"

"有幸观摩上海纽约大学教授的课程,对我自己今后上课思路的调整有很大的启发。比如,可以让学生以课后小结的方式来对教学中的一些问题进行反馈,频度以2—3次课交1次课堂小结为宜,这样就可以很好地缓解目前课堂教学中存在的不易得到反馈的情况,当然还需要一些制度上的保证;又如,让学生参与到课堂教学中,以分组报告的形式和教学内容形成呼应,教师及时点评和有效引导,这在本科生的课堂教学中尤为重要。再如,要有一种思路转换,即大学的教学远不只发生在课堂上,可能课堂之外的受益会比课上的大得多,这可能就是所谓的'工夫在诗外'吧。也就是说知识传授只是很小的一个部分,最重要的是一种思路和视野的开阔,思维的转变。不仅对于学生而言,对于教师也是如此。"

"我是化学系的一名教师,观摩旁听了兹拉特科·巴契奇(Zlatko Bacic)教授主讲的'科学基础'(Foundations of Science)化学部分。一个学期的听课学习,感触很多。源自中西方文化与理念的差别,通过对比总结,我在教学模式、课堂设置、师生互动、教学资源配置以及兴趣拓展等方面感受到许多不同的地方。取其所长,为我所用,这次观摩活动启发我在教学科研规划中,融入中西文化,这对传播知识、育人致知有很大帮助。"

"上海纽约大学的课堂教学尤其注意学生的兴趣开发,会让学生意识到,这门课的学习并不仅仅是为了考试,更重要的是明白自己在这门课程里所能感受到的乐趣。课堂中学生人数不多,每个学生都有着积极参与的态度,并没有将学习当成一种负担,或是敷衍了事,老师也认真地与学生沟通。总的来说,与我所在的大学相比,上海纽约大学在师生比、教学资源配置以及学生对待课程的态度还有学生对待学习的态度和目的等方面有很大的不同,这也是我们要深入考虑并认真对待的问题。"

"此次在上海纽约大学进行的教学观摩活动,我观摩的课程是兹拉特科·巴契奇教授主讲的'科学基础'化学部分。整体感受是氛围轻松但不嘈杂,课堂自由但有序,课堂交流多但有度。在课堂上,不是单纯地由教授讲解,学生们可以就某些不理解的知识点提问,教授也会当堂给予解答,而且会根据提问的内容进行略为深入的讨论。整体来说,教授对课堂的氛围把握得非常到位。"

"经过这一个学期的观摩,我感觉巴契奇教授的课堂教学有很多值得我学习的地方,我将其中一些对我触动较大的特点总结如下:1. 知识点的讲解,贵精不贵多。这样可以使学生更直观地了解到,哪些内容是最重要的,从而可以有目的、有针对性地学习。同时,由于总的知识点数目少,学生可以更自由地安排自己的时间,能够就某些不太理解或感兴趣的内容进行更为深入的学习。在凝练出重要知识点的同时,巴契奇教授在课堂讲授过程中,增加了大量的例题。基本上每个知识点的内容介绍之后,都跟随着3—5个例题。一方面,对例题的讲解,可以加深学生对知识点的理解;另一方面,大量的例题可以体现每个知识点在不同方向的应用,使得学生对该部分知识的使用方法、使用领域更为了解。2.注重课堂交流。巴契奇教授鼓励学生在课堂上随时发问。对于学生来说,在接触新知识的时候,必然存在着一些疑问,在刚刚获取这些知识并产生疑问的时候,就能把疑问解决掉,这种方法可以使学生对知识的理解更深刻,而且可以使课堂教学的效率大为提高。3.在授课过程中,强调计算过程中的细节和注重引导学生推理。巴契奇教授在讲解例题的时候,注意强调计算过程中的一些细节,例如反应活化能等,对这些细节的强调,一方面可以增加学生对知识的理解,另一方面,也是在向学生传授如何初步判断其答案的合理性。对于理科的课程,不可避免地要在课堂授课中涉及一些实验内容,巴契奇教授在讲授此类知识时,注重引导学生进行推理,根据已有的知识,对实验过程进行推断,进而对实验结果有一定的预期。这种对思维方法的培养,对学生将来从事实验科学工作,有很重要的作用。除上述特点外,巴契奇教授也会在课堂上对一些最新的科研成果进行介绍。"

"在课堂教学上,我们过多地体现了教师的'讲授'作用,而在'引领'作用方面,做得有些欠缺。我们在讲授课程过程中,总是担心某个知识点没讲到,学生学得不系统,从而导致学生对知识的掌握不完善。这种填塞式的教育方式的初衷是'面面俱到',照顾到每一名学生、每一个知识点,使每个学生都不落下。在很大程度上忽略了学生的主动性,在这种学习过程中,学生完全是授课的对象,是被动的主体。如果说,我们的教师在教学过程中,是向学生提供一本详细的百科全书的话,那么上海纽约大学的教师,则是提供给学生一个搜索引擎和若干关键词。从教学过程来说,'教'和'学'地位都很重要,学生不仅是被动的授课对象,更是'学'的主体,只有从学生角度出发,让学生发挥学习的主动性,真正成为主体,才能提高教学效果。"

"我们的优秀教师,也可以在课堂教学方面做得很出色。但对于大部分课程的授课教师来说,如果要实现以学生为主体的教学过程的转变,除了从思想上要有'以学生为本'的教学理念之外,也需要客观条件的支持。首先,小班化教学模式,确保了教师有足够的精力和时间处理不同学生的个体化的问题;其次,除了课堂授课外,为课程配备相应的讨论课时间,使得授课教师有时间和学生进行深入的沟通。如果能仿照上海纽约大学的形式,把答疑安排为固定的课程,有相应工作量的计算,那么对老师来说,一来可以调动老师的工作积极性,二来可以更好地利用这个时间,有针对性地解决学生的问题;对学生来说,可以集中就某些问题进行讨论,一来加深对知识的理解,二来通过讨论开阔思路。此外,关于助教制度,目前我校的本科生课程助教,大多由研究生担任,主要工作是辅助老师批改作业,因此助教对于课程的辅助作用并不明显。能否考虑由青年教师担任助教工作,学校认可助教教师的工作量。这样,一方面可以激发青年教师参与教学的热情,另一方面,也有助于发挥老教师'传帮带'的作用。"

"上海纽约大学在教学中,过程评价重于结果评价,学生在学习过程中始终处于较高强度的学习与工作状态,这两点对我的教学启示最大。建议我校改变文科闭卷考试的形式,把对学习内容的记忆式考查更多地转变为对学生思辨力、研究能力和实践能力的考查。"

"在此次活动中,个人获益匪浅,受到了很大触动,深深感觉这是对于青年教师提高自己教学水平,拓展学术视野极有帮助的一项很有意义的活动。"

"课程建设严谨细致。教授们对所开设的课程进行了严谨细致的规划,尤其是考核方式比较科学。其课程大纲包括课程内容的简介,课程教材和阅读材料简介,课程考核方式、内容、时间安排,推荐阅读材料简介,以及教授的辅导时间和联系方式。教学大纲简洁、清晰而准确,具体到每一节课。"

"注重学生学术能力的培养。在课堂教学时,鼓励学生自由提问,自由回答问题,鼓励师生间充分交流,激发学生学习的主体性和思维的活跃度。并且,对讨论课非常重视。在考核方案中,学生讨论课的表现与期末考试成绩的比重是一样的。并且,讨论课和文章的比重达到60%,考试的比重只占40%。这表明,学生的思考能力、研究能力、口头和书面表达能力是课程考查的重点所在。事实表明,相比知识的记忆,学生能力的培养对于其今后的职业生涯更为重要。"

"学生阅读量大。课程的教学提供了大量的平行阅读材料,促使学生课前课后都必须花大量的时间读书。这也是学生课堂提问和讨论课发言的基础所在。通过阅读,学生的知识面和延展学习都得到了丰富和强化。"

"我观摩的课程是'微观经济学'(microeconomics),整个教学过程给我留下了深刻的印象,很有启发。我觉得主要有三个特点:一、课堂启发式提问活跃,避免了灌输式的教育。教授鼓励学生积极提问,让学生成为课堂的主人。由于效用函数在微观经济学中是非常重要的概念,教授在用不同的方式讲述分析了这个概念以后,鼓励学生提问。学生在畅所欲言的过程中对效用函数的概念有了更为生动的理解,从不同侧面对效用函数的概念和应用进行了探讨。课堂气氛非常活跃,学生的学习积极性也非常高。二、课堂思路完整,课外资料丰富。教授的开场导入简洁,很有启发性。主体内容是在讲授基本概念和定理的基础上,鼓励学生提问和思考。课堂结束时精彩的归纳、总结、概括更加提升了教学效果。除此以外,在网站上为学生提供了大量的学习资料。课前有预习资料,课后有复习资料。学生在学习和掌握课堂知识以外,有机会了解该领域最新的进展,以及该领域其他方向的内容。这对那些学有余力的学生的综合能力的提高有很大的帮助和促进作用。三、课堂展示的PPT内容简洁清晰、层层递进。用了大量的图形,对相近的概念进行比较和联系。把效用函数和劳动力成本等有机地结合起来。通过实际案例的分析为学生创造广阔的思维空间。通过观摩,反思自己的教学方式,给我最大的感受有两点。一是要舍得提问,增加与学生的互动,直到学生彻底理解。这也是教学相长的过程,能让教师不断调整和改进自己的教学方法。二是在准备教学材料时,应该把相关领域最新的进展和方法渗透到教学内容中,为学生提供更为宽广的学习和发展平台。课外的辅助资料对于优秀学生的引导作用将是巨大的。"

"我参加的是费大卫教授主讲的'生物学基础理论'课程。通过大半个学期的听课,我个人感到得益颇多。费大卫教授和蔼可亲,对人非常友好,并善于与人交流。他主动问我的需求,对我提出的问题都能一一解答。他让我更随意些,可以任意交流任何事情,给人一种自由平等的感觉。同时这种颇具有亲和力和人格魅力的特点也使他深受学生的喜爱,对于课堂教学无疑增益不少。"

"教学活动中给我感受最深的首先就是课堂教学的气氛和组织。尽管是讲授基础理论,但课堂交流非常自由,学生的参与度很高。听课中学生如果有问题可以马上打断,进行提问,老师经常并不立即做解答,而是先把问题交给其他的同学,看是否有人能够理解并用自己的方式来解释,因而可能会有不同的同学参与进来并提出看法。往往老师最后出来做总结。只有在无法得到合理答案时,老师才会细心完整地解释。在我们传统的教学理念中,我们可能觉得这种方式会破坏课堂秩序或打乱教师的教学安排,但这恰恰是转被动学习为主动学习的有效方式,也是教育真正目的的体现。"

"要达到这种教学效果的基础是做好课前的预习,而这是教授非常注重的。每次课前教授都会在教学软件上显示本学期按照时间安排的教学计划,现阶段的教学进程,同时显示下一周所要上的内容,先行布置预习的章节及相关思考。这也是值得我们借鉴和思考的,让学生带着亟待解决的问题来听课及讨论也更有学习效果。"

"课堂上,教授也准备了一些阶段性巩固概念和理解的小问题。这些问题给人的印象就是不强调知识点的再现,而是强调对知识的运用。教授曾提到,希望大家不要花太多的时间记忆这些烦琐的过程,考试也不会有大量需要背的东西。这种知识书本上、网上都有,都能查到。到时候他会给出整个过程图,但会就其中的一些关键过程或是点进行讨论,诸如认为影响的因素会有哪些,怎样去影响,如果要促进或抑制该过程,你可以想到有哪些方法(可能是已掌握的或是文献中看到的)可以运用等。因而强调思维和应用是教授的另一个关注点。"

"与学生的交流不只在课堂上,每次下课后都会有好几个学生上前与其交流,探讨。这时教授会非常耐心并保持着很愉悦的心情。对于课程的教学效果及学生的学习情况,费大卫教授也极为注重。每次上课前在讲台上放着一沓小纸条,像是反馈调查表。上面写着:'本次课中你最感兴趣的或认为最有用的内容是什么?你没弄懂的或不喜欢的内容是什么?'下课后学生们会将内容填好并呈上。这会对以后教学内容安排的调整及教学方法的改进有很强的促进作用。在期中考试之后,教授还会将考试成绩做成一个分布图,让学生清楚地知道他们的学习状况及所处的水平。同时如果有同学在学习中遇到什么困惑或是困难,教授会希望他能够与自己联系,无论什么时候都行,他会尽力帮助学生,提出建议让其学会如何在学习中摆脱困境并获得提高。"

"本学期有幸能够观摩上海纽约大学的'计算媒体'课程。我在听课过程中受益匪浅,感受到了我们的教学方法、教学手段的差异,也深入思考了产生差异的根本原因。我觉得教学改革不能仅从形式上改,并不是只要有好的教学技能就能够取得满意的结果。目前,在我们的教学中存在的主要问题是:学生实践能力的提高问题。而产生这一问题的原因很多，要改变这种状况，必须从根本上找原因。大多数学生把分数看得过重，希望教师讲得越多越好、越细越好。而真正能够培养学生实践创新能力的过程并不应该是'越细越好'，我认为学生在教师的引导下，能够自己寻找一条独立自学的有效途径，这就是教育最好的成果。而我们目前的考核机制中，有多少以这样的指标作为衡量教学效果的标准呢？我觉得究其根源，应该反思的是教育风气问题，也许应该称为教育文化。我认为教师教好书是职责，而我们是否思考过：教师教好书的衡量标准是什么？有没有把学生的能力提高作为教好书的标准呢？我觉得这些都是我们教育改革中值得深思的问题。"

"进学校四年，平均每年为不同类型学生开课五到六门，有大班亦有小班授课。自己很努力，但还是会遇到学生兴致不高、课程互动比较难以完成的状况，有时自己会比较受挫。能进上海纽约大学观摩课堂教学，对我来说是一次非常宝贵的经历。我观摩的课程是雷蒙德·罗（Raymond Ro）教授主讲的'组织与管理'（Organization and Management）。这次经历让我可以更加客观、理性地评估造成自己课堂或者说很多大学课堂上都会出现的一些问题的原因。一方面，可以通过更优的方式改革自己的教学过程；另一方面，也可以较有针对性地为院系或学校层面提供教学改革的建议。1. 互动性课程必须以'课前阅读'为基础，不应该让课程的参考书目成为摆设，严格按照参考书目及文献来安排课前阅读，并且在课堂中将阅读材料很好地融合在授课之中，适当安排讨论环节，以问题作为线索贯穿课堂始终。而课前阅读，需要有一定的激励机制，有效地纳入到考核之中，培养学生良好的预习习惯。2. 课程系统化与流程化改革是学校本科生教学主抓的部分，但是据我观察，教师提交的材料与授课本身"两张皮"的现象比较明显，学生与老师都更习惯自由化的授课方式，全然地让老师做到与大纲一致确实很难，但是大纲的科学性、授课的系统性是必须要去遵守的。3. 有效的'教评系统'。上海纽约大学一个学期有两次教学反馈，而且都是开放性的反馈。学生匿名给老师提具体的意见和建议，期中的那次反馈更为重要，如果教师觉得学生的评价和建议有道理，可以在下半学期及时调整，这才是有效的'教评'，而不是单单看一些可能毫无意义的分数。"

"我有幸观摩了由佩蒂特教授主讲的'通讯实验室'(Communications Lab)课程,前后旁听了近二十次课,对教学内容和教学特色有了充分的认识和感受。上海纽约大学的课堂教学有几个特点:教师授课喜欢提问题、给出建议,从而引发学生的思考,而不是直接进行知识传递或者将自己的观点强加给学生;会从多个角度展示知识的应用情境,开阔学生眼界,激发学生的创新思维;课堂氛围非常轻松,教师从不吝啬表扬与认同,学生活跃度很高,成就感也强;上海纽约大学的教学环境、硬件和网络设施都非常到位,是课堂教学的有力支持,尤其是大量的视频案例资料。佩蒂特教授的课程跟我所教授的一些专业课程内容有很多相似之处,理念上也非常接近,但我的教学成效远不如佩蒂特教授,尤其表现在激发学生的创造性上。通过反思,有所启发,至少在以下两方面亟须改进:总喜欢以批判的眼光看待学生,缺乏欣赏和鼓励;在展示应用案例时,视角应该更加多元化,跨出专业领域视角的限制。"

"很早就耳闻了'全球视野下的社会'(Global Perspective on Society)这门课程,也一直很想去亲身感受这门课的魅力,本学期恰好有这个机会,备感欣喜。听完这门课后,我觉得收获很大,给了我很多教学上的思考和启发。总体而言,这门课有很多值得我们学习的地方,如,师生之间、学生之间关系很融洽,有助教协助管理课堂,在适当的时候可以请其他知名教授来客串授课等。而让我印象最深也是我思考最多的是'如何上好大课'的问题。'全球视野下的社会'是上海纽约大学不多的必修课,听课的学生近三百人,从形式上讲,是一门真正的'大课'。在这种情况下,我们往往用'满堂灌'的授课方式。还能用什么样灵活的方式去引发学生全体参与到思考和讨论中来?这门课在这个问题上给了我很大的启发。"

"上海纽约大学的教授是如何有效地上'大课'的?一是注重培养学生的思维品质。课前会给学生大量的阅读材料,并提供几个思考问题用作阅读和思考的线索。在课堂教学中,教师只利用短暂的时间帮助学生对阅读的内容进行梳理、思考和提升,除此之外,学生需要在课前和课后花费大量的时间去阅读、自学、理解、思考乃至把自己的观点写作成文。如果学生不花费时间去自学,那么可以很明显地感觉到,要想完全跟上课程内容的节奏,要想完成作业,几乎是不可能的。课程也注意引导学生在阅读材料的时候学会比较、批判、结合实际进行反思等深入思考的方法,鼓励学生自己形成并能清晰地表达自己的观点,但不谋求学生达成一致的观点。"

"相比而言,在我们传统的文科课堂上,教师往往教给学生很多现成的知识点,要求学生去记忆、理解和运用,教师会要求自己讲得清楚明白,但很少要求学生通过思考来形成自己的观点,导致学生只在上课时忙于记笔记,考前背笔记,而课前、课中、课后的独立思考和学习时间是比较少的。毫无疑问,从长远来看,注重培养学生的思维品质,注重学生形成自己的观点,对学生的长远发展是更有利的,也是能够让'大课'变成每个学生都在积极主动地思考的有效方法,这不仅对于通识课程,而且对于专业课来讲都是很有启发的。"

"二是强有力的课程辅助与交织体系。学生除了每周要上一次大课外,他们还被分到学生数额比较小的若干'工作坊'(workshop)里,在阅读理解和梳理的小课上开展讨论,解答阅读中的疑问;同时,还有写作老师结合课程作业对他们进行指导的写作课。无论是阅读课还是写作课,都是围绕'大课'所给的阅读材料、问题以及作业进行的。给本科学生上课的博士生以及写作老师也会到大课上来旁听,了解大课的讲课内容、大课教师对学生的要求和提出的问题等。在写作课上,学生尝试完成'大课'的作业,撰写自己对阅读材料的分析和评论,既通过大量的讨论、写作演练、反复修改和口头陈述来培养基本的写作技能和讲演技能,同时又能通过作业来深刻思考在通识课程里学到的内容。由此可以看到,大课和小课各司其职,各有作用,它们形成一个密切合作、密切交织、相互推进、互相支撑的课程合作体系,既能确保大课上的每个学生都在进行思考,能够形成和表达自己的观点,又能让写作课这样的其他通识课程不是那么空虚和孤立。"

"三是多种互动讨论方式、良好的氛围和强有力的技术支持。雷蒙教授在课堂上使用了很多不同的师生互动和讨论方式,例如,他在抛出一个问题后,会请有想法的学生或者有相关经历的'志愿者'主动举手发言,或者点名,请学生发言,或者请学生与周围同伴进行交流,或者让每个学生通过手中的按键器直接选择自己赞同的观点等;有时会运用小组论坛(panel discussion)的形式,即请三名学生到台上组成一个发言小组,三名学生和他直接对话,表达各自的观点,同时台下的学生也可以与发言小组的学生直接对话。当请客座教授来上课时,课堂会留出一部分时间供学生提问。当教师请学生参与讨论和互动时,所有的同学都会积极地参与其中；课上也不乏积极主动举手发言的学生,而且学生发完言后,其他学生都会鼓掌表示鼓励。很显然,这种良好的讨论和互动氛围不是一蹴而就的,是需要依靠教师在教学过程中长期培养起来的。"

"传统课堂中,教师在上大课时往往会觉得非常难以组织讨论和互动,于是不得不采取满堂灌的方式。这门课让我们看到,还是可以探索出在'大课'中组织讨论的一些方式方法的,另外,如果能有一些技术设备予以强有力的支撑的话,可能教师组织互动和讨论起来就会更方便。"

"无论在课程内容组织上、问题引导上还是最后的考核上,都应该把重点更多地放在'学生的自我思考'上。鼓励学生思考、组织学生互动和讨论,对于教师的要求是相当高的,要达成好的效果,教师并不是发一堆阅读材料或者提几个简单问题就可以的,教师需要能够提出把课程内容串联起来的核心问题,同时又要能够保证这些问题具有思考和讨论的空间。同时,在学生回答后,教师要有效地去回应,这也是具有很大挑战性的。总而言之,这次在上海纽约大学的课程观摩让我产生了很多新的想法,也激励着我去不断尝试新的教学方式、改进自己的教学技能。教学是一门艺术,其中包含了很多不确定性和挑战,'路漫漫其修远兮,吾将上下而求索'。"

"我听的课程是'法律、商业与社会'(Law, Business and Society)课程,感到上海纽约大学课堂气氛比较活跃,有几个特点:1. 关于课程的设计。上海纽约大学的课程设计是引导式的,具有逻辑性,同时也是从具体到抽象的设计模式。这一点区别于我们的传统教学模式。对于法学教育,我们更倾向于从抽象到具体的讲授模式,从问题的概念、定义、特征开始讲起,这也许并不利于学生的理解,违反了学生对于事物的认知逻辑。显然,这种抽象的内容学生并不感兴趣,有时甚至不知所云,所以这种由抽象到具体的课程设计,并没有起到很好的引导作用,也就导致了课堂讲授效果不好,学生有时提不起兴趣。2. 关于授课的方式。上海纽约大学的授课方式是对话式的,而并非传统的讲授。即使是在大课上,授课也并非我们传统的教学讲授方式。这种对话式的讲授,会使学生和老师处于同一地位,都在进行同步的思考,学生能跟得上老师的思维,并能享受到乐趣。对话式的授课方式和引导式的课程内容设置是相辅相成的,只有对话式的授课,才能使引导式的课程设计得到很好的落实。否则,引导式的课程设计得再好,学生也没有兴趣去思考老师提出的问题,这便是一个可悲的课堂。3. 重新理解课堂秩序。学生不说话,老师安心讲课,这并非一个可倡导的有秩序的课堂。相反,这么一个无声的课堂,老师和学生都在各做各的,一个在上面自顾自讲,一个在下面自顾自想,上面讲的和下面想的内容往往并不同步。在上海纽约大学的课堂教学中,学生的自由度较高,学生只要举手示意即可提问,老师也会随时关注学生的反应与反馈。此外,学生可以根据老师所讲的内容,随时在网上进行查阅,有时还会直接举手示意来给大家展示相应的内容。这其实也起到了自学与听课一同进行的良好效果,有利于学生对于知识的掌握和理解。"

"通过比较和分析,我感到课堂教学技能与水平可以从以下几方面进行改进:1. 课程的设计。对于课程内容的设计,应该转变思路,突破一些教材的编写体例,重新组织内容。尝试从具体到抽象的教学模式,便于学生的认知与理解。2. 课堂气氛的调节。重新反思课堂气氛与秩序对于课堂的重要性。营造一个轻松的课堂气氛,有利于调动学生对于知识的渴望,反思真正的秩序是什么,有利于打破学生沉闷的课堂。3. 对于授课方式。尝试对话式教学,抛弃旧有的讲授模式,与学生同步,引导他们思考问题。一学期的观摩课,使我受益匪浅,也让我重新反思了自身教学的不足之处,也构想了对于未来教学的改进计划。"

"我有幸旁听了纪尧姆·霍拉德(Guillaume Hollard)教授的'商业与经济统计'(Statistics for Business and Economics)课程,大约 40 名新生。我自己也在给我们行政管理系的学生上这门课,所以这门课讲授的内容绝大部分应当是我很熟悉并且讲过的,但通过听课,我觉得自己还是学习了很多新的知识和经验,收获颇丰。霍拉德教授上课很有特色,首先在上课前他认真备课。这门课用指定教材,但是我发现霍拉德教授并没有照搬课本内容,他的课件很少直接引用课本内容,对课本内容进行了大幅度的浓缩,课件的大部分内容都是他用自己的话写的,增加了很多课本中没有的内容,如案例习题和部分统计方法的历史渊源。其次,在讲课过程中,他时不时会提问题,非常注重调动课堂上学生的注意力。再次,这门课每周有三次课,其中霍拉德教授上两次课,助教上一次练习课,纪尧姆·霍拉德教授上课非常认真细致,会把讲述内容的重要知识点反复跟学生强调,强化学生的理解。练习课的内容就是回顾一周讲授的知识点,他会指导学生复习知识要点、做习题。"

"反观自己过去的教学经历,我觉得很多方面做得不够。我上课的课件有很多PPT,并且每张PPT上都有很多文字,制作PPT时,我害怕自己遗漏知识点,所以基本上按照课本的章节安排顺序,将大部分内容都体现在PPT上。根据之前的上课经验,会出现学期开始时担心内容不够讲,学期快结束时发现原定内容讲不完的问题。课堂教学时,我有注意跟学生互动,提高学生的课堂注意力,但是,我主要采用的还是填鸭式教学,恨不得把自己知道的所有知识点都教给学生,但是重点不够突出,对于重要的知识点也没能够像霍拉德教授那样仔细地讲解、深入讲解、反复解释,更没有安排时间及时、全面地检验学生掌握的情况。在今后的教学实践中,我会努力运用本次观摩中所学到的知识和经验,不断提高自身的教学水平,为教书育人工作添砖加瓦,贡献自己的一份力量。"

在一般情况下,参加教学观摩的青年教师在书面总结中往往会详细地描述课堂的氛围与观摩听课的感受,突出上海纽约大学教授们的教学理念和讲课方式,也会对比自己的课堂教学,提出改进的方向。每学期结束后,华东师范大学教务处会组织青年教师进行课堂观摩交流会。与会教师非常认同这样的课堂观摩形式,觉得受益匪浅,也对华东师大课程设置和教学方式的改进提出了很多好的建议。

大家都提到了上海纽约大学课堂教学的几个特点:1. 教学理念:注重能力提升,注重思维碰撞;2. 教学要求:充分预习,强化阅读;3. 教学过程:师生互动频繁,研讨氛围浓厚;4. 教学形态:打通课堂内外,丰富教学形态;5. 教学支撑:师生关系融洽,教学环境优越;6. 学业指导:及时提供帮助,配备助教充足。

谈到大学本科教学的改革,人们往往会联想到课程、教材以及专业课程体系。但是同样一门课程,使用同样的教材,由不同的教师,使用不同的教学方法,最后达到的效果肯定会不一样。而教师的教学能力和教学方法是在一定的培养模式下形成的,培养模式又是由教育思想或教育理念所引领的,因此,我们首先应该思考的是大学的教育理念。参加课堂教学观摩的老师们都意识到了这些问题。如果把"以学生为本"的教育理念付诸改革实践,通过教学方式、教学内容的更新推动本科教学改革,对于人才培养的成效会有很大的影响。

第七章
学会学习,学会选择,学会思辨

  大学教育重在让学生学会学习、学会选择、学会思辨、学会合作。这是真正从"立德树人"出发,为学生的长远发展打好基础。大学生的自主选择和自觉学习,应该是大学生活里的重要环节。

不少人说上海纽约大学是中国高等教育领域的"一条鲶鱼"。诚然,上海纽约大学提供了不一样的教育模式,从学生的遴选标准到选拔方式,从培养理念到课程设置、教学方法、学生服务、社会实践等,都和体制内的大学存在着较大的差异。我知道,国内很多高校都在努力探索,积极推进改革与创新,而恰恰是这些差异,可以促使我们比较各国教育的不同与相同之处,思考教育教学改革的方向和途径。

大学教育重在让学生学会学习、学会选择、学会思辨、学会合作。这是真正从"立德树人"出发,为学生的长远发展打好基础。大学生的自主选择和自觉学习,应该是大学生活里的重要环节。但不少大学生仍然为被动学习的惯性所推动,对大学的学习与生活没有很好的预期,进大学后还习惯于等待学校和老师的安排,实际上已经失去了很多机会。

从一定意义上讲,在上海纽约大学的学习生活就是自主学习、相互学习、合作学习的过程,是学会自我选择、提高思辨能力的过程。对上海纽约大学的学生而言,选择是习以为常的事,从最初的选择学校,到选择课程,选择专业,选择活动,选择未来。当然学业导师会给一定的建议,但选择权还是学生自己的。大学四年就是学子们选择的四年,独立思考,扩大视野,促进了学生对自己人生的思考,对自己未来发展的思考。

光阴如梭,转眼学校已走过了十多个年头。至2023年底,上海纽约大学共招收了11届本科生,其中7届学生已毕业离校;同时,还有一大批硕士、博士研究生相继毕业,顺利走上工作岗位。从不同培养模式中走出来的中国学生,是否实现了自己的初衷?在学生身上发生了什么变化?他们又成为了怎样的人?这是国人最关注的问题。

这些年里，学校传播部采访了历届学生，讲述同学们在学校成长的故事。从这些故事里我们可以看到，上海纽约大学的培养模式对学生产生的影响不局限于知识层面，更关乎人生态度和价值取向，他们学会了聆听内心的声音，作出独立而不从众的选择。从学生的话语中，可以了解到在上海纽约大学多元文化环境里学生成长的心路。学生选择的道路各不相同，但他们不害怕自己和别人不一样，正是这份独一无二，造就了他们不一样的人生。其实，帮助学生发现自己的梦想，实现自我价值，以自身力量推动社会进步是教育的重要方面。学校在人才培养的过程中实现了这个目标，引导学生开阔视野，追逐理想，从而能得到更多学生和家长的赞赏。我很想和读者分享上海纽约大学学生的这些故事和感言，也许在阅读过程中能引发我们对教育教学改革的思考。

更新教育理念，追逐人生理想

多年来，上海纽约大学的探索为越来越多人所赞许，中外学生的出色表现给大家留下了深刻印象。在当今形势下，这项尝试越来越显现出不凡的价值和意义。显然，上海纽约大学的招生遴选标准和选拔方式决定了学生群体的基本特征——敢于"冒险"，有探索精神，愿意实践试错。在和学生的接触中，我了解到相当一部分中国学生在中学学习阶段深受应试教育之苦，想寻找不一样的教育模式，给自己更多的选择权，放飞自我。而上海纽约大学不同的教育理念，让不少学生有了探索的新鲜感。在校园日活动中呈现出的教学方式、开放活跃的气氛、多元文化、平等包容的理念，更是吸引了大家。我从学生的言语中能体会到大多数中国学生选择上海纽约大学的初衷。

"我觉得大学可能是自己学生生涯的最后一站，所以希望大学生活可以给我带来全新的改变。在高中时期我就对一些中国的传统顶尖大学有所了解，但觉得可能没有办法给我带来足够大的惊喜。再加上我从小就是在上海长大的，对身边的环境已经非常熟悉，所以很想换一个不一样的环境。这时候我注意到了上海纽约大学，它的办学模式十分新颖，融合了中西方教育理念，汇聚了来自五湖四海的中国学生和国际学生。这对我来说很有新鲜感，我相信在这里会有不一样的体验。"

"在参加校园日活动时,我记得这一天的活动非常丰富。在和近一百位候选学生相处了一天之后,无论是在团队活动、模拟课堂,还是互相交流中,我都和大家产生了共鸣,所以很期待能和这样一群优秀的同龄人成为同学。我也和很多教授、教职员工进行了沟通,进一步发现学校的教学理念与我的想法高度契合,所以非常坚定地选择了上海纽约大学。"

"我对上海纽约大学的理念很感兴趣,学校的教育理念和课程体系很打动我,我也很向往海外的学习生活。但真正让我下定决心选择上海纽约大学的还是校园日活动的招生环节。校园日活动包括模拟课堂、英文写作、团队活动、个别面谈等,这样全面考查学生的模式是其他传统中国大学所没有的,让我觉得新鲜有趣,富有挑战性。在24小时的时间里,我遇到了来自五湖四海的同学,大家热情友善、思维活跃,很快就熟络起来。我觉得这样的校园环境和氛围非常适合自己,所以坚定地选择了上海纽约大学,家长也很支持我的决定。"

"我一直热衷于尝试新事物,结识新朋友。对于很多国内的高中生来说,他们的未来道路是早已设定好的:参加高考,报考大学,选定专业。在得知上海纽约大学时,我感到既新奇又兴奋,这所全新的大学拥有世界一流的师资力量和来自世界各地的优秀学生,真的是我梦寐以求的学府。我觉得非常幸运能来上海纽约大学读书,这是我一生中做过最棒的决定。"

"当初选择上海纽约大学是因为我的好奇,上海纽约大学没有压制我的好奇心,为我和其他同学提供了丰富的资源和机会,让我可以自然生长。"

"在上海纽约大学读书最大的收获就是寻找到真正的兴趣。在所做的一切努力中,我更加了解自己,走向了真正想要踏上的那条路。"

"我选择来上海纽约大学读书,是因为这个平台相当独特,既能留在中国读大学,又可以拥有海外学习经历,置身多元文化环境,这是一个非常好的机会。当我听说学校开设了交互媒体艺术专业,我就预感到这将是未来的发展趋势。首先,上海纽约大学的交互媒体艺术这个专业吸引了我。我热爱设计,也更想通过设计以及创新的艺术表达给人们带来与众不同的感受。所以当时看到这个专业,觉得正是自己非常感兴趣的领域,同时这个专业在当时也是国内第一次将科技与艺术结合的项目,所以自己一下子就被吸引住了,觉得可以接触到最新的领域,与众不同的新媒体。其次,上海纽约大学提供全英文的教学环境,又是纽约大学的教育体系的一部分,这对我来说是一个再好不过的学习环境。可以接触国外的教育体系,又可以和来自世界各地的同龄人以及教授相处是一个能让我成长为具有全球化视野的新兴人才的好机会。上海纽约大学刚成立,我也喜欢这种作为开拓者创造、定义一切,与学校共同成长的感觉。"

"第一次来上海纽约大学,还是在校园日活动的时候。从那时起,我就觉得这里是一个开放的环境,一切地域、文化差异都会在这里碰撞、融合。学校对学术和学生个人发展持开放自由的态度,我很欣赏这一点。记得在当时的一节模拟课堂上,很多同学提出不同的观点与论点,让我对当天讨论的话题有了全新又深入的认识。学校的中美双重身份实现完美平衡,象征着真正的全球化。能在上海纽约大学度过四年的本科学习,并与它息息相关,是我人生中最美好的一部分。"

"在参与校园日活动的过程中,我第一次感受到了上海纽约大学多元的学术环境和生活氛围,坚定了我要报考上海纽约大学的想法。"

"我从高中开始就一直很喜欢各国文化,上海纽约大学对文化的开放性是我很感兴趣的。我认为她是一个非常神秘的学校,能给学生很多探索自我的机会,我觉得我在这里可以探索追求我真正想要的,所以就报考了当年还非常具有实验性的上海纽约大学。"

"上海纽约大学能给我不一样的教育体验。我对国内大学有一些了解,而上海纽约大学结合了中美高等教育的优势,拥有国际化教学环境和一流的师资力量。作为本科生,还有和各位大牛教授一起做研究的机会,所以我很向往。"

"学校一直鼓励大家思考自己想成为一个什么样的人,这样开放包容的校园氛围和教育理念,让我有勇气去做很多自己真正感兴趣的事情。如果当初我读的是一所常规的大学,我应该还是那个随波逐流、不敢做出自己的决定的人。"

"择校考虑的一大因素,是想走一条不一样的路。对于大多数中国学生来说,眼前似乎有一条早就规划好的路——高考拼个好成绩,选一个排名靠前的大学和热门专业,找份好工作。但这不是我想要的,在不确定自己真正的兴趣前,我想有更多的尝试。参加校园日活动时,我很喜欢在这里遇见的友善包容、充满活力的人,更期待这所学校提供的种种可能性。"

"我想做'吃螃蟹的人'。入学时不需要选专业,这给予我自由探索兴趣的机会。金融学(商学与金融)以及交互媒体艺术专业也对我产生了极大的吸引力。我从来没有对自己的选择后悔。上海纽约大学帮助我跳出舒适区,发现自己的人生志趣——从事数据分析和科学研究,投身于解决教育不公的社会问题。"

"我正忙着申请艺术特长生,刚好上海纽约大学去我所在的高中举办招生宣讲会,就决定多给自己一个尝试和选择的机会。参加校园日活动时,我一下子就喜欢上了这里自由的学术氛围。我原来打算主修金融学专业,在学习期间却燃起了对数学的兴趣,也许是误打误撞,但其实也可能和我乐于接触新事物的性格有关。"

"我十分认同学校的教育理念,学校鼓励大家听从内心的指引,勇于尝试,不断探索自我,这一点很适合我的性格。我不希望学校把一切都安排好,学生只能按部就班地走。"

"希望就读一所可以自主选择专业的大学。一般来说,在报考国内大学时就要明确具体专业,在某种程度上也决定了未来的职业方向。但上海纽约大学入学时不分专业,最迟可在大二结束前确定专业,这一点让我觉得很可贵,因为能有更多时间去尝试和探索不同专业。"

"'Be yourself'(成为你自己),是我最初被这所学校吸引的原因。从初中开始,我似乎就把一部分的自己封印住了。为了摆脱这种隐形的束缚感,我下决心以大学为转折点做些改变(放飞自我的开始)。"

"我觉得这里很适合自己。当时上海纽约大学最吸引我的一点是可以自由转专业,因为我高中时还没想好自己要做什么,后面来了之后确实也换了好几次专业——最开始想学商科,后来想学计算机,最后还读了荣誉数学专业。我来上海纽约大学参加校园日活动时就感觉挺震撼的,可能也是因为之前从来没有过这种经历。高中时大家平时都穿校服,一起上课下课,校园生活很程式化,但来到这里一下子就感觉不一样了。如果用一个词概括我对上海纽约大学的第一印象,就是'色彩斑斓',后来来到学校我才意识到,这种色彩其实是上海纽约大学多元化的一种视觉体现——上海纽约大学老师和学生群体的构成非常多元,大家来自五湖四海,装扮、发型、肤色等都不尽相同。"

"因为本科专业在很大程度上几乎决定了一个人之后的人生道路,所以我希望更谨慎一点,加之我的兴趣也很多,上海纽约大学可以让我有更多的自主选择权和试错机会。"

"报考大学之初,家人和高中老师不理解我为什么不选择国内传统高校,而选择上海纽约大学。但我深知自己想要在确定专业前充分挖掘自身潜力与兴趣所在,上海纽约大学为我提供了这样的机会和平台。我多次参观上海纽约大学校园,认识了许多上海纽约大学的学长学姐,我希望自己未来也能像他们那样思考、表达。他们说到了上海纽约大学的包容,以及学校如何鼓励学生讨论不同的话题,探寻不同的答案。"

"参加了上海纽约大学的一次活动,真正走进校园后,我发现了这所学校的独特之处,小班化的教学氛围,学生很强的学习自主性,与教授近距离的接触,这些都让我觉得上海纽约大学是所'不大一样'的大学。自从那时起,我就下决心要报考这所学校。"

"高中毕业时,面前有两个选择:走熟悉的路,去北京念名牌大学的外语专业;走未知的路,去上海纽约大学。如果选择了前者,我都能想象十年后自己会在哪里。选择上海纽约大学是一趟未知的旅程,充满了可能性,我也因此拥有了很多探索的机会。我当时是想尝试一下,走一条不一样的道路。"

"来上海纽约大学绝对是个不后悔的选择,我非常庆幸当时选择了这里,让我的视野变得非常不一样。它就像我人生的一个转折点。学校里极具包容性的各种措施和活动,让我觉得每个人都是有话语权的,每个方面都是被关注、被尊重的;不管哪个群体在这个学校都不会感觉到自己是少数。"

"我在上海纽约大学最大的收获是建立了属于自己的、完整的价值观。其中,非常重要的一点就是包容,并且能接受不同。价值观的建立与学习、生活、人际交往等方方面面都是分不开的,这段经历令我受益匪浅。"

办学之初,上海纽约大学就从办学模式、教育理念、培养模式、教学方法、社会实践等各方面进行全方位的探索,鼓励学生发挥自主性,主动学习,自主选择,在激发好奇心与求知欲的基础上,找到真正的兴趣所在。这样的教育理念与教学模式,对不少中国学生来说有很强的吸引力,但面临的挑战可能更大,会有个别学生觉得不习惯,而大多数同学能适应或逐渐学会这样的学习方式。通过四年的大学生活,学生的学习能力、选择能力、思辨能力得到明显的提升,选择也越来越多样化。

学习能力、思维模式的变化是潜移默化的,但对学生的一生都会有影响。2017届校友李思遥选修过约翰·塞克斯顿校长的课,留下了深刻的印象。他回忆说:"塞克斯顿校长讲课很有趣,有时会站上桌子,有时也会突然给学生灌水。这门课挺难,阅读量大,写的东西也多,我觉得挺有意义的。我现在阅读能力和写作能力有了提高。同时,这门课让我有了两个习惯,一是下什么结论都要在脑海里进行一下逻辑推理,二是,做出推理后立刻质疑我的推理有什么漏洞。"

在中金公司任职的黄瀚涛也是2017届校友,他提到约翰·塞克斯顿校长经常讲的一句话"Make a difference"。他认为这句话是指一种改变,去做一些改变。比如说,你不要拘泥于去走一条寻常的路,因为那一定是走在后面的。二十年前,没有人想过能在网上卖东西。路总是由第一个人去走出来的。

2018届学生陈梦竹回忆说:"我记得大学时上过纽约大学前任校长塞克斯顿教授的一门课,这门课激发了我对许多宏观问题的思考。我现在也很怀念当时这门课的氛围,不单是学术氛围,更是可以跳脱出自己的学生身份去思考家国大事的环境。步入职场后,我们很容易被一些生活琐事所累,但塞克斯顿教授的言传身教时常提醒着我,站在这样的一个高度看待事情非常重要。"

学校教育的影响同样会延伸到职场。"学习计算机科学知识,同时修读了商业与市场营销课程,这样的跨学科构建,让我能理解用户真正想要的是什么,设计出的产品也就更加具有吸引力和实用性了。"跨学科的研究与合作给2018届校友赵楠留下了深刻的印象,"在上海纽约大学,所有的学科领域都可以结合、相互影响"。

"在四年的时间里,我们和来自不同国家、不同文化背景的同学深入交流,这里的多元化程度和多样的视野、想法,让我逐渐学会了更多地从别人的经历和角度去思考问题,让我更具有同理心和包容心,"朱华认为,"见识过不同的人,去过不同的地方,看待和思考问题的角度也会更加全面客观。通过这四年的学习积累,我在工作过程中理解问题、解决问题的能力都更加好,这样的经历让我受益终身。"

上海纽约大学也圆了很多学生的梦。宋逸伦是2020届学生,自高中起就有科学梦,立志成为一名科学家。大学四年,他在国际核心期刊上发表了两篇论文。刚入学,宋逸伦就加入了上海纽约大学物理学助理教授蒂姆·伯恩斯的量子信息研究小组,参与科研团队的学术研究,并合作撰写论文《基于最小函数的玻色——爱因斯坦凝聚体绝热纠缠门》,该论文已发表在国际顶级刊物《物理评论 A》上。2018 年,在伯恩斯教授的介绍下,宋逸伦结识了路易斯安那州立大学量子信息研究小组负责人、理论物理学教授乔纳森·道林(Jonathan Dowling)。伯恩斯和道林教授致力于帮助中国科学技术大学量子卫星实验小组进行墨子号量子卫星(Micius quantum satellite)实验。宋逸伦成为上海纽约大学该项目的主要对接人员,参与探究量子导引,并在道林教授研究小组的研讨会上发表学术报告。2018 年暑假,宋逸伦在数学教授查尔斯·纽曼、物理学与数学教授丹尼尔·斯坦的指导下参与研究无序平均场铁磁体的能量是否存在局部最小值,他参与撰写的论文于 2019 年在国际顶尖期刊《统计物理学杂志》上发表。毕业时,宋逸伦收到了纽约大学、布朗大学、波士顿大学和科罗拉多大学波尔得分校四所知名学府的物理学博士项目的录取通知。最终,他选择去科罗拉多大学波尔得分校深造,因为他可以在那里师从诸多为原子、分子和光学(AMO)物理学作出巨大贡献的杰出物理学家,其中包括诺贝尔物理学奖得主卡尔·维曼(Carl Wieman)。

回首大学四年的探索之旅,宋逸伦真心感谢母校提供的丰富多样的机会。在上海纽约大学,他可以进入实验室钻研学术,得以更多地认识自己。"我知道,这注定是一条不同寻常的路——一条带来不同经历和更多可能性的路。"

2020 届学生戴韵菲和向家乔毕业前曾入选"乔治城大学美中全球议题对话项目"(The Georgetown Initiative for U. S.-China Dialogue on Global Issues)。该项目旨在鼓励中美两国高校学生围绕重大全球议题进行沟通交流。戴韵菲认为上海纽约大学的教育模式让学生具备了快速学习的能力与自信,"这几年,我换过专业,也在许多领域做过尝试,这些有意思的尝试让我更了解自己,也更明白自己想走的路。现在无论遇到什么新事物,我都能以一种开放的姿态去探索和思考"。向家乔认为上海纽约大学是一个很好的平台,可以给学生带来无限的可能,让他们有机会立足中国、走向世界,"感激学校给我提供的各项资源和帮助,鼓励我走出舒适区,去拥抱这个变化的世界,途中自己也收获了一些意想不到的惊喜"。

记得在首届学生家长会上,有人问我:"学校鼓励学生自主选择专业,但如果中国学生都选金融专业,学校会不会有所限制?"我和雷蒙常务副校长交流过这个问题,他说,不会发生这种情况,如果真是如此,我们也要满足大家的要求。事实也是如此,我们可以从已经毕业的7届中国籍学生身上看到,他们的选择更加多样化了。

根据上海纽约大学职业发展中心有关中国籍毕业生去向的统计,2017届141名毕业生中51%选择继续深造,其中有9人直博,分别去了麻省理工学院、宾夕法尼亚大学、康奈尔大学、纽约大学等。2018届143名毕业生中57%选择继续深造,6人直博,分别去了普林斯顿大学、宾夕法尼亚大学、康奈尔大学、加州大学、波士顿大学等。2019届145名毕业生中67%选择继续深造,其中有8人直博,分别去了加州大学、纽约大学、西北大学、波士顿大学等。2020届144名毕业生中68%选择继续深造,其中有10人直博,分别去了加州大学、纽约大学、哥伦比亚大学、华盛顿大学、波士顿大学等。2021届168名毕业生中67%选择继续深造,其中有10人直博,分别去了耶鲁大学、纽约大学、约翰·霍普金斯大学、康奈尔大学、乔治城大学。2022届204名毕业生中82%选择继续深造,11人直博,分别去了加州大学、纽约大学、康奈尔大学、牛津大学、新加坡国立大学等。2023届224名毕业生中79%选择继续深造,其中有15人直博,分别去了麻省理工学院、纽约大学、加州大学、斯坦福大学、布朗大学、约翰·霍普金斯大学等。一般情况下,金融专业毕业的学生往往会首选就业,积累了一定的实践经验后再继续读研,而科学与工程专业的毕业生大多是直接读研,成为专业人才。以上数据表明,上海纽约大学本科毕业生中选择继续深造的比例逐年升高,当然这与国内就业形势有一定关系,但也从一个侧面反映了学生选择专业的多样化。

上海纽约大学引进世界一流大学的通识教育模式,并根据时代特征予以发展,这是一项积极的尝试,其着眼点是学生的长远发展。激发学生的好奇心和学习兴趣,培养思维能力和学习能力,才会有创新和创造的能力。通过四年的培养,学生的知识、能力和素养得到明显提升,毕业生的去向令人刮目相看,在世界各地发挥了积极的作用。就是在去年就业形势不被看好的情况下,上海纽约大学仍然交出了完美的答卷。对于一所中外合作大学而言,它的使命不仅仅是招了多少牛娃,开了多少专业,毕业生进了哪些名企、名校,更重要的是,它能在多大程度上调动本土学校改革的积极性,对基础教育的辐射规模有多大,又能在多大范围内改变人们对教育的理解。

上海纽约大学的定位很明确,就是一块"试验田",它不仅是为了让中国增加一所大学,每年增加几百个学生上大学的机会,其更重要的价值在于促进教育改革,通过探索为高等教育的国际合作和中国高等教育改革提供示范。因此,我试图通过学生的故事和他们的感受,阐述学校教育理念和人才培养模式取得的成效。在学生的身上,我们能看到他们并不按世俗标准去追求所谓完美的人生道路,而是遵从自己的内心,有各自的追求,从而受到了企业和高校的青睐。

每个孩子的成长都有不同的故事,尽管上海纽约大学的规模不大,中国学生只占到学生总数的51%左右,然而,讲到学生的成长,内容实在太丰富了,很难概全。我尽可能直接引用学生的言谈,从他们朴素平实的话语中,看到学校教育对孩子成长的真实影响,也更能联想到我们教育教学改革的方向。

兴趣是学习的源动力

吴瑶霏(Villa Wu)是上海纽约大学2017届学生。在首届学生毕业后不久,我曾和她父亲一起应邀参加了电视台的访谈节目。吴瑶霏的父亲谈道:"孩子是被上海纽约大学A档录取的,但数学是她的弱项。高中时有点怕数学,成绩也不理想。进校后,她各方面的进步都很大,成绩优秀。更有意思的是她对数学有兴趣了,修了数学荣誉课程,绩点为A。去纽约大学游学期间,还选了两门数学高级课程,以挑战自我。其中一门课程,选修学生中有一些是数学系四年级的学生,70%是亚洲面孔。然而,她不仅能听懂讲课,作业全对,还给其他学生讲解了一次。同学评价她数学能力出色,从而使她自信心大增。"可见,在学习中学会学习,不仅需要教师的引导,也要有挑战自我的勇气。对学生而言,发现自己的兴趣,提升学习能力则会终身受益。

2018届毕业生朱华与在校学生交流时说:"虽然我现在依然对金融学很感兴趣,但到了大四的时候,我发现我对数据科学、计算机科学、数学等方面都非常感兴趣。这些专业也涉及现在很多工作中所需的常用技能。所以,我建议大家尽早多尝试一些专业课程,不要提前给自己设限。哪怕一开始你以为它不是你的兴趣点,但上了一两门课之后,你才能更深入地了解某个专业,也许会发现自己其实更擅长或更喜欢这个专业。"

/ 上　2014年8月17日，上海纽约大学2018届学生入学

/ 下　2019年5月，在上海纽约大学第三届学生毕业典礼上与学生全家合影

/ 上　2019年5月23日,我在纽约与上海纽约大学校友交谈
/ 下　上海纽约大学学生专注科研

"我觉得上海纽约大学一开始不用选专业这一点非常好。我在高三的时候，其实最感兴趣的方向是逻辑。逻辑是一个'骑墙'的学科，一半是数学，一半是哲学。刚进大学时，我不确定自己要学什么，我可以学数学，也可以学人文专业。"2018届学生张驷庆大学毕业后去了纽约州立大学石溪分校攻读数学博士。回顾自己的选择，他说："我和不同学科领域的教授都有很多的接触和互动。例如，大一下学期，我参加了哲学教授布拉德·韦斯莱克（Brad Weslake）开设的哲学研讨班，探讨研究数学哲学以及美国逻辑学家、哲学家索尔·阿伦·克里普克的著作《命名与必然性》；在大一的暑假，我跟着数学教授皮耶路易吉·孔图奇（Pierluigi Contucci）一起做了一个关于投票系统组合数学的研究。一个学年下来，我确定自己是想学数学的，所以在大二一开始就确定了专业。因为上海纽约大学有专业选择的灵活度，我才能对这两个方向做探索、比较，选定更心仪的专业。"

大学毕业后，陈雨航去了普林斯顿大学攻读量化与计算生物学博士研究生，深入探索生物物理学和神经科学领域的跨学科研究。他之所以对跨学科研究有浓厚的兴趣，可以追溯到"科学基础"这门课程，这是面向所有自然科学专业学生的核心课程。"我主修物理学专业，但选修了所有的基础化学和生物学课程，并能和来自物理学、化学、生物科学、神经科学等不同专业背景的同学一起上课。这种跨学科交流的氛围极大地激发了我对自然科学的浓厚兴趣。我注意到，近年来的诺贝尔奖得主大多是通过跨学科研究合作实现了科学突破，这也符合我在科学基础核心课程学习过程中的观察与感悟，"2018届学生陈雨航说，"在上海纽约大学的四年里，我最享受的就是看到不同观点相互碰撞，迸发出新的创意和灵感。无论我修读哪门课，与来自不同学科的人交流总是有益的。比如在'计算化学'这门课上有一位精通理论化学的同学，而我更擅长物理。通过交流，我们不仅用各自的专业强项填补了彼此的知识欠缺，他还讲解了物理学在计算化学领域中的运用，让我更深入地理解了自己所学的专业。这份收获对于我学习其他学科也大有裨益。可以说，这样的跨学科交流在上海纽约大学比比皆是。"

"海外学习的第二个学期，我去了纽约，修读了由江户·库塞尔（Edo Kussell）教授开设的具有研究生水平的生物物理建模课。通过这门课，我发现我对物理学和生物科学之间的'化学反应'非常感兴趣，"陈雨航饶有兴致地说，"此外，物理学和数学给生物科学带来的创新见解让我大开眼界，例如，将大肠杆菌中的乳糖操纵子描述为双稳态动态系统,并用统计力学原理解释 DNA 成环。从那以后,生物物理学成为我最感兴趣的一个学科领域。"

谈到选择时,刘昉元深有体会地说:"我的专业是荣誉数学和数据科学。选择数学的原因是,它是我长久以来的兴趣。小时候我就喜欢数学,喜欢运用数学知识去分析一些问题。再加上数学成绩也还不错,就觉得大学可以把数学作为专业。纽约大学的应用数学举世闻名,我当时也希望可以去纽约大学库朗数学研究所学习。选择数据科学作为第二专业是大二时决定的,那个学期我尝试了第一门计算机编程相关的课,一方面对编程产生了兴趣,另一方面也觉得计算机是未来发展的一个大趋势,所以选择在数学之外修一些计算机相关的课程。另外,在数据科学专业上,我选择了金融方向,也是为我未来研究生的专业做一些准备。双专业给我申请研究生带来了很大的帮助。金融工程是数学、计算机和金融的交叉学科,而我对这三方面都有一定了解。同时,这样的经历也方便我找到与专业比较相关的实习,从而提升了我在申请时的背景。"毕业后,2018 届学生刘昉元去了麻省理工学院攻读研究生。

而 2019 届校友黄淇的专业选择和"配置"历经了一番探索。他主修数据科学,辅修计算机科学以及数学。"入校前,我以为自己喜欢商科,加上当时分不太清楚经济学和金融学之间的差别,就在大一下学期选了经济学专业,还修了更多金融学的课程。"经过一段时间的学习后,黄淇发现商科专业不符合自己的志向。黄淇修读了计算机教授张峥的一门课程——"计算机科学导论",从大二起尝试跟着张峥教授做研究,最终在大二下学期,选定了自己的专业方向。"上海纽约大学入学时不分专业,给了我充分的机会探索不同的方向。如果是在传统大学,我很难像这样不断地尝试,找到真正的学业兴趣。"

在海外学习期间,黄淇修读了纽约大学柯朗数学科学研究所开设的六门研究生级别的计算机科学或数学课程,还参加了纽约大学坦登工程学院组织的一次招聘会,并最终获得了高性能计算行业领袖公司英伟达(Nvidia)的实习机会。"在现场和他们的招聘代表聊天时,我主动介绍了自己,并留了简历。一周后,对方发邮件邀请我去面试,然后就顺利地拿下了实习机会。"黄淇认为,能在美国实习和他平时的锻炼积累分不开,"无论是在课堂上勇于表达自己的观点,还是在多元文化共融的校园环境中生活,抑或是参与各项实践活动,都锻炼了我在短时间内展示自己,以及敢于和不同文化背景的人打交道的能力。如果没有这些点滴积累,那天,我就不可能在现场和他们聊得那么愉快"。

在来上海纽约大学之前,作为理科生的2020届校友何梓晴既想专攻商科专业,又对环境问题感兴趣。父母虽然从未阻拦她报考这所年轻的高校,但依然心存疑虑,来自云南的何梓晴自己也有些担忧——学校离家很远,又刚成立不久,存在许多不确定性,自己和家人对学校的教学模式和体系也不甚了解。但当听说上海纽约大学学生可以自由选择专业、修读各个学科领域的课程时,何梓晴便被深深地吸引了。参加了校园日活动后,何梓晴便认定这里就是她的"梦校"。

随着专业学习和自我探索的深入,何梓晴逐渐发现自己对环境领域不仅极感兴趣,而且满怀热情。大二时,她成为上海纽约大学学生社团"绿色上海"的一员,负责组织与当地企业合作开展的活动,并每周与同学、学校教师员工一起照管世纪大道教学楼外的都市小花园。除了修读商学和金融课程外,她还修读了李逸飞助理教授执教的"环境与社会"课,发现自己有兴趣深入探索该领域。"在课堂上,我们有很多互相讨论、交流想法的机会。这对我来说是个非常有意思的过程,因为它教会了我如何求同存异,"何梓晴说,"我们每个人的背景和经历各不相同,自然会得出不同的结论。但不论结果如何,我们在讨论时都应当互相尊重,给出建设性意见。"

李逸飞教授邀请何梓晴担任"上海项目"的研究助理,通过梳理各类历史文档研究水道变迁对上海历史及城市发展的影响,激发了她对公共政策的兴趣。何梓晴说:"我在文档资料中看到,政府过去曾有过计划,但没有真正投入实践。政策制定与落地实施之间的落差吸引了我的注意,随后我意识到,这一现象在每项社会议题中都普遍存在。所以我决定深入研究这一问题,看看能否有些新的发现。"

在海外学习期间,何梓晴在纽约修读了斯特恩商学院的商学和金融课程。在商业与社会实践助理教授马特·斯塔特(Matt Statler)开设的"社会影响咨询力"课上,学生们分成若干小组,实地参与项目实践。"这对我来说是一次全新的体验。它指导我如何接触客户、撰写报告,以及分享最后的咨询成果——它极大地影响了我本科毕业后在该领域的职业选择。"她还在华盛顿修读了环境研究和公共政策领域的各门课程,与其他关注公共政策的同学沟通交流,还获得机会在北美环境教育学会(NAAEE)和美国绿色建筑委员会(USGBC)实习。

毕业后,何梓晴在普华永道的创新城市发展综合服务部就职。"在上海纽约大学的国际化经历让我有理由相信,未来不论去到世界上的哪个地方,我都可以想办法适应,找到适合自己的社区,创造属于自己的独特体验,"何梓晴说道,"在上海纽约大学,你会有动力走出自己的舒适区,得到灵感与启发,并感受到大家庭里不遗余力的支持和浓浓的关怀。"

徐瑜是2020届校友,高中就读于苏州中学文科班。因为希望就读一所可以自主选择专业的大学,她申请了上海纽约大学。她以主修金融学、数据科学,辅修数学的专业配置,从上海纽约大学毕业后,加入瑞银集团(UBS)新加坡办公室,担任商业分析师一职。

因为对风险投资行业感兴趣,徐瑜大一下就确定了金融学专业。与此同时,她也想探索不同的学科领域,修读了交互媒体艺术专业的基础课"交互实验室"(Interaction Lab)。通过这门课,徐瑜发现自己很喜欢通过编程来实现想法,解决问题。在上海纽约大学,她和同届的张思齐(毕业后,去麻省理工学院攻读金融工程硕士项目)成为好友,两人都对新兴技术极感兴趣,关注人工智能、大数据、云计算,特别是区块链技术。周末一起吃饭时,两人都会"大聊特聊"区块链等的发展前景,"和有共同志趣、爱好的朋友一起探讨专业问题,可以相互启发、取长补短,每次聊到兴起的时候,感觉未来就在我们手中"。

当时正值比特币价格一路大涨,相关新闻不断见诸报端。两人希望能深入探索比特币和区块链技术,便选择数据科学为第二专业。"区块链技术涉及面非常广,既要有数据方面的知识,其价值交换理念又与金融相关。金融学和数据科学的双专业组合,可以让我透彻地钻研这一领域。"两人申请到上海纽约大学本科生科研基金(DURF)的资助,对区块链技术课题展开研究,由讲授"商业与经济统计"课的教授廖明担任导师。

"廖明教授本身也是一位风险投资家和投资顾问,他的研究兴趣覆盖数字营销、社交媒体、人工智能、数据科学、区块链,不仅专业知识丰富,业界人脉也很广。"除了指导课题设计、研究,廖明教授还带着两人与腾讯、微软等知名企业区块链项目的负责人,以及区块链初创企业CEO和技术人员会面交流,深入了解区块链技术的实际应用与发展前景。在项目推进过程中,徐瑜坚定了对区块链技术的激情和信念。她阅读了大量关于区块链技术的白皮书,逐渐理解了它的本质,对解决区块链改造第三方中介手续繁杂冗余且费用高昂的问题抱有强烈信心,也希望能有更多的人认可它的价值。

大三这一年,徐瑜和张思齐去纽约海外学习,利用纽约大学斯特恩商学院在金融科技方面的领先优势和创新资源,进行跨学科探索。凯瑟琳·德罗斯(Kathleen DeRose)和萨布丽娜·豪厄尔(Sabrina Howell)两位教授讲授的课程"创业金融中的应用:金融科技"(Applications in Entrepreneurial Finance: FinTech)给了她们不少启发。两位教授会通过特定公司与技术的案例,带领学生探究金融技术领域初创公司的现状与机遇,涉及个人理财、区块链、股权众筹等众多子领域。学生还被要求结成小组,共同打造一个创业项目。于是,徐瑜、张思齐等三位同学组成了团队。他们注意到,在纽约点餐付款时没有支付宝、微信这样的 APP,用现金支付很不方便。深入调查后,他们发现当地人出于隐私安全的考虑,并不信赖此类第三方支付 APP,而区块链可以在保障隐私的前提下实现价值交换,解决这一使用场景的痛点。"我们是当时唯一一组利用区块链概念设计创业项目的团队,最终得到了 A 的好成绩。"而后,徐瑜和几位同学开始真正实施项目,她们每周都会碰面,撰写了商业计划书,还做出了 APP 的前端设计图。"值得一提的是,这个课堂项目的想法,已经被硅谷的一家初创企业付诸现实,并且拿到了不菲的天使投资。"

为了深入理解区块链所涉及的技术层面,徐瑜回上海纽约大学后修读了更高阶的计算机编程课。她还选择了恩瑞克·福尔图尼(Enric Junqué de Fortuny)教授的"机器学习"(Machine Learning)课,希望将区块链与机器学习相结合,了解如何通过机器学习解决区块链领域的现有问题。恩瑞克·福尔图尼教授是机器学习、大数据、市场营销领域的专家,也关注区块链技术。徐瑜经常和教授讨论如何将课堂上的项目真正落地,并与福尔图尼教授一起开展研究工作。在研究过程中,徐瑜还选修了线性代数、多元微积分、概率与统计等数学课程。"理解一些技术应用的原理,需要比较高阶的数学知识。上海纽约大学灵活的课程设置,让我可以根据个人兴趣和精力,确定主修加辅修专业的学习方案,制定自己的个性化课表。"

徐瑜很感谢学校的培养模式。"可能很少有人会在高中或刚进大学时就知道自己以后想做什么,"徐瑜说,"因为还有很多东西没接触过,很多想法也有待验证。只有了解了不同的学科领域,才能确定自己真正喜欢什么。"

在进上海纽约大学之前,2022届的陈昕玥毫无编程基础。四年后,她以主修计算机科学、辅修数学的专业组合毕业,并收获了包括加州大学伯克利分校、多伦多大学、康奈尔大学、德州大学奥斯汀分校等多所北美名校计算机科学博士项目的全奖录取通知书。她以第一作者发表了两篇机器学习领域的顶级会议研究论文,她还是一篇在投论文的第二作者。取得这样的"跨越式"发展成就,在陈昕玥看来,得益于上海纽约大学通识课程的设置,鼓励学生灵活自由地探索专业兴趣,以及教授一路以来的悉心指导与严格要求。

大一上,陈昕玥选修了"计算机编程入门"(Introduction to Computer Programming)这门课。"当时只觉得编程是一个很实用的技能,也想看看自己有没有这方面的潜力。我和学业咨询顾问聊的时候,他们都很鼓励我先去尝试,并与我分享了很多学姐在这一领域取得成功的例子。"初次尝试后,陈昕玥发现自己其实很擅长编程,并很享受通过编程实现自己的想法,"我也认识到,编程更重要的是背后的逻辑思考,代码本身只是实现想法的工具"。

大一下,她修读了基思·罗斯(Keith Ross)教授开设的"机器学习"课程。陈昕玥很认同罗斯教授的授课方式。"机器学习"是计算机科学领域的课程,"大家可能认为学好机器学习,只要会写代码,进行数据分析就行了。但罗斯教授会用近一半的课堂时间讲解背后的基础理论和数学知识,这给我们打下了非常坚实的基础。如果日后要做研究,你需要真正理解每个算法背后的工作原理,知其然,也知其所以然,才能有针对性地调取使用一个工具,并在遇到问题时高效地排除问题"。罗斯教授喜欢在课堂上提问,来考查学生的理解程度。"教授提出什么问题,我只要有想法都会讲出来,不用担心是不是说错了。有时,即便同学们的答案'只是沾了点边',也会得到教授的鼓励与夸奖,这给了我很大的信心。"最终,陈昕玥的期末考试和课程项目都得到了很好的成绩。

成功的喜悦更激发了陈昕玥对机器学习这一方向的兴趣。从大一暑假开始,陈昕玥便加入了罗斯教授负责指导的"本科生科研基金项目"研究小组,研究如何将深度强化学习(Deep Reinforcement Learning)应用于机器人技术,训练计算机模拟机器人执行跑步等各项任务。"教授组里的研究氛围非常好,博士学长学姐会手把手教导我一些基础知识,例如如何构思算法以及通过代码来实现一个算法,如果代码出现错误,也会耐心地帮我一起找出问题所在。"罗斯教授也用他的方式让陈昕玥理解了做研究应有的严谨的精神,"我认识到做研究需要有一种'钻牛角尖'的精神,如果觉得某个方向有希望,就应该用反复的实验来验证这一结论;如果要否定某一个想法,也应通过多次实验来证明确实不可行"。

功夫不负有心人,陈昕玥作为第一作者撰写的研究论文 *BAIL: Best-Action Imitation Learning for Batch Deep Reinforcement Learning*,在人工智能领域国际顶级学术会议"Neural Information Processing Systems"(NeurIPS)上发表。而后,陈昕玥在大二和大三两年期间与罗斯教授及研究小组又撰写了两篇研究论文,并于大三暑假参与加利福尼亚大学圣迭戈分校的暑期科研项目。她对于发表在机器学习领域公认的国际顶级会议之一"International Conference on Learning Representations"(ICLR)上的文章 *Randomized Ensembled Double Q-Learning: Learning Fast Without a Model*,感到非常自豪。

回顾自己在上海纽约大学的四年学习生涯,陈昕玥深切感受到学校鼓励学生以自由灵活的方式探索自己学业兴趣的魅力。她说:"在这里,大家都会鼓励你找到自己真正的兴趣和潜能,学校不会设限,而是会助力支持你取得跳跃式发展。"

2019届校友盖宇刚入学时,因为喜欢写代码,修读了张峥教授的课程"计算机科学导论"(Introduction to Computer Science)。他说:"这门课既是专业课,也是通识课,涉及很多写代码的内容,我写得很愉快。但更有趣的是,张教授还讲了很多关于计算机科学发展的历史,让我觉得,如果自己能成为该领域未来发展的一部分,我的人生会非常有意义。"通过这门课程的学习,盖宇觉得自己对计算机科学领域很感兴趣。他在第二学期继续修读了计算机科学的相关课程,并毫不迟疑地确认了自己的专业为计算机科学。

大一的暑假,张峥教授邀请他参与自己的研究项目。盖宇认识到,原来计算机科学可以和这么多其他学科领域"搭上边"。"计算机科学是一个交叉学科,它激发了我的很多新的兴趣,让我慢慢地喜欢上了数学和物理。之前我并不喜欢数学和物理,只是单纯地喜欢写代码。"盖宇述说着自己的蜕变。因为认识到数学的重要性与趣味性,大二期间,盖宇开始"恶补"数学,上了数学分析、线性代数等课程。盖宇说:"张峥教授会先推荐一些研究论文和线上资源让同学们自学,也会安排针对研究课题的小组讨论。我们可以保证每周一次的小组讨论,张教授往往会亲自参加,给了我们很多的指导。"

在科学研究中,盖宇发现张峥教授虽然专于计算机科学,但研究兴趣很广博,常常与脑科学专家合作,探索跨学科交叉研究。这给了他很大的启发,他意识到即便选定计算机科学专业,也有机会结合其他感兴趣的方向。"在张峥教授的指导下,我读了很多研究论文,才真正理解了神经科学和人工智能两者之间的联系,这是一项很有意义的研究。其实,很多领域是可以相互借鉴,或是殊途同归的。"

盖宇在上海纽约大学参与了三个比较重要的研究项目,包括依据神经科学的原理,去研究是否能改进人工神经网络的激活函数;基于人工神经网络有大量冗余神经元的事实,来研究这些神经元是否能由共同的、数量更少的神经元来控制;以及对卷积神经网络中的"跳层连接"(Skip Connections)做进一步研究。这些研究经历让盖宇学会了基本的科研技巧,比如如何阅读和分析文献,提炼出自己的想法,再让想法成形。大学尚未毕业,盖宇就已经被加州大学伯克利分校的计算机科学专业录取,直接攻读博士学位。

"我很享受前两年的学习,因为我不属于某个专业,而是有充足的机会学习不同学科的知识,这是对眼界的开阔,也不断塑造了我之后的发展道路。"2018届学生刘令仪在述说上海纽约大学通识教育课程体系时用"受益良多"来形容。高中时,她读的是理科班。进大学之前,她想学生物或商科专业,但大一选课时,碰巧选了一门"亚洲电影研究"课程,没想到,正是这门课确定了她大学的专业方向。上了这门课后才发现,原来她对人文方向很感兴趣,也相对擅长这一领域的学习,于是,放弃了学习生物或商科的念头。和普通中国大学入学前就选定专业相比,上海纽约大学前两年的通识教育,给了学生更多的时间和空间去探索个人潜在的兴趣。

刘令仪讲道:"在通识教育的学习过程中,我发现很多看似没有关联的学科其实是互通有无的,这逐渐培养了我跨学科看问题、做研究的思维方式和角度。跨学科这个概念时下在诸多领域正当其时,但若谈及能创造一个环境,真正把跨学科思维方式运用到实际学习研究中,则离不开上海纽约大学这样的通识教育体系。在跨学科学习过程中,我掌握了很多不同的技能,为我打开了了解世界的窗户。例如,我选的交互媒体课程,涉及基础编程,虽然课程内容不难,但让我对计算机科学领域有了一定的了解,打开了我的认知。很多人在自己的专业领域待久了,可能只专注于这一个方向,有先入为主的想法。虽然不一定是偏见,但这种想法可能会固化我们的思维。上海纽约大学的通识教育让我们接触不同的领域,哪怕不是很深入,但会让我们学习到这一领域的基本知识与思维方法,从而打破先前的认知。在这一过程中获得的知识技能,哪怕暂时没有用武之地,也能潜移默化地拓展我们的视野。而这本身也是对传统教育极强功利性的一个挑战。"

"上海纽约大学的博雅教育让我受益良多,滋养了我对世界的好奇心。大学前两年,我充分探索了自己在各方面的兴趣,修读了法律、政治学、新闻学、神经科学、计算机科学、音乐、艺术等课程。通过这两年的探索,我发现政治学是自己的兴趣所在,于是选择世界史为专业。如果没有博雅教育的课程设置与学习环境,我可能无法挖掘自己真正感兴趣的学科领域,"2018届学生李响表示,"感谢在上海纽约大学四年的大学教育,现在,我对各种各样的机会都抱有开放的心态,并且有信心去迎接挑战。上海纽约大学将我培养成为一名合格的世界公民,赋予我无限可能。"

2021届毕业生徐伊桐,来自上海市实验中学,毕业后去了麦肯锡蓝跃,担任初级咨询师。高中时期,她兴趣广泛,爱时尚、爱设计、爱生物,更希望能继续探索更多的个人和学业兴趣。选择上海纽约大学对她来说是一件顺理成章的事。从大一开始,徐伊桐先后试水感兴趣的领域,修读了交互媒体艺术以及生物学的课程,但她发现自己和这两个专业的契合度不高。"当初以为会很坚定地选择其中一个方向,但尝试之后才发现,自己并不适合。"大二时,她遇到了自己非常喜爱的两门课以及两位教授。这段学习经历带给了她全新的思维方式,并让她最终确认了自己的专业兴趣。

"大二上学期,我修读了翁犟犟教授的'微观经济学'。听她思路清晰、深入浅出地讲解沉没成本、机会成本、供需关系、博弈论等概念时,我一下子就爱上了。这门课让我开始以一个全新的视角来看待世界。我很认同这一思维体系,也理解它的现实意义与价值,"徐伊桐回忆起自己最喜欢的课程之一时说道,"翁教授很有耐心,有任何课业问题,我都可以在课下跟她直接交流。不管是专业选择还是未来职业发展问题,她都耐心解答,给我提供了很多指导与帮助。"大二下学期,她修读了奥费·沙皮儿(Offer Shapir)教授的"金融学基础"。货币的时间价值、套利等知识点所蕴含的学科思想魅力,以及沙皮儿教授轻松幽默但要求严格的教学方式,进一步激发了徐伊桐对于金融的兴趣。"他会设计很多有趣的课堂讨论和小组活动,并用一些小小的奖励来激励我们。我记得有次我向他请教问题,因为我期中考试成绩不错,他就给我的期末考试设定了一个很高的目标,并开玩笑说,如果没达到这个目标,就要把《权力的游戏》最后一季的大结局剧透给我。我很庆幸最后自己达到了这个目标。"

在海外学习期间,徐伊桐没有在纽约大学选到她喜欢的"媒体与时尚"课。但让她没想到的是,开设这门课的莫亚·卢克特(Moya Luckett)教授为了照顾没选上课的学生,竟然专门给她们开了小班课。"她让我们三个人讨论设计课程大纲,有针对性地根据我们的学业兴趣和专业背景定制教学内容,让我得以学习时尚产业的商业运作方式及其发展历史。"徐伊桐第二学期去了伦敦,依然和卢克特教授保持着紧密的联系。

在伦敦,除了修读了"英国时尚历史""全球时尚产业:英国"等课程,徐伊桐还申请了该教学点的"学术实习项目"(NYU London Academic Internship Program),并获得了国际化妆品集团露华浓伦敦总部旗下的伊丽莎白·雅顿电商实习生的机会。实习期间,徐伊桐与品牌合作的所有英国电商对接,帮助开展产品的上新工作,准备宣传方案并分析品牌的销售数据。能在一个全新的环境中与来自不同文化背景的同事一同共事交流,对她来说是一段非常宝贵的经历。

对于当初选择了上海纽约大学,2020届校友张珺安认为自己选择了一种未知,毕竟学校还没有一届毕业生。他毕业的高中是上海市进才中学,离上海纽约大学只有不到20分钟的步行距离。"有一天路过上海纽约大学校园,我就兜了一圈,后来报名了校园参观活动,想进一步了解这所大学。"与学姐交流后,张珺安觉得这就是他想要就读的大学。"我希望大学能够提供一个多元化、国际化、更加尊重学生个性化发展的环境,上海纽约大学让我看到了这种可能,并让我能在家门口就体验到这样的国际化教育环境。"

一入校,张珺安就选择了政治学方向。"通过课堂讨论,我明白了看待一个问题会有不同的立场和维度,没有一个观点是绝对正确或权威的。"教授给了他很多帮助,教会他如何去展开研究,从自己的兴趣点出发,构建一个成体系的研究框架,从相关文献中提取观点并逐一论证。大学四年里,他曾担任过"斯坦福中美学生论坛"的成员,前往斯坦福大学和北京大学与杰出的中美学生代表进行对话交流；他也是学校社会科学研究期刊 Spectrum 的负责人，为同学们搭建社会科学领域的跨学科研究交流平台；他还是学校模拟联合国大会的创始秘书长，积极推动对关乎人类命运的重大议题的讨论与认知。

大四期间，他在普华永道和毕马威实习，积累战略咨询的相关经验。"同时做很多事情，就会焦头烂额或陷入迷茫，这时我就会思考做每件事情的目的是什么，目标又是什么。这样就会有一番取舍和计划，并设立一个具体、可量化的目标，让自己的忙碌变得更加有意义。"张珺安的心得是："如果你不逼自己一把，永远都不知道自己的极限是什么，所以我希望能不断拓宽自己的能力边界"。

同为 2020 届校友的张珺安、向家乔、王子昕是首次被清华大学苏世民学者项目录取的三位中国学生。"立足中国、面向世界"，如同该项目的创办人苏世民先生在谈及捐赠初衷时说的："在 21 世纪，中国已不再是一门选修课，而是一门核心必修课。未来要引领世界的发展，就必须懂中国。"张珺安说："这其实也是我对媒介研究或政治传播学研究的一个观点——你现在已经无法忽视中国在全球媒体环境中的关注度及话语权，而我也想从苏世民学者项目提供的一个全球化角度来看中国。"

听从内心的呼唤，敢走不一样的路

上海纽约大学的中国学生来自全国各地，每个人的背景也不相同。学校的教育理念和培养模式让学生有更多的自主权和选择权。大学四年里，同学们的思维方式逐步有了变化，选择更加理性、更加多元化，听从内心的呼唤，遵从自己的兴趣，走不同的道路。他们的经历谱写了一个个感人的故事。

杨小寒校友来自四川成都，2019 年毕业，获得金融学和数据科学专业的双学位。从上海纽约大学本科毕业后，她毅然回到家乡，入职"成都新经济发展研究院"，同时兼顾"林荫公益"的发展。"林荫公益"是 2017 年还在读大二的杨小寒和同样热心公益的学长共同创办的公益组织，主要面向中国西南地区贫困家庭的高中生，为他们提供获得教育资源的机会。她回成都就业，主要是舍不得创立不久的公益组织。几年以后，她才去哈佛大学完成硕士项目，后来到苹果公司做与视觉相关的数据科学家。

"刚入学时,我不太确定自己到底喜欢什么。一开始修读金融学的课程,是家长想让我试一下,我自己也愿意用大学四年系统地学习金融知识。"不过,大二、大三暑期在证券和金融公司实习后,杨小寒意识到自己并不想在金融领域深耕,于是她选了数据科学为第二专业。"修读数据科学看似偶然,实则必然",杨小寒回忆道。大一时,她修读了"交互实验室"。"这门课一部分涉及编程,一部分是布局电路,我发现,自己对编程的部分很感兴趣,用代码来实现一个想法,这真的很酷。"于是,她在大二修读了"用编程模拟自然系统"(Nature of Code),进一步发掘了编程的乐趣,并有了深入学习编程的意愿。大三在纽约海外学习时,杨小寒选修了纽约大学斯特恩商学院的课程"编程和数据科学导论"(Introduction to Programming and Data Science)。"这门课的工作量挺大的,是全栈式的编程,会教我们网络爬虫、数据库构建、数据分析以及网页设计。通过学习,我越来越沉迷于数据挖掘和数据分析,也坚定了我把数据科学作为第二专业的想法。"

兰州姑娘胡文倩在上海纽约大学获得了交互媒体艺术专业和世界史(综合人文)专业的双学位。毕业后,在卡内基·梅隆大学计算机科学系攻读人机交互硕士项目,该专业是全球首个致力于为从事人机交互、用户体验设计和以用户为中心的研究工作的专业人士提供教育的项目。她现在巴黎技术公司 Zenly,担任产品交互设计师。

回顾自己的学习历程,2019届校友胡文倩不无感慨。高中时,她是一名热爱文学和艺术的文科生。从一名标准的文科生,到修读交互媒体艺术专业,再到在这一跨学科领域继续深挖,研究人机交互,她是如何一步一步地实现的呢?胡文倩认为是受益于上海纽约大学的培养模式,它鼓励学生尝试新鲜事物,对未知充满好奇,不给自己划定界限。"在上海纽约大学,从没有人会跟你说因为你是文科生,就不具备学习某个专业的条件。在这里,我学到的一个很好的品质是,在接触一个事物前,不要轻易地下结论说'喜欢'或'不喜欢','擅长'或'不擅长',先试了再说。"

刚入学时,家人希望胡文倩选读金融学专业,但在修读了统计学和会计学课程后,她认为这不是自己擅长并喜欢的学科。而大一上的"交互实验室"课程让她坚定了交互媒体艺术专业的方向。这是一门跨学科的创新课程,教授关于电子产品、编程、数字制造的入门知识,并鼓励学生从更全面的视角对计算机界面进行创意思考。"我热爱创造新事物,并期待创造力能对我们的生活产生实际的、积极的影响,交互媒体艺术专业给了我实践自己想法的机会。"设计项目需要写代码,虽然此前没有任何写代码的经验,但她并不惧怕。"从一开始,交互媒体艺术专业就没有把写代码作为学习目的,它只是我们实现个人想法的手段之一。所以,只要内心里有一个想要实现的项目,再有针对性地自学代码或硬件方面的相关知识,就会充满动力。"胡文倩很感激学习之初来自教授的指导与支持。"当时,因为受限于编程能力,我没办法完全实现自己的想法,我经常在学校待到凌晨三四点。有任何问题,哪怕凌晨一两点发邮件,教授都会秒回。"

在学习过程中,胡文倩锻炼了自学能力。"基本上,每上一节课,就要学习一个全新的技能,如 3D 建模、视频剪辑、增强现实(AR)等,并运用这些新知识,在短时间内和小组合作或者独立完成一个完整的项目。光是课堂上学的那些是不够用的,一定要通过海量的自我学习、自我训练才能完成项目。所以,交互媒体艺术不光是教会你掌握某个技能,更重要的是它培养了你的自学能力。"

从设计的门外汉,到可以胜任设计的实习工作,胡文倩只用了两年时间。大二暑期,她在广告咨询公司 AKQA 实习,协助完成 NBA 中国球迷圈的网站设计。这份实习也让她对用户体验设计有了更深的理解。"交互媒体艺术专业下有一门叫'用户体验设计'的课,在学习了设计、编程这些硬技能,了解了不同软件、硬件的种种可能性后,我的学习重点变成了如何通过技术来实现有效的人机交互,让人们在使用某个产品时,能有一个积极、高效、愉悦的体验。"

选择世界史(综合人文)作为第二专业,并修读历史、法律、哲学、电影等课程,不仅是因为胡文倩想从不同维度和领域了解世界,成为一个独立思考的人,也是因为她想将人文科学的工具和理论用于指导自己的第一专业。她深有体会地说:"了解用户不是坐在桌前凭空想象,它需要你了解人类的文化发展与过去,主动地与目标用户进行沟通,不断吸取各方面的知识与养料,深入思考究竟何为'以人为本'。"

2019 届校友瞿佳韵的父母原本也想让她读金融,所以一开始,她修读了金融学专业的基础课,探索对该专业的兴趣。她在大一上修读了"通讯实验室"这门课,她也喜欢上了"交互媒体艺术"这个专业。"我们可以动手设计东西,通过编程实现自己的想法,所以我也决定将交互媒体艺术作为辅修专业,修一些感兴趣的课程。"

在金融学与交互媒体艺术"双管齐下"的过程中,瞿佳韵逐渐发现自己对金融学的兴趣不大,"在了解了金融学的初步知识和职业发展前景后,我不太想用之后数十年的人生从事这一领域,后来就下决心不学这个专业了"。而最终选择商学与市场营销方向,是因为瞿佳韵感觉自己对市场营销有着强烈的兴趣。"我上了商学部主任陈宇新教授的一门课'市场营销概论',对该领域有了比较全面的了解,比如如何获取消费者的洞见,对一个品牌或产品进行定位,从而吸引更多的顾客;以及将一个品牌或一家公司推向市场时,整体的推广战略是什么,需要经历哪些步骤等。在这门课上,陈教授讲了很多基础性的知识,我很喜欢它所涉及的研究消费者的部分,这种与人打交道的过程很吸引我。"

大三在海外学习时,瞿佳韵专注于修读市场营销专业课。秋季学期,在布拉格上的一门课"组织沟通"(Organizational Communications),让她收获良多。在课程学习过程中有四到五次演讲,相当于每隔一两周就要上台就某一主题做演讲展示。"这门课让我在组织罗列观点,用可视化设计呈现数据方面有很大的进步,我的演讲技能也有所提升,可以从容面对台下观众,也能更有条理、有逻辑地陈述自己的想法,将信息清楚地传递给观众。"

春季学期在纽约学习时,瞿佳韵修读了纽约大学斯特恩商学院的一门市场营销选修课"数据驱动型决策"(Data Driven Decision Making),学习如何利用大数据或数据分析方法做商业决策。"教授会通过一些实际案例,例如提供 Airbnb 的数据集,教我们使用相关软件和统计方法就某一具体问题进行市场分析。"在纽约大学修读的另一门课"消费者行为"(Consumer Behavior),教学生思考消费者心理及行为背后的成因,并通过采访或深入访谈等方式,进一步洞察消费者的心理与行为。"在纽约上的这两门课,使我的定量分析和定性分析能力有了显著提升,也让我对市场营销领域有了更浓厚的兴趣。"

瞿佳韵认为,上海纽约大学的学生享有更大的自主权,学校让学生从自身出发来思考到底需要哪些活动,提出什么诉求。"在上海纽约大学,任何人有任何想法都可以提出来,经过讨论后就会得到落实,整个过程十分高效。"

略有不同的是,2020 届校友武光宇早就选修了金融学和 IMA 方向的课程,但不久他就发现自己的兴趣并不限于此。他在大一时上了郑铉文（Jung Hyun Moon）教授开设的"交互实验室"课程，对数据科学产生了兴趣，并进入了编程的殿堂。郑铉文教授成为影响他学术之路的关键人物之一。"我一直和郑铉文教授保持着学术上的沟通。大四修读 IMA 专业课'虚拟现实和增强现实'时，郑铉文教授仍然为我在课上的项目提供指导和帮助，并且一直鼓励我。"

上海纽约大学多元的选修课让武光宇走出舒适区，深入了解自己，挖掘自己的潜力。他在大一时特意选修了自己从未涉猎过的"编舞与表演"课。这门由舞蹈艺术副教授罗红玫（Aly Rose）执教的艺术实践课，帮助他进一步融入上海纽约大学的国际多元文化社区，适应全新的教学模式。武光宇认为："这门课鼓励我在学业乃至人生选择中勇敢创新。"

武光宇的毕业论文《中国股市贴吧中的情绪分析与投资者保护》是在计算机科学专家拉坦·戴伊（Ratan Dey）助理教授的指导下完成的。"拉坦·戴伊教授是引导我转向数据科学专业的恩师，他鼓励非计算机科班出身的我去挑战机器学习方面的研究。"武光宇对上海纽约大学的教授们充满感激。"每位教授都对我的成长产生了积极的影响，每门学科的教授都有其独特的学科思维和个性化的授课方式。教授在课堂中体现出的对学科的兴趣带有很强的感染力，激发了我和同学对这个领域的兴趣。"毕业后，武光宇在哥伦比亚大学翻开了他人生的新篇章，攻读数据科学硕士学位，而后又在纽约大学攻读博士学位。

手握康奈尔大学、卡内基·梅隆大学、华盛顿大学等众多知名高校的录取通知书，却转身投入就业市场，成为一名人工智能前端开发工程师，上海纽约大学计算机科学专业 2020 届毕业生李文赫的选择令许多人大吃一惊。能够选择的道路太多，也是一种甜蜜的烦恼。深造还是就业，遵从自己的内心更重要。荣获计算机科学、交互媒体艺术双学位的山东小伙子李文赫说，上海纽约大学职业发展中心指导教师的一席话给他留下了深刻印象。当时老师告诉他，研究生可以随时再升，而他现在想做的事，五年甚至十年后未必还想做。"既然是兴趣所在，就值得一试，"李文赫深以为然，"作为本科生毕业后跨出的关键一步，事实上我也想过很多，但最终决定将'喜欢'这份权重放得更多些。"他的选择也为更多人留下了一些启示：当面临多种选择时，不妨听听自己内心的声音。

上海纽约大学 2020 届校友李慧琳，主修数学，辅修金融学。毕业时，她收到了哥伦比亚大学、西北大学、宾夕法尼亚大学、约翰·霍普金斯大学、加州大学伯克利分校、佐治亚理工学院、纽约大学、威斯康星大学麦迪逊分校、伊利诺伊大学香槟分校等14所全球名校的博士和硕士项目录取通知书,李慧琳选择了北卡罗来纳大学教堂山分校,攻读流体方向的数学博士项目。

刚入学时,李慧琳意在主修金融学专业,"因为向往金融行业的工作环境,也能接触很多新事物"。为了积累工作经验,她从大一暑假开始就争取了各种实习机会。这些实习经历让她初步认识到数学在金融领域里的广泛应用。"有很多建模、预测都需要数学基础,而且数学本身也是学校通识教育核心课程里的要求,所以大二上学期我选了两门数学课,想要加强这方面的知识。"大二下学期,她选修了大卫·麦克劳克林教授的一门动力学系统课程。"教授从应用数学的角度,给我们展示了微分方程在动力系统中的运用,我开始发现数学的应用是如此之广泛。"为了夯实数学基础,李慧琳在海外学习时,选修了纽约大学八门数学课。

"不尝试永远不知道自己是不是真的喜欢。"于是,她给纽约大学柯朗数学科学研究所应用数学实验室联合主任莱夫·里斯特洛夫(Leif Ristroph)教授发了封邮件,阐述了自己对应用数学的兴趣以及想加入实验室的愿望。"教授给我布置了一道开放性探索题,在经过和同学两周的激烈探讨后,我们给出了三种解答方法。里斯特洛夫教授听了非常满意,当场同意我加入实验室,并向我介绍了他正在进行的课题。"李慧琳说。

纽约大学柯朗数学科学研究所应用数学实验室是一个跨学科的研究实验室,其研究领域覆盖应用数学、物理学和生物学,涉及使用实验观察、测量、数学建模、模拟、分析等研究工具。进了实验室,李慧琳跟着里斯特洛夫教授进行流体力学相关的研究,主要涉及滑翔机的运动轨迹和稳定性。她还获得了上海纽约大学本科生科研基金,支持她暑假在纽约完成项目的主体部分。

应用数学实验室的这段研究经历,让李慧琳发现自己很喜欢实验室的氛围,"大家经常一起讨论、学习、交流,并就一个项目分工合作,每个人都有不同的贡献"。在大三暑假的研究阶段结束之际,里斯特洛夫教授表扬李慧琳的学习速度快、动手能力强,并鼓励她申请数学博士项目。"不管有没有准备好,我觉得只要有兴趣就可以尝试一下。如果因为准备得还不够充分而迟疑,可能就错过了一段有意思的经历,"李慧琳总结四年来的心得说道,"未来的事情还不一定,就像我刚进大学时想要学金融学,但最终转了数学。还是踏踏实实做好眼前的事,哪怕之后的方向或兴趣发生了转变,我也会坦然接受。"

2020届校友邹翊杰来自浙江嘉兴。刚进学校时,他还不确定自己会选什么专业。但有一点他是很肯定的,不会读计算机科学专业。他认为,"计算机科学虽然属于热门专业,但可能每天都要熬夜写代码,感觉有些枯燥"。而最终,邹翊杰是"计算机科学"和"交互媒体艺术"双专业毕业,并进入知名互联网公司"字节跳动",担任效率工程部门的前端开发工程师。

大一时,邹翊杰修读了通识教育"算法思维"板块的核心课程"交互实验室",这也是他第一次接触编程。作为一门跨学科创新课程,同时也是交互媒体艺术专业的先修课程,"交互实验室"涉及电子元件、编程、数字制造的入门知识,鼓励学生跳出键盘、鼠标的"局限",从更全面的角度思考计算机界面的创意开发。

"这门课让我爱上了编程,写几行代码,马上就能看到它呈现的效果,这个过程对我来说是一种正向反馈,所以会激励我写出更多的代码。"对邹翊杰而言,编程也是一种创作,"就跟画家用画笔去描绘心中的世界一样,我是用代码写出一个应用,实现自己的想法"。邹翊杰下定决心朝着当初有些排斥的计算机专业方向发展。"虽然我毫无编程基础,但老师认为我学得很快,做出来的作品也很好,鼓励我要相信自己的能力,老师也悉心指导编程背景不强的同学。他对学生的全心投入和不断鼓舞,让我觉得应该深挖自己在这方面的潜力。"

大学四年里,邹翊杰积极参与科技创作实践活动。多次参加各类"创客大赛",取得不菲的成绩,也为他之后的职业发展道路积累了丰富的前端经验。在海外学习期间,邹翊杰修读了纽约大学坦登工程学院"综合数字媒体"下设的两门课程和五门计算机专业课程,还修读了计算机专业课"数据库",更好地理解项目的运作过程。他说:"做一个项目,不能只局限于自己的部分,也应该了解团队其他成员的工作内容。"这门课让邹翊杰学会从后端的视角来看前端开发,并为日后工作中与后端顺畅沟通、对接打下基础。

邹翊杰很感谢上海纽约大学通识教育带给自己的积极影响,让他踏上了入学前不曾想过的一条职业之路。"如果没有通识教育核心课程,我可能一开始就和计算机失之交臂了。这样的教学机制促使我去探索不了解的领域,逐渐发现自己真正的兴趣和特长。"他说:"在上海纽约大学,没有人要求你一定要做什么,走哪一条路。而是会创造一个环境，让你不断追问自己：做这件事的意义是什么？到底想要成为一个什么样的人？"

孔小燕来自安徽的一座小城。上海这座城市于她而言并不陌生。刚出生不久，她便随进沪务工的父母来到这里，直到读完初中二年级。孔小燕的父母先是在农贸市场经营一家杂粮店，后在建筑工地工作。2017年，她如愿进入了上海纽约大学，并获得了奖学金和助学金。2021年完成学业，顺利毕业。"能接受大学教育是一件幸运的事，有很多人没有这样的机会，"孔小燕说，"我觉得我们能进入高质量的大学，并不代表我们是最聪明、最有才华的那一群人。作为有机会优先尝到高等教育果实的人，我们更应该去思考如何去帮助那些没有同等机会的人。"

在上海纽约大学，孔小燕试图通过校园内外的各种活动增进自己对社会的理解，探索如何将自己的追求与社会利益联系在一起。作为一个体味过乡村生活，也经历过大都市繁华的人，孔小燕一直在探索可以这样的身份为两者之间的资源平衡做些什么。刚入学时，她就成为上海当地一家非营利公益教育组织"铺路石"（Stepping Stones）的志愿者，为当地外来务工人员的子女辅导英语。"我觉得这是一个回报社区的好机会，因为我在成长过程中也得到了很多人的帮助。"孔小燕说道。她后来成为农民工子女服务组织"根与芽"的团队负责人，在上海郊区的一所农民工子女小学开展艺术治疗课程。

切实解决全球问题的愿望成为孔小燕在学业上勤勉奋进的动力。大一时，她选修了交互媒体艺术专业下设的一门与可持续发展相关的课程，看到艺术与前沿技术的结合引发了观众对社会问题的关注，深受启发。"'感应性环境'（Responsive Environment）课程上，教授给我看了几个展示全球气候问题数据的艺术装置。如果只是看原始数据，你不会有太大的感觉。但借助艺术装置，我们将数据可视化，就更容易打动观众的心。"

大三那年，她曾前往捷克和加纳参加海外学习，观察、体验布拉格和阿克拉城乡地区的生活现状。"在布拉格学习期间，我参观了一些村庄。我发现即便是在偏远的农村，人们也可以过着舒适的生活，周围的环境也很好，"孔小燕说，"在我的认知里，国内大部分人都想离开农村去大城市生活、学习和工作。这种现象造成了一部分的城乡迁移问题，有时政策也会迫使家庭成员分离，譬如我自己的家庭。在我看来，如果城乡资源能够更加平衡，情况可能就会好很多。我知道这个问题很复杂，但只要我们不失去信心，问题是可以慢慢被解决的。"孔小燕曾深入加纳阿克拉最贫穷的地区，在一个名为 BASICS 的非政府组织实习。她在孩子们的课余时间给他们辅导功课或与他们一起玩耍，还策划了一场废物利用工作坊，将塑料瓶做成垃圾桶投放至社区使用。

孔小燕借由毕业设计为自己的四年上海纽约大学之旅画上一个句号。"我的毕业设计是一个声音艺术装置，以留守在农村的老大和随父母流动到城市的老二为主人公，讲述他们之间的分离、团聚、回忆和失去；也侧面反映了某些特定时期内，社会、公共政策和教育体系对城乡流动家庭的影响，"孔小燕说，"整个创作过程也是自我身份探索的历程，更多信息让我不断思考：我是谁？我从哪里来？我将要往哪里去？"

毕业后，孔小燕去了欧洲攻读可持续发展领导力的研究生项目，以更广阔的视角利用专业的知识做自己想要做的事。再次回望过去四年，孔小燕忍不住感叹，上海纽约大学给她带来的种种经历让她对自己与世界的关系有了不一样的认知。"作为一个来自农村、从小在菜市场里长大的姑娘，我听到最多的话就是'你要考上名牌大学，赚大钱'。但经过这四年之后，我不再想追求别人眼里重要的东西了，我意识到最重要的，还是我自己想要什么。感谢上海纽约大学给了我探索自我的空间和机会，真心感谢。"

在高中阶段，军事化管理下高强度的应试教育会对学生产生怎样的影响？步入大学和社会后，人们又会如何消化这些中学时代的影响？这些有关教育的问题是上海纽约大学世界史专业（社会学方向）的 2023 届学生张雅淇关心的话题，她的观察、思索和研究最终呈现在了毕业论文里。毕业后，张雅淇前往哈佛大学人类发展与教育硕士项目深造。教育，是她决心追求的事业。

张雅淇对教育的触觉始于自己的求学经历。她高中就读于新疆石河子第一中学，高三时则前往衡水第一中学就读。"在那里，大家吃饭、走路总是很匆忙，因为要省下时间用来学习。如果你不能适应这样的节奏，就会被淘汰。"她回忆自己的过往，有感触地说，"我很感谢父母和身边的朋友，让我能够从只有分数的评价体系中抽离出来，重新认可自己除了成绩之外的价值。如果当时的自己没有这样的意识，在那个成绩至上的环境里会很痛苦。"

在衡水中学的这一年，让她开始对"教育"变得敏感。而进入上海纽约大学，又是另一段有冲击感的教育体验。入学之初,她感受到很大的压力。"很明显,我和来自发达地区同学的差距不是一两天能弥补的。"幸运的是,她很快就从"探究性写作"与"人文视野"这两门必修的学术写作课上找到了学习节奏。"老师们写作教学经验丰富,他们会给我很详细的反馈。在他们的指导下一步步修改,我能看到自己的进步,这种教学方式非常适合我这样没有英文学术写作经验的人。"

英文学术写作水平提高了,张雅淇因此获得在学术资源中心(ARC)担任写作与口语学习助教的机会,为学弟学妹解决课业困扰。张雅淇说,"我们的目的从来不是改出完美的文章,而是通过帮助同学捋清写作思路和行文逻辑,培养大家成为好的写作者。我从导师那里学到了一条重要的经验,就是通过有效的提问引导同学自己发现和解决问题"。这段经历也让张雅淇意识到,帮助他人成长,是一件让她有强烈幸福感的事。

大三时,在纽约大学阿布扎比校区选修的一门由南希·格里森(Nancy Gleason)教授主讲的"教育的未来"(Future of Education),让她对教育学有了更多元的认知。"这门课不仅让我第一次系统性地学习了全球教育理论、哲学和实践,还让我知道,教育不只局限于去学校或支教项目当老师,教育领域还有更多的职业方向和可能性,"张雅淇说,"我从课堂上了解到阿联酋当地的教育科技公司如何运用先进技术在欠发达地区打造沉浸课堂,以及支持特殊教育。我还学到了商业组织可以如何运用企业教育打造企业文化,提升员工的价值感和认同感。这些都是我未来可以探索的方向。"

回到上海纽约大学后,张雅淇将所学用以解答从高中起就萦绕在心的问题。在由社会学教授吴晓刚指导的本科生科研基金项目和由全球中国学教学助理教授阿米尔·汉佩尔(Amir Hampel)指导的毕业论文中,她深入研究了衡水中学的教育模式如何影响学生进入大学后的整体表现,以及衡水中学的就读经历会如何塑造学生对于成功与社会公平的主观态度。

张雅淇说:"一旦从高压、纪律严格的环境中离开,许多人会觉得很难做到自律,并由此陷入焦虑。在衡水中学毕业生看来,没有经历过衡水中学教育体系的人,在大学里更加自如,更容易抓住机会。"而这些问题,很可能源于衡水中学对学生社会情感能力发展的忽视。

"自衡水中学毕业的学生会用不同的方式,消解高压教育给他们带来的影响。

有些人会和负面影响激烈抗争,有些人则会放大在高考成功的过程中练就的坚韧、勤奋带来的积极影响,"张雅淇说,"这是十分有趣、值得研究的议题。"

在哈佛大学,张雅淇计划通过心理学和人类学的视角,研究亚洲地区的中高等教育。"我清楚许多教育问题由来已久,要解决,不是一朝一夕的事,但我始终相信,每个人都值得更好的教育。"谈到更远的未来,张雅淇还不确定深耕的方向,但不管是加入"美丽中国"支教项目,继续攻读博士学位,还是在国内创办自己的教育社会企业,教育,是她确定的、热爱的、真正想做的事情。

在2021届毕业生里有这样四位特别的同学,他们毕业于同一所高中——山东省实验中学,且曾两两互为同桌。2017年秋天,杜木子、王正、马家骥、陈美辰四人带着对大学生活的希冀与憧憬,一同来到了上海纽约大学,探索和实践自己的学术梦想。四年后,他们在各自的学术道路上收获满满。四人在大学期间均修读了双专业,并获得了赴哈佛大学、耶鲁大学和约翰霍·普金斯大学三所全球顶尖学府深造的机会。

学术探索的道路上他们彼此相伴,收获了同窗七年的珍贵友谊。毕业后,四位同学都决定投身科研事业,在各自的领域内钻坚研微。他们分享了在上海纽约大学就读期间的学术探索经历,以及塑造他们人生方向的难忘点滴。

马家骥在高中时就开始参加物理竞赛,所以在上大学前就确定了要学物理专业。在上海纽约大学,马家骥很高兴能认识一群文化背景多元、有趣而又聪明的同学。在和他们一起学习生活的同时,他也开始思考该如何定义自己。看到身边许多和自己能力相当的同学在学习金融或计算机科学,他曾几度怀疑自己选择物理学这条道路是否真的正确。如果自己的个性特点并非独一无二,那他究竟是怎样一个人?"我应该和他们一样吗?还是我需要有自己的特点?"他记得曾这样问过自己。"我需要找到其他方式来定义自己。"

本科期间,马家骥修学了不少数学和物理的课程。然而,他却说:"比起科学专业课,对我影响更大的是两门人文课程。一个是大四上学期的'中国哲学基础'(Introduction to Chinese Philosophy)。这门课比较系统地介绍了儒家和道家思想的脉络。当时的课堂讨论、阅读材料,以及《道德经》中诸如'反者道之动''柔弱胜刚强'的抽象表达,激发了我对自然规律、社会、生命的一些浅显思考。另一门是大二上学期的课程'人文视野'(Perspectives on Humanities),启发了我对于科学哲学、研究方法论、科学对社会影响的一些思考。"

马家骥深有感触地说:"我的很多科研机会是'聊'出来的。学校的教授都很好,我会主动去找他们聊天、提问或说说自己的兴趣想法。大一刚入学的第二周,我就去找物理学助理教授蒂姆·伯恩斯了解学校的科研机会。面试通过后,教授邀请我参加他们每天的研究组会,我跟着他一起做了近一年的研究。"自大二起,他在物理学陈航晖教授的指导下接受科研训练。三年来,他学到了很多,也取得了一定成果——参与发表了两篇研究论文,并在两场国际会议上展示了研究成果。其中一项研究在国际跨学科科学期刊《自然—通讯》(*Nature Communications*)上发表,论文探讨了巡游电子和极化声子间的强耦合,后者的软化可以为常规超导创造有利条件。在超导体中,电能可以被无损耗输送。文章由他和陈航晖教授、2018届校友杨锐涵三人合作完成,马家骥为第一作者。毕业后,他在耶鲁大学攻读应用物理学博士学位。

杜木子在高中时是走生物竞赛路线的,来学校之前就想好了要学神经科学。毕业后,他去了约翰·霍普金斯大学攻读神经科学博士学位。"我上过尼古拉斯·杰辛托夫(Nicholas Geacintov)教授的两门课,其中一门"高级物理生化"(Advanced Biophysical Chemistry)是研究生级别的课程,我在征得教授同意后获得了修读机会,这门课对我的影响很大。我之前从来不敢看结构生物学的文章,因为通常都非常复杂,但这门课极大地锻炼了我阅读复杂生化文章、理解结构生物学研究方法与理论的能力。"

"杰辛托夫教授的课很有特色的一点是,他基本上不讲课,每节课都是我们七八个学生轮流讲。他给我们分组,每个组每周基本讲一篇文章,他会向主讲者提出很多问题。上他的课最有意思也是对我影响最深远的是,他鼓励并要求我们向讲课的同学提问。有时候,我提出的问题,主讲者甚至是杰辛托夫教授本人都无法解答;有时候,我提出的是和讲课同学甚至是文献作者相反的观点。这种不断提出或宽泛或细节的问题的过程,培养了我的批判性思维,也提高了我提出有价值、有争议问题的能力。"

"当然,我也非常享受作为讲课者解答别人问题的过程,它锻炼了我思维的敏捷性和逻辑性——毕竟科研工作中很重要的一点,是要说服对方自己的实验结果是对的,对达成最终的实验目的是有意义的。"

王正进学校时想学计算机和商学,所以大一上选了"计算机科学导论"课,大一下没抢到商学基础课"微观经济学",就选了一门数学分析课——"荣誉数学分析 I",结果发现这门课非常难,老师也很严格。"可以说,这门课让我放下杂念,一页一页看课本、看书本上的定义,吃透课程内容。在这个过程中,我逐渐发现自己越来越习惯数学的思维方式,也积累了很多用英语思维学习数学的方法。我就这么误打误撞地学了数学专业,后来我又修读了数据科学作为第二专业,算是完成了想学计算机的心愿。"

"大二结束后的暑假,我参加了学校的本科生研究基金项目,跟着基思·罗斯教授做研究。研究主题是固定训练数据集下的深度强化学习算法,论文在神经信息处理系统进展大会(NeurIPS 2020)上发表。后来我了解到了布鲁诺·阿布拉豪(Bruno Abrahao)教授的研究项目,便在他的指导下开展研究。我们提出了 Random Test Sampling and Cross-Validation(RTSCV)的框架,这个框架可以被应用到所有常见的机器学习模型中,并大幅提升其识别未出现的新数据类型的能力。我们将该框架总结撰写成了两篇论文,加入了更多实验与数学证明细节。我在第 34 届 AAAI 人工智能会议(The 34th AAAI Conference on Artificial Intelligence)上展示了其中的一篇论文。"

这两个合作研究项目让王正对科研的意义有了更深入的理解:"一个好的科研想法一定会对社会发挥正面影响力。上海纽约大学的教授们总是从基础的层面入手,试图从更本质的角度来解释一些具有高度应用性的问题,这种精神令我十分钦佩。"毕业后,他去了哈佛大学攻读数据科学硕士项目。

陈美辰来学校时想学金融,但她受家里人想法的影响,觉得自己更喜欢做学术的生活和状态,所以在了解了和金融、经济相关的知识后,在大一下学期就确定了学习经济学专业,而且很坚定要走经济学研究的学术道路。从上海纽约大学本科毕业后她继续从事经济学研究,去了耶鲁大学攻读经济学博士项目。"我在整个大学阶段非常有目标,大一修完通识教育一些板块的必修课,上了一些金融和经济通用的基础课程之后,大二、大三我就将重点放在了经济学和数学专业课程上。第二专业数据科学是在大四时冲出来的。"

"大三上学期,我在纽约参加海外学习时,修读了由西尔万·查桑(Sylvain Chassang)教授讲授的'产业组织理论',这门课让我确定了研究方向。通过这门课,我对产业组织理论有了一些系统的了解,也发现自己很喜欢这个领域,决心未来做一些相关的研究工作。查桑教授在学术方面给了我很多很好的建议,我非常感激他对我的培养。"陈美辰还和秦向东教授合作过一个实验经济学研究。这个项目是她进行经济学研究的开端,帮她确认了对经济学研究的兴趣,她本科阶段之后的学习和研究都受益于此。

"我身边其实有很多同学后来因为种种原因没有按原本的计划走,他们在上海纽约大学探索出了其他的道路,并且最后发现这些才是他们真正喜欢的、想做的。所以大家也不必太执着于有一个非常明确的目标或计划。上海纽约大学给学生的选择特别多,有很多自由发展的空间,但这可能也会让你眼花缭乱。所以我想告诉大家,要勇敢做自己,不要太在意别人在做什么。"陈美辰说。

交互媒体艺术最早是上海纽约大学开设的本科专业,旨在培养学生的创新思维和创新设计。无论是主修或辅修这个专业,很多校友都讲到了它对他们思维方式和就业岗位的影响。叶霖如此评价她辅修的这门专业:"交互媒体艺术为我打开了通往新世界的大门。金融学塑造了我的理性思维,让我的逻辑更加缜密;交互媒体艺术则开发了我的创意思维,让我学会从不同角度看待事物。每堂课上,我都能学到新知识,并能将所学用于作品的创作。"林君超是2018届交互媒体艺术专业的毕业生,他说:"IMA让你见多识广,以找到自己真正感兴趣的方向。在这个过程中,我逐渐培养了一种对创新更加敏感的能力,能够更快地想到用更好的方式来展现一个故事,或呈现一个设计理念。不论是在做校内项目还是实习的时候,这些能力对我都有极大的帮助,可以让我更加发散性地去设想一些创新点。"

张珺安也修读了交互媒体艺术专业的多门课程。他认为,交互媒体艺术并不局限于编写代码实现设计想法,其核心内涵非常深厚。"它鼓励学生将实践与理论相结合,打通技术技能与历史知识、文化解读、概念性思维之间的关系,除了我们惯常所认为的软件开发、数字媒体制作、交互装置设计等技术层面,还包括媒介理论、技术哲学等文化层面、政治层面和理论层面,"张珺安说,"正是上海纽约大学所推行的跨学科创新培养理念,让我们有足够的空间去选择细分方向,并进行跨学科应用和探究。交互媒体艺术、统计学、商学等很多不同学科的知识,都可以汇集到我的社会科学研究之中。"

在实践中认识自己，找到方向

上海纽约大学实施的是课堂教学、文化体验、社会考察、科研实践和在线学习一体化的人才培养模式。帮助学生成长，不仅在课堂上，还包括实习、实训、海外游学、科研实践以及各种学校兼职或志愿者活动等，学校教育是个综合的过程。

大一暑假，张雅淇参加了由致力于促进中国城乡教育公平的非营利组织——PEER毅恒挚友开展的挚行伴夏暑期服务学习项目，校园外的教育实践给了她新的感受。在湖南省桑植一中的项目营点，她作为统筹营长与其他12名志愿者一起，为当地学生设计了为期16天的体验式学习项目，涵盖各类社会议题，带领学生探索如何服务当地社区。这段经历在她生命中留下了无法抹去的印记。"桑植一中营点聚集了许多热爱公益的优秀青年，大家如今都在不同的教育领域中不断探索，我相信我们可以一起为中国的教育做点什么。"

从学生那里，张雅淇再次理解了教育选择在真实世界里究竟意味着什么。"他们都很享受学习，渴望知识，但又不得不在读普通高中参加高考和选择免费的定向师范大专间做出取舍。"她说，"我们无法干预他们的选择，但这并不代表我们的努力没有意义。我们做的是让他们看见人生不同的可能性，而这种'看见'，在未来的某个时刻，也许就会影响他们的选择。"在一线实践中看到的问题、积累的感受，推着张雅淇的思考走向更深处。

王嘉凌在大二时受纽约大学阿布扎比校区 Sila Connection 会议的启发，参与创建了上海版的 Sila Connection 会议。会议从上海本地高校选出60个人，随机分组，各小组要就上海的一个城市热点问题提出解决方案。"团队里有很多国际学生，大家做事的方法和习惯不同，语言表达也存在障碍，所以合作过程中会发生一些矛盾。"王嘉凌试着总结出化解矛盾的经验，就是采取积极、正面的态度，不要拖延，当即解决，"这让我增强了主动沟通的意愿和应对问题的能力"。

在大二时，胡爽与位于北京的非政府组织建立联系，合作成立了"PEER X 上海纽约大学"学生组织，通过设计网络课程和为乡村青少年提供实地教学，促进中国乡村通识教育的发展；为推动水资源的可持续利用，她参与了世界自然基金会中国办事处的活动，组织了名为"对话：扬子江，我们关心，我们行动"的论坛。大三时,她入选纽约大学华盛顿教学中心全球领导力学者项目,她抓住了每一个机会。"我认识到,要对中国与国际关系有更深的理解,需要和来自其他国家的学者面对面地沟通交流。"为了解公共政策对商业和金融领域的影响,在华盛顿期间,胡爽在世界银行一位咨询顾问创办的"开放数据创业中心"工作过,协助组织了该中心与白宫科学技术政策办公室联合举办的圆桌会议。"成为全球公民的步伐在校园之外仍在继续。能和不同的人交流,总会产生思想的碰撞与火花。这种感觉,如同一扇通往全世界的大门正在打开。"

"作为成长于外来务工人员家庭的孩子,我希望能为外来务工人员子女提供社会支持。"2018届校友李响不仅参与了"院长基金公益服务学习项目"(DSS)等志愿活动,在校期间她每个周末都会给外来务工人员子女辅导英语。

公益服务为2020届校友武光宇的大学生活增添了另一抹别样的色彩。大一上,武光宇就成功入选上海纽约大学的"院长基金公益服务学习项目"。在接受了近一年的社会服务理论和志愿服务知识培训后,他赴湖南怀化的县城高中参加英语支教项目。五天的怀化之行给了武光宇许多启发。"短短几天内,我们就从陌生人变为彼此信任的伙伴。"他回忆道。离开怀化后,武光宇仍和那里的孩子们保持着联系。"公益服务给我带来幸福感。那次活动也让我对志愿服务、教育、跨文化合作有了新的见解。从那时起,我开始思考教育公平的问题。"

大二下,武光宇与王子昕着手筹办了前往四川山区小学服务的暑期支教项目。他们从上海纽约大学本科生中招募了12名志愿者,组织培训,并且根据专业所长,分别设计语言和计算机,以及天文学课程。他们成功举办了为期10天的夏令营,共有60多名孩子参加,大家乐在其中。"这些公益活动让我意识到,我的专业知识还可以有如此广泛的应用,创造如此多样的价值,"武光宇说道,"这对我的长期规划产生了巨大的影响,坚定了我积极投身解决教育公平问题的决心。"

来自浙江宁波的2023届毕业生赵晗宇从进校时就目标明确,努力利用学校提供的各种机会提升自己。大二暑假,赵晗宇和两名同学在本科生科研基金项目的支持下,合作建立了全球环境、社会以及公司治理(ESG)市场的情绪指数模型。这段经历使她成为具备一定专业研究经验的学生,而不仅仅是只专注于学习的学生。赵晗宇曾先后在贝恩咨询公司、安永-帕特农(EY-Parthenon)、摩根大通银行(中国)有限公司实习,她更清晰地看到了自己身上的变化——更外向,更自信。

这是一个良性循环,因为越进步就越自信,越自信就越进步。毕业后,赵晗宇在摩根大通银行(中国)有限公司任分析师。

2018届校友赵雪涵是位四川姑娘,毕业前入选奈特-汉尼斯学者奖学金项目(Knight-Hennessy Scholarship),获全额奖学金前往斯坦福大学攻读硕士学位。回国后,她在麦肯锡工作。大学期间,她自主选择了日本作为海外学习的地方。赵雪涵说:"中国和日本有长久的历史渊源,日本有着长期的对华研究传统。如果研究中国缺少了日本的视角,我的专业学习就不能算是全面,所以我选择了去早稻田大学进行海外学习,用全球视角去了解和研究中国。一方面可以在学术上深入研究日本对华政策,一方面也能进行语言学习。学习日语可以帮助我在课堂内外更加深入、广泛、真切地听到日本对于中国的声音。我和当地人聊天,倾听他们对中国的看法,也不回避日本侵华战争等敏感话题。"

2014年,满怀着对城市遗产的好奇和热忱的张炜仑选择加入上海纽约大学这所能充分给予学生探索机会的年轻大学,成为上海纽约大学第二届本科生。本科四年间他主修世界史(综合人文)以及世界史(社会科学)专业,辅修交互媒体艺术专业。毕业后,他在一家广告传媒公司就业。而后,2018届毕业生张炜仑入选了欧盟"伊拉斯谟世界计划"(Erasmus Mundus Scholarship)的"欧洲四城"硕士项目。两年后,他完成了城市研究的硕士项目,又选择回到上海纽约大学加入社区参与学习项目(Community Engaged Learning Program),同时担任"人文视野"课程的教学助理。"藕断丝连"是张炜仑形容自己与上海纽约大学关系的关键词。

作为一个上海人,张炜仑沉浸式体验了这个城市十几年内发生的巨大变化,了解这个城市深厚的历史文化底蕴,他对研究城市及城市遗产有着巨大兴趣。无论是在本科就读期间或是毕业后,上海纽约大学的老师们一直给予他支撑及鼓励。他说:"我刚进入学校的时候,什么都是新的,一切都要探索。那时候的上海纽约大学真的就像一张白纸,让同学们在上面尽情描画。"

而今,"随着上海纽约大学这个大家庭过去十年的共同摸索与努力,更多人体会到接受全球化教育对探索个体价值,对了解不同社会群体,对世界性问题的解决,都有深远积极的作用。上海纽约大学提供了很好的教育模式和丰富的全球性教学资源,激发学生探索各种'差异',找到不同的思考方向,接触不同的群体,体验不同的文化,获得不同的机会……这些在我看来,对一个人的长远发展是很有必要的,也是越来越多家长和同学所认可的。"

2018届的校友李畅主修荣誉数学(Honors Mathematics),辅修计算机科学(Computer Science),毕业后去了普林斯顿大学金融工程读研,现在摩根士丹利工作。他说:"我在大二秋季学期碰到个不小的挫折,繁重的工作曾让我觉得力不从心。那时,除了完成正常的校内课业,我还在校外公司实习,担任宿舍助理,并是校篮球队的成员,合计起来,后面这三项总工作量是每周20—25个小时。即使我每天早起晚睡,还是觉得时间紧迫、分身乏术,很多事情都没有做到让自己满意。"李畅说:"回想起来,我是犯了两个错误:一是操之过急,面对各种机会不懂取舍,就想一口吃成个胖子;二是大二的我很多能力和技巧尚不成熟,时间管理也没做好,完成任务效率不高,经常事倍功半。"

在大四秋季学期,李畅再次面临两年前的难题。他说:"我在校外有一份实习,在纽约和上海各有一个进行中的课题,同时还需要准备烦琐的申研材料。而且大四的课业压力相比大二有增无减,我一度怀疑两年前的悲剧又要重演。但经过反复思考,我还是决定一个都不放手,再拼一把。原因很简单:一是经过两年的历练,积累了经验,我自认为各方面进步不小,这次没理由比上次差;二是先前不甚成功的经历一直让我耿耿于怀,这次有了重新检验证明自己的机会,我真的不想放弃。于是在学期开始前,我定好了目标,做了最周密的时间表,并且下定了决心。回过头再看,我对结果很满意,也感觉到了自己的进步。"

李畅很感慨地评价道:"我在上海纽约大学最大的收获概括成一句话就是'以世界为课堂'(Make the world your major)。这句话耳熟能详,但大家各有各的解读。于我而言,它的意义除了体现在纽约大学独特的全球教育体系以及海外学习的经历,更在于上海纽约大学提供的平台、机遇与资源让每个人都可以有机会选择自己的高度,观察这个世界,融入多元文化,接触形形色色的人。见过的多了,想过的也多了,眼界和价值观自然会发生变化,对自己和这个世界的理解也会更加深刻。"

在大学四年里,徐伊桐尝试了不同的实习工作岗位,希望能在实践探索中找准自己的职业发展兴趣。"我找实习的目标很简单,就是想要了解哪个行业,就去申请试一下。这样才能更加了解不同的工作岗位,以及自己到底适合哪一种工作。"她曾在麦肯锡中国做兼职助理,在普华永道中天会计事务所担任审计实习生,在东方花旗的投行部实习,在海通证券的机构与国际业务部实习。经过不同岗位上的实习,徐伊桐确认了自己在商业运作与战略咨询上的兴趣,学会了如何站在不同岗位的立场上,理解对方的真正诉求,提供更多附加价值;以及如何从全局出发搭建框架,给出更细致完善的解决方案。"这种心态与思维方式的调整,是无法简单地通过课堂学习获得的。"

徐伊桐还积极参加各种校内外活动并连续三年获得了学校的"表彰奖":她是2021届毕业典礼校友关系委员会主管、"绿色上海"环保社联合社长、"TAMID"纽约大学分会咨询团队成员、团委副书记、军训营长、纽约大学学生校友委员会成员等。她还与朋友们参加了许多比赛,获得了许多难忘的经历和出色的成绩:2019年参与了欧莱雅"校园市场策划大赛",挺进中国赛区12强;2018年参与了"48小时电影马拉松大赛",获得最佳原创剧本奖;2017年参与了"24小时电影挑战赛",斩获冠军。

要兼顾学业、实习和各种活动,需要很多时间和精力,甚至经常要牺牲睡眠。但在徐伊桐看来,她是发自内心地觉得好玩,所以做起来一点也不觉得勉强。"我不是出于要步入社会的紧迫感才去做的,也没有很强的目的性。""从入学开始,我们就被鼓励不要给自己提前设限。在这里,每个人活得都很不一样,但都非常精彩,勇敢地作出自己的选择。"徐伊桐说:"work hard,play hard(努力学习,尽情玩乐),非常积极向上,对自己负责、对社会尽责的群体。我们一同塑造了上海纽约大学,在这里的四年,也塑造了我未来的人生。"

这些不寻常的经历对青年学子的成长都起到了不一般的作用,却往往是教育环节中比较容易忽视的部分。上海纽约大学的教育模式对中外学生成长的影响有共同之处,也不尽相同。我考虑从"学会学习、学会选择、学会思辨"的视角,来展示学校教育对中国学生的影响,这可能是很多中国家长共同关注的问题。

如今,中国家长的视野也越来越开阔了,重视孩子的兴趣发展和特长发挥。他们希望孩子能在多元文化的环境中成长,在跨文化沟通、交流和合作方面有更多的机会,有积极的人生态度和价值取向,有包容性和探索精神。他们对自己孩子的成长充满信心,作为上海纽约大学学生的父母,没有人比他们更能清楚地看到孩子的变化。因为学校而彼此相连,他们共同守护着上海纽约大学的教育理念,一起创造学校的历史。

Violet(维丽特)是上海纽约大学家长联盟群的群主,被人戏称是体制外的招办工作人员。那些慕名报考上海纽约大学的家长会通过微信群和 Violet 打听情况,Violet 理解他们患得患失的心情,有时候即便是半夜也会耐心作答。

Violet 的儿子 2014 年参加了上海纽约大学的开放日,回来就撂下一句话:决定放弃复旦大学直推机会去上海纽约大学,如果学校不要他,明年再考一次。

这句话让全家都蒙了。Violet 焦虑得一个晚上没睡着,和老公一起上网查看上海纽约大学的信息,几乎毫无收获。那是招收的第二届本科生,并没有毕业生作示范,从而增加了她的担忧。Violet 只能发动身边各种渠道调查,"阻力很大,身边的老师朋友几乎都叫我们不要去,但拗不过儿子,最后还是听他的"。

Violet 的儿子有一天突然跟妈妈说:"毕业后我要去印度一年,因为印度的计算机技术比中国强,而我希望改变这个现状。"听上去如此少年轻狂,但足以看到年轻人的远大志向,Violet 相信,孩子的这种见识和胸襟,与上海纽约大学宽容、开放的国际环境分不开。

比起几年前,大部分中国家长眼睛都盯着国内的"985"高校、"211"高校、国外的常春藤名校,上海纽约大学确实在转变一部分家长择校的态度,作为群主的 Violet 感触可能更深。

方爸爸的孩子安迪(Andy)在选择上海纽约大学之前做了非常多的调查,也根据自己重视的校友人脉、师资力量、校园文化等多个角度进行了比对,最后选择了上海纽约大学。作为上海中学年级排名前 30 的"学霸级"学生,安迪手上有很多张牌,但在未来成为"立足本国文化,同时深入了解世界"的国际化人才这一努力方向的前提下,方爸爸一家人都看得更超前,认为选择上海纽约大学有利于达到孩子的目标。

在择校的问题上,是否契合学生未来的发展方向,学校的气质是否与学生匹配,除了名声之外,学校的教育理念是否与时俱进,等等,这些顶尖学生在理性选择过程中会考虑的问题,也渐渐形成示范作用,渗透到普通家庭中。

第八章
存在就是成功

上海纽约大学的学生不仅在书本中、课堂里学习,而且关注更大的世界,把世界当作自己学习的课堂。我感到,全球化创新人才,需要在一个更广阔的天地里去思考自己的未来发展,承担起社会责任。

2016年我去罗格斯大学参加国际论坛,巧遇美国国际教育协会首席执行官艾伦·古德曼(Allan Goodman)先生。我们曾在纽约见过面,他也知道我在上海纽约大学任校长。我们谈到上海纽约大学的发展,他说:"上海纽约大学的存在就是成功。"这句话给我留下了深刻的印象,一直回荡在我的脑海里。也许当时我没有那么多的感受,但现在越想越有道理。

当今世界,全球化进程遭遇挑战,政治外交对抗激烈,经济贸易摩擦不断,人文交流这条底线就显得越来越重要。教育国际合作和交流是人文交流的重要方面。应该让青年学子有更多的交往,相互理解与尊重,求同存异,这是世界和平的希望。当下,上海纽约大学的探索和实践无疑有着更重要的意义。

在多元文化环境里,各国青年打开视野,看到一个更大的世界;在跨文化沟通、交流和合作中,认同和欣赏不同文化,实现文化理解和文化融合;在探索实践中,增强批判性思维能力、创新意识和创造力、人文精神和社会责任感,提升全球胜任力,从而更关注全球问题,积极参与全球复杂问题的解决。

闪烁时代光辉的教育理想

上海纽约大学的教育理想正在实现中,我们欣喜地看到来自不同国家的青年学子们在多元文化环境里结下了友谊;在国际化创新人才的培养模式下增强了适应能力,发现了自己的兴趣,认识了真正的自我,提升了创新和创造力;在面向问题、主动学习的过程中增强了社会责任感。从而,体现自己的人生价值,获得更多的幸福感。

然而,上海纽约大学在发展过程中也不断受到挑战。有人曾在美国国会提出,纽约大学在上海合作办学有违大学宗旨,政府不能支持,并要求纽约大学出席听证会。为此,2015年雷蒙常务副校长出席了听证会,解读了上海纽约大学的办学理念和举措,但还是有个别议员说,要眼见为实,他会亲自来学校调研。雷蒙和我谈起了此事,他很坦然地认为这名议员不会来中国,我们也没有当回事。然而,2016年春节长假后,学校突然收到这名议员办公室的邮件,说议员已经得到中国签证,不久会到上海。在安排议员活动时,我建议他可以先到我的办公室,我希望他能了解上海纽约大学的办学理念,理解在全球化时代多元文化交流和合作的重要性。

2016年2月16日,天气还很阴冷,这名议员在美国驻上海总领事的陪同下到了上海纽约大学。按照事先的安排,他先到我的办公室,寒暄了几句后就开始交谈。我讲了为什么我们要合作举办上海纽约大学,学校的办学理念和培养目标,实际运作情况等。遗憾的是,他就是一个名副其实的政客,根本不想听这些话,不时打断我的讲述,唠唠叨叨地讲起他在纽约大学受到的委屈等。我们交谈了一个小时,无法谈到一起,没有成效。随后,他就分别和教师、学生座谈,结果也没有得到任何有利用价值的线索。

最后一项议程就是他要面对师生演讲,上海纽约大学的任何讲座或报告都是大家自愿参加的。那天下午来了几十位师生,雷蒙常务副校长主持演讲,我们在前排就座。议员走上台后,就从口袋里掏出一张纸,照本宣读,内容与上海纽约大学办学毫无关系,就是在数落中国的人权问题。

议员先生念完稿子大概花了十多分钟。然后,雷蒙常务副校长说道:"上海纽约大学一贯强调学术自由,大家都可以自由提问。"听到同学们的提问,我充分感受到了中外学生的独立思考能力。有人发问:"议员先生,你一直讲自己是美国人权的捍卫者,能不能说说美国的人权问题?你为美国人民的民主权利做了什么?"也有国际学生问道:"国际难民的境遇是否是人权问题?是谁造成的难民问题?为什么发达国家不接受他们,听任他们流离失所?"学生的问题一个接一个,而议员根本没有思想准备,也无法给予回答。憋到最后只能说,他没有研究过这些问题,所以没法回答。一天的调研访问就这么草草收场了,回国后他在自己的网站上发布消息,说已经成功访问中国,在大学讲坛上做了关于中国人权的讲话。完全是一场蓄谋已久的闹剧,是对中美合作办学的挑战。我在下楼的电梯上听到有几个美国学生在议论,为他们州里选举的议员感到羞愧,他的演讲不仅无关大学教育的理念,而且一点没有水平,完全是一场政治秀。

当然,这些挑战并没有让我们感到困惑,而是更坚定了学校的教育理想。为了世界和平与可持续发展,上海纽约大学在探索中美教育合作的道路上,不断开拓进取。在学校多元文化的学习与生活环境中,各国学生有机会接触不同文化,感受不同文化,在文化碰撞与交融中成长,发展自己的同理心。学生在世界各地游学,理解当地的文化,与不同文化背景的同学相识相知,提升了跨文化沟通交流的能力。上海纽约大学是一座难能可贵的文化熔炉。

"我去过三大洲,在不同地方认识了不同的人,这是在别的学校不可能有的机会。"首届毕业生娜奥米·洛斯曼(Naomi Y. Losman)激动地阐述自己四年的游学经历。

交互媒体艺术专业的学生安娜·施密特(Anna Schmidt)对上海纽约大学有一段曲折的认知过程。安娜在大二时从上海纽约大学转学到哥伦比亚大学,没多久又回到了上海纽约大学。有意思的是,她发现哥伦比亚大学也有很多办学问题,与之相比,上海纽约大学的融合式学习倒显得略胜一筹。"任何学校都有缺陷和短板,我选择回到上海纽约大学是因为这个群体的活力,我们建立的深厚友谊以及我们能够在中国学习生活的事实比这些问题更为重要。"安娜在上海纽约大学学生杂志中如是说。

从已经毕业的国际学生的话语中,我们可以感受到包容、多元、高远、创新——上海这座国际化城市的气质,看到上海纽约大学播下种子的未来。我们有幸见到这些种子的成长,期待着更多种子的发芽。

"在上海的每一天都充满着变化:我们使用支付宝、微信等不同的支付方式,居住地附近一直都会开新的商店,共享单车只花了一年时间就遍布了上海,"马克西米利安·里夫很感叹在上海生活的神奇变化,"在上海,在中国,我觉得每一天都在很快地更新,而在我的家乡,很多事情都是在循序渐进地慢慢发展。"

玛姬·沃尔什(Maggie Walsh)规划了今后的旅程。交互媒体艺术专业毕业的她为咖啡店打造互动装置,用民族志研究科技,对成功进行重新定义,从而追寻内心真正的激情。"我喜欢和当地人接触交流。我认识了在世纪大道跳广场舞的阿姨，并邀请她们来学校，给我们上了一堂舞蹈课；我在深圳结识了农民工子女，帮孩子们设计了一堂科技工作坊。"

来自美国加利福尼亚州河滨市的凯莉·麦迪逊·博格（Kylee Madison Borger）说："没有上海纽约大学，就没有今天的我。我的成长环境非常保守，身边也都是和我类似的人，而出国留学无疑拓宽了我对世界的认知。希望学弟学妹们拥抱这份人生体验，努力融入其中，充分利用上海纽约大学提供的独一无二的机会，与不同文化背景和国家的人建立联系。"

谈到为什么会选择上海纽约大学，来自美国波士顿的毕业生何力说："这是我高中毕业后申请的唯一志愿，我想在上海可以学到更多汉语和中国文化。"他说，接触世界上更多元的文化，学会母语英语以外的更多种语言，是自己的一个小梦想。"我想能够掌握更多样化的语言，尊重不同的文化，也热爱自己的母语。"

2018届毕业生路易斯·德米特鲁拉克斯（Louis Demetroulakos）说："美国处于相对平稳的发展状态，而中国近年来飞速发展，中国的未来有无限的可能性。中美合作在未来30年内一定是世界发展的主流，我觉得我可以从中承担一部分责任。"

这些话应该代表了相当一部分上海纽约大学国际学生的想法。好的教育，就是要让学生看到一个完整的世界。面对不同文化之间的差异，如何求同存异？全人类碰到的问题，怎么共同参与解决？这是学校教育的一个重要部分，也是学生毕业后必然会面对的挑战。不少国际学生毕业后选择在国内一流大学读研，或在上海本地企业工作，他们未来能成为向世界介绍中国的"中国通"。

在已经毕业的7届学生中，已有一些同学进入了清华大学苏世民学者项目，他们是2017届的洛葛仙妮·罗曼、杰克·沃尔兹（Jacko Walz），2018届的韩宁菲，2020届中国学生向家乔、王子昕、张珺安，2021届的泰拉·布兰德（Taylah Bland）、刘正源，2022届的许竞之。还有一些学生成为北京大学燕京学者，他们是2018届的佐伊·乔丹、高安明（Amit Gal-Or）、詹姆斯·布罗姆利（James Bromley），2019届的萨凡纳·比尔曼（Savannah Billman），2021届的莎拉·布鲁克（Sarah Brooker），2022届的宋凯欣（Kathy Song）。被清华、北大的这两个硕士项目录取的主要是国际学生。

主修经济学专业，辅修中文的2018届毕业生韩宁菲当年获得了"苏世民学者项目"奖学金。她对中国研究和政治领导力的兴趣,萌生于 2011—2013 年在以色列服兵役期间。"我了解到中国在中东所扮演的角色,我希望更全面地理解中国这一影响力与日俱增的全球领导者,所以,我选择来到上海纽约大学,也期待借'苏世民学者项目'更深入地了解中国。"韩宁菲说:"清华大学'苏世民学者项目'为我提供了丰富的资源,让我可以学习所需技能,有助于实现我的人生理想:平息中东地区的冲突。"

泰拉·布兰德是 2021 届毕业生,来自澳大利亚悉尼,在上海纽约大学主修世界史(社会科学方向),辅修中文专业,并自主定制了"比较法学"的专业方向。她说,改善中澳关系是她一直以来的奋斗目标。"苏世民学者项目"融合了中国特色,提供与全球思想领袖研讨交流的机会,这将进一步推动她实现人生目标。"我觉得'苏世民学者项目'将使我进一步了解中国的内政外交,同时探索中澳两国的互利共赢之道。"

来自美国马里兰州的 2018 届学生佐伊·乔丹毕业后进入北京大学燕京学堂。虽然没到中文十级的水平,但她已经能用流利的汉语进行对话,还给自己取了个中文名——赵艺。她亦是一位"中国通","不来中国,不向中国人学习,又怎么能了解中国呢?"在本科就读期间,佐伊主修世界史专业(全球中国学方向),辅修交互媒体艺术专业,这样的专业背景为她研究中国政治、语言以及网络媒体文化等方面打下坚实的基础。"研究生阶段,我希望能进一步加深对中国的研究,通过地区视角探索国际关系,"佐伊说,"我的研究生论文方向将设定为中印关系,也是为今后的博士研究打下基础。作为中国的政治文化中心,北京将为我的研究提供丰富的学术资源。"

来自以色列的高安明是上海纽约大学 2018 届经济学专业毕业生。在校期间,他创办经营了几家创业公司,成功地为公司募集到资金,还创建了一个将以色列创新科技引入中国的商业平台。毕业后,他成为北京大学燕京学者。在过去的十年里,高安明在包括香港、北京、上海在内的中国各地居住。攻读北京大学燕京学堂的中国学硕士研究生项目,让他更加深入地了解中国。"这是我在上海纽约大学学习经历的'完美延续',让我从更深层次学习理解博大精深的中国文化,并将我的所学应用于创业实践、学术研究、创新表达等方方面面。"

高安明是科技公司 Phresh 的创始人。公司推出了产品"果伴",由有机精油做成，可以挥发到空气中，杀死导致水果变质的细菌，从而延长瓜果蔬菜的保鲜期。高安明的哥哥高佑思建立了自媒体平台"歪果仁研究协会"。两位以色列学霸兄弟，胸怀着在中国创业的理想。

詹姆斯·布罗姆利也是2018届毕业生，来自英国利物浦。大学毕业后他在香港络汇物流有限公司（V-Logic Limited）工作，负责制定中国和尼日利亚间的电子商务战略。而后他得到全额奖学金资助，攻读北京大学燕京学堂中国学硕士研究生项目，从事公共政策与国际关系方向的研究，重点关注中国在西非基础设施项目投资的社会效益，以及"一带一路"倡议对非洲的影响。"能在燕京学堂继续我的中国探索之旅，我感到非常荣幸。"詹姆斯说道。

本科期间，詹姆斯主修世界史（社会科学方向），辅修中文。他表示，上海纽约大学的小班授课和跨文化学习环境，为他的工作和学术求索之路打下了坚实的基础，"我很感谢在上海纽约大学求学期间支持过我的每一个人，他们鼓励我不断精进、追求卓越"。

詹姆斯想从中国视角深入了解中国的发展情况，并提高自己的中文水平，"我希望为促进西方国家更理性、全面地了解中国而贡献自己的力量，中国与其他各国间的友好合作在当下显得尤为迫切。"他说道。

来自美国宾夕法尼亚州的2019届学生萨凡纳·比尔曼，高中时就来北京学习过，从小热爱中国，把中国当成第二故乡。她有良好的中文学习习惯，喜欢文言文和古诗词，会说简单的上海话，甚至会和来自成都的同学说几句"川普"。

她在上海纽约大学主修世界史（全球中国学）专业，辅修中文与新闻学。"学长学姐也给我推荐各种实习机会，介绍不同的研究生项目，"萨凡纳·比尔曼说，"上海纽约大学的多元文化环境，鼓励跨学科交流的氛围，以及高瞻远瞩的教育理念，培养了我的领导力和研究能力。在燕京学堂的学习，为我开启了新的篇章，给我带来各种经历与机遇。我会充分利用北京大学提供的各种资源，继续学好中文，融入北京这座城市。"

2021届毕业生莎拉·布鲁克也是北京大学燕京学者。这位来自美国亚利桑那州的姑娘表示，自高中时起，她就对中国和中国历史产生了浓厚兴趣，因此她毫不犹豫地选择了世界史专业'全球中国学方向'。上海纽约大学老师们的悉心教导和培育，使她有充分的信心面对未来的学术挑战。她尤其喜欢环球亚洲研究中心举办的讲座，它们大大拓宽了她在中国和亚洲领域的学术视野，也丰富了她的研究内容。她说："燕京学堂在许多方面和上海纽约大学有相似之处，比如课程设置和学生群体，在燕京会有许多探索的空间。"

"很期待能在北京大学燕京学堂继续进行与全球中国学相关的研究。虽然我已在上海度过了大学四年，但这远远不够，我还有很多东西要学，中文水平也仍需精进。我很期待这一项目给我的研究带来新的洞见。"2022届学生宋凯欣在上海纽约大学修读世界史专业（全球中国学和社会科学方向）。在本科学习期间，她对现当代中国的政治文化概念产生了浓厚的研究兴趣，试图通过分析中国人的思维方式，来重构其世界观、价值观和方法论，并探究中国对于未来的构想，及其在世界舞台上所扮演的角色和承担的责任。宋凯欣很感激上海纽约大学给予自己的机会。"学校不仅为我创造了一个学习中文的完美环境，还赋予我国际化的视野和格局。"她鼓励学弟学妹们"走出校园，因为学校不是学习的唯一场所，要多与不同种族、社会经济条件、年龄和地区的人沟通交流"。

我看到过不少媒体对路易斯·德米特鲁拉克斯的采访，他的故事给我们很多启示。这是位来自美国波士顿的2019届学生，主修世界史（全球中国学方向）、辅修历史和汉语，他有一个地道的中文名——廖俊。他说自己和中国的渊源可以追溯到幼时，"小时候，我在波士顿家里的后院挖出一块瓷器碎片。在上海纽约大学上历史课时，我意识到它可能是18世纪末被带入美国的中国瓷器，因为波士顿当时是对华贸易重镇"。高中时，他上了一门选修课——"现代中国的发展史"（Advanced History of Modern China）。"这门课极大地拓展了我的眼界，让我对中国由一无所知到有了全新的认识。之前，我对中国有一些误解，因为美国主流媒体报道下的中国几乎都是负面新闻，老师常常指出不实之处并纠正，通过与老师的交谈，我对中国文化有了更为直观的认识。"他开始对拥有深厚文化历史的中国产生浓厚的兴趣，这促使他申请自己的理想学府——上海纽约大学。

作为一所美国顶级私立寄宿学校，米尔顿（Milton）的毕业生大多会入读哈佛、斯坦福等常春藤名校或著名的文理学院，而廖俊却毅然放弃了这条顺理成章的名校之路，申请了上海纽约大学，成为这所刚成立不久的中美合办大学的学生。"起先，我没告诉父母申请了上海纽约大学，录取信寄来时他们都很吃惊，觉得离家太远。我写了一篇3000字的文章向他们解释为什么想来这所大学。"

廖俊说："上海纽约大学的文化是多样的，来自全球 48 个国家与地区的学生在这里上课，一半是中国学生，一半是留学生。在与中国室友的交流中，我们能了解到各自的文化和生活习惯，这是一个很好的文化融合的方式。上海比我想象中要好很多，我从未想过这里的中国人会如此热情和好客，这么有活力。"

中国人的热情好客、快速增长的网络市场等都让廖俊对这个国家有了新的认识。他对中国提出的"一带一路"倡议也很感兴趣，觉得这会是大家的机遇。"尽管世界上一些国家的经济仍不够景气，但是中国经济一定是目前和未来的较好增长点之一。"为了提高自己的汉语水平，这个美国小伙一入学就规定每天从下午四点起是自己的"中文时间"，只能讲中文。为了将课本中的对话活学活用，他最爱的是和上海出租车司机"嘎三胡"；在特拉维夫海外学习时，廖俊还和朋友在咖啡馆练习中文对话，将那里营造成一个"中文角"。

廖俊曾担任过上海纽约大学本科生商学会主席，他经常被人问到为什么选择世界史专业（全球中国学方向）。对此，他有自己的想法："上海纽约大学的师资非常出色；全球中国学的课程设置灵活性很强，学到的知识改变了我看待问题的视角，也成了我应对不同情境的好工具。我对中国传统是如何影响当下人们的商务行为的很感兴趣。同时，这些专业知识让我在职场上与人打交道时，感同身受，游刃有余。"

2019 届的廖俊提前一年修完学分，从上海纽约大学毕业，进入全球化职场，前往希华集团（Hellas Group）担任业务发展经理，往返于上海和雅典两座城市之间。对中国本土商业文化的理解以及出色的跨文化意识，让廖俊在求职过程中脱颖而出。"我期待能用美食和热情拉近中国和希腊这两大文明古国之间的距离。"廖俊在工作中需要和母语为希腊语、中文和英文的人进行业务沟通。在他看来，是上海纽约大学教会了他如何与不同文化背景的人打交道。"我想要不同寻常的大学生活，想拥有独特的创新和创业经历。上海纽约大学授予我'跨文化沟通'这柄利剑，让我在全球化的职场中从容不迫，胜券在握。"

"我必须说，来上海纽约大学读书是我人生中最正确的决定。"廖俊说，"我爱上海，上海充满了活力，它将来会变成世界的金融中心，时尚之都，将来会有很多商业在这边蓬勃发展。"

"我也想对学弟学妹们说，到一个新的环境学习的重要性，面对一个全新的变化,这是一个非常有意义的体验,远比你旅行一周的感触要深。你会用一个崭新的视角和视野去看待这个世界,而不仅仅是从教科书上学到这些东西,你需要去遇见不同的人,和形形色色的人打交道,让文化进行碰撞。"

2018年,学校媒体曾采访了在美国工作的上海纽约大学首届毕业生。这些国际学生在不同领域书写各自的精彩,延续和发扬上海纽约大学的精神。

巴拉亚·乔杜里(Baaria Chaudhary)的专业是交互媒体艺术,从AR/VR基础课到在纽约创办工作室,他很有感触地说:"我在纽约布鲁克林的Love8 Media公司工作。公司负责设计一些系统和工具,让艺术家用来通过手机、虚拟现实(VR)和增强现实(AR)技术打造互动故事平台。工作之余,我和上海纽约大学的同学马乔里·王(Marjorie Wang)创办了名为intern019的混合现实工作室,延续我们在上海纽约大学享有的创意自由。因为学校规模不大,大家的关系都很亲密,我们可以接触许多工具和资源,获得教授的悉心指导。克里斯蒂安·格雷威尔(Christian Grewell)教授创建的实验室是这个工作室的原型。在这里,我们可以实践各种天马行空的想法。目前intern019只承接了一些小项目,希望在不久的将来,它能发展成为我们的全职事业。"

"我现在是摩根士丹利并购部门的投行分析师,工作包括构建金融模型,为投资者作讲解和展示,研究行业发展动向。我和我所在小组的同事建立了深厚的友谊,我们一起在当地学校做志愿者,为学生介绍商业和金融领域的职业发展可能。"毕业于金融学专业的亚历克斯·梅耶(Alex Mayes)坦诚地说:"将专业知识用于服务当地社区,是我在上海纽约大学学到的,我也是一直这么践行的。作为上海纽约大学本科生商学会创办者之一,我联系过黑石集团首席执行官苏世民(Stephen Schwarzman)等在内的许多具有影响力和启发性的嘉宾,请他们来上海纽约大学作演讲,让同学们有机会与商界专业人士面对面交流,在上海建立自己的职业社交网络。这些活动也对公众开放,形成了一个共同学习、交融的社区。"

瑞达·阿卡姆(Reida Akam)毕业于神经科学专业,他现在是麻省总医院Athinoula A. Martinos生物医学成像中心的研究员。"目前,我正在和科学家一起研究如何利用迷走神经与位于内耳的一小簇神经的连接,通过非侵入方式刺激迷走神经,从而减轻高血压和心力衰竭等心血管疾病的症状。在上海纽约大学的研究经历,为我现在的工作打下了坚实基础。让我很有成就感的是,我现在的研究成果可以直接应用于治疗心脏疾病,这也是全球主要死亡原因之一。"

国际学生眼中的上海纽约大学

在上海纽约大学社交媒体上经常可以看到一些关于国际学生的故事。每个人的故事不尽相同,但都有共同的指向,讲述他们在学校多元文化环境中的成长,谈谈国际化人才培养模式对他们人生的影响。

布兰登·泰勒是上海纽约大学2018届毕业生,来自美国芝加哥。他获得"普林斯顿在亚洲"奖学金,以投行分析师的身份,加入位于乌兰巴托的蒙古投资银行MICC,匹配了他供职于投行的职业目标。他说:"上海纽约大学教会我们从不同的角度看待世界,同时有落地的能力。"在摩根艾文(Morgen Evan)上海分公司的实习经历让他坚定了自己的职业发展方向。他通过金融建模、市场调研以及向客户展示等工作环节不断磨炼专业技能。"我所做的工作、接受的培训,都会对我的未来发展大有裨益,这份宝贵的经历也会对我产生持久的影响。"布兰登认为,与纽约或上海相比,乌兰巴托的经济也存在巨大的发展潜力。"这里的金融业仍处于欠发达水平,很多事情不像在成熟市场里那样清晰明了,正因如此,我们有着从零开始的种种机遇。"

来自加利福尼亚州的凯莉·麦迪逊·博格是上海纽约大学"吃螃蟹"的首届学生,本科毕业后又获得美国医学会GRAF(政府关系倡议研究)奖学金,她自始至终都不畏尝新。回顾在上海纽约大学的求学时光,她依然感慨这段经历对她人生轨迹的影响。"我们与上海纽约大学共同成长,从课程建设、社团创建,到开创饺子节等庆祝传统,我们一同经历了很多事情,同窗之间也结下了非常深厚的情谊。我参与创建了上海纽约大学学生荣誉委员会(Honor Council),也是学校女子足球队组建以来的首批球员,还获得上海市大学生足球联盟杯赛的'最佳射手'称号。这些经历都特别有意思。这段经历加深了我生命的厚度,提升了我的适应能力。没有上海纽约大学,就没有今天的我。"

科技与艺术的发烧友、2018届学生卡达拉·布鲁斯(Kadallah Burrowes)参与创建了上海纽约大学首份艺术杂志 *Feast*,在上海一所知名博物馆展出过自己的作品，获得了相当的关注。卡达拉想要为每位艺术家创造一个平台，对未来充满希望。

"来上海纽约大学时，我对写作和摄影艺术很感兴趣，原以为会选择新闻摄影为职业发展方向。同时，我开始向由上海纽约大学学生创建的网站'On Century Avenue'供稿。不久后，我发现我们还需要一个专注于艺术的平台，所以决定从头开始，创建 Feast 杂志。我们认为，这应该是一份线上杂志，这样，就能确保更多的人源源不断地贡献作品。"

"我们希望 Feast 能成为每位艺术家展示自己作品的地方，无论是摄影师、画家、音乐家还是作家。一开始，杂志只有我和伊莎贝拉·巴兰尼克（Isabella Baranyk）以及五位编辑一同工作。现在，我们有一个微信群，群里有一百多名成员，一起积极分享艺术创作和活动信息。上海纽约大学的师生也一直全力帮助我们。我们在校外举办活动时，也吸引了很多本地艺术界人士。"

卡达拉对交互媒体艺术专业充满了激情。他说："是什么让我从新闻摄影转向交互媒体艺术？这要归功于克莱·舍基教授。每学期我都会选一门他的课。我认为，交互媒体艺术比摄影能让我学到更多东西。我可以将新技术学以致用，创造出自己想要的东西，而不局限于某一种表达方式。"

"在一门叫'设计博览会'（Design Expo）的课上，我们用交互媒体艺术的技术做出一个假肢，它能根据来自大脑的轻微电信号伸展肌肉，改善人们使用假肢的体验。我开始对 3D 建模感兴趣，最近开发出一个假肢模型。它看起来像是一件艺术品，又融入了科技设计，将成为改善人类生活的医疗设备。"卡达拉说："在克里斯蒂安·格雷威尔教授的支持下，现在我的研究重点转向了虚拟现实技术和现实捕获技术，例如 360 度全景拍摄。我正在创作一个使用虚拟现实技术的音乐视频项目。"

"我在纽约进行了两个学期的海外学习，修读 18 个学分的'交互通讯项目'（ITP）课程，这是一个研究生项目，和交互媒体艺术专业有异曲同工之处。我学的课程'仿生设计和未来食品'（Biodesign and Future Food）涉及可持续农业技术。我们了解到，某些蘑菇品种可以帮助蜜蜂抵御疾病。于是，我与同学一起，利用这种蘑菇设计出一种独特的蜂房，帮助蜜蜂提升疾病免疫力。该项目于 2016 年 6 月在'MoMA 仿生设计峰会'上获选'最佳食品奖'，我们还在继续发展这个项目。"卡达拉自豪地说道。

早在中学时代,2019 届学生安东尼·科莫(Anthony Comeau)就考虑来中国读书。家里的一位朋友、20 世纪 80 年代移民到美国的一位华人教他中文。"他告诉我,学中文最好的方法就是去中国。"来自美国新罕布什尔州的安东尼回忆道。"在申请纽约大学时,我发现还有上海纽约大学的填报选项,于是就勾选了。"收到上海纽约大学的录取通知书后,安东尼很快就决定来上海读书。"通过录取学生活动周(Admitted Students Weekend),我了解到上海纽约大学的教育理念,很喜欢在这里遇见的人以及学校的跨文化交流氛围。如果当初没来这里,我一定会后悔的。"

"我生长的小镇只有几千人口,跨越半个世界来到上海学习,我是鼓足了很大的勇气的。但在上海,我从来没有感到迷茫过,因为我知道,一切都会好起来。"安东尼说,他很想深入了解中国,也想研究历史对于全球社会问题的影响。"能够来到上海,亲身了解、感受所研究政策可能产生的影响,也许会有不一样的看法。"他修读世界史(社会科学方向),辅修中文。他说:"感谢在上海纽约大学四年来所接受的独特教育,因为,这里的所学不只包括'美国视角'。无论课堂内外,大家都会把全世界当成一个整体来探讨某个问题,而不只是从自己所在国家的视角来看问题。"安东尼也积极探讨他感兴趣的议题。

海外学习期间,安东尼在新罕布什尔州联邦参议员办公室实习。"我负责接听电话,记录电话内容,有时还要给选民回电,帮立法的工作人员做调查研究,"安东尼说,"新罕布什尔州有着非常严重的阿片类药物问题,有一次,一位老人因儿子的药物滥用问题,在电话里痛哭了 20 分钟,而我只能回答'我很抱歉……'。这次实习经历让我明白,在公共服务领域工作意味着要聆听民众的心声,采取切实的行动推动改变。"因为这次实习经历,安东尼毕业后回到家乡新罕布什尔州,参与地方选举。"参与地方选举工作对我意义重大,因为我可以和当地人一起工作交流,也能更好地理解他们的需求与想法。"

回顾这段经历,安东尼意识到,促进不同群体之间的相互理解是十分重要的。"我学习到,有时候可以有相互矛盾的想法,而这并不意味着一个想法是对的,另一个就是错的。我还学到,与人交流时应该避免贴标签,与来自不同国家或背景的人交流时,即使不能完全理解他们,也应该试图去理解他们的想法和立场。"安东尼认为在上海纽约大学的四年学习的最大变化,就是让自己更加关注人,更愿意通过与人面对面交流来为当地作贡献。"最重要的就是你身边的人,以及你与他人的关系。正如中国的一句古话,'三人行,必有我师焉',你可以从身边的人身上学到很多东西。"

出国念大学是2021届毕业生赞恩·法杜尔(Zane Fadul)早已下定的决心,上海纽约大学是他的目标学校。"我之前从来没离开过美国,"来自美国新泽西州的赞恩说,"我知道如果当时真的坐下来认真思考,肯定会找到无数个理由说服自己不要出国。如今回头看,我很高兴凭着这股冲劲来了上海纽约大学。"

赞恩踏上了前往中国的旅途。他和父亲在新生报到日前几天就抵达了上海,晚上一起逛了逛学校所在的世纪大道周边。转眼四年过去了,世纪大道如今已成为他的第二故乡。"我当时超级激动。学校的紫色LOGO在夜色中闪闪发光,看着简直太赞了。"他还记得迎新周期间,时常看到成群结队、身着紫罗兰色上衣的同学们在楼梯间上上下下。"感觉整个教学楼里都充满了能量。"

自从那天起,赞恩就决定在大学里专注于提升自己的领导力。他担任迎新大使,帮助大一新生适应大学生活,还参演了学校一年一度的真人秀。大学四年里,赞恩一直在推广并践行自己的人生理念,即每个人都应成为计算机科学的受益者。他创办了社团Splice,计算机水平各异的学生均可参加,由中外学生共同组成管理团队。"我们希望确保中英文受众都能参加我们的编程工作坊,因为在学习编程语言时,不应该再有额外的障碍阻挡大家理解计算机语言,"赞恩说,"我会用英语解答大家的问题,而我的好朋友秦楠枫是上海人,他会用中文解释一遍。"在上海纽约大学,赞恩看到了普及计算机科学的机会。"我想为人们打造一个开放空间,大家可以在这里自由地学习、成长,而不用担心会被评头论足,因为我感觉羞耻感和窘迫感是成长路上最大的'拦路虎'。"

在努力让各个水平的人都接触到计算机科学的同时,赞恩也在上海纽约大学找到了拼搏进取的动力。他很感激交互媒体艺术专业的教授鲁道夫·科索维奇(Rodolfo Cossovich)曾让他进一步挑战自己,完善游戏作品。"'交互实验室'课程中有一项作业,我用一堆传感器和两千行代码重新设计了游戏Pong,"他说,"我当时自我感觉很好,但科索维奇教授狠批了我一通。后来我去找他,想问自己为何会受到如此严厉的批评。他问我:'你觉得重新设计Pong是你能展现的最高水平吗？'"

科索维奇教授的这句话点醒了他，在那堂课的期末项目中他和同级的朋友布兰登·伊普（Brandon Eap）熬了好几个通宵，制作了一款利用传感器模仿手摇车的节奏游戏——它的灵感来自他俩搭乘了 20 个小时的火车去西安的一次经历。赞恩凭借这款游戏获得了他有史以来分数最高的成绩，并得到了教授的赞许。"我感觉自己遇到了上大学后的第一个挑战，它让我学会了如何迎难而上。"四年来，他花了不少精力自学 C 语言，如今，他已经熟练掌握了 Python、SQL、JavaScript、Java、C++、Haskell、React 和 GML。

大三在纽约海外学习时，赞恩凭借丰富的计算机技能储备，获得了在一家人工智能创业公司实习的机会，每天一早从新泽西的家中出发去纽约上班。实习期间，他常常下厨做中国菜和家人朋友们分享，时而幻想回到上海的生活。然而，突如其来的新冠疫情打乱了原本的生活节奏，无法返回校园的赞恩来到了宾夕法尼亚州，和一群上海纽约大学的朋友们一起学习生活。他说："我很想念上海，当我重新踏上这片土地，我感到很兴奋。而当我终于抵达校园的那一刻，我感觉自己终于到家了。"

赞恩动情地说："我最崇拜那些可以独自完成游戏制作的独立开发者——我也想成为那样的人，希望自己在毕业后能继续保持这份初心和动力。"

2022 届毕业生邦加尼·恩萨卡尼·穆斯卡万胡（Bongani Ntsakani Musikavanhu）出生于南非约翰内斯堡，九岁时随家人移居美国波士顿。童年经历让他对这两座城市感情颇深，以至于被问及家在何方时，他总要思索片刻才能给出答案。"虽然我在波士顿长大，但看奥运比赛时我还是会支持南非。"他笑着说道。邦加尼在上海纽约大学找到了另一个家。他在这里结交了良师益友，也收获了这个大家庭给予的温暖与关爱。

在上海纽约大学，邦加尼遇到了两位室友——金在妍（Kim Jayoon）和来自河南的王伯宇。他惊讶地发现大家的名字都与众不同。三人当晚在校外的一顿火锅拉开了同窗四年的序幕。"室友们坚持只用英文与我交流却不觉得尴尬，我欣赏他们这种态度。这让我意识到讲什么语言是每个人的自由，不必在意他人的目光，也让我在练习中文时变得更加自信了。"

邦加尼一直寻求在课外沉浸式学习中文和中国文化的新方法，这也是他为自己设定的大学目标之一。通过学校的中文语法课,他可以用中文写故事、剧本和歌词,用中文采访、录制视频,并在视频网站开通个人频道,分享有关茶道和环保等的话题。

"我希望可以创作出运用和融合多种文化、语言的艺术。随着中非关系不断发展,我想记录非裔人士在中国的生活经历,描绘中非两地的不同之处。艺术和媒体是鼓励交流对话的有效途径之一,"邦加尼说,"在我心中,上海纽约大学是独一无二的大学,无可替代。每个人在这里都能得到应有的尊重,获得归属感。学校的氛围给予人们无限的动力,也让我拥有越挫越勇的韧劲与毅力。"

"以中国的视角看待商业发展,以及这一角度对非洲的影响,是我很感兴趣的话题。我非常希望股权和资本可以流入像南非这样的国家和地区,这也是我坚持学习商学和中文的原因。我想在中国工作时努力掌握更多的知识和技能,期待未来能与世界各地的华人交流互动,也希望有朝一日能回到非洲、回馈非洲。"邦加尼说道。

美国犹他州的麦格纳是一座人口不足三万的小镇,2023届毕业生卡特·克里斯藤森(Carter Christensen)在那里出生和长大。以他家为圆心,方圆五公里内有十几座教堂,宗教氛围浓厚。高三那年,卡特来到了中国,参观了江苏省张家港市的一所学校,并在那里进行了为期两周的中文学习。这趟旅程让他坚定了要来上海学习的决心。卡特希望可以继续学习中文,于是,上海纽约大学成为他最好的选择。

在上海纽约大学,卡特遇到了许多不同的人,听到了很多不同的语言。"刚到一个新环境,难免会有些畏惧,但我很高兴能够了解美国白人观点以外的视角。"卡特带着兴奋与紧张,投入到丰富多彩的校园生活中。他选了不同领域的课程,还辅修了中文,选修了"纪录片里的当代中国"和"文言文"等高阶中文课程。

在充分了解自己的学术兴趣后,卡特将化学确定为他的专业。受到疫情的影响,曾有一段时间他只能远程学习实验室课程,但这没有浇灭他对学习的热情。恢复线下课堂后,卡特充分利用上海这座城市及上海纽约大学的各项资源,潜心学习化学。他是唯一选修"生物化学II"的学生,获得了指导老师的绝对关注。他和毕业论文导师、上海纽约大学生物化学兼职教授李晓涛每周见面约两小时,深入探讨论文和文献。

卡特曾在中国科学院上海有机化学研究所完成了独立研究项目,他是实验室里唯一的外国研究员。他说:"我参加过近一个半小时的研究组会,全程用中文。"在那里,他加入了上海纽约大学特聘化学教授沈其龙的团队,研究氟甲基化。"用中文学习化学把我的两个爱好结合了起来,让我有更多机会与他人交谈取经,这也极大地提高了我的中文水平。"他在实验室获得的一手研究经验,加上在小班中得到的一对一的关注,帮助他为在化学领域继续深耕做足了准备。毕业后,他前往英国思克莱德大学攻读法医学硕士学位,方向是法医化学。"我希望借助科学的力量帮助受害者还原真相,比如用指纹分析案发现场的血迹,通过鞋印还原案发过程……我喜欢化学的跨学科特征,也喜欢用化学帮助他人的方式。"

在学习之余,卡特也没有放弃对音乐的探索,他加入了上海纽约大学管弦乐队,演奏双簧管,之后还担任了乐队经理。音乐、化学、中文学习,卡特在上海纽约大学的生活离不开这几个关键词。四年里,他学会了从多个角度思考问题,而非单一思维。他越来越勇于质疑,总是在问:还有别的角度吗?还有别的可能吗?

2018届计算机科学专业的学生塞维·雷耶斯(Sevi Reyes)来自菲律宾。在修读"计算机科学导论"课之前,他连一行代码都读不懂,现在,他已发明出可以辅助残障人士行动的机器臂。在上海纽约大学的四年里,他参与组建了校网球队,担任过学生会副主席。

塞维说:"在上'计算机科学导论'课之前,我连一行代码都看不懂。但在上海纽约大学全球学术研究员(GAF)尼桑特·莫汉钱德拉(Nishant Mohanchandra)的帮助下,我很快就掌握了其中的窍门。莫汉钱德拉理解很多同学在计算机科学方面是零基础,愿意从零开始给我们打下坚实的基础。"

"大二学年,我上了安东尼乌斯·维里亚贾伊(Antonius Wiriadjaj)教授的'交互基础'课,感觉到自己也可以搞高科技创意发明。我和两名交互媒体艺术专业的同学、一名计算机工程专业的同学,参加了上海纽约大学本科生科研基金项目,合作设计出一个仅凭'意念'就能让残障人士拿起物体的机器臂。我们想让这个机器臂使用起来方便,不至于太过笨重,便结合脑电波控制行动的技术,一个定位摄像头,加上检测眼球运动的头戴式设备,制成最后的成品。机器臂使用者仅需定睛看一眼某个物体,比如一瓶水,机器臂就能锁定该物体,拿起这瓶水。"

在纽约进行海外学习时,他在摩根士丹利进行暑期实习。毕业后,塞维进入摩根士丹利担任商业分析师，从更广的视野研究分析公司如何运作。

"请怀着开放的心态来上海纽约大学。如果事情的结果和预期不一样，请不要迟疑，不要怀疑自己的决定。我学到的经验就是，在做某件事时，就算结果和我料想的完全相反，那也没关系。"

"我想尝试不同的事情，也许会切换发展道路，但这完全没关系。上海纽约大学教会我如何应对迅速发生的变化，如何从失败中吸取教训。我觉得这就是上海纽约大学同学所具有的一种特质：他们不把出乎意料的事情看成一种挫败，对生活怀有积极的态度。"

"除了拥有传统大学所能提供的一切，上海纽约大学的多元文化和独特氛围将让我受益终身"，来自罗马尼亚的 2018 届学生亚历山德鲁·格里戈拉斯（Alexandru Grigoras）说。

在上海纽约大学，亚历山德鲁主修计算机科学专业和交互媒体艺术专业，辅修世界史（社会科学）专业。"我在计算机科学方面很强，但我也想探索发展对其他学科的兴趣，"亚历山德鲁谈及自己的专业选择时说，"我想尝试将不同学科领域结合在一起。"

亚历山德鲁很喜欢安德里亚·琼斯-鲁伊（Andrea Jones-Rooy）教授的一门课，因为这门课可以让他从全球层面理解政治的复杂性。"其实这和计算机科学很相似，都需要用逻辑思考去解决极有难度的问题。"

作为一名狂热的编程爱好者，亚历山德鲁开发出一款名为"人类"（Humans）的数码街拍应用软件分享身边的真人故事，组织了"创客上海"24 小时校园编程马拉松活动，并创办了上海纽约大学第一个学生编程社团——LOOP。

"当时，学校里没有编程社团，我们就创建了一个适合初学者加入，可以帮助他们实现编程想法的社团，"亚历山德鲁分享了创办 LOOP 的初衷，"那些只是想看看自己是否喜欢编程，或仅仅是想多些课外活动的同学，都可以加入我们的社团。"

大一参加了上海纽约大学首届"黑客马拉松"后，亚历山德鲁负责组织举办第二届"创客上海"大赛。"'创客上海'是当时上海纽约大学规模最大的活动，这真的是一次富有挑战又充满乐趣的经历，"他回忆说，"要搞清所有的流程和后勤细节，募集到足够的资金让来自世界各地的学生参加，还要在 24 小时的时间里统筹安排一切,真的是太疯狂了。但活动办得很成功。"

大三暑假时,他曾在优步的旧金山总部实习。"这是一段很棒的实习经历,我终于实现了自己一直想做的事情。我的工作内容是开发出一个新系统,让客服代表只需简单操作,就能联系到发送问题报告的用户。"亚历山德鲁谈及自己的实习经历时说道。提到优步的首要宗旨是确保安全出行以及核实身份信息,他说:"能在潜在问题出现之前或出现问题的当下就及时处理,这是非常关键的。"毕业后,亚历山德鲁前往旧金山开启他的职业生涯,成为全球打车软件优步旗下的一名软件工程师。

回首四年大学时光,亚历山德鲁给新生提出了建议,那就是不仅要充分利用学校提供的丰富资源,还要走出校园,探索上海这座城市。"上海是一座非常安全的城市,在这里闲庭信步,你可以看到美丽的景色,见识有趣的事情。年代久远的老房子与高耸入云的摩天大楼比肩为邻,街头巷尾藏匿着美食小吃、特色小店、富有历史感和生活气息的居民小区。在偌大的上海走走停停,足以让你心生陶醉,灵感迸发。"

泰拉·布兰德当初在上海纽约大学修读金融专业,但最后决定投身自己感兴趣的法律领域。她与社会科学学科负责人阿尔马兹·泽莱克(Almaz Zelleke)教授一起在社会科学领域自主设计了"比较法学"专业方向。"当时我还没想好具体从事哪个法律方向,于是就想不如探索一下不同的法系,看看哪个最适合自己,"泰拉说,"我想如果是在其他学校,可能无法拥有这样的自主权。"

从大二开始,泰拉·布兰德分别在伦敦、上海和纽约三地学习了英国法律、中国宪法和美国宪法。新冠疫情期间,她一直在悉尼的家中潜心写作毕业论文,论文研究主题是"20世纪70年代澳大利亚新南威尔士州性侵法律改革"。泰拉说:"每个人都有可能遭受性侵的影响,性侵行为会造成严重的后果,给受害者乃至其亲人朋友留下不可磨灭的创伤。我们的社会能提供的最起码的帮助是给予法律保护,保障人们寻求法律保护的权利和手段,使他们可以为自己争取某种公平与正义。"在悉尼,泰拉的日程排得满满当当的,她要完成自己的课业,要参加学生会例会,作为写作和口语学业助理要在学术资源中心辅导其他同学,还要和毕业论文导师斯蒂芬·哈德(Stephen Harder)定期交流。为此,在 Zoom 上工作 12 到 14 个小时是常态。"那段时间真是太疯狂了!"泰拉说道。

尽管在旁人看来，这样的工作强度巨大，但泰拉说她早已从父母身上学到了坚忍不拔的精神。"父母为了给我和妹妹创造更好的机会，一人干几份工作，一周工作七天，"泰拉说道，"他们身体力行，教会我一分耕耘，一分收获，所以我骨子里就存着一股拼搏劲儿。"为了贴补她的学费，父亲多做了一份兼职，每天工作19个小时，四年如一日。"看到父母为我做的一切，我立志大学四年一定要牢牢把握每个机会，规划好自己的职业生涯，尽可能拓展人脉，通过自己的努力，为家庭分担压力。"

回想在上海纽约大学的日子，泰拉收获满满——她不仅自主设计了专业方向追寻自己的学术梦想，担任了上海纽约大学学生会主席服务全校同学，参与制作并参演了校戏剧社（Thespian Club）的戏剧作品，还前往伦敦和纽约海外学习。泰拉从汉语小白转变为中文会话高手，"之前我完全不会讲中文，如今已经深深爱上了这门语言，和朋友们聊天也常常会用到中文，我甚至把手机系统语言都设置成了中文"。

黄彦苹（Michelle Huang）是一位来自新西兰的毕业生，曾担任过上海纽约大学学生会主席。她对上海垃圾分类的课题很感兴趣，请我帮忙联系了有关部门。此后，她每天跟着上海的垃圾转运车，坐在车里观察，怎么收垃圾，怎么分类，最后怎么处理。黄彦苹在跟车过程中一直在思考问题："和新西兰的垃圾分类方式，有什么不同？上海的垃圾分类收集方法还有什么问题？可以怎么完善？"跟了差不多一个学期，最后才完成她的论文。黄彦苹很有感触地说："上海纽约大学鼓励我们走出学校，接触社会，发现问题。垃圾分类是上海环境保护的一项措施，也许新西兰的经验可以提供一些案例。"毕业后，黄彦苹创办了非营利组织——新西兰多元族裔青年领袖组织，成为一名致力于促进多元化、公平和包容的领导者。

在多元文化环境里看到更大的世界

上海纽约大学的学生来自80多个不同的国家和地区。学校以培养国际化创新人才为目标，营造多元文化的学习和创新氛围，为学生的成长提供全球化、多元化、个性化的服务。大家走过的路不同，但从这些故事里可以从不同角度看到全球教育的理念——全球视野、多元文化融合、包容和同理心、创新与创造力、社会责任,对学生成长的影响。

"当我对朋友们说,我可能会去中国读大学时,他们觉得那是在异想天开",来自土耳其的2018届学生德芙尼·因汉(Defne Inhan)回忆起当初的一段小插曲时说道。高中时就有过留学经历的德芙尼,清楚地知道自己更喜欢国际化的学习环境。

德芙尼主修神经科学,辅修心理学。"我对研究人类行为很感兴趣,神经科学自然而然就成了必修专业,"德芙尼说,"从大脑的角度研究人类行为,这深深吸引了我。"德芙尼梦想成为一名心理治疗师,所以,除了掌握心理学专业知识,还需要夯实自然科学基础。"学习过程中,我渐渐发现不同课程之间的关联。我上的一门课'自由意志与大脑'就将神经科学与科学哲学结合起来,利用神经科学原理来检验自由意志是否真实存在。"大三海外学习期间,德芙尼去了纽约和加纳,继续探索学业方向和个人兴趣。

在纽约大学,德芙尼修读了心理学、儿童与青少年心理健康研究,以及睡眠与梦境等课程。"我在纽约认识了非常优秀的教授。平时,我会待在实验室。在校外,我结识了带我走近舞蹈的另一群优秀的朋友。我认识到,舞蹈也可以是一种疗愈的手段。"

她在认真思考自己未来的方向:是搞科研,还是赴职场成为一名结合运动与艺术疗法的治疗师?大三春季学期,德芙尼决定前往非洲西部国家加纳进行第三个学期的海外学习,继续探索更多的可能。

"在加纳,我得以通过不同的视角对事物进行宏观了解,再聚焦局部进行细微研究。我看待世界的角度发生了全新的变化,"她如此回忆这段特别的时光,"我修读的课程包括纪录片拍摄、打鼓、传统非洲舞蹈、群体心理学、民族音乐学等。这一学期,我眼界大开!"

德芙尼与当地人成为朋友,学会演奏叫作separawa的加纳传统乐器。这种演奏技艺原已失传,但却神奇地在一个加纳人的梦境里重现,才得以传承下来。更巧的是,教德芙尼演奏separawa的老师,正是这个梦中获得演奏技艺的人的孙子。

"回到上海时,我收获满满。海外学习的两个地方给予了我那么多,我也投入了那么多,"德芙尼总结道,"这两段海外学习经历意义非凡,我也交了很多的朋友,结下了深厚友谊。"

毕业后,德芙尼计划攻读发展认知神经科学和心理分析的研究生项目,或是去纽约的相关研究所实习。"我感到由衷的高兴,自己选择了上海纽约大学,它彻底改变了我的人生。"德芙尼说。

家乡一直是2019届学生霍尼·莱拉(Honey Lera)的心之所属。从读高中开始,霍尼就想要出国学医,学成后回到埃塞俄比亚当一名医生。霍尼出生于埃塞俄比亚的沃莱塔索多镇(Wolaita Sodo)。在她三岁时,父母决定送她到150公里外的哈瓦萨市(Hawassa)的亲戚家,从而能就读教育质量更好的学校。"父母每个周末都会去探望我,"霍尼说,"他们向我解释,'你离开自己的家,是为了接受更好的教育',所以,我一直在努力学习。"而她也感受到了埃塞俄比亚学校教学方法的局限性。"我想要出国读书,因为埃塞俄比亚的教育主要是靠死记硬背,学校也没有很多研究项目能让你提出开放式的问题并主动寻找答案。"

当纽约大学阿布扎比校区的招生人员在霍尼的高中宣讲时,她了解到了纽约大学全球教育体系。在她更多地了解了上海纽约大学之后,霍尼认为,这里是适合她未来四年本科学习的地方。她对中国充满了兴趣,认为中国和埃塞俄比亚有着相似之处,悠久的历史,古老的文明,多样化的语言,同为迅速发展的发展中国家,并且是贸易伙伴。"在埃塞俄比亚人们都很了解中国如何转变了经济发展轨道,在近三四十年来取得了巨大成功;埃塞俄比亚也希望能够跟随中国的经济发展脚步。"

刚入学的第一个学期,虽然很喜欢生物学领域,但她却觉得通识教育六大板块的科学核心课程很有难度,它涉及了物理、化学、生物学以及实验室工作的多门课程。"大一刚入学时,你还有些摸不着头脑——各种校园活动、实践机会,攒学分,一门又一门的测试,各种作业,真的是马不停蹄,"霍尼说,"除非你给自己定一个非常严格的生活作息表,一开始需要时间适应和学习。"

虽然在第一学年就放弃了科学核心课程,将学习重点转向计算机科学、数学和交互媒体艺术三个专业。但经过一番探索,她在大二第二学期回到科学核心课程的学习轨道,坚定了生物学专业的选择。"我决定将学习重点放在研究方法和实验室技术上。通过小组学习,我学会了如何在一个团队里沟通交流,以及如何在研究项目里与他人合作,此前我从未有过这样的学习经历。"

为了拓展研究经验，霍尼选择在纽约大学进行海外学习，修读了遗传学和环境健康等课程，并获得了纽约大学朗格尼医学中心神经科的研究实习机会。每周，她与医学院研究生和实习生工作12个小时，主要收集使用经颅直流电刺激（tDCS）设备刺激多发性硬化患者神经的相关数据。

"这是我第一次了解多发性硬化症，因为这种病在非洲很少见，"霍尼说，"其中的一些患者在患病后期甚至无法移动，更不用说走路了。这次实习经历让我收获很大，因为我可以帮助他们减少对病症的惧怕，改善他们的生活。"

在纽约，霍尼也有机会与当地的埃塞俄比亚社区联系，她会前往位于曼哈顿第五大道的埃塞俄比亚教堂，也会积极参与纽约大学埃塞俄比亚学生社团的活动。"我们最受欢迎的活动是'Injera101'，以埃塞俄比亚的特色酸面包命名，我们会拿它搭配很多东西吃。"

虽然享受在"大苹果"的学习生活，也找到了与家乡的联结纽带，霍尼还是会不时想念上海纽约大学。"在和500来名学生一起上'普通化学II'的课程时，我突然很怀念上海纽约大学校园里那些亲切的同学，以及那些能叫得出你名字的教授。在我去纽约之前，我没有意识到这一点对我来说竟如此重要。"

回到上海后，霍尼在上海儿童医院神经科观察病房做志愿者，照顾病房里的孩子。"其中一些孩子病情很严重，甚至无法去游戏室玩。当除了医护人员以外的人去探望他们时，孩子们都特别地高兴。"

无论是在上海还是纽约，除了不断学习积累关于生物学和医学的知识外，深入了解多元文化也是霍尼的收获之一。她说，上海纽约大学让她改变了与不同文化背景的人的沟通交流方式。"例如，一些适用于某种文化中的语言习惯，可能会冒犯另一种文化的人"，霍尼说。"在这里，我要调整自己去和朋友说'请'和'谢谢'。因为在埃塞俄比亚，人们觉得没必要对朋友也这么客气。而在阿姆哈拉语（埃塞俄比亚官方语言）中，'请'这个字通常用于请求，而且只用于陌生人。如果你对你的朋友也这么说，他会反问：'难道我不是你的朋友吗？'我留意到，现在我回到埃塞俄比亚时，人们会跟我说：'你现在和之前很不一样。'"霍尼说，"因为，我说话的方式发生了变化，我对事物的看法发生了变化，视野也不一样了。他们都认为，这是非常积极的改变。"

从上海纽约大学毕业后，霍尼前往美国攻读癌症和肿瘤生物学专业的研究生项目。"我想要研究癌症,因为在这个领域还有很多工作可做。化学疗法和放射疗法对人体有害,对一些发展中国家来说,获得这样的治疗也有难度。在埃塞俄比亚,首选解决方案是通过手术切除受影响的器官或部位,而这对脑癌或白血病的治疗很成问题。我希望能找到更好的方法来降低罹患癌症的风险,探究导致肿瘤产生的基因并加以利用。"

2019届毕业生维多利亚·鲁苏(Victoria Rusu)来自摩尔多瓦的索罗卡。在这座小城镇长大的她,从小学一年级开始,身边的同学就没再换过,学校里可供修读的课程也非常有限。

"对我来说,语言是一种可以打开新世界大门的媒介。"维多利亚说。高中毕业时,她已熟练掌握了罗马尼亚语、俄语、英语和法语。"我很清楚地知道,自己想做不一样的事情,积累更多的经验,跳出家乡生活给我设置的思维界限,成为一个思想更包容开放的人。"

与维多利亚同一所高中的马塞拉·雷利安(Marcela Railean)是上海纽约大学2018届学生。听说了马塞拉精彩纷呈的大学校园生活后,维多利亚仿佛也看到了自己的未来。"看着好朋友来到上海纽约大学后接触到的各种各样的机会,以及在未来职业发展上拥有的无限可能性,我感到特别激动和高兴。"但最让她心动的是能在一个多元化、国际化的校园里学习,并和来自世界各地的老师同学交流沟通。

维多利亚说,要想说服家人同意她来中国一所刚成立不久的中美合办大学学习,不是一件容易的事。而且她的母亲已经帮她做好了规划——高中毕业后留在摩尔多瓦学医,然后做一名医生。但在她的争取下,家人还是同意了她的决定。"我跟他们说,这是上天给我的一个机会,它激励我去追寻自己的梦想,"维多利亚说,"现在,我的家人也都很开心。每当我跟他们聊起我在上海纽约大学的经历,或者取得的新成就,他们都会说我当初选择来这里是正确的,他们真为我感到高兴。"

离家前,母亲叮嘱了维多利亚几句话。来到上海纽约大学之后,这些成为维多利亚的座右铭,时常会在她的耳边回响。

"母亲对我说,人们常常会默默等待,但等到的结果并不好,所以,你要非常努力地去争取最好的机会,并充分利用每次机会,"维多利亚说,"所以来到上海纽约大学之后,我积极利用这里的一切资源——认真学习每一门课,用心参与每一次交流,正是这些经历塑造了我现在的思维方式、视野和价值观。"

刚进大一学习"全球视野下的社会"这门核心必修课时,维多利亚就将母亲的提醒用于实践。她通过这门课学会了如何与他人进行有效的交流,这也是她一直想掌握的一项技能。

"我甚至会想,如果这世界上的每个人都能上一次'全球视野下的社会'课,那该有多好!"维多利亚说,"在这堂课上的所学,让我学会敞开自己的心扉,接纳自己,同时也学会了接纳他人的不同。"

大二那年,维多利亚参与了真人秀(Reality Show)音乐剧的创作、编舞和表演工作。她也作为学生大使参与了每年的新生周末活动(Admitted Student Weekend)。"我非常喜欢参加这样的志愿活动,因为我可以发挥自己的作用,让新生们感到上海纽约大学就如同他们的家一样。在这里,每个人都会感受到爱与关怀。即便是初来乍到,也不用担心自己会不知所措。"

在学生事务部实习期间,维多利亚协助创办了"走遍上海"(Find Yourself in Shanghai)系列活动,带领同学们探索与熟悉上海的各个角落,找到归属感。"我们在横沙岛进行了一天的骑行活动,还带大家去了溜冰场,接着又组织了一次跳蚤市场,并把糖画这门技艺带到上海纽约大学教学楼向同学们展示,"维多利亚说,"我们想让同学们多多参与当地的文化活动,更多地了解上海,并在这里找到自己真正的兴趣爱好。"

对维多利亚来说,上海纽约大学提供的海外学习机会也有着相当大的吸引力。她选择去纽约大学全球体系位于捷克布拉格的海外学习中心进行一学期的学习,修读金融学(商学与市场营销)专业的课程。来到布拉格后,她还开始学习第六门语言——德语,并与同学游历了多个欧洲国家。

上海纽约大学商学与市场营销领域的教授鼓励同学们参与课堂之外的各项活动,投身商业实践。对此,维多利亚深受鼓舞,她充分利用上海提供的丰富的实习工作机会,成功找到两份实习工作。"有一年夏天,我在上海的一家私人股本公司实习,当时我是这家公司唯一的一位外国人,"维多利亚说,"这是一段独一无二的经历,也只有在上海能找到这样的机会。"

维多利亚认识到:"在上海纽约大学的这段经历,将对拓展深化自己对世界的理解起到重要作用,促进了世界各地之间的沟通与交流,让每个人都有机会发表自己的见解。因为上海纽约大学的学生群体非常多元,所以在讨论过程中,我们可以听到各个国家、各个文化背景下的经历与商业视野。"

毕业后,她去位于迪拜的伊玛尔(Emaar)全球地产开发公司工作,探索新的天地。"无论去哪里,我都能感觉到,纽约大学全球体系注重让学生学习并融入当地文化,了解不同文化背景的人,"维多利亚说,"所以,如果要前往其他地方,或是在一个完全不同的地方开始一份工作,对我来说都不是什么难事,因为我的适应能力有了很大的提升。"无论自己的未来会在何方,"我都希望能给这个世界带来积极的改变,哪怕是很微小的一些改变"。

维多利亚说,即便未来走遍世界各地,中国也一直会在她心里占据着一个特殊的位置。她也想在中国多待一段时间,尤其是在竞争激烈的中国市场工作一段时间。"来到上海纽约大学以后,我深深爱上了中国,爱上了上海这座城市和这里的文化。我希望自己也能成为其中的一员。这四年来,我收获了太多美好的东西。"

来自埃塞俄比亚的2022届校友马赫德·塔克勒·特斯霍姆(Mahder Takele Teshome)入选了奈特-汉尼斯学者奖学金项目,获全额奖学金前往斯坦福大学攻读人类学博士学位。她是继2019届毕业生赵雪涵后第二位获得此奖学金的上海纽约大学学子。马赫德表示,她决定将博士研究的重点放在非裔巴勒斯坦文化,在完成博士阶段的学业后,她希望成为一名人类学教授继续学术研究,她也鼓励更多非洲人投身到社会科学和人文科学的研究中去。

在上海纽约大学求学时,马赫德对非洲和中东之间在语言、宗教和传统上的文化重叠现象很感兴趣。她选择了自主设计专业方向,以宗教学和语言学为专业,辅修希伯来语和犹太教研究。她在上海纽约大学本科生科研基金项目的支持下完成了两项研究,并去了纽约大学全球教育体系位于以色列的海外学习中心学习,开展了关于非裔巴勒斯坦人的研究项目。马赫德以自己对非裔巴勒斯坦人融入当地社会的研究作为她理解其他中东国家内非裔群体生活的范例。

初到上海纽约大学时,2023届学生阿迪布·埃尔·乌纳尼(Adib El Ounani)发现,不论是英语还是汉语,对他来说都是外语。阿迪布·埃尔·乌纳尼的母语是阿拉伯语。他自幼以法语为第二外语,直到高中才开始学习英语。因语言不通,他在上海经历了很多有趣的小插曲,如乘地铁时坐反了方向,因不知"微辣"如何表达而在餐馆辣到上头,等等。

不过语言并没有成为阿迪布·埃尔·乌纳尼在上海纽约大学生活学习的阻碍。他在这里遇到了讲阿拉伯语和法语的教授、同窗,有了自己的小圈子。此外,他仍不断挑战自我。"我努力走出社交舒适圈,多多练习汉语和英语。"他说。如今,阿迪布·埃尔·乌纳尼在出租车上能和上海当地的司机侃侃而谈,和朋友们说英语时偶尔还会夹杂一些中文词汇。与四年前相比,他的语言能力得到了明显提升。

中国在一些科技领域处于世界前沿,这是阿迪布·埃尔·乌纳尼选择上海纽约大学的原因之一。他一直对工程很感兴趣,高中时会在周末做些木工活。阿迪布·埃尔·乌纳尼主修计算机科学,辅修数学与应用数学(数学)。计算机科学给了他更多自由创造的空间。他说:"有些工程的建造过程需要大量的资金和重型机械,而软件工程只需要一台电脑就能释放出巨大的能量。"但阿迪布·埃尔·乌纳尼的学习并未局限于STEM领域。他充分利用上海纽约大学的通识课程,夯实人文基础,博采众长。交互媒体艺术专业的课程内容给阿迪布·埃尔·乌纳尼留下了深刻印象,是他深入学习计算机科学的良好补充,也促使他开发产品时不断迸出创意的火花。"创造力似乎很难理论化,而上海纽约大学的IMA课程提供了切实有效的框架,"他说,"所学内容可以让你很好地看到创造力究竟是如何产生的,以加深对它的理解。"

大二暑假,阿迪布·埃尔·乌纳尼跟随中国航空评估咨询公司主席、上海纽约大学金融学实践助理教授于达开始了为期一年的实习。在于教授的指导下,他就飞机评估展开研究。这段经历也启发了他之后的毕业设计项目。在海外学习期间,阿迪布·埃尔·乌纳尼在非营利组织实习,这里为大部分网站和应用程序中使用的存储用户数据登录选项提供替代方案,不仅保留了阻止垃圾邮件和自动程序的功能,还保护了用户隐私。他说:"很开心可以在这样的创业公司工作。非营利性质的工作对我影响很大。看到每个人都在无私奉献时间和精力,只为提供志愿服务,让我觉得未来真是充满希望。"

体育运动是阿迪布·埃尔·乌纳尼大学四年不可或缺的一部分。他加入男子足球校队,成为中场球员。球场上,他不仅结识了上海纽约大学的同道好友,还拓展了校外的朋友圈。

"上海纽约大学学生群体的构成十分多元,我们互相理解、团结友爱,"他说,"有时你和别人聊天时很难产生共鸣,后来你会意识到这只是因为大家都拥有不同的成长环境。在上海纽约大学的多元氛围里,我对他人的生活方式和态度也变得越来越包容和开放。"

在厄瓜多尔和美国纽约这两地长大的 2023 届毕业生阿丽亚娜·阿尔瓦雷斯(Ariana Alvarez),从小就适应着不同的文化、地域和语言环境,而在上海纽约大学的这四年她得以延续对世界的好奇、对语言学习的热情,并激励她走上创造变革的外交之路。

从高中起,阿丽亚娜就想来中国看看,她自学了普通话。她说,"我家人也为我感到开心,因为他们知道这是我一直以来的梦想。"阿丽亚娜热心参与"模拟联合国"活动,对从事国际事务相关工作充满热情。"讨论全球问题、了解相关内容、思考解决方法,这些经历让我希望走上国际舞台,投身到我关注的事业中并为之奋斗。简言之,我希望在外交中贡献力量,为他人提供帮助。"

在上海纽约大学,阿丽亚娜找到了很多志同道合的伙伴。和她一样具备多元文化背景的同学们彼此分享,坦诚交流。"在我成长的过程中,我不停地搬家,在纽约的时候,我感觉自己'太拉美了',难以融入美国社会,而在厄瓜多尔的时候,又感觉自己'太美国'了,不像拉丁美洲人。然而来到上海后,我发现不少同学都有着多元化的成长背景,瞬间就有了归属感。"

入学伊始,阿丽亚娜和来自青岛的邹佳、来自纽约州的卡罗尔·张(Carol Zhang)做了室友,三人一见如故。她说:"遇见她们是我的幸运,我们仨现在是无话不谈的好朋友。我痴迷数学,选了计算机科学专业,她俩都是学商学的,成绩优异。"受疫情影响,她们分散在世界各地,但常常视频聊天,保持联系。

大学期间,阿丽亚娜总会腾出时间参加各种课外活动。她不仅是上海纽约大学网球和排球校队成员,还担任国际招生大使、迎新大使(OA),以及上海纽约大学模拟联合国大会主席。

阿丽亚娜主修计算机科学与技术(计算机科学),辅修世界史(社会科学)。她同时还选修了信息系统与商业分析助理教授布鲁诺·阿布拉豪的"商业中的人工智能"、格蕾丝·哈夫(Grace Haaf)的"商业与经济数据研究"和伊万·拉斯姆森(Ivan Rassmussen)的"中美关系"等课程。在学习截然不同的专业课程的过程中,她慢慢学会了如何平衡自己在科技领域的兴趣和对社会问题、国际关系的热忱。

在海外学习期间，她前往纽约大学阿布扎比校区，其间修习了计算社会科学助理教授贝多尔·阿尔谢布利（Bedoor AlShebli）的"计算社会科学"课。阿丽亚娜在学习过程中意识到计算方法对解决社会问题的作用。她说："这门课让我大开眼界，为我打开了一扇通向新兴领域的大门，让我看到计算机科学家也可以开展社会科学研究。"

大二那年，阿丽亚娜获得2021年"美国外事信息技术"（FAIT）奖学金，为她在华盛顿特区及美国之外的学习和实习提供了支持。"我一直在思考如何运用所学技术为公共服务领域带来一些改变。新兴技术若能得到正确应用，便能造福世界。"

阿丽亚娜很爱做计划。她打算工作五年后申请斯坦福大学奈特-汉尼斯学者奖学金项目，完成攻读法学的梦想。她很有感触地说道："上海纽约大学为我打开了很多机会之门，让我懂得努力终有回报，挫折和不顺也没什么大不了。"成长道路上的曲折起伏让阿丽亚娜成为更好的自己。"四年后离开上海纽约大学的我和四年前的那个我已经不一样了，"她说，"现在的我心中对世界充满了更多好奇，有了更多的问题亟待解答。这是我从来没想到的！"

在十多年的探索中，我们深刻体会到全球教育对探索个体价值，了解不同社会群体，解决世界难题，都有积极深远的影响。上海纽约大学提供的全球教学资源和教育模式，能激发学生的探索精神，让学生接触不同类型的群体，体验不同文化的差异，包容不同角度的思考，以获得不同的机会。这些素养对于人的长远发展是很重要的，也得到了人们更多的认同。

"让世界成为你的课堂"是我们经常讲的一句话。上海纽约大学的学生不仅在书本中、课堂里学习，而且关注更大的世界，把世界当作自己学习的课堂。我感到，全球化创新人才，需要在一个更广阔的天地里去思考自己的未来发展，承担起社会责任。大学教育是青年学子发展中极为重要的阶段，帮助学生拓宽视野、了解一个更为完整的世界，与他们今后的发展（世界观、人生态度和价值取向）密切相关。

第九章
直面全球疫情的挑战

随着 ChatGPT 的横空出世,全球关于人工智能在教育中的应用、加速教育变革的讨论非常热烈。能提出高水平的问题,探索数据,判断其可信度,理解其背后含义和生产机制,让数据为我们所用并兼顾数据伦理,可能是未来的学习者最应该具备的核心能力,也成为了大家的必修课。面对这一世界趋势,上海纽约大学也在积极思考和探索,以让 AI 更好地为人赋能,疫情期间的在线教学加速了这个过程。

正当学校准备迎接新学期到来之时,一场突如其来的新冠疫情悄然而至。2020年的春节前后,国际学生陆续返校,我们是沪上开学最早的高校,2月3日就要上课了。然而,疫情蔓延得很快,不断有坏消息传来。出于对学生安全的负责,市教委召开了多次紧急会议,并发出通知,要求本市高校做好疫情防控,调整开学的时间和教学模式。学校的中外领导身在世界各地,我们通过在线联络的方式对疫情做出判断,提醒师生采取防疫措施,决定学校的后续安排。面对疫情,同学们相互帮助、相互鼓励,以实际行动迎接新的挑战。

在全球疫情暴发后,学校已经不可能进行面对面教学了,上海纽约大学图书馆及时提供了线上教学的技术支持。在积累了一定的经验,取得较好的效果后,学校鼓励教授们向其他学校同行分享线上教学工具。自2017年起,学校图书馆就着眼于基础数据知识和技能、科研数据管理、数据驱动的研究及数据赋能的学习,以及人工智能时代的数据素养四方面内容,逐步建立起了成熟的数据素养教育体系。随着信息技术的迅猛发展,人工智能的应用不断推出与普及,对新兴科技的认识、把握与创造成为这个时代给数据素养教育带来的最大变量。在线上+线下教学实践中,上海纽约大学以确保学生拥有一贯的充满活力与互动的课堂体验为核心宗旨,不断探索如何优化教学内容与教学形式,更好地服务于学生对知识的吸收与掌握,助力学生线下的自主学习。

在意想不到的挑战面前,上海纽约大学以最快的速度、最精准的方式落实了新冠疫情的防范措施,提供了在线教育的模式。学校领导和各部门间的沟通畅通无阻,师生以出色的表现展示了这所国际化大学的水准和质量。我记录下了这段不同寻常的经历。

在线沟通，共渡难关

1月下旬学校仍在寒假期间，雷蒙常务副校长尚在美国，面对疫情挑战，我们只能在网上或微信上沟通，做出及时的决策，采取应对措施。根据疫情形势和市教委的要求，学校领导对开学日期、教学模式、防控措施等不断作出调整。由于大家有了沟通协商的渠道，合作非常顺利。上海纽约大学终于在2月17日正式开学，全面实行线上教学。2020年从1月23日到2月17日这3周里，几乎每隔几天就有一次决策调整，中外校长和教务长联名先后给学校师生发出了9份电子邮件，通报学校决定和防控措施；学校成立了应对小组（Response Team），各部门协同面对疫情；图书馆及时提供了线上教学的技术支持。上海纽约大学做好了各方面准备，成为沪上第一个全面实施网络教学的高校。

1月23日，我从厦门回到上海，在飞机上已经察觉疫情形势不妙，与雷蒙常务副校长在微信上通话，交流了疫情信息，商量学校防控措施。由于不确定因素很多，我们没有下决心推迟2月3日的开学日期。第二天（1月24日）我们得到进一步的疫情消息，学校不得不决定把春季学期开学时间推迟1周，中外校长和教务长联名发电子邮件，通知全校师生学校将于2月10日开学。然而，形势急转直下，疫情继续蔓延。1月26日，上海市教委通知各高校2月17日前不能开学。为此，学校要求尚未返沪的学生暂时不要回来，已经返沪的学生尽快与学生事务部取得联系，等待进一步通知。1月27日学校召开中层领导会议，研究应对措施。1月28日学校又一次给全体学生发了联名邮件，因为疫情影响，把开学时间调整至2月17日，并告知学生预防新冠的各种措施。同时，为保证教学时间，学校决定取消该学期的春假；为减少学生流动的风险，外地学生准备上网课。1月30日学校再次向学生发出联名邮件，具体说明了学校在疫情期间的各项安排。1月31日，根据世界卫生组织（WHO）关于疫情的告知，以及美国政府发布的不建议旅行的级别，学校明确了所有学生都留在原地上网课。学校会帮助国际学生到纽约大学全球教育体系的其他教学点学习。2月3日学校向全体师生发出联名邮件，把2020年春季学期分成两个阶段，至少在2月底之前全部实行线上教学，校园不开放；如果疫情有好转，3月份开始混合教学模式。我们也在邮件里告知大家在疫情期间上海市政府和学校的各项规定。2月13日学校领导再次向全校师生发出邮件,重申了上海纽约大学将于2月17日正式开学,采用线上教学模式;疫情缓和后,再转为混合教学模式,建议大家为数字技术的应用做好充分的准备。2月16日,学校发出致全校师生的联名邮件,提醒大家2月17日正式在线上开学。

在这段时间里,大家的关注点都在国内疫情防控上,尤其是疫情严重的城市。上海纽约大学有很多感人的故事,体现了互帮互助,共渡难关的精神。2月初,雷蒙常务副校长回到上海,带来了纽约大学各部门捐赠给上海纽约大学的各种防护用品,2月4日新华社等媒体报道了这则新闻。2月8日,在元宵节这天学校发起了"孔明灯飞满天为武汉祈福"的挑战赛,筹集分布在全球各地不同校区学生的善款,为武汉抗击疫情出力。中国新闻网等媒体报道了这则新闻。当天,我们也给尚在疫区的学生发微信,向大家表示问候,请同学们冷静面对疫情的挑战,注意保护好自己的安全。直到收到同学们都安全的回复后,我们才放下了心。

在武汉疫情暴发期间,2022届捷克学生卡特琳娜·瓦拉霍娃(Katerina Valachova)在得知家住武汉的柏驭枫同学和家人需要口罩后,从捷克寄了100只口罩。这箱口罩在运输途中历经波折,最后终于在卡特琳娜·瓦拉霍娃的中国室友的帮助下顺利到达武汉。尽管两位同学平时联系不多,但这份温暖而难得的礼物着实让人感动。疫情期间,在武汉的同学也收到了学校的问候信息,学生事务部的老师怕武汉食品供应不足,还给小柏寄来了一箱零食,让他倍感学校这个大家庭的温暖。

2月底至3月初,全球疫情发生巨变。2月26日上海新冠病例得到了基本控制,但欧美疫情迅速扩大。2月25日意大利发现新冠疫情,佛罗伦萨教学点暂停运行;3月3日根据全球疫情状况,纽约大学通知暂停国际旅行。3月11日,纽约大学全球教育体系公布,在过去的24小时内先后关闭了伦敦、柏林、巴黎、马德里、布拉格等欧洲所有的教学点,要求学生回家在线学习,等候进一步通知。3月14日,阿根廷布宜诺斯艾利斯教学点因疫情关闭;3月16日,澳大利亚疫情严重,悉尼教学点关闭。3月15日,纽约大学校长明确通知大家,纽约大学全部转为远程教学,在4月19日之前不会恢复面对面教学,全球教育体系也暂停面对面教学,行政人员在家办公。

3月17日,纽约大学校长又向全体师生发出邮件,春季学期全部实行线上教学,根据防疫要求,关闭学生公寓,并要求学生在 3 月 22 日前搬离。此时,共有 491 名上海纽约大学学生在纽约大学学习,其中有 141 名中国籍学生、279 名美国学生、71 名其他国家的学生。身在异国他乡的学生面临着两个严峻的问题:一是在短时间内来不及在纽约找到合适的住所;二是买不到能立马回国的机票。学生和家长都很焦虑,纷纷发出求助邮件或微信。和雷蒙常务副校长商量后,我当天就给纽约大学负责全球教育的副校长琳达·米尔斯(Linda Mills)发了邮件,请求理解学生的难处,希望纽约大学协助解决学生的困难。纽约大学领导很快就有了回应,答应给予学生帮助,并宽限了搬离时间。当天,我们给在纽约学习的学生发了邮件,告知大家这个消息。为了确保同学们的学习和生活,学校给每位在国外学习的同学安排了一位联系人,也提出了几点建议,希望大家保持平静,相互帮助。

据统计,在全球疫情暴发后,雷蒙常务副校长、衛周安教务长和我联名给学校教职工、在国内学习的学生、在海外学习的学生分别发了 10 封邮件。3 月 2 日,在线教学已开设了 2 周,在教授们的努力尝试下,积累了一定的经验,取得了较好的效果。学校衷心感谢教授们的努力探索和多样化的尝试;同时也提醒大家严格做好防疫措施,告知大家如果可以返回校园,会提前 2 周发出通知。3 月 9 日,在线教学开设 3 周后,疫情在全球蔓延,已经不可能进行面对面教学了,学校同意教授们向其他学校同行分享线上教学工具。我们也明确告知不在疫区的毕业班学生和研究生,可以申请回校园完成毕业论文或毕业项目,作个案处理。

尽管学校开始了线上教学,但 2020 年春季学期注定是不寻常的。3 月 23 日,学校给全体师生员工发了邮件,通报全球疫情,请大家理解隔离观察的重要性,保持心态平静,注意补充营养,加强室内锻炼和阅读,相互帮助。为避免学生对网络教学的焦虑,上海纽约大学春季学期的期末考试评价,学生可以选择分级制,也可以选择通过与不通过。然而,在纽约学习的学生不了解纽约大学的政策,有些人喜欢通过或不通过,更多人想在纽约学习期间拔高自己的绩点(GPA),不希望通过或不通过的简单方法。好几位同学给我发了微信,希望能采取与上海纽约大学相同的政策,让学生自己选择。我把学生的邮件转给了纽约大学教务长,并表达了自己的建议,她表示支持。春季学期,纽约大学的期末考试的评价方式得到了同学们的认同。

2020届毕业典礼怎么办？这是最难以决策的事情。3月26日，学校给2020届学生发邮件，告诉大家5月29日的毕业典礼日期不变，5月1日确定毕业典礼形式；如果不能举行线下毕业典礼，学生有三种选择：1.线上参加；2.参加纽约大学的毕业典礼；3.参加2021届学生的毕业典礼。3月27日我们向全体教职工转发了学生的感谢信。3月29日根据上海疫情防控要求，我们又一次发邮件通知大家，境外任何人员入关必须进行核酸检测，进行14天隔离观察。4月13日学校发邮件通知全体师生，上海市政府已经公布在国内的毕业班学生最早4月27日可以进入校园，其他在国内的学生最早5月6日可以进校园，外地学生需要进行14天隔离观察。学校即将实行混合教学模式，但回校后仍然要严格防控，不接待访客，不搞聚会。4月21日，我们给全体师生发联名邮件，明确告知：1.4月27日在国内的毕业班学生和研究生可以回校园；2.其他在国内的学生5月4日回到校园；3.要求在国内的教职工下周回校园上班，做好准备工作；4.启用混合教学模式，学生可以选择回校学习或继续在线学习。同时，要求大家一定要坚持执行疫情防控措施。5月16日，学校领导再次向全校师生发邮件，布置了暑期、秋季学期教学工作的安排。

2019年9月，我已过了70岁生日，到了该退休的年龄。原计划在2020年春节后的理事会上交班，为此童世骏校长在2019年12月正式离开华东师大的管理岗位，准备接替我的工作。没有预想到因为疫情的影响，理事会不能按时举行。我也意识到疫情当前，在这个时候提出退休交班有点不合时宜。雷蒙常务副校长在2月19日就建议推迟召开理事会，希望我继续留在岗位上，和大家共度困难时期。他再三提醒我，在面对疫情风险的同时不能再添加因校长退休换届给学生和家长带来的焦虑。为此，我征求了华东师大领导和童校长的意见，大家都认为在面临全球疫情挑战的当口进行校长换届不合适，提议在疫情缓解后再召开理事会换届。我理解同事们的担忧，决心坚守岗位，和大家一起抗御疫情。

面对疫情的变化，市政府不断有新的指令，全球疫情的蔓延有很多不确定性，在困难的情境下，学校各部门尽心尽力，积极应对各种变化。疫情期间，我每天都在学校，根据疫情变化，和大家一起落实和调整防控措施，应对各方检查，做好学校的防控演习。我们的学生散落在世界各地，情况更复杂。随着疫情高发区的变化，学校的工作重心也要调整。在海外的学生与在国内的家长有不同的困难和问题,但因为新冠疫情扩散的不确定性,大家很焦虑,学校必须和大家保持联系,了解动态信息。

国内疫情严重时,我一一联系了身在疫区的同学们,了解他们的处境和身体状况。得知学生们都安全,能坦然面对困难时,我真的很欣慰。我在微信上鼓励大家,保持与学校的紧密联系,共同抗击疫情。在欧美疫情趋于严重、学生去留两难的情况下,一方面要加强与学生的联系,及时了解他们的去向;一方面要理解学生面临的困难,帮助他们解决难题,缓解学生和家长的心理焦虑。学生事务部的老师们做了大量的工作,我则充分利用了学生的微信群和个人微信,个性化地给学生相应的指导和帮助,解除学生和家长的顾虑。伦敦教学点关闭后,我马上与在英国学习的中国学生取得联系,追踪了解每个人的动向和安全情况,就入关和隔离期间遇到的问题,给即将回国的学生和他们的家人以指导。我也和留在纽约学习的部分中国学生取得了联系,了解他们遇到的困难,提供生活、学习和防疫方面的建议。

疫情期间,美方的校领导因为各种原因,不得不去美国,回中国时,入境后必须在酒店隔离14天。在多变的情况下,我们不仅需要想方设法帮助他们得到入境的签证,同时也需要和浦东新区政府保持联系,安排好他们的隔离酒店,确保能在网上上课。

在全球疫情的挑战面前,学校师生员工团结一致,积极做好各种防控措施,确保学校的安全运行。根据市教委和纽约大学的指导意见,校领导及时调整对策,应对困难。尽管在此期间大家见面的机会少了很多,但我们的沟通极其便利顺畅。疫情给这所年轻的学校带来了从未经历过的考验,也让大家的行动更一致了。纽约大学全球教育体系在人员流动困难的情况下发挥了特殊的功效,分布在世界各地的校区和教学点在精神和物质上可以相互支持帮助,而且在 2020 年秋季学期,根据纽约大学当地学习(go local)的建议,上海纽约大学承担了几千名纽约大学中国学生的课堂教学任务。由于疫情和交通问题学生不能返回纽约大学学习,学校租用了 WeWork 在浦东金融中心的场地,并改造成教室和办公室,为纽约大学学生开课,显现了纽约大学全球教育体系的优势。

4 月 27 日,上海纽约大学在沪的学生返回了校园,经过了多次防疫演习,学校已经做好了充分的准备。看到学生们的笑脸,我们的心也放下了。我在返校后的

第一堂课上对回到校园的同学们表示欢迎，并借此机会问候了在各地的学生，提醒大家要继续做好疫情防控。真没想到，我在上海纽约大学的最后这些时间竟然是这么一段难以忘怀的日子，紧张、焦虑又有期盼。

终于，疫情看似已经过去了，然而，挑战并没有结束……遗憾的是，后续的困难却留给了继任者。

坚持线上与线下相结合的学习

全球疫情影响了人来人往，上海纽约大学学生的流动受阻。这几年里，学校经受了巨大的挑战，但是报考上海纽约大学的学生人数还是在持续上升，年轻学子们认识到全球教育对于成人、成才的重要性，他们充分利用纽约大学全球教育体系的优势，依然孜孜不倦地追求自己的理想。

毕业于华东师范大学第二附属中学的施怡聆是上海纽约大学2022届学生，两年多时间的疫情直接影响了这届学子的大学生活。然而，在上海纽约大学的四年，施怡聆利用所学面对挑战，践行了青年责任，同时探索出一条适合自己的跨学科、多触点的职业发展路径。

大二那年，施怡聆在纽约大学华盛顿教学点学习，但不到三个月，新冠疫情在美国大规模暴发，校园及宿舍关闭，她不得不提前回国。疫情使施怡聆将目光转向以公共健康为核心的跨学科领域。在回国转机的路上，她申请了上海纽约大学的"本科生科研基金"项目——她将其称为"学校为本科生提供的几乎没有门槛的科研机会"。她自此开始在城市科学与政策助理教授关成贺的指导下，探寻优化公立医疗资源的可行性方案。

虽然施怡聆已经修读了社会科学及商学课程，对城市公共政策领域也有初步的兴趣，但没有涉猎很多相关的专业课知识。"关教授并没有因为我是新手而对我放松要求。自项目开始，他给我定下的论文目标就是要达到可发表的水准。在他的鼓励下，我也把自己push到了极限，感受了学术研究的整个过程，也让我对科研本身和它的社会意义深入思考了很多。"

从发现问题、构思、文献综述到数据收集、整理、可视化分析，DURF项目让施怡聆第一次"从无到有"全面而深入地参与了一项科学研究的全过程。最终的结果用施怡聆的话来说就是"完全超出了自己的预期"。这篇她作为第一作者撰写的论文《上海公立医院的空间可达性分析》获纽约大学第一届"全球城市展示长篇论文奖",并在美国地理学家协会的旗舰期刊《专业地理学家》(*The Professional Geographer*)上发表。关教授评价说:"这篇论文为上海未来的公共医疗优化提供了具体翔实的建议,也能为其他城市的公共服务规划提供借鉴。"

2020年的暑假对施怡聆来说是个忙碌的夏天。除DURF项目外,她还当选为第一届艾社康"未来健康"青年学人。她结合课内的商学专业所学以及在DURF中积累的对中国医疗体系的了解,分析了三家科技企业的数字化抗疫经验案例。施怡聆参与了2020中美大学生交流论坛(IMUSE)和2020复旦大学金砖国家暑期专题研讨会。作为中国代表之一,她与参会的国际青年分享了疫情时代的青年应该如何发挥力量。此外,她还在上海市红十字会赈济救护部担任志愿者,发挥双语特长协助进出口物资报关。这些努力使她获得2020"上海市大学生年度人物"的提名。

"上海纽约大学入学时不分专业,这一点对我来说很重要。它给了我充分的选择空间和体验时间来探索自己的兴趣。"施怡聆说道。大学四年,她涉猎了不同学科的课程,包括城市研究、社会学、公共政策、经济、商业、金融,等等,定制了金融学(商学与金融方向)与世界史(自主设计城市研究方向)双专业,并辅修公共政策与管理的学科路径。她在疫情中,探索所学的应用之道。她说,在课堂内外串联不同的知识和信息点,以沉浸式的比较视野发现不同学科间的异同,是她大学学术生活中的"小确幸"。

除了在学术上崭露头角,施怡聆的课外生活也丰富多彩。大学四年,她曾任2022届学生团支部书记、校模联大会副秘书长、学生大使等,参与组织活动,凝聚上海纽约大学学生的力量。施怡聆说:"所有这些都是因为上海纽约大学'兼容并蓄'的精神才得以实现。在这一过程中,我得以发现自己,做正确的、应该的、热爱的事情!"

施怡聆以3.98的高绩点、上海市奖学金和国家奖学金的殊荣,以及在权威期刊发表论文的经历顺利毕业,并加入了安永中国的金融服务咨询团队,以商业分析师的身份开启了她的职业生涯。她说:"在上海纽约大学的体验完全超出了我起初的期待。未来无论遇到什么情况,我会带着上海纽约大学给我的勇敢和坚韧,继续往前走,投身于我认为正确的、应该的、热爱的事业。"

中国一直是 2020 届学生艾米·德西利斯(Amy DeCillis)人生背景中一条抹不去的文化脉络。年幼时,她在湖南湘潭的一家孤儿院被领养。到美国后,美国家人一直鼓励艾米接纳自己的华人身份,甚至为了能让她去一所开设中文课的学校就读而举家迁至北卡罗纳州夏洛特。她也因此在高中二年级获得在北京学习的机会。

在中国学习的经历让艾米见识到了一种截然不同的生活方式,也赋予了她看待中国和世界的独特视角。在美国读高中时,除了修读学校安排的常规课程外,她还积极探索学习中国历史、政治、经济学、文学等课程。艾米深知,自己渴望拥有一段真正的国际化教育经历。所以,当在北京交换项目中遇到上海纽约大学的招生代表时,她知道自己已经找到了下一个目的地。

"北京的文化气息十分浓厚,不论走到哪里,都可以时常发现一些新鲜事物,"艾米说道,"我接受着美国式的教育,但同时又可以从一个非常独特的视角学习大量关于中国的知识与文化。我知道上海纽约大学可以带给我十分相似的体验,让我透过一个真正的国际化视角看待、理解中国。"

初到上海纽约大学时,艾米打算学习国际关系,想成为一名外交官。然而,在世界史(全球中国学)的课程作业中,她通过深入研究中国法律和政治,以及当代中国作家和全球华人华侨,发现中美关系除了官方外交外还有如此多不同的维度,搭建两国间沟通桥梁的途径也竟有如此之多。

在上海纽约大学,艾米可以自由探索之前从未涉足的兴趣爱好,并开始辅修交互媒体艺术专业。该跨学科项目不仅教会了她如何写代码,也让她学会如何以引人入胜的方式讲述自己以及上海人乃至中国人和外国旅人的故事。艾米强调,实际上,除了上海纽约大学的课程内容外,与周围人的交流相处也让她接触到了许多新想法和不一样的生活方式。

"我记得在迎新活动中遇到了来自世界各地的人,在加纳出生、长大的斯里兰卡人,在巴西出生、长大的中国人,"艾米说,"我们当时坐在一家咖啡馆里,听一位新同学讲述波兰和立陶宛不和的原因。我这才意识到,在上海,我可以在课堂外学到如此多在普通美国大学里学不到的东西。"

艾米表示，在选择海外学习地点时，她知道学生群体的多样性将是她社交和学习生活中最宝贵的部分。因此，她避开熟悉的地方，在大三上、下学期分别前往纽约大学的阿布扎比校区和特拉维夫校区学习。她也很快发现，在这两所校园的教室里，很少会看到两名来自同一国家的学生。海外学习的这一年里，艾米常常思考"流动性"这一概念，从多个不同维度来探索物理流动性和社会流动性，尤其是这些陌生国家的人和文化如何看待她的亚洲血统。

新冠疫情暴发之前，探索"流动性"对艾米而言就像是在进行一场有趣的思辨实验。疫情暴发后，她一直待在上海的住所，看到美国的新闻报道和好友们的社交媒体推送中逐渐出现了排外情绪，她心情失落。

于是，艾米决定留在上海，将她的毕业项目改编为一部"自传式民族志"。为了完成"混合媒体写作：广播与电视"课程的作业，她将疫情中的经历写成了另一部作品。她的故事经历出现在 NPR、Vogue 等诸多媒体平台的新冠疫情报道中。艾米表示，在上海纽约大学的这段经历坚定了她毕业后留在上海的想法。

"在疫情期间，我感觉到内心深处对上海乃至中国有一种强烈的忠诚感，我不能在此刻与它分开。"在上海，她创办了自己的公司"哦可惹"（Okra），以摄影师、故事记录者、翻译、教师、导游、中国媒体公司与外派创意工作者的连接纽带等各种身份充当衔接中国与世界的桥梁。艾米还在中国新闻和文化分析媒体平台 RADII 任职。她表示，秉承着真正的上海精神，她计划应时代所需，抓住一切机会实现自己的目标。

"我觉得上海纽约大学有一点做得相当出色：他们既会伴你左右，悉心培养你掌握独当一面所需的各项技能；也懂得适时放手，把你'丢'进复杂的现实海洋自由畅游。上海本身也是一个历练的绝佳地点。"艾米说道。

作为曾经的上海纽约大学女子足球队队长，艾米也很享受在绿茵场上与多元化的团队同合作、共进退。女子足球校队队员来自不同国家。"我们是一所位于上海的中美合办大学，我们足球队的多元化特质非常符合上海这座城市的定位，"艾米说，"上海纽约大学女子足球队是一支由中外队员共同组成的国际化团队，但我们同时也具备上海联赛参赛资格，可以与当地运动队同场竞技。"没有想到的是，毕业几年后足球真的成了她的职业。目前，艾米在爱尔兰足球协会担任销售经理。

2021 届毕业生方希妮（Sydney Fontalvo）来自新泽西州哈斯布鲁克高地。自上海纽约大学毕业后,去了哥伦比亚大学梅尔曼公共卫生学院攻读公共卫生硕士项目。

在上海纽约大学的第一年充满了各式各样的全新体验,回想起来,方希妮觉得很难一一罗列。这一年有旅途风光相伴,她去了北京的万里长城,也参观了南京大屠杀遇难同胞纪念馆;这一年有参与学校多元倡导项目的充实,她了解了中国的女权运动和聋哑人社区;她还参加了舞蹈社团、语言交换社团、创意写作讨论会……暑假期间她回家时,"家人一直不停地问这问那,我也有很多故事想和他们分享——就这样,我讲了整个暑假!"方希妮回忆道,"短短一年的时间收获颇丰,感觉和离家前相比,自己长大了很多。"

刚入学时,方希妮会说的中文词语只有"你好"和"谢谢"。但没过多久,她就爱上了用中文在上海生活,学会了用中文点她最爱的奶茶,能看懂银行繁复的条目细则。她努力确保自己每学期至少上一门语言课,并完成了汉语文学进阶课。她还有了自己的中文名字——方希妮。

方希妮全家人都是踢着足球长大的,她从五岁起便开始参加足球赛。上海纽约大学女子足球队成员来自世界各地,参赛经验各不相同,其中一名是方希妮的室友邓晴,她之前就没有任何比赛经验。方希妮担任过校女子足球队的联合队长,在上海市大学生足球联赛中一举夺冠,为学校摘得首座体育项目冠军奖杯。

在深入了解中国文化的过程中,方希妮还在上海找到了一种意想不到的文化归属,对自己的拉美裔身份建立了更深刻的身份认同。方希妮的父母都是来自哥伦比亚的移民,除了和家人交流以外,她很少会跟其他人讲西班牙语。来到上海纽约大学后,她找到了一个由来自拉美和美国的西班牙语使用者组成的社区。尽管大家的口音、词汇及文化背景各不相同,"这些朋友让我更有自信地讲西班牙语,也更能认同自己的身份和文化背景,"方希妮说,"直到来到上海纽约大学我才感觉到,这就是真正的我!我是一个生长在美国的哥伦比亚人!"

方希妮参加了一场研讨会,主题为"慢性病的社会政治背景与影响"。这使她联想到家人在照顾外曾祖母的过程中所经历的困难与挑战,并且获得了更多丰富的新视角。她发现公共卫生恰恰就是自己在寻找的渴望深入研究的领域。它融合了她一直在探索的各门学科和学习方法——从哲学到人类学再到环境社会学——同时也提供了一条清晰的道路,利用学术研究真正改善那些赡养老人的人们的生活。

"我一直觉得,如果我有机会接受更好的教育,有机会自己做研究,那我至少应该先帮助回馈那个曾经养育了我的社区,"方希妮说道,"研究公共卫生可以使我有能力为政策制定者们建言献策,告诉他们应该怎么做才能帮助那些最脆弱的群体。"

新冠疫情暴发时,方希妮正通过上海纽约大学的海外学习项目在纽约大学研究流行病学。在美国东北部的疫情高峰期,她曾在新泽西州家附近的一家新冠病毒测试实验室工作。每天处理的测试给了她第一手资料,使她看到了疫情对美国少数群体造成了更为严重的影响。这段经历也让她看到了将课上所学的理论想法传达给人们的过程中可能遇到的挑战。

"我意识到推广公共卫生知识的方法有很多,重要的是要选对方式,提高公共卫生研究的宣传效率",方希妮这样认为。她以在上海纽约大学的社会科学学习为基础,研究公共卫生政策与实践的社会影响。"我们不能单从一个角度、一个领域看待问题。除非跟其他研究员合作、拓宽自己的视野,否则我们永远只能原地踏步,"方希妮说,"我们要不断地挑战自己,不断地问自己:'我该如何在所在岗位履行职责、回馈社会?'"

克里斯蒂娜·鲍兰(Christina Bowllan)是上海纽约大学2022届毕业生。她经常与远在美国纽约的家人分享中国各地的纪念品和特色小吃,让他们了解自己在这里的见闻经历,如大二时与一起学中文的同学在莫干山游玩时带回来的山核桃,四川峨眉山的绿茶,云南的菌菇汤,还有学习怎么包饺子。

大二时,克里斯蒂娜选修了衞周安教务长讲授的"中国历史中的食品与药品"(Food and Drugs in Chinese History)课程,此后,她便以食物为切入点了解中国、探究中国社会。"食物能够真正体现出一个家庭的本质和其中的决定性因素。我曾在巴基斯坦品尝当地茶饮,也曾在云南吃过菠萝饭,文化的历史就蕴藏在这些饮食当中。"

对中国饮食文化萌生的兴趣,让攻读世界史(社会科学)专业的克里斯蒂娜到宿舍附近的一家清真餐馆提供志愿服务。"想要说一口流利的普通话,就要融入周边的社区生活。在餐馆工作让我有机会融入社区和中文环境。"她努力克服语言和文化障碍,接收不同口音的顾客发来的订单,与来自中国各地的同事一起工作。"在现实生活里,我尽量把中文课所学的词汇都用起来。不过交流起来还是经常一头雾水。我当时在店里负责点餐,一周能碰到好几次同学和老顾客。'孜然牛肉面'这几个字,我一辈子都忘不了啦!"

克里斯蒂娜清楚地记得店铺打烊、晚班结束后,和同事们留下来"撸串"、吃炒饭的难忘时光。每当这时,餐馆的老板和厨师们会聊起他们在甘肃的生活,而她则与大家分享在纽约的故事。"有时候我们正吃着饭,我父母的视频电话就打过来了,他们也会和同事们聊上两句,我就成了双方的翻译。这对我来说是最美好的时刻。我父母一直很感激老板一家对我的照顾。"

春节期间,餐馆歇业,餐厅老板一家还邀请克里斯蒂娜到家里吃饭,待她如家人一般。"这段经历让我知道,人与人之间情感的搭建不会受到地域的限制,即使我们语言不同、文化背景各异,也还是可以一起聊聊生活中的收获与挑战,共享当下。"克里斯蒂娜在大一时参加了上海纽约大学举办的"华夏杯"中文演讲比赛。她在演讲中问道:"如果我们每个人都能走出去,多花点时间与他人交流、互相增进了解,那我们的世界会发生怎样的变化?"

疫情暴发初期,克里斯蒂娜正在非营利教育机构"亚洲协会"实习。其间,她从食物角度出发,推动在不同社区之间建立沟通的桥梁。她发起了一个名为"Breaking Bread"(一起用餐)的虚拟线上活动,组织烹饪比赛。"我找到在不同大学念书的四位好友,两两一组。每个小组需在 90 分钟内协同作战,完成一道包含四种隐藏食材(姜黄、香菜、芝麻油、小茴香)的菜品。比赛结束后,我们所有人都会讨论为什么食物会拉近人们的距离,以及创造这道菜肴时的灵感。"

毫无疑问,未来在与不同地区、不同文化背景的人交流时,食物仍将成为克里斯蒂娜生活中必不可少的关键词。"我们许多人每天都只顾着刷手机,全然忘记自己身处一个广阔的世界。我发现,无论是在餐厅当志愿者,还是在宿舍附近品尝街头小吃,抑或是在旅途中与乘客聊天,如果你不去与他人面对面交谈,你能了解的东西就非常有限。"

来自澳大利亚悉尼、在中国香港长大的 2023 届毕业生马科斯·布里森(Marcos Brisson)从小就开始学习普通话。中国对他来说意味着巨大的机遇。因为他希望更好地学习和理解中国的语言与文化,所以毫不犹豫地选择了上海纽约大学。他的主修专业是金融学,辅修中文与世界史。在这座城市生活,他能用中文进行日常交流,从而提升普通话水平,同时和纽约大学也有联系。原计划在上海待三年,但遗憾的是他只待了一个学期。

受疫情影响,马科斯只能通过上海纽约大学的 Go Local 项目在纽约大学悉尼海外学习中心远程修读课程,接着前往纽约大学进行海外学习,修读斯特恩商学院的课程,最终完成了全部学业。他说:"在上海纽约大学的四年,为他之前从未想过的创业之路奠定了基础。"

在第一个学期,他就遇到了如今的创业伙伴,同一届的学生伯努瓦·范·克尔(Benoît Van Keer)。他们一起去听了一场关于可持续时尚的演讲,并认识了其中一位嘉宾,去了她的工厂,为她的业务提供咨询。他们由此创办了一家咨询公司,后来发展为现在的"凯兹特里"(Kaizntree)——一个帮助个人创业者简化销售渠道并管理生产的在线平台。

"跟着直觉和兴趣走,总会有收获。不要去想你应该做什么,或者别人认为你应该做什么。大学生活常常充满压力,很容易让你陷入准备考试和寻找实习的循环中。"在 2023 年 5 月毕业前,他申请了很多工作,也拿到了很好的 offer。但他知道,"如果没有去创业,我会很痛苦。我很开心能够取得如今的成果"。

"大多数创业公司都失败了。因此,作为创业者,你必须思考:我们在做什么?和别人有什么不同?'凯兹特里'为什么能够超越其他竞争对手?这将推动你不断向前。创业需要勇气和与众不同的思考方式,它并不适合所有人,这是现实,"他说,"如果你打算创业,有太多机会正等着你。我们在这些加速器项目中做的一切,都促使我和伯努瓦全力以赴创办'凯兹特里',并在这里全职工作,实现我们的愿景。这就是纽约大学全球教育体系为我们提供的帮助。"

阿比盖尔·克拉克(Abigail Clark)是 2023 届毕业生,来自美国宾夕法尼亚州。她主修的专业是生物学,辅修中文、世界史(全球中国学)。毕业后,她前往哈佛大学,攻读教育学硕士学位。立志成为教师的她从 2023 年暑假开始,就在指导老师的陪同下开启了为期一年的实习。她说:"刚上大学时,我抱着读医学预科的想法选了生物专业。后来,我参加了 LEAD 项目,参与探讨多元文化和社会平等议题,在大二时又作为该项目负责人带领活动,我意识到教学才是我的兴趣所在,于是下定决心走教书育人之路。不过,上海纽约大学没有教育学专业,我决定在本科阶段先学生物学,在研究生阶段读教育学,圆生物老师之梦。上海纽约大学为我的专业发展打下了坚实的基础。"

"我希望可以走出舒适区，更加融入这里，大胆尝试学习一些新知识。最好毕业的时候可以说一口流利的中文。"她说："疫情暴发后，我是最早一批回上海的国际学生。那年夏天，有机会参加学校的'沉浸式中文项目'。整整九周，我必须完全用中文交流，这对我来说是跨出舒适区的一大步。不过这敦促我最终将中文辅修拿下。此外，我还尝试了许多新鲜事，比如剪纸、打中国结和其他传统活动。"

来自美国马萨诸塞州波士顿的 2023 届毕业生德克兰·马祖（Declan Mazur）说："上海纽约大学为我打开了新世界的大门，让我有机会探索中国的过去和现在，我也期待见证中国未来的发展，好奇我们的生活又会发生什么样的改变。"他从初中开始学中文，一直到大学都在不间断地学习，正是对中文的热情促使他选择了上海纽约大学。他的理想是在教育领域工作，在中国或者东南亚教书，希望能利用四年所学帮助更多的人。

"大三去韩国交换时，我开始学韩语，虽然当时正值疫情暴发，面临巨大的挑战，我仍然坚持了下去，之后获富布赖特奖也得益于此。对语言学习的热情点亮了我的过去，更点亮了我的现在和未来。"毕业后，德克兰从全球激烈的竞争中脱颖而出，获富布赖特外语助教项目奖学金，今年将前往韩国，与当地教师一同教授中小学生英文。

2020 年 1 月末，上海纽约大学 2022 届学生柏驭枫还在武汉。2 月 17 日学校开学后，他的生活开始逐渐回归正轨，每天都在上网课和做作业中充实度过。"Zoom 提供了一个绝佳平台，让我和同学可以继续保持联系。我们常常会在 Zoom 上开启多人视频会议，假装是在校园里一起写作业，还会开直播聊天，给对方办生日派对。我们虽身隔千里，但心心相连。"他还随同上海纽约大学团委为同学们策划了线上十大歌手比赛、"厨神云争霸"以及纽约大学漂流瓶等线上活动。"我们希望能够跨越地理位置的阻隔，与上海纽约大学家庭成员保持联系，为大家送去欢声和笑语。"

在线教学模式与 AI 应用的探索

自 2020 年 2 月 17 日起，上海纽约大学 1113 名学生和 219 名教师通过数字化技术参与了春季学期264门课的在线学习与教学。4月27日起，学校按照错峰、有序的原则安排师生返校复课。考虑到许多师生仍在国外，所有课程均以"线上＋线下"的混合教学模式无缝衔接，继续为学生提供高质量教学。

在近一学期的在线教学实践中，上海纽约大学以确保学生拥有一贯的充满活力与互动的课堂体验为核心宗旨，不断探索如何优化教学内容与教学形式，更好地服务于学生对知识的吸收与掌握，助力学生线下的自主学习。为尽可能还原线下课堂充满活力与互动的课堂体验，教师们积极探索提升在线教学成效的方法，从调整教学大纲、优化课程设计，到积极寻找定制 Zoom、NYU Classes、VoiceThread、Kultura 等在线教学工具的功能，探索并实践更有效的互动模式。

为保证在线学习与线下课堂教学质量实质等效，上海纽约大学以高质量的课堂互动为着力点，在构建线上教育互动模式的实践中呈现三个主要特点：

一是全方位学习资源投递，一个主要平台＋N个辅助工具。完成高质量线上教学的第一步是保证学习资源被顺畅地投递出去。学校264门在线课程的教学形式多种多样。教师根据每门课不同的需求，采用直播、录播或两者相结合的方式授课。以学校自有学习管理平台 NYU Classes 为基础，教师们充分利用"上海纽约大学数字教学工具包"网站上提供的各种线上技术工具的介绍与辅导，叠加使用互动类视频工具，如 Zoom、VoiceThread、NYU Stream 等，以及带有发言及批注功能的线上论坛交互工具，如 Forums、Slido、Piazza、Slack 等。教师通过对技术工具1＋N的组合使用，不仅可以实时上传学习资源，还可以通过各类线上工具接收学生的反馈，掌握学习动态。

在"计算机网络"这门课上，身处法国巴黎的普罗米西·斯帕希思（Promethee Spathis）教授通过 Zoom 进行直播授课，并配以高清屏幕演示计算推演过程。考虑到身处不同时区无法参加直播课的同学，他会录下所有的课程内容，上传到 NYU Classes 平台，就连课上的聊天信息也会放在课程录像中。学生还可以获得整节课的文稿记录，根据自己的需要以"视频、音频及文稿"功能，自行学习与课后复习。

在"设计思维"的录播课上，教师在上传授课视频之余，为引导学生开展有效的自主学习，为每一堂课都准备了一份"使用说明图"。学生可以根据教师建议的学习目录，比对录制的课程资源，逐项开展课堂学习。其中还加入了一些问答与小作业环节，在确保教学资料被顺畅传递出去的同时，也促进了学生对知识点的吸收与掌握。据学生反馈，线上教学对学习助益最大的一个功能是他们对于信息的全面获取，方便他们课后随时回看复习。

二是充满活力的线上课堂互动，创造性地还原线下授课场景，打造沉浸式的课堂互动体验。对于实践性较强的艺术类课程，需要确保学生同时看到教师本人及创作过程中的手部动作，这无疑对线上授课提出了很大的挑战。在艺术学教学副教授巴贝拉·埃德尔斯坦和张健君负责执教的"工作室艺术入门与项目"的课堂上，两位教授在教室用三台电脑、两个网络摄像头、一台相机和五面显示屏给在教室上课的3名学生，以及在世界各地远程上课的12名学生授课。在各技术手段的配合下，以别出心裁的方式从多个维度展示创作过程。虽不能面对面交流，但线上课堂互动在艺术教学上呈现出多种可能性，学生即便是隔空与教师交流，也有身临其境之感。

优化课程设计，突出交互。如何让学生在远距离学习的场景下保持专注是在线授课的另一大难题。在教学实践中，教师们积极投入，调整优化课程设计，缩短单向的讲座课时间，创建形式各异的互动环节，保证教学质量。在时间安排上，尽量缩短录屏的讲座课时间，同时拓展延长互动环节的时长。有些课直接让学生在课前自学录制的讲座视频，将大部分课堂时间用于在线互动与讨论。在内容设置上，教师则将原本安排的靠后的互动环节放在前几周进行，帮助学生在线上学习开始时建立良好的线上社群互动氛围。而对于较为理论的内容则以阅读材料的形式推送给学生，形成理论与互动更好的互补关系。为方便学生按照自己的节奏吸收消化知识，很多教师将每节课切分为五至九段的短课程，并在每段视频中设置测试环节，鼓励学生积极参与、主动学习。

多层次课内外互动，引发思维火花。线上教学的课堂互动大致有两个层面。一类是活跃课堂气氛、保证课堂热度的课堂内浅层互动环节，包括弹幕、投票、答题等。利用Zoom的投票统计功能，学生能在课上投票回答教师事先设计的题目，并在课后生成投票结果分析，不仅增加了学生上课的参与感，也帮助教师更好地掌握学生的知识学习情况。另一类则是需要学生在课后花更多时间思考并准备的深层次互动环节，包括小组讨论、论坛发言、小组报告等。无论是哪一类互动，其主要目的都是带动学生积极思考，引发思维的火花与碰撞，以更好地吸收和掌握知识。在"法律心理学"的课堂上，教师利用学校自有教学平台NYU Classes的论坛板块取代部分口头交互讨论环节,让学生对难度较大的开放式讨论问题进行"回帖",并及时给予反馈意见。线上发言的渠道不受课堂时间的限制,为学生提供了更多的表达机会,为一部分在群体中口头发言易紧张的学生提供了准备时间,使他们在课堂讨论中更积极地参与其中并作出贡献。有教师谈到,很多学生在线上课堂反而更愿意提问,所有问题通过线上工具在所有学生面前一目了然,促进学生之间相互交流,独立思考。

得益于学校小班化教学模式的优势,课内外互动之外,几乎所有教师都开设了固定的线上交流或线上办公时间。他们特别关注无法参加直播课的同学,每周定期进行线上谈话,实时掌握学生的学习状况,对学习有困难的学生给予及时的指导与帮助。学生也可随时通过各在线工具进行反馈。精准至一对一的师生互动对于提升线上学习成效起到了十分积极的作用。

三是师生协力共创知识。在线上教学期间,学校持续倡导"主动学习"的教学模式。学生不只是知识的接受者,在高质量互动环节的带动下,他们也是知识的共创者。除了师生之间的互动沟通外,学生与学生之间的互动讨论、朋辈学习也是重要的组成部分。在教师引导下的生生互动,身处世界各地的学生共享屏幕、交流思想,对他们形成自主学习的能力助益匪浅。

以"荣誉线性代数 II"为例,教师和学生在学期开始前就对课程安排做了提前沟通。教师带领学生浏览课程大纲,熟悉视频授课工具。授课教师里奥·罗尔(Leo Rolla)身处阿根廷,他录制好的授课视频尽可能地还原线下上课的场景,内容涵盖了平时亲授时的照片,PPT 演示文稿,以及具体验算过程的录屏片段。第一节课程的理论部分录播视频原本只有 20 分钟,在全部 35 位学生完成学习和互动之后,这一部分实际有效教学时间为 2 个小时。学生们在观看视频的过程中,在相应部分通过添加文字、语音和视频等方式,在教师"不在场"的情况下,"回答"录播视频中提出的问题,证明数学定理,并互相解答彼此的问题。

为了鼓励更多的学生积极参与并发表自己的想法,罗尔教授邀请大家每天通过共享文档给他的课提供反馈意见。学生们在这些反馈中指出,能参考其他同学对同一定理和证明题的论证过程对他们的学习十分有益。一名学生甚至写道:"有时候觉得 VoiceThread 比面对面教学效果还要好。"

从线上教学实践来看,绝大多数学生能够很好地适应线上学习的模式和要求,锻炼出了更强大的自我组织和自主学习能力。上海纽约大学高质量的线上教学互动模式,将先进技术与教育理念有机融合,为学生打造了充满活力与互动的课堂体验;丰富的教学资源和多元化的互动设计也让学生能将课内外学习有效地结合起来,充分发挥主观能动性,加强独立思考与交流沟通的能力。

随着 ChatGPT 的横空出世,全球关于人工智能在教育中的应用、加速教育变革的讨论非常热烈。能提出高水平的问题,探索数据,判断其可信度,理解其背后含义和生产机制,让数据为我们所用并兼顾数据伦理,可能是未来的学习者最应该具备的核心能力,也成为大家的必修课。面对这一世界趋势,上海纽约大学也在积极思考和探索,以让 AI 更好地为人赋能,疫情期间的在线教学加速了这个过程。通过上海纽约大学图书馆的一系列行动,可以管中窥豹,看到学校努力的方向。

学校重视对学生的数据素养的教育,对新兴科技的认识、把握与创造成为这个时代给数据素养教育带来的最大变量。那么大学应该在人工智能时代发展怎样的数据素养教育?

上海纽约大学图书馆将探索出的优秀实践总结为案例集《探计算之道,赋创造以能——人工智能时代的数据素养教育》,并在高校图书馆行业最高规格的学术会议之一——全国高校信息素质教育研讨会的作品征集中,荣获二等奖。

自 2017 年起,学校图书馆着眼于基础数据知识和技能、科研数据管理、数据驱动的研究及数据赋能的学习,以及人工智能时代的数据素养四方面的内容,逐步建立起了成熟的数据素养教育体系,在计算商科、数字历史学、计算社会科学等领域以嵌入式授课、预选课和共同授课等多种教学方式,以及工作坊、讲座、研讨会、论坛等不同活动形式,探索多样化的数据素养教育。

"上海纽约大学图书馆有一群志同道合的伙伴,一直以来深耕数据素养教育,围绕学校的课程设置、学科规划和科研活动搭建数据素养教育体系,服务人才培养和学校发展,并回应不断变化的时代需求。"项目负责人戴赟说:"生成式人工智能近年来获得了大众极高的关注,为我们结合新技术开展科普工作和社会服务提供了新的契机。"

2022 至 2023 学年,图书馆通过"启发探索、思辨对话、演示评析、汇智共享"四个循序渐进的模块开启了以人工智能为主题的系列数据素养教育活动,在互动与交流中,教大家如何获取相关知识,培养相关技能与正确价值观,并真正将其应用于实践。

比如 2022 年末，上海纽约大学图书馆以一场"新图书馆"（Neo-Library）人工智能绘画比赛，为校园师生打开了生成式人工智能新世界的大门。活动中，师生们将具体的描述词输入图书馆搭建的人工智能绘画平台，平台就会根据文本，基于海量数据，生成相应画面。操作者可以观察到图像从模糊色块到细致画面的变化全过程，有趣的体验激发了大家对人工智能的探索热情。

对于 AI 引发的种种变革，我们是否做好了准备？"计算有余，创造无涯"（AI Computes, But Does it Create?）主题论坛邀请了上海纽约大学计算机、交互媒体艺术、商学领域的教授，共同探讨了生成式人工智能对科技、艺术及商业的影响，面向技术前沿、融合产业发展共同展望科技创新，以对话引发深层思考。

随着公众对生成式人工智能的讨论不断升温，上海纽约大学图书馆的科普团队也走进了更多校园与社区。2023 年，图书馆 5 位技术与研究人员在上海纽约大学、复旦大学，以及浦东图书馆开展了关于生成式人工智能的巡回讲座，将"人人皆学、处处能学、时时可学"的理念传递给了超过 500 人次的参与者。她们从大语言模型的工作原理出发，既展示了人工智能在编程、设计、科研、学习等多个场景的应用，更带领大家讨论了"在多大程度上可以相信 ChatGPT"等伦理规范问题。

"机器与社会"科普公共服务平台则以人工智能应用和数据驱动科研为主线建立资源导航，从人工智能"是什么""如何工作""如何使用""是否可信"四个维度出发，梳理方法原理，总结科研进展，汇集行业动态，展示创意案例，收获了众多赞赏与好评。平台也将资源按照不同的使用场景与受众进行了分类，无论是 K12 教育相关人士，还是对人工智能专业感兴趣的读者，不同技术经验水平的用户，都能受益于上海纽约大学图书馆整合的资源。

系列活动的开展与资源共享平台的搭建不仅是上海纽约大学人工智能时代数据素养教育探索的突破，也是学校走进社区、服务社会、知识共享的成果，更为同等体量的小型高校图书馆开展数据素养教育提供了模板。这项研究与推广由上海纽约大学图书馆数据服务馆员戴赟、商学学科馆员黄煜、动画设计师朱馨仪、参考咨询与教学研究员翟烨、馆长祖晓静合作完成。未来，上海纽约大学图书馆的人工智能素养教育资源将一方面深入课堂，与学习内容做深度结合，另一方面更加深入科研领域，开展规模更大、范围更广的科普活动。

尾 声

我是比较另类的校长，我的做法未必得到所有人的认同，但我觉得应该这样做。大学教育应该以学生发展为本，让学生在大学四年里浸染在积极向上的文化环境中，潜移默化地陶镕学生做人的基本素养，这是校长很重要的职责。我的工作方式就是用实际行动向学生们传递人和人之间是平等的，我们可以坐在一条板凳上沟通交流，达成共识，共同参与学校的建设发展。我非常愿意跟同学们平等交流，努力去倾听学生的想法，再向学生传递自己的想法，这样才能真正影响学生，解决大家所想的问题。

我在上海纽约大学工作了八年,自学校成立起国内外来参观考察的访客很多。我总是认真准备好每次接待工作,详细介绍办学的过程和体会,尽可能带大家看看学校的不同之处,并乐意回答大家提出的问题。来访者考察后一再表示感谢,我说千万不要说感谢,上海纽约大学就是一块"试验田",我们有责任和义务把办学过程中的快乐与痛苦、经验与教训告诉大家,所以我非常高兴和大家分享一切。我们希望学校的探索改革,有示范意义,有社会影响,能发挥鲶鱼效应,助力中国高等教育的改革和发展。我们也希望通过上海纽约大学的探索来影响基础教育的改革,让社会公众看到教育模式可以是不一样的,从而推动教育观念和人才培养模式的改变。

有人曾私下里对我说:"你们学校办得很不错,但不可复制,我们没法学。"我并不认同这样的观点。任何一所大学都不能被复制,每个学校都在探索自己的道路,但这并不意味着不能吸取其他高校之所长,相互学习和借鉴可以启发我们的思考。将别人的办学模式完完全全简单地拷贝过来,那是不现实的。每所学校的情况不一样,资源条件不一样,教师现状不一样,管理体制也不一样,简单地模仿或照搬他人的做法都不可取,借鉴就需要有自己的探索和创新。

创建上海纽约大学的初衷之一就是希望通过引进国际优质教育资源,借鉴世界一流大学的办学经验和人才培养模式。由于中外合作大学不受太多体制束缚,可以积极探索高等教育国际合作的新模式;同时在与本土教育体系接轨的过程中,便于从不同视角探索中国高等教育改革和发展中的一些问题,有利于推动大学的改革和创新。在合作办学的过程中,我也是一个学习者,通过上海纽约大学的探索来思考一些问题,希望能为本土的高等教育发展和创新服务。我体会到,上海纽约大学的探索可能会在四个方面给我们一些启示:一是"以学生发展为本"

的教育理念;二是国际化创新人才的培养模式;三是大学的根本任务,大学教师的基本职责;四是学术治理的不同模式。

诚然,中外合作办学有不少制度和体制上的困难,成功与否取决于很多外部和内部的因素,而共同的理念,顺畅的沟通是基础。我觉得,中外合作双方应该实话实说,彼此理解和包容,方能建立互信,千万不能内外有别。多年来,上海纽约大学尽管有过磕磕碰碰,但学校始终在治理文化的磨合之中,发现问题,解决问题,持续前行。

在撰写本书的过程中,我收集了很多毕业生的故事以及学生的话语。说实在的,尽管上海纽约大学的规模很小,但大多数学生都有故事,而且与他们的成长密切相关。因为篇幅有限,我只能挑选其中的一部分来叙述。很多优秀校友的故事都不能收录进本书,还是感到很遗憾。回看这些故事,心情依然很激动,又一次感受到了大学教育的意义所在。

联想到"教育强国"的规划目标和实现途径,我很想谈谈自己的想法。有些话也许我们一直在讲,但并没有实实在在落实到行动上,或者还没有真正想明白。

第一,大学的核心功能和价值。众所周知,大学的使命包括人才培养、科学研究、社会服务、文化传承、国际合作等。如何认识这几者之间的关系?大学的核心功能和价值体现在哪里?很多人并没有认识得很完全,在实践中有误区。我认为,大学的核心功能和价值应该是人才培养。大学需要科学研究、社会服务、文化传承、国际合作,但所有这一切应该围绕着人的发展、人才培养这个核心功能。这才算得上是一所真正的大学。

第二,大学教育的目的和意义。大学教育的目的和意义体现了大学的价值。我看到很多报告都在强调大学的社会功能,如何培养各行各业的接班人。大学教育的社会功能确实很重要,因为大学要为社会经济发展提供各方面的人才。但千万不能忘记,教育的本质是人的发展,培养有社会道德和社会责任感的人,才是大学的要义。如何在教育中把人的发展,人的幸福感、获得感放在第一位,是需要我们认真思考的问题。人的潜力得到发挥,人的价值得以实现,才能真正体现立德树人的功效,教育的社会功能才会实现。从这个意义上讲,很多关系还是摆得不正。今天,大学的毛入学率已经超过50%,中国已经进入了普及化高等教育阶段,大学教育对于人的潜力挖掘、人的终身发展显得越来越重要。大学教育首先是培养完整的人,同时也必须考虑不同行业,不同岗位对于人才的不同需求。培养不同的人才,会有不同的具体培养目标,这就引出了第三个需要大家思考的问题。

第三,人才培养模式的多样化。当下在议论的"千校一面"问题,一是体现在办学模式和评价标准上;二是体现在人才培养模式上。我们强调办学特色,强调人才培养特色,因为学生是有个体差异的,如果大学能够提供不同类型的培养模式,适合不同孩子的发展要求,就给大家提供了更多的机会。社会各行各业、不同岗位需要的人才也是多样化的,需要有领袖型人物、技术性人才或国际化创新人才,需要有科学家、工程师、技术工人、农业行家、金融家、教师、医生等。如果每个学校都有自己的办学特色,在人才培养目标和培养模式上更多样化,那么我们国家的高等教育生态系统就比较成熟健康了。教育改革并不是去寻找唯一正确的道路,或者只有唯一的模式,而应该是针对不同的目标,以开放的心态,探索不同的模式。如,通识教育侧重于培养领袖型人才、国际化创新人才,要让学生更多地体验世界上不同的文化,吸纳更多的人类智慧,面向问题推进学科交叉融合,打开创新思路;而培养工程师、技术工人、医生也许就是另一种模式了。我想,这对今天大学教育的发展,是非常重要的一个方面。

在人才培养模式改革上,首先要解放思想,更新教育理念。中国的改革开放就是从解放思想开始的。改变观念,需要有创新意识和变革精神。思维方式改变了,观念更新了,才会有各种各样的政策措施,才会有探索行动。而且,这不仅仅是一个人的思想观念,应该成为社会群体的思想观念。

与此同时,我们也应该看到时代发展对未来人才培养的需求。我们生活在一个快速变化的时代,这是一个百年不遇的大时代。高等教育的改革和发展,需要高度关注今天这个时代的特征和发展趋势,以及它对人才培养的要求,需要我们去探索符合时代特征的培养模式。

信息化与人工智能的发展对传统教育模式提出了极大的挑战。教育形态正在从工业化时代的特征(标准化)向信息化时代的特征(个性化)转型。随着信息技术的广泛应用、人工智能的迅猛发展,很多旧的职业在淘汰或转型中,新的职业又在不断地生长。教育改革和人才培养不能仅仅着眼于今天,更应该放眼未来。很可能当学生走出大学校门时,他们所面对的社会与职业会有很大的变化。

尽管这些年来民粹主义泛起,全球化进程受阻或格局发生了变化,但我们应该看到全球化是人类社会发展的产物,可以说全球化进程从未停止过。全球化时代,教育的竞争、人才的竞争是每个国家必然会面对的。教育要让学生认识和理解世界是由多元文化构成的,但人类有很多共同的愿望。通过教育,拓宽学生的全球视野,培养学生的本土情怀,增强学生跨文化沟通、交流和合作的能力,是解决全球问题,维持世界和平与可持续发展的基础,也是年轻人适应社会发展的重要方面。

知识和技术的创新对人类社会的发展和进步起到了关键的作用。随着知识更新的速度越来越快,新的技术不断出现,创新与创造力持续提升,大学教育对学生的学习能力、选择能力、思辨能力、合作能力的培养越发显得重要。这些都是对传统大学教育的严峻挑战。

曾经有个涉外企业托人打来电话,希望在学校设摊招聘毕业生。上海纽约大学首届毕业生中与该企业专业对口的只有一人,而且已有去向,我和企业的领导谈了,问他们是否还来,他回答说,他们并不是只招收专业对口的学生,而是想招收能做事、想做事、能学习、有想法的人。我举这个例子是想说明,有长远眼光的企业家更关注那些善于学习、会思考、有自己想法的年轻人,因为未来行业的发展有很多不确定性。我一直讲,在大学阶段要让学生接触不同的思想和事物,培养学生的思辨能力,当他们走上社会,面对社会现实会有理性的判断和选择。如果学生不善于学习,不会思考,那才是最糟糕的事情。

在本书的一些章节里,讲述了上海纽约大学学生的成长经历和发生的变化。从学生的话语中不难看出,面对教育观念的挑战、学习方法的变革、培养模式的创新,大家所持有的态度和行动。在时代的浪潮中,我们要不断更新教育观念,积极探索学习方式的改革。大学教育需要及时调整专业结构和教学内容,然而社会发展如此之快,很难指望走出大学的年轻人在知识、技能和素养上能完全符合未来社会的需求。因此,大学教育更要重视帮助学生学会学习,学会选择,学会思辨,学会合作,从而使其在工作岗位上,可以不断调整知识结构,升级技能,提高素养,适应时代的发展。

从学生成长的故事里,我们可以看到促进学生发展的四个共性因素。一是给予他们充分的选择权,让学生学会选择,思考人生的未来,明白自己想要什么,同时也发现自己的兴趣所在。只有在兴趣的驱动下,才会有持续的学习积极性。二是有利于发挥学生主观能动性的"教"和"学"的方法,帮助他们学会学习,课前阅读、主动思考、互动讨论、小班化课堂授课、表达训练等对帮助学生主动学习,积极思考都是有成效的;而全过程考核、动手实践、动态评价等课堂教学的评价方式,可以增强学生学习的自觉性。当然,这些过程也会涉及合理的师生比。三是融洽的师生关系对学生发展至关重要。在访谈中学生经常会提到教授对自己人生的启发,对科研起步的推动作用。由此可见,关心学生、理解学生、引导学生才是真的爱学生,才称得上是教书育人。四是科研实践和社会服务有利于促进学生的发展。问题导向、学科综合的科研活动可以提升学生研究问题的兴趣,加深其对科学研究的理解;而社会服务能让学生更贴近社会实际,了解社会发展的阶段性,关心弱者,增强社会责任感。

中国高等教育规模庞大,创新人才必然会在国际舞台上参与竞争。"让世界成为你的课堂"不只是一句口号,而且是重要的教育理念。学习不只是发生在课堂里,社会同样是学习的重要场所,人和人之间也需要相互学习。在创新人才培养过程中,企业实习、校内见习、公益活动、社会实践、科学研究等课堂之外的活动磨砺了我们的学生,拓宽了他们的眼界,提升了他们解决问题的能力,使其认识到自己的社会责任。不少学生还提前进入科研状态,接触到了学术前沿,并能利用国际化大学的研究平台和学术资源。

大学教育的创新,最重要的还是培养创新人才。怎么能真正落地?通过怎样的载体,用什么样的方法去培养学生?上海纽约大学常务副校长雷蒙教授在题为"致力于创新创造人才的培养——上海纽约大学的探索"的演讲中曾提到:"我们沿用了一条科学界公认的理念,那就是优质的创新需要三大要素:专业的素养、原创的精神、求真的渴望。专业的素养是指必须要扎实把握某个领域最新的技术,并具备宽阔的学术视野。原创的精神是要能提供最新的观点和事物的能力。求真的渴望要求学生敢于尝试,不怕犯错,敢于在他人面前表达自己的想法和点子,不怕被别人指出错误。"

教育要有内在的价值,才可能引领社会的发展。这个价值可以是新思想、新发现、新发明,也可以是创新理念,但一定是体现在人的身上的,特别是培养的人才。而我们用太多的定量指标来衡量不同大学的发展,学校不得不把这些具体指标作为努力的方向。如果大学教授只是片面追求发表论文的数量,那就异化了科研创新的目的。

其实,这是中国大学比较困惑的一个问题。2008年5月,中国校长代表团在美国考察学习期间,我曾问过密西根大学的时任校长:"你们怎么去评价一个教授,一个学科、一所大学的水平?"她的一句话给我留下了深刻的印象:"实际上,一个最简单的评价方法就是impact(影响力),同行教授应该很清楚的。"这个教授是不是一流的教授,就看他的学术影响和社会影响。一个学科或一个学校是不是一流的,也看它的影响力。大家都认可了,都觉得这个学科、这个学校水平高、影响大,那就是一个高水平的学科,就是一所高水平的大学。impact这个词里面包含了很多的内容,不是简单的统计数字比较可以说明的。一流大学的影响力应该体现在教授、学生、校友、学科方面。

时任密西根大学校长还说:"美国大学在历史上也曾有过这个阶段,通过数据统计来评价一所大学、一位教授,但后来越来越感到不合理,在实践中改变了观念。"也许只有当整个社会心态趋于平静了,实事求是地去认识问题的本质,让大学教授也静下来,更专注于自己感兴趣的问题,而不是急着被认同和肯定时,这个难题才能自然而然地破解。当然,社会评价体系、政策导向趋于更理性化,也是很重要的因素。道理很多人都知道,但要实现还是会有一个过程。

由此可见,在建设世界一流大学和一流学科的过程中,我们也不能以急功近利的心态去面对。目标是要有的,努力也是必需的,但切忌只做表面的文章,而是要从根本上去推进和鼓励创新。今天我们所做的努力不能只是为了明天就出成效,也许今天做的努力,要五年、十年甚至更长的时间才会取得理想的结果,但这不妨碍我们依然为这个目标而努力。特别是在高等教育中,无论是人才培养还是科学研究,急于出表面成绩,那结果必然是在违背科学规律。

在大学管理岗位上工作了24年,我一直关注社会对国内高等教育的评价,在工作中逐步形成了自己的大学教育观。中外合作办学是一项尝试,旨在通过我们的实践让大家看到不同的教育模式,从人才培养的成效中得到一些启发。有记者问我:"您曾担任过上师大、华师大的校长,在一般人的概念里学生和校长的距离很远,但是在上海纽约大学校园的每一个角落都能看到您,任何有关学校的问题学生都可以直接在微信上给您发消息。您觉得和这里的文化氛围有关系吗?您觉得校长和学生之间应该维持怎样的关系?大学校长应该起到什么样的作用?"

其实,这就是我关注的大学文化建设。

我原来在华东师大、上海师大也很在意和学生的沟通,尝试过各种交流途径,但由于学生数量多、校园大,很难做到与每位学生都有直接接触。在这两所大学里,我都是在学生食堂与学生共进午餐,希望能与更多学生沟通交流,但是学校有几个大食堂,学生人数也非常多,所以见面的机会较少。在华东师范大学担任校长时,有学生在社交媒体上写道:"我都毕业了,还没见过校长。"对此,我真的很难过。后来,每当毕业季,我就会在网上告诉大家,如果要与校长合照,尽管和我约时间,我一定会到场,不能再次出现同学毕业了还见不到校长的情况。我觉得这是一个校长最起码要做到的事情。而上海纽约大学的学生规模比较小,便于我和大家直接面对面地沟通联系。

大学文化源于教育理念。其实,国内相当多的大学校长是很乐意与学生交流的。但如果是居高临下地教育开导学生,而不是坐在一条板凳上平等沟通,未必能有效果,学生不适应也不喜欢。我感到要放平心态,平等的交流才能产生共同的语言、达成共识,否则学生也不会买账。这就是大学文化,而这种文化与校长的教育理念和工作方式是息息相关的。

我是比较另类的校长,我的做法未必得到所有人的认同,但我觉得应该这样做。大学教育应该以学生发展为本,让学生在大学四年里浸染在积极向上的文化环境中,潜移默化地陶冶学生做人的基本素养,这是校长很重要的职责。我的工作方式就是用实际行动向学生们传递人和人之间是平等的,我们可以坐在一条板凳上沟通交流,达成共识,共同参与学校的建设发展。我非常愿意跟同学们平等交流,努力去倾听学生的想法,再向学生传递自己的想法,这样才能真正影响学生,解决大家所想的问题。

在信息化时代,数字媒体为人们的沟通交流提供了极其便利的工具。我是用新媒体沟通的得益者,尝到过"甜头"。如果追根溯源,不得不说到上海师大的BBS。然而,从BBS到人人网,从微博到微信,我的与时俱进是在追随年轻人的喜好,不断升级平台。我深深体会到,社交媒体是一个平等有效的沟通渠道,可以聆听学生的心声和意见,了解舆论动向和热点问题,提醒重大事项,传播发展理念,解读学校政策,化解突发危机。通过沟通平台,可以使学校的政策和管理更加透明,消除信息不对称带来的疑虑和情绪,同时也能及时发现学校服务和管理上的问题,增强师生的凝聚力。

  2003年初,我调到上海师范大学任校长。上任前,我以访客的身份上网去看了一下学校的BBS,想了解一些学生的情况。结果引发了我的深思,也许是年轻一代的表达方式已经大为不同,或者网络的自由度确实很大,BBS很多栏目中都有对学校不满和指责的帖子,涉及食堂问题、授课问题、寝室问题、校纪校规问题等,各种意见五花八门,学习和生活中的不满都可以吐槽。关键是没有人回应这些帖子,结果就不断升温,引发更多抱怨。我感到BBS上提到的那些问题,或许确实是学校工作没做到位,而有些则是学生不了解学校政策,甚至有些学生找不到地方沟通,所以BBS就成了他们发泄情绪的场所。应该建立什么样的渠道,才能够直接和学生沟通?这是我到任后经常在考虑的问题。

  第一次担任大学校长,很多理念需要在实践中慢慢形成和推广。我习惯在学生食堂吃午饭,以便与学生多沟通,了解学生的想法,试图拉近学校管理层和学生的距离。那年,外语学院有个学生给我写信,建议学校聘请一些学生校长助理,促进学校与学生间的沟通。我将这个建议提交给领导班子讨论,大家认为值得一试。于是,每位校领导都有了几名学生助理,每年换届。学生助理们不仅促进了校领导与学生的沟通联系,帮助学校做了不少工作,提出了很多有价值的建议,而且也得到了更多的锻炼。

  恰好,我的学生助理中有一位就是BBS的斑竹(版主)。我和她讲了自己的困惑,以及对BBS的看法。她很爽快地回答:"正是如此,因为BBS是开放的,大家都可以发表意见啊!"我当即就问:"那我可以发表意见吗?"她说:"当然可以啦,我们在BBS上开通一个"校长在线"栏目,把有想法和抱怨的同学吸引到"校长在线"栏目,你就可以和大家直接沟通交流了。"学生助理的一席话,打开了我的思路。不久,上海师大的BBS"校长在线"就举行了开通仪式,我向全体学生发出了"想和同学们交个朋友"的真诚邀请。

  BBS就是当年的网络论坛,每个用户都可以在BBS上发布信息或表达意见,打破了人和人之间职务、年龄、学历、社会地位的藩篱,自由交流自己的想法。"校长在线"开通的第一天,就收到了几百个帖子,有学生表达了对学校管理工作的意见,也有人提出了一些具体建议,而更多的学生就是打招呼,表示关注。发到"校长在线"的每个帖子,我都会浏览一遍,任何留言,我都热忱地回复。哪怕只是问候或询问是否是校长本人,我也会回复:"我是校长,欢迎大家来'校长在线'交流。"我就是希望从学生的疑虑或意见中看到学校管理存在的问题;就是希望同学们看到,我们可以坐在一条板凳上沟通交流,大家提出问题,学校一定会有所回应,不会置之不理。因此,"校长在线"运行几周后,学生抱怨和吐槽的声音在BBS上越来越少,而关于学校发展的意见和建议逐渐增多,"校长在线"俨然已经成为上海师大BBS的热门栏目。

有时候,学生们提出的问题比较复杂,我一下子没办法回答,但也要写上一句:"这个问题比较重要,由于涉及学校制度,需要通过相应的程序,集体讨论后才能决策,大家要理解依法治校、遵照程序管理的重要性,不要认为校长一句话就可以改变一项制度,学校决策后会给出明确的答复。"在与学生互动的过程中,学生助理们也会帮我在电脑上打字回复,或者对相关议题进行整理,以便在校长办公会议上讨论。

有学生反映,奉贤校区地处远郊,很难听到一些名家名教授的讲座。我把意见转告给各院系,大家采取了一系列举措,以加强奉贤校区的文化建设,如:人文学院开设了名师系列讲座,哲学系则请来全国著名高校的哲学系主任开设系列报告会。有学生不满任课教师把自己编写出版的书摊派给学生,有关职能处室很快制定出了相关制度,堵住了这一漏洞。

有人会问,校长花这么多时间去和学生沟通,值吗?诚然,校长的行事风格不同,但把学生放在学校工作的何等位置上是当今教育值得关注的大问题。学生是教育的主体,学校教育的实施和完善需要了解学生的真实想法,不能仅凭主观意志与行政权力。我在管理岗位上第一次尝试用网络论坛构筑一座连接学校与学生的桥梁,感触颇深。事实也证明了,有了这些沟通渠道,学生在BBS上不负责任的抱怨和吐槽越来越少,"校长在线"成为学生提出意见和建议、理性沟通的主要平台。信息的沟通交流,可以让学校了解学生在想什么,同时也能让学生更好地理解学校的教育理念。

2006年1月我回到华东师大担任校长。我曾和分管领导讨论,能否在华东师大BBS上开通一个"校长在线",但当时华东师大已经有了好几个学生管理的BBS平台,这件事便没有继续推动。那一年,学校的管理重心逐渐转移到闵行校区,空间布局有了重大调整。在一校两区的办学格局下,如何保障师生之间的沟通,解决多校区管理带来的问题，成了学校工作中的一大难题。为此，学校实行了本科生导师制，每位教师联系几个学生，定期安排交流见面，关心他们的学习和成长。

我先后联系了十几名本科生，成为他们的导师。每两周我会和同学们共进午餐，在沟通中了解他们在学习和生活上遇到的问题和感受，帮助他们解决实际困难，对他们的发展提些建议。有次午餐会上，一位同学问我："您是否注册人人网了？我们看到您了。"当时，人人网在大学生中很流行，但我并不知道这个平台，只是感到有点好奇，马上注册了人人网个人主页。上网一看，果真有位好心人以我的名义在人人网上回答学生的问题，上面还有我的照片呢！但他说话得体，学生的反馈也不错。由此，我看到了公共信息平台的互动效应，意识到这可能是和学生沟通交流的有效途径。后来，在学生社团的帮助下，我又开通了人人网公共主页。在相当长的一段时间里，我通过人人网公共主页，听取师生的意见和建议，帮助解决学生的困惑与问题。通过这个平台，我了解了学校发展中的个性问题和共性问题，并及时反馈自己的观点和建议，传递学校的决策与规范。也是在学生一片"你已 OUT 了！"的呼声中，我加 V 注册了新浪微博，结交了更多的朋友，实现了更有效的沟通。

大学校长要谋划学校的发展，而工作思路则是来自学术共同体的内外。有效地采纳学校管理层、教师、学生、校友乃至政府和社会企业的要求和想法，需要和各方沟通，倾听各种意见，才能形成契合学校实际的蓝图；让学校的发展思路为师生员工所认同、接受并付诸行动，也需要沟通，并在沟通中逐步改进完善。这是大学文化建设的重要内涵，也是我一以贯之的教育理念。基于现代大学的规模几乎不可能做到校长和每位学生都有面对面的沟通机会。但是，我一直在探索和尝试与学生直接沟通的渠道。

当今时代，我深深感到信息技术与人工智能的迅猛发展在改变着教育的内涵与外延，赋予教育更多的机会与未来，也为我们提供了各种有效的沟通平台。学校教育的对象是青年学生，作为教育工作者，应该积极拥抱由此而来的媒体平台的变化，努力搭建沟通渠道，掌握社交媒体沟通中的艺术，通过新媒体走近大家，成为学生的朋友。我由衷感谢社交媒体给我带来的机遇。

"校长在线"的开设，让我接触到了学生的真实想法。在大多数情况下，我坚持与学生平等沟通，大家的情绪很快就会稳定下来，也能听取我的意见和建议。

在我的记忆中,只出现过两次难以沟通的情况,都和学校原有制度相关。在这种情况下,我就会约学生当面交换意见。上师大有"文明修身活动"的传统,旨在培养大学生的劳动意识和爱校精神。有一位学生在"校长在线"里发帖子说,校园里根本没有树叶了,却还要一天去扫三次地,大量时间被占用,影响到学习了。我问了学校分管领导,了解到文明修身活动的历史、动因以及常见问题,及时给予回复了,但学生还是不能接受我的说法。我就与这位学生相约,一起参加"文明修身活动",一边扫地一边交谈。这位网上话语颇为激烈的学生,在面对面交流时态度却很温和耐心,没有很生气的样子。她就是认为这样的硬性规定不太合理,应该根据实效调整。我当场就允诺她,会和学生部门进行沟通,但要求她在没有新的决定前,仍遵守学校的规定,坚持参加文明修身活动。我们也聊了学习情况,沟通了学生对教学工作的想法,大家心情都很舒畅。后来,学生部门根据学生的建议,对文明修身活动的时间作了调整。

"校长在线"在一定程度上也推动了学校职能部门服务观念与办事作风的转变。"校长在线"开通后,"学工部在线""教务处在线""图书馆在线""保卫处在线""后勤在线""校医院在线"等相继上线。此外,"学院在线"也首先在商学院展开试点。其中,学校后勤服务中心设立的网上服务热线,不仅每天派专人值班,听取学生的意见并及时反馈与处理,还在工作人员中建立起相应的奖惩制度。为了方便学生办事,奉贤校区管理部门还推出了"午间无休"制度,增加服务时间。得知不少学生对教学管理制度不了解,教务处专门设立了学籍咨询室,由专人负责接待学生,给予解答。

在华东师范大学,我先后在"人人网"和"微博"上征求师生们对学校发展规划、毕业典礼、校庆活动等的意见和建议,也不断接受或解释学生提出的意见和问题。然而,我并没有忘记教书育人是教师的本分,敢于在社交媒体上直率地表达自己的观点,在解答学生提问的同时,引导学生学会如何面对困难,知道以什么方式处理问题。我想通过几个例子来阐述自己与学生的沟通。

2010年4月,我在人人网上看到了一些学生的抱怨,而后又听到了学生反映的问题,才知道有些学生对学校相关政策不了解或有误解。同时,我又感到个别学生面对问题的态度和处理方式不利于未来的发展。我在人人网上发了下列帖子。

今天在食堂午餐时,三位法语系同学向我反映了交费一万元的问题。现在,国际交流中心的老师已经作了明确的答复,也算是我对三位同学的回复吧。(当时忘了留下同学们的手机号)

这里,我想再向同学们强调几句,学校任何收费都必须以文件为准,而且必须在公布公告的同时,告知大家,说明理由。建议同学遇到这类问题,可以打个电话问问教务处或国际交流处。这些年来,学校努力开拓国际交流合作的渠道,为同学们争取更多机会,让大家能在大学期间有一段海外学习的经历,拓展国际视野,增强竞争力。各个相关部门和老师们都做得非常努力,学校也投入了很多资金,这一切都是为了学生的发展。我真的不希望看到,为了一个不确定的疑问,就这么非议自己的学校。请个别同学考虑一下:为什么不可以在说这些气话之前,先心平气和地弄清事实真相呢?我之所以要说这些话,是因为同学们今后都要走上社会,应该懂得如何处理各种问题。我觉得,这也是我的责任。

今后,学校还会进一步扩大海外交流的规模,使更多学生有这样的机会。学校也要进一步推进成本分担的机制,使更多的机会成为可能。但所有的运作必须有更大的透明度,使同学们在知情的情况下作选择。也请同学们给予更多的理解和支持。毕竟,学校所有的考虑都是为了同学们的长远利益。我也希望和大家有更多的交流机会!

我理解同学们的心情。有疑问,完全应该提出,用讨论组这个形式也完全可以。关键是如何有礼有节地表述自己的问题,因为同学们的目的是搞清问题、解决问题,而不是发泄自己的情绪。同学们今后要走上工作岗位,要走上社会,要面对各种各样的人群,会碰到各种各样的问题。你们仔细想一下,如何能更好地思考问题、处理问题、解决问题。这是关系到每个人今后立足社会,成功发展的很重要的环节。简单一点讲,就是要学会沟通,学会相处,掌握处理解决问题的能力。就这件事而言,我提出以下几点想法,供你们参考:

1. 如果相关收费问题是学校决定的,问一下有没有公告,有没有文件。老师说了要收钱,就可以收钱了吗?如果没有这种自我保护意识,将来走上社会不就容易轻信上当吗?当然,这类问题在学校里是很容易搞清楚的,但到了社会上就不那么容易了。

2. 有疑问,可以问,如果系里不清楚,可以问学院的老师。既然有人说是学校的决定,那可以问问负责学生国际交流的教务处和国际交流处。再不行,可以问校长办公室。这就是学习解决问题的办法,要有针对性地处理各种问题。同学们到了国外,将来到了工作岗位上也会碰到问题,应该找哪个部门,找哪些人,思路要清楚啊!

3. 有问题,就提出问题,不要带着自己的情绪。特别在事实还不清楚的情况下,先问清情况,不要顺着自己的思路去想问题。我记得曾经有位校友说过这个话,老板可不喜欢只会发牢骚的员工,发牢骚的结果,就是炒鱿鱼。希望以后你们走上工作岗位后千万不要做这样的傻事。学校不是这样的地方,老师也是有胸怀的,但学生如果没有这种意识,往往会言不达意。我在食堂碰到的三位女生就很好,她们很有礼貌,也很心平气和地问了一些问题,让我了解了这件事情,了解了同学们的疑问。我问了学校的相关部门,学校根本就没有做过这个决定,这不就明白了吗?

4. 人和人之间要有起码的信任。我看了有些同学的话语,其实就是表达了对学校的不信任。我不知道学校做了哪些事情,怎么伤害了他。其实学校是由一个个具体的人组成的,如果有哪位工作人员或哪位领导处理事情不当,也不能代表学校,就像某个同学的不当,完全不能代表华东师大的学生都这样。我觉得,我们应该相信学校的老师和领导是为学生着想的,这是学校的主流。如果失去了这种基本的信任,就失去了正确思考问题的基点。我也坚信同学们都是热爱这所学校,热爱老师们的。这就是我们有这个缘分的出发点和基点。我曾说过,校长有什么做得不对,大家可以批评校长,但我容不得因此而说学校不好。为什么?学校是大家的,学校是每一个师大人的荣耀,我们都要爱护她!

有感而发,说几句心里话。学校是育人的地方,我应该把这些想法提供给大家,希望同学们能看到这份用心。

哈哈!我很愿意和同学们多沟通交往。我们都是从血气方刚的青年时代过来的,能理解年轻的冲动。希望大家在学习生活中不断积累经验,提升自己的综合素养。我衷心希望华东师大的学生在社会上更具竞争力。

2011年3月有同学在人人网上给我写信,谈了中山北路校区图书馆的一些问题,就图书馆建设谈了自己的想法。出于对学生建议的重视,我特意去学校图书馆作了调研,坦率地和学生沟通了几个问题。

同学:你好!首先,我很感谢你对学校事业的关心和爱护。但看到站内信,特别是你表达的这种情绪,让我感到非常不安。考虑到问题的严重性,我希望能给同学们一个准确的回应,当天就去图书馆作了一番实地调研。我想根据自己的观察和了解,和你沟通一些想法。尽管我们思考问题的角度也许不尽相同,我希望我们能相互理解,共同破解难题。

1. 正如你讲的,图书馆是学校学术文化最重要的承载者和象征之一。这些年来学校一直在加大对图书馆的投入,我们的投入不比其他"985"高校少的。实际上,华东师大图书馆的藏书量有400多万册。中山北路图书馆约有200万册图书,且闵行校区与中山北路校区两地图书馆的图书都可以异地互借,网上预约后,图书馆会负责将书送到。现在每年来回在两校区间运送的图书已达4万多册。另外,还可以从上海图书馆和复旦等高校图书馆调借图书。学校每年购买纸质图书的投入巨大,2010年中文图书为374万元,外文为340万元,另加10.5万美元,各类期刊为395万元。采购前征询各院系购书需求已是图书馆持续性的常规工作,凡师生因需要单独提出要求的,图书馆也千方百计地设法购买。一年前,学校图书馆为方便学生,上调了学生借书量与续借次数,我校这方面已在全国高校的最前列。学校还投入了大量经费购买数字书刊资源,仅2010年就投入了867万元,而且每年都会收到新增数据库的要求,学校也总是尽量设法安排经费给予满足。新生入学时,图书馆都会宣讲这些内容,也给每个同学发了介绍的小册子。只要了解和掌握图书馆运作规则,同学们应该可以得到丰富的学术资源,这是图书馆重要的功能。我不知道大家是否学会了合理利用这些资源,实际又用了多少。

2. 相对于闵行校区图书馆,我们的老图书馆是旧了,图书馆已经在申请大修了,准备争取教育部的修购基金,尽快进入程序。我仔细看了一圈,尽管中北校区图书馆目前存在一些问题,但说句实在话并没有到了不像样的地步。我特意到三楼阅览室,想看看摇晃得不行的桌子,但并没有发现,大部分桌椅还是比较新的。我问了在阅览室的一些同学,大家没有这个印象。此后,中北校区图书馆又对所有阅览室进行了一次普查,发现有两个桌子有摇动现象,现正在修理。

3. 关于不可以带包进阅览室的问题,其原因大家都明白。但我们觉得不能总采取被动的方法,一方面学校在加大对学生的教育,另一方面也已经在闵行校区图书馆部分阅览室进行试点。如果运行得可以,再逐步推广。我被告知,国内很多高校图书馆还是实行不可以带包这个规定。不知道你是否有实地调查,还是随便说说的。但不管别人怎么做,我们还是按开放的思路走下去。我也希望华东师大的学生能争气。

4. 老图书馆电路老化,有待整体维修,这是阅览室不能插电用电脑的原因之一,但不只如此。有同学抱怨,在阅览室原本想静心看书,但时常被旁边的电脑键盘声干扰。也有同学说,阅览室是看书的地方,电脑什么地方都可以用,为什么要占了想在这里看书的同学的位子?在图书馆做助管的同学反映,阅览室里乱拉电源线很不安全。同学们从不同角度出发,提出了不同的诉求。是不是应该相互谅解?该不该有个规范?其实,为了解决部分同学的需求,老图书馆已经在一楼开了一个允许使用电脑的空间。我建议维修后的图书馆可以在更多的公共空间,如走廊、大厅,允许同学们使用电脑。这样既可以发挥阅览室的主要功能,又能满足同学们在电脑上查阅资料的需求。

为了建设一个能让师生满意的图书馆,老师和工作人员们真是很积极努力,学校连年大手笔投入。我很希望同学们能了解我上面讲的这些基本情况,也很希望同学们能理解暂时的一些困难。学校快速发展需要大量的经费投入,建设高水平的师资队伍需要大投入,设施更新改造需要大投入,校舍维修同样需要持续的投入。而国家年度拨款只占学校实际运行经费的一半,更不用说建设经费了;本科生的学费收入大多都以各类奖学金、助学金的形式,返回给同学了。学校已经承受了沉重的债务,改善办学条件只能积极争取国家、地方和社会各方面的支持,必须根据轻重缓急,依据经费来源的要求逐步推进。现在绝对不是我们想做什么就可以做什么的时候,也不是可以大手大脚过日子的光景。图书馆空调的开启是根据气温情况。闵行图书馆那天空调过热是因为空调设备在检修调试,同学不了解情况。其实,每到期末中北校区图书馆总是设法开辟空间,打开空调,为同学提供温暖或凉爽的复习环境,这都是图书馆在提供阅览的本职工作之外,主动为同学服务的方面,希望同学们也能注意到。我也想告诉大家,不是在酷暑严寒的情况下我在办公室一般也不开空调的。中国经济发展到今天这个水平,大学的基本办学条件已今非昔比了,但建设一所高水平的大学肯定不是那么容易的,校长也不是那么好当的。无论困难有多大,我们还是要勇往直前,努力推进学校事业的发展。相信华东师大会越来越好!

有感而发,希望同学们能理解。

2011年4月,我在校学生代表大会和研究生代表大会的闭幕式上作了即兴发言,谈了我对大学教育和学生民主参与的两点思考。我觉得应该让更多学生知晓,便在人人网上发了这个帖子。

2006年回到华东师大工作后不久,我记得当时就同学们在网络上提出的意见和建议向校办和各部门提过两个要求:一是要认真处理好校长信箱中的来信,落实处理或调查部门,对处理结果有个督查;二是对讨论组中提出的意见和建议,一定要有应答,对合理的意见要有整改态度和措施,不合理的或暂时不可能实现的意见要有解释说明。这是学校实现管理民主的一个重要渠道。我个人感觉,各个部门还是认真在这样做的,也及时解决了一些问题,不断在改善学校的管理,但还有不尽如人意的地方,需要不断完善。

与此同时,我也在关注同学们的意见和想法。先不说个案诉求,有些共性问题的确引发了我的一些思考。昨天,在华东师大学生代表大会和研究生代表大会的闭幕式上我有感而发,谈了一些想法。这些想法是我对学生会、研究生会工作的期待,也是对同学们的期待。因为参加会议的只是学生代表,我把一些想法写在这里,与更多的同学好友交流。

1. 大学的核心任务是培养人才,培养社会文明进步发展所需要的栋梁之材。大学和大学管理一定要体现"教育以育人为本,以学生为主体"的理念。作为教育的主体,同学们是否意识到了这个主体地位?以学生为主体意味着什么?怎么才能体现以育人为本的内涵?我真诚地希望同学们能认真地思考这些问题,学生会和研究生会能很好地围绕这些理念展开工作。大学的教育就是要通过课堂教育、实践教育、养成教育,给同学们更多的机会和选择,让同学们学会做人、学会做事、学会学习、学会合作。今天的年轻学子生逢其时,是幸运的,在你们身上体现出很多优势,但也要看到自身的先天不足之处。受成长环境影响,独生子女一代会有更多的以自我为中心的思维习惯和行为意识;伴随信息科技发展的成长历程,会产生过多的对网络环境和网络信息的依赖性和自闭性。我觉得,树立理想信念、养成人格品性更应该成为我们的自觉行为,和知识的获取、能力的提升一样是大学生的必修课。学会学习、学会合作更是知识经济时代、经济全球化时代的需要,在大学期间一定要有意识去培养和提升这些方面的能力。每个人都有机会,都可以选择,而怨天尤人只能失去机会,只会延误自己。华东师大学生群体是优秀的,有成长的自觉性。

2. 学校民主管理需要同学们的参与,要学会民主参与。学生参与学校决策和学校事务管理,不仅仅是发表自己的意见和建议,也是学习全面思考、学习分析问题和解决问题的过程,更有利于提高沟通交流的意识和能力。学校领导非常欢迎和希望同学们对学校管理中的问题和不足提出自己的看法和建议。实际上,有些管理问题是在同学们的提醒和督促下得以重视、得以解决、得以完善的,也有些问题正在安排解决中,例如,学校网页建设、出国留学、课程建设、选课网的问题。

2011年10月,恰逢华东师范大学60周年校庆,校内外都在广泛讨论学校会如何举办这一次的校庆活动。不少学校的校庆因忽视学生与广大校友的心声与感情而招致批评。学校认为,华东师范大学应该考虑大多数师生与校友的心情和愿望,通过校庆凝聚人心,促进学校发展和社会认同,而不是办一场仅有少数人参与的庆典。为此,我利用人人网发布了学校举办校庆活动的理念,希望得到更多的建议与意见。我明确表达了学校的意愿,校庆活动不是一次领导与精英校友的聚会,而是属于广大师生与校友的节日。

2011年4月

今年是华东师范大学建校60周年。在这个喜庆的日子里,为了更好地弘扬和体现学校的文化精神,凝聚人心、唤起激情,提升母校的学术影响和社会形象,我们该做些什么?

我看已经有不少同学在网上提出了校庆活动的建议,请大家在这篇日志下充分发表意见。有什么好的活动建议,使我们的校庆更有意义,更能体现学校的文化精神,请贡献你的智慧……

2011年5月

60周年是学校办学历程中的重要时间节点,为办好一次有意义的校庆,学校正在着力做好以下工作:

第一,统一认识。60周年校庆是学校文化建设的重要组成部分,要以校庆为契机,把60周年校庆工作和学校改革发展紧密结合起来,认真挖掘校史文化,全面总结办学经验,积极担当大学的社会责任,努力争取广大校友和社会各界人士的支持,从而加快建设世界知名高水平大学的步伐。

第二,明确目标。通过校庆,学校希望达到以下四个目标。一是总结反思。60周年校庆要总结和反思建校60年以来学校各方面的工作,特别是文化建设方面。希望以此为契机认真总结和反思学校60年以来的发展成就和不足,为学校新一轮的发展积蓄动力。二是凝聚人心。当前,学校处于事业发展的关键时期,面对发展机遇的同时也面临很多挑战,希望通过校庆,进一步扩大师生和广大校友对学校的认同感,进一步凝聚人心,为学校的发展提供全方位的支撑。三是扩大影响。以校庆活动为抓手,扩大学校的影响力和知名度,使社会公众全面客观地了解学校。四是促进发展。校庆所有活动的最终目的是在新的历史机遇下,推动学校新一轮大发展。

第三,坚持理念。60周年校庆的基本理念首先是要体现华东师范大学的人文品格和社会责任,校庆是广大师生员工和校友进一步认同大学人文品格和社会责任的过程,使之更好地为社会服务。其次是参与度,鼓励广大师生员工和校友积极参与校庆活动,实现师生共庆,并积极为学校的发展建言献策。各院系和各部门要充分沟通信息,发挥智慧,积极组织,广泛参与,做好校庆各项工作,进一步增强归属感,提升凝聚力。

大家都很关心60周年校庆工作的进程。在广泛听取意见和建议的基础上,学校明确了校庆的主题:传承文脉、提升凝聚力,展示成就、扩大影响力,聚焦人气、增强归属感,总结反思、再创新辉煌。目前,本着广泛参与、注重内涵、分层实施、逐步推进、分工督办、节俭高效的原则,校庆各项筹备工作正在有序推进。学校标识系统、校树、校花等的方案已经确定,学校标识系统使用办法正在完善,预计5月中旬发布到网上,方便师生下载使用。校园网主页已改用60周年校庆套红版式,校庆60周年专题网计划于5月推出。为总结反思60年办学经验教训,已出版了《施平文集》《孟宪承文集》,同时在计划《大夏大学史》《光华大学史》等的编撰。60周年校史展,60周年校史图片展,大夏、光华、圣约翰大学藏书精品展及古籍善本展等正在推进中。校庆60周年大型学术论坛暨"思勉原创奖"颁奖仪式、国外知名大学校长系列讲坛、15个校庆国际学术会议、系列学术报告会等的筹备都已在陆续进行中。校庆60周年晚会、外国大学生艺术团演出、留学生汇报演出等正在筹备中,计划于10月举办。60周年校庆校友咨询会也已在4月举办,校友会微博已于3月25日开通。校庆礼品项目中,计划开设符合世界名校水准的大学礼品商店,校庆礼品正在设计中,计划5月完成设计,6月16日开始销售,10月10日前向师生发放校庆礼品纪念品。两校区校园环境整治、校园宣传环境布置等也正在全面推进中。

60周年校庆推出了一些新的思路和活动。如,凝练60周年校庆基本理念;大型群众文艺活动专场演出和校园文化活动回顾专场演出;为往届没有穿过学士、硕士、博士服的校友设立的穿学位服补拍校景照的活动;遴选60位优秀教师校友代表来校参加校庆活动,与学弟学妹们谈人生和事业;邀请60位历届校友代表为校庆录一段话或写一段文字;为社会做60件实事活动等。

各院系也准备了院系校庆活动方案,加强与校友的联系,组织和参与各种校庆活动。校庆系列捐赠活动计划5月对外正式发布,并将开通网上捐赠等系统,60周年校庆不会使用学校财政经费。

2011年10月

再过几天就是母校60岁生日了,我们共同的喜庆日子。这些日子里,大家都能感受到欢庆的气氛了吧。作为华东师大人,我们都期盼着这一天,希望母校越来越好,也都希望能有机会参与学校的各项庆祝活动。

我很理解同学们的心情。这次校庆纪念活动,学校极力突破传统的庆典模式,坚持以学术内涵为主,坚持师生和校友同庆。主要的庆祝活动都是为师生和校友考虑的,也第一次采取了广场晚会的形式,希望让更多的师生校友能参与其中。但是无论我们选择什么场地,对于一所有3万多师生员工、十几万校友的大学而言,都不可能满足所有人参与同一项活动的意愿。除了各种学术报告会,学校在15日晚上安排了闵行校区广场庆祝晚会,16日上午在中北体育馆举行校庆庆典,晚上是国际文化节。因为场地有限,为了安全有序,都是通过院系发票组织入场。我希望同学们都能理解这样的措施。越是喜庆,越是要注意安全。大家积极参与的心情和热情是值得鼓励的,但关键还是我们发自内心对母校的爱。无论我们参加什么活动、无论我们担当什么角色,我们都是为了庆祝母校生日,都是在表达自己的一份心情。我们一定要共同努力,把好事办好,把喜事办得开开心心的。

有同学问,如果没有得到15日校庆晚会的入场票,是否可以站在附近感受气氛,原则上是可以的,但希望大家一定要注意安全,服从安保人员的指挥。远处肯定看不清楚,但我们可以感受一下气氛。千万小心河道,千万不要拥挤踩踏,还要保护好校园绿化和建筑。我相信师大学子一定会表现出自己的文明素养和主人翁的精神。

有校友问,10月16日校庆日是否可以进学校来参加各种活动和聚会,学校热烈欢迎大家回母校共度节日。16日上午在中北校区门口有专门的校友接待处,凭有效身份证件(身份证、工作证等)可以进入学校参加活动。在大礼堂和部分教室安排了校庆庆典的实况转播,我们还安排了参观校史馆、校友补拍学位服照等活动。希望校友们喜欢。

请大家相互转告,并关注学校主页的相关信息。很多老师和同学为了准备各项校庆活动,日夜操劳、费尽心血,我们一定要相互理解,体会他们的苦心,尊重他们的工作成果,共同来维护校庆热烈和谐的气氛。

母校生日快乐!同学们心情愉快!耶……

2011年10月

60周年校庆日前夕,10月15日晚在闵行校区大草坪上的一场令人难忘的校庆专题文艺晚会,掀起了祝福母校60岁生日的一个高潮。我已经看到很多同学和校友在微博、人人网等各种媒体上表达了自己的感受和祝福。这台晚会节目之精彩、场面之热烈,我想所有在场的同学们都会有同感。有更多的感慨,想与好友们分享。

首先是对志愿者们的感激和敬意。这台晚会台前台后、场内场外好多学生志愿者很早就到岗了,很晚才离岗。也许很多志愿者根本没有欣赏到精彩的节目,但他们始终精神饱满、认真负责地坚守在各自的岗位上,很感谢这些孩子们。这是大家没有看到的感人一幕,但应该让大家知道。当然,还有很多同学积极报名

/上　2003年，与上海师大学生校长助理交流

/中　2008年，在华东师范大学食堂开展学生午餐会

/下　2008年春节联欢会，在华东师范大学河西食堂与留学生交谈

/上 2010年,看望世博会志愿者"小白菜"们
/中 2010年12月,在德国不来梅与华东师大访学学生座谈
/下 2010年12月,在英国曼切斯特大学与华东师大访学学生见面

/ 上　2019年5月21日，纽约大学毕业晚会上被授予校长勋章
/ 中　2020年1月，考察前滩新校区的模型
/ 下　2023年3月，上海纽约大学校庆10周年与上海纽约大学校友合影留念

/上　2023年9月10日，约翰·塞克斯顿老校长访问上海纽约大学

/下　2023年9月，纽约大学和上海纽约大学的新老校长参加中美人文交流的桥梁——John Sexton Bridge 揭牌仪式（左起：衞周安、杰弗里·雷蒙、琳达·米尔、约翰·塞克斯顿、俞立中、童世骏）

参加志愿者队伍,可是没有这个机会。我相信,如果是他们在这个岗位上,也会做得很好。同样感谢他们的这份心意!不要遗憾,一生中当志愿者的机会很多,只要有这份心,母校一样感谢你们!

同样想表达对所有在场同学们的感激,其实当晚就想说几句话。为了让更多的老师、同学、校友能参与到校庆活动中来,学校举办了有史以来最大规模的师生聚会,1万多人哪!我们最担心的是秩序、安全、环卫。好事办好,很不容易,真是对师大人素质的大考验。我们看到的结果是,进场退场秩序井然,全场气氛热烈而不乱,包括场外站立了几个小时的同学、校友们。同学们既表达了对母校的炽热情感,又表现了顾大局、识大体的精神素养。师大人的风貌,相信给所有在场的人留下了深刻的印象。特别值得同学们自豪的是散场后草坪上基本看不到垃圾弃物。感谢大家!更希望我们师大学子把这种精神气质发扬光大。

最感激的当然应该是所有参演者和组织者。从来没有组织过这么大型的主题文艺晚会,却是那么成功、完美。有同学说,春晚提前来到了。的确,这场晚会群星闪耀,质量极高,舞美灯光都绝了,但我们在为华东师大人才济济自豪的同时,要知道背后凝聚了多少老师、校友、同学们的心血和汗水啊!很多知名校友在母校的召唤下放下手头的工作,热情担当起各种角色,完美地向母校献上了生日厚礼。60位普教界优秀校友来母校为同学们讲教学人生,也走上舞台展示了华东师大学子为人师表、献身教育事业的精神传承。学生艺术团、老教师合唱团、艺术学院、体育学院等的老师、同学们倾注心血,出色地表演了精彩的节目。在彩排时还遭遇了一场大暴雨,每个人都被浇成了落汤鸡,但仍然坚持排演。团委、校庆办是这台节目的主要组织者,策划、请人、排练、舞台、场地、组织……每件事都是很不容易的。大家看到这个主题感人、表演感人、舞美感人的晚会,从头到尾、从里到外,都是母校事、母校人、母校的演员和职员,所以特别有感情。这首先应该是他们的功劳,首先应该感谢他们!

为了晚会的顺利进行,保卫处全体出动,背后的艰辛和付出,同学们一定要知道。像这样的大型广场活动,保卫工作是最难的事,他们做到了。祝贺他们经受了考验,更感谢他们的辛劳付出!还要感谢各院系、各部门许许多多老师、同学、校友们的付出……还有许许多多的感慨……希望能够一并在这里感谢了。

一句话,为华东师大的师生、校友骄傲!为母校自豪!

通过社交媒体,我与师生和校友实现了有效的沟通,在校园文化建设中发挥了特殊的作用,但我从不要求学校行政管理部门做同样的事。我觉得,只有感觉到沟通的有效性,大家才会自觉地去用好这个平台。然而,我经常看到一些部门领导会主动在人人网和微博上回答学生提出的问题,积极为大家排忧解难。对我而言,每天深夜或清晨登录社交网站查阅和回复师生的留言帖子、了解舆情动态已成为工作习惯。以此,直接地看到学校治理中的问题和不足,及时解决管理工作上的瑕疵和冲突。在社交媒体上我们发现和解决了诸如"校区地面塌陷导致的电力线截断"等重大隐患,也化解了似是而非的舆情危机。

那天早晨一上班,我打开电脑就看到了几张河东食堂门口的照片,有工人们在阴沟里挖东西,旁边配的文字是"中北校区河东食堂书报亭旁边捞地沟油的证据,不知道捞这些油有何用途,也不知这些油流到哪里去了"。

不到一个小时,舆论蔓延,转帖和评论铺天盖地而来,从疑问到质疑到结论:"一所'985'高校竟然用地沟油,令人发指!"

我的第一反应是震惊和不可思议,马上就意识到这是一次信任危机,必须认真应对。我给学校后勤处处长打了电话,请他尽快调查了解,并告知实情。据调查,这是例行的下水道疏通。随后,我在社交网上立刻作了回应:"经了解,这些照片里正在打捞下水道油脂沉渣的人员是我校后勤集团环境管理中心人员,打捞的目的是防止油脂沉渣堵塞下水道,打捞出来的油脂沉渣会倒入垃圾箱处理掉。学校找到了他本人,照片中边上的人也证实了,把油脂沉渣倒进了垃圾堆。请同学们放心,要相信学校。"

为了让同学们了解食堂废弃油脂的处理办法,我转发了后勤处的处置规范:"后勤集团与上海普环实业有限公司签订了《普陀区废弃食用油脂有偿服务协议书》,食堂废弃的食用油脂由该公司负责派人到学校回收,由普陀区市容环境卫生管理局监督,防止流入非正规渠道损害人民健康。哈哈!大家要支持后勤的工作,请搞清事实后再发表感想。"

针对部分同学对食用油进口的疑问,我又发帖说明:"我很理解同学们的担忧,食品安全已经成为社会共同关注的问题。为了师生健康,后勤处加强了对食堂的监管,食堂的食用油全部来自上海高校后勤服务公司(市教委下属的学校食堂配货中心),社会企业食堂也要求从超市等正规渠道进货。后勤处和卫生监管部门会经常查看进货单。请监管!"

几个小时内,事实得到了澄清。同学们不仅了解了真相、解除了疑虑,也经历了一次理性思考的过程。下午,舆论完全走向正面,大家高度认同了学校和学生之间的及时沟通、积极互动,更是表达了对学校的信任、热爱和支持。已经受到媒体关注的一次"丑闻曝光"改成了"用社交媒体解决危机"的正面报道。

一谈到大学治理文化,我往往会情不自禁地想起在上海师范大学和华东师范大学担任校长的时光,想起借助社交媒体与学生沟通交流的过程和感想。尽管上海纽约大学的学校性质、规模和学生对象有所不同,但与两者的理念相似,一脉相承。坦率而言,上海纽约大学的规模让我有更多机会与学生面对面地交流,在沟通中加深了对大学文化的理解。从而,更能认识到高等教育应该关注的问题。

与以往的经历不同,我在上海纽约大学有时间去考虑:教育的本质是什么?大学教育要达到什么目的?通过什么途径来培养学生?所以在这八年里,我得到的最大收获可以说是对教育的理解,对大学的理解。我没有教育管理学的学习经历,对教育的感悟都是在担任校长的实践中慢慢去领会的,因此只能是感性的认识。

大学教育的模式可以是不一样的。就是相同的教育模式,获得的成效也不尽相同。我并不奢望上海纽约大学的实践会对中国教育有实质性的影响,只是希望把学校这些年来的探索及其成效回馈社会,这是我们的责任。然而,是否值得借鉴、能否借鉴、如何借鉴,则需要每个学校根据自身情况考虑了。

创建一所新型的大学,没有现成的模板。任何一所学校都不具有复制性,需要我们去不断地学习、借鉴、探索,从而做出适合本土的改革,并创新发展。回想我在上海纽约大学度过的八年,主要做了几件事:(1)让更多的学生、家长和社会公众理解上海纽约大学的"探索、改革、创新",真正认识到这所全新的大学的与众不同之处,吸引愿意"吃螃蟹"的优秀且适合的学生;(2)努力实现两种不兼容教育体系的兼容,为中外学生获得中美两张学位证书打好基础,为上海纽约大学的国际认同扫清障碍;(3)言传身教,促进多元文化的融合,鼓励学生在比较、思辨的基础上建构自己的世界观,在积极的人生观和价值观的驱动下承担社会责任。

作为初创者之一,我深深感到上海纽约大学的筹建和发展颇具挑战性,一些看似很简单的问题,要得以解决却不容易。希望通过我们对探索实践的叙述,让更多读者了解合作办学过程中可能会遇到的问题,尽可能少走弯路。

在上海纽约大学创建十周年之际,我应邀参加了在前滩新校区举行的庆典活动和历届校友的聚会,兴奋之余,我也感到学校的发展,无论是研究生教育,还是教师队伍建设,抑或是科研进展,尚有大量的工作需要去做。在当今形势下,推进中外合作办学,探索国际化教育显得更为重要。衷心希望上海纽约大学事业蒸蒸日上。

参考文献

1. 《美国高校选拔性招生制度及其本土化借鉴研究》,王政吉,华东师范大学博士论文,2022
2. 《上海纽约大学筹建大事记》,郭纬,2022
3. 《口述浦东30年|张恩迪:上海纽约大学合作谈判异常艰难》,谢秉衡,《澎湃》,2020.4
4. 《教育,看到一个更大的世界》,华东师范大学档案馆,华东师范大学出版社,2020.10
5. 《大学管理之道在于沟通》,华东师范大学档案馆,华东师范大学出版社,2020.10
6. 《上海纽约大学发展规划(2015—2025)》,上海纽约大学,2015.5
7. 《从一门课的开设看上海纽约大学的通识教育》,赵中建,《上海教育》,2014,9A
8. 《浦江两岸的精彩人生让国际人才近悦远来》,童世骏,第五届中国进口博览会暨虹桥国际经济论坛:2022全球人才流动与发展论坛,2022.11
9. 《斯莫教授说"纽大的科研"》,陆绮雯、陈丽丹,《解放日报》,2013.9.2
10. 《上海纽约大学不是富人的大学:我们选拔的是学生,而不是家庭》,樊巍、董川峰,《新闻晨报》,2013.8.21
11. 《大咖教授为何钟情本科生课堂?》,徐晶晶,《第一教育》,2016.12.13
12. 《开学日:分组再分组》,徐瑞哲、蒋迪雯,《解放日报》,2013.8.14
13. 《一位美国学霸的上海"漂流记"》,蒋悦颖,《外滩教育》,2015.12.8
14. 《上纽大毕业的她上海立业:推动中国机器人走向世界|Z世代在上海》,张丽婷,《上海教育》,2023.6.18

附　录　　上海纽约大学筹建大事记

（2011年1月—2012年9月）

2011年1月17日，教育部下发了《关于批准华东师范大学与美国纽约大学合作筹备设立上海纽约大学的函》，上海纽约大学正式获批筹建。

2月11日，沈晓明副市长主持召开市政府专题会议，研究布置设立上海纽约大学的筹备工作。

2月24日，华东师大举行党委常委会议，讨论同意成立上海纽约大学筹建工作组，以全力做好各项筹备工作。

3月14日，上海市人民政府尹弘副秘书长召开会议，与市政府有关部门、浦东新区政府和陆家嘴集团公司协调上海纽约大学校舍建设规划、公共绿地地下空间的开发利用、绿地景观设计、地块产证办理、民防设计等事宜。

3月27日，上海纽约大学理事会第一次筹备会议在华东师范大学召开。

3月28日，在上海市人民政府办公楼举行上海纽约大学合作协议签约仪式；在浦东新区举行上海纽约大学奠基仪式。

4月25日，成立上海纽约大学筹建中心的申请获市教委批准，由华东师大向市社团局申请登记注册。

5月4日，上海市教委副主任张民选召集市教委、浦东新区和华东师大等相关人员开协调会，通报近期工作，并为即将召开的理事会第一次会议做好各项准备工作。

5月6日，华东师范大学、纽约大学和浦东新区及陆家嘴集团共同就建设设计标准及进度等进行了深入的沟通。

5月9日，纽约大学李玫副校长来华东师大讨论上海纽约大学筹建中心章程，以及成立基金会的相关事宜。

5月6日—11日，上海纽约大学筹建工作组在华东师大校内网上发布公告，招聘和选拔若干青年教师赴纽约大学人力资源管理、财务管理、教学科研管理、学生管理等相关岗位挂职。共有65人提出申请，递交了简历，由校领导、人事处、组织部和筹建小组负责人共同组成评委小组，首批选拔出5位年轻同志，陆续赴纽约大学挂职学习2个月。

5月18日,上海纽约大学筹建工作组正式向上海市社团管理局提交了上海纽约大学筹建中心民办非企业法人登记申请材料,得到了上海市社团管理局的大力支持和具体指导。

5月25日、26日,华东师大、纽约大学、浦东新区、美国KPF建筑设计事务所、陆家嘴集团公司等相关部门共同对上海纽约大学建筑设计方案做进一步修改、细化讨论。

6月2日,华东师大陈群副校长和纽约大学李玫副校长等拜访了教育部国际司、学生司和规划司等相关部门领导,听取建议和意见,争取在学校正式设立、招生方案等方面获得主管部门的理解与支持。

6月5日,经过华东师范大学、纽约大学以及相关法律事务部门的共同讨论,上海纽约大学教育发展基金会章程草案基本完成。

6月6日,上海纽约大学(筹)理事会第一次会议在华东师大召开。上海市教委、浦东新区政府、华东师范大学和纽约大学的理事及有关人员参加了会议。会议通报了上海纽约大学奠基以来相关工作的进展,充分肯定了双方筹建工作团队所作出的努力,通过了上海纽约大学筹建中心组织架构、人员名单和工作计划,讨论了陆家嘴校区建设、经费预算、专业学位研究生教育、本科专业设置、本科招生方案等问题。

6月7日至9日,大卫·麦克劳克林教务长和纽约大学库朗数学研究所、社会学院等机构的教授分别与华东师大数学系、认知神经科学研究所、社会学院等单位的领导、教授商讨联合研究中心的建设事宜。

6月10日,上海纽约大学筹建中心正式获得上海市民政局颁发的民办非企业单位(法人)登记证书。《上海纽约大学筹建中心章程》规定,上海纽约大学筹建中心作为过渡性实体,实行理事会领导下的主任负责制。理事会由8人组成(中方4名,纽约大学4名),筹建中心主任作为法定代表人由华东师范大学副校长陈群担任。筹建中心的主要任务是根据上海纽约大学的筹建规划和目标,切实推进各项目建设,实施资产监管,保证资金合理、规范使用,从而依法、有序开展各项具体工作,切实推动上海纽约大学的正式成立。在获得民办非企业单位登记证书之后,上海纽约大学筹建中心即着手一系列后续相关工作,包括银行开户、税务登记等,积极酝酿筹建上海纽约大学教育发展基金会。

6月16日,中共南京市委组织部给上海纽约大学筹建中心发出《关于商请联合举办"区域金融中心与投融资体系建设高级研修班"的函》,赵中建教授和纽约大学共同负责启动上海纽约大学(筹)首期高端培训项目。

6月19日,上海纽约大学筹建中心郭为禄、郭纬、李媛媛赴西交利物浦大学调研,校长助理李宝成博士接待并介绍了学校在学生招生、师资管理、财务管理及人才政策等方面的成功经验。

6月22日,上海纽约大学筹建中心郭为禄、赵中建、郭纬、李媛媛赴中欧国际工商学院调研,张维炯副院长接待了筹建中心成员,介绍了学院自成立以来的主要发展历程,以及其在行政管理、财务管理等方面的一些成功经验。

6月23日,上海纽约大学筹建中心郭为禄、郭纬、托尼·布莱尔(Tony Blair)、王政吉一行拜访浦东新区消防支队,了解上海纽约大学校舍和宿舍的消防设施及防范和施救等情况。

6月29日,浦东新区陆家嘴竹园2-13-4/5地块——上海纽约大学校园正式打桩,浦东陆家嘴集团公司、建设方上海市第五建设公司以及上海纽约大学筹建中心领导和相关人员出席打桩仪式。

7月7日,华东师大陈群副校长代表上海纽约大学筹建中心向翁铁慧副秘书长汇报上海纽约大学筹建工作的进展,重点介绍了对专业设置以及通识课程设置等方面的思考;同时提请上海市领导帮助解决目前筹建工作面临的招生、建设、基金会成立等主要问题。出席此次会议的有上海市教委主任薛明扬,教委国际交流处、浦东新区教育局领导及华东师大筹建工作组成员。

7月12日,上海纽约大学筹建中心召开招生工作咨询会。上海市教委副主任印杰,上海师范大学校长(原上海市教委副主任)张民选,上海市教育考试院院长李瑞阳,教委学生处丁良,国际交流处蔡盛泽,华东师大副校长陈群、陆靖,华东师大招办主任周鸿,上海纽约大学(筹)招生顾问露西亚·皮尔斯(Lucia Pierce)以及上海纽约大学筹建中心郭为禄、郭纬等出席了此次会议。会议主要围绕上海纽约大学如何实现对现有的招生模式和学生选拔标准等方面的改革和突破,从而保证学生的优质和异质。

7月19日,华东师范大学陈群副校长率筹建中心一行6人前往纽约大学,展开了为期十天的工作访问。双方讨论了上海纽约大学的专业课程设计、高端培训、楼宇设计与施工、IT系统规划、学校形象设计与推广等事项。筹建中心一行详细考察了纽约大学招生和学生入学申请、教务、财务、人力资源、基金会、学生生活、信息服务等管理运行系统。

7月下旬,华东师大先后选送6位青年教师到纽约大学进行为期两个月的挂职实践,学习考察纽约大学的人力资源管理、财务管理、学生服务等工作流程和办学经验。

7月和8月,上海纽约大学开始筹划公共宣传工作。聘请美国Fly Communications设计制作LOGO、网页、宣传短片、招生宣传册等。

7月26日,上海市教委与上海纽约大学筹建中心共同商讨,拟定《上海纽约大学(筹)招生方案(草案)》,并上报教育部。

8月9日,上海纽约大学筹建中心的中美双方人员对2013—2014学年在华东师大校园过渡的方案进行了详细的考察和研究。华东师大信息、后勤、保卫、图书馆等相关单位都给予了大力支持。

8月10日、11日,纽约大学建筑事务部门、上海纽约大学(筹)相关事务负责人与陆家嘴集团、海城公司以及KPF公司等进一步商讨设计修改、需求等问题,初步确定整体施工图纸完成的时间表。

8月20日,华东师大陈群副校长主持召开上海纽约大学筹建工作协调会,市教委、浦东新区和华东师大的相关人员参加了会议。会上通报了近期主要工作进展和难点问题的推进情况,对过渡方案、基金会、建筑设计、人才政策、税务优惠等方面进行了讨论,并明确了后续各项工作的时间节点。

8月22日至9月2日,纽约大学李玫副校长和6位美方工作人员来沪,与筹建中心共同对本科招生、专业学位培养、高端培训以及基金会等工作开展深度的研究与探讨,并与多个相关企业进行会谈,商讨合作的可能。

8月30日,上海纽约大学筹建中心与浦东新区教育局共同商讨在浦东新区人才优惠政策框架下的上海纽约大学人才奖励措施和政策申请方案。

8月31日,筹建中心主任陈群与郭为禄、赵中建、李玫等人赴京,拜访教育部有关司局,并与国际司张秀琴司长等进行了深入交流,充分了解并沟通招生、课程及基金会等相关工作。

9月8日,华东师大俞立中校长、陈群副校长等一行4人前往浦东陆家嘴集团,拜会集团公司董事长杨小明、副总经理周伟民、设计部总经理陶建强等。陆家嘴集团对上海纽约大学大楼建筑涉及的层高、装修等问题均给予了积极的回应,并约定后续将根据具体方案继续沟通协调。

9月9日,郭纬代表上海纽约大学筹建中心参加上海市社团局召开的上海市民办非企业单位年检及评估试点工作总结大会。

9月9日至14日,双方相关工作人员共同商讨,拟定上海纽约大学(筹)2011年总体预算方案,提供给9月29日即将召开的理事会讨论。

9月14日,上海纽约大学筹建中心陈群、郭为禄、赵中建前往陆家嘴集团公司,会见周伟民副总经理、设计部总经理陶建强等。双方确定建立定期会面制度;考虑对教学大楼的长期使用中可能涉及的物业、装修、后期租赁等问题的解决方案;以及上海纽约大学未来与陆家嘴集团公司的合作等。

9月15日,工商银行上海分行普陀支行行长助理宁冬华等一行来上海纽约大学筹建中心,讨论相关财务问题,在技术支持、管理制度和账户服务等方面达成共识。

9月19日,上海纽约大学筹建中心与华东师大国资处一起商讨关于在华东师范大学中北校区过渡期间的教室、实验室、办公场所、学生生活与活动设施等方案。提出学生宿舍,以及物理楼1、4楼,理科大楼实验室以及三馆的使用可能性等。

9月24日,纽约大学李玫等一行来沪,就上海纽约大学筹建期间中美双方团队协作机制等达成共识。

9月26日,中美双方团队介绍了近期工作,赵中建教授重点介绍了申报设立上海纽约大学需要注意的事项和准备的材料。

9月27日至30日,纽约大学IT部门副主任本·马多克斯(Ben Maddox)和彼得·席林(Peter Schilling)一行参观了华东师大闵行及中北校区的IT设施、图书馆、教育信息中心、教师教育实验中心等。

9月28至30日,纽约大学图书馆馆长卡罗尔·曼德尔(Carol Mandel)等一行参观了华东师大闵行校区和中北校区图书馆及相关IT设施,并且于28日下午参观了上海交通大学图书馆,副馆长潘卫接待;29日上午参观了上海图书馆,吴建中馆长亲自接待。

9月29日上午,上海纽约大学(筹)第二次理事会在线召开,纽约大学方面的4位理事全数参加,中方理事俞立中、陈群、张恩迪以及教委代表蔡盛泽出席此次会议。这次会议主要议题是:审议本科专业和课程设置、2011年预算、校园基础设施等;讨论2013/2014学年的过渡方案、公共宣传计划以及2012年规划等。

10月9日,纽约大学人力资源部门副主任琳达·伍德拉夫(Linda Woodruff)和运营部门安妮·黄(Annie Huang)与华东师大人事处负责人梅兵教授以及副处长张军、嵇渭萍等会谈,了解华师大和国内大学人力资源管理、员工福利待遇等方面的情况。

10月10日,琳达·伍德拉夫,安妮·黄等与上海纽约大学筹建中心郭纬、陈春红和王政吉等人一起参观了位于金陵路的上海外服公司(SFSC),上海外服公司新天地中心的张文菲女士介绍了外服公司的资质、服务等情况,提供了相应的合同文本,服务项目和收费标准等,并且演示了公司的e-HR和e-Pay系统,会谈结束后他们还参观了一些医疗服务设施等。

10月11日,陆家嘴集团公司杨小明董事长,副总经理周伟民,设计中心陶建强、张正立,公建部陈伟、黄磊与华东师大副校长陈群,校长助理郭为禄,上海纽约大学筹建中心赵中建、郭纬,在浦东东怡大酒店例行会晤,双方就近期需要解决的主要问题进行讨论,如尽快确定外墙设计方案、内部装修设计的负责单位,以及最晚期限(11月底前完成施工图纸)。

10月12日,纽约大学人力资源部门的琳达·伍德拉夫和运营部门安妮·黄为华东师大人事处的各部门代表演示了纽约大学人力资源管理系统,并且现场解答了相关问题。

10月13日,纽约大学财务部门菲比·卡鲁奇(Fab Carucci)与上海纽约大学筹建中心郭为禄、郭纬和王政吉一起赴工商银行上海市分行,听取了分行国际部副总经理陆晓和电子银行部副总经理赵瑜的介绍,探讨了未来与上海纽约大学的合作前景。

10月19日,在教育部中学校长培训中心全国优秀中学校长教育思想研讨会举行期间,上海纽约大学筹建中心向来自全国各地的300余名重点中学校长介绍了上海纽约大学的筹建工作进展,并就上海纽约大学的招生模式与出席会议的各位校长进行了深入探讨,认真听取了中学校长的建议。

10月23至27日,纽约大学公共安全事务部副主任朱尔斯·马丁(Jules Martin)一行3人来上海考察校园和公共安全环境。24日与华东师大保卫处处长尹秋艳,公安局文保分局沪西派出所副所长王荣宝等会面;25日上午与锦江出租车公司讨论有关租车事宜;25日下午听取工商银行普陀支行行长助理宁冬华等介绍工行电子银行安全系统,并参观了华东师大中北校区大学生活动中心的自助银行设施;26日前往浦东参观未来上海纽约大学的学生公寓及源深体育场等设施。

11月8日上午,华东师大副校长陈群,校长助理郭为禄,筹建中心郭纬与陆家嘴集团董事长杨小明,副总经理周伟民,设计中心陶建强、张正立,公建部陈伟、黄磊,海诚公司副总设计师齐声会面,沟通了建筑物外立面设计方案等问题。下午,工商银行普陀支行徐行长一行来筹建中心,讨论2012年度工商银行干部培训事宜。

11月24日,上海纽约大学筹建中心进行第一次办公室培训,由华东师大校长助理郭为禄教授主讲,重点对办公室礼仪、接待注意事项等进行了培训。

11月27日至12月10日,应南京市委组织部要求,上海纽约大学筹建中心组织的南京市金融干部"区域金融中心与投融资体系建设高级研修班"在纽约大学正式开班。具体培训内容包括纽约大学知名教授的课堂讲授,以及纽约曼哈顿地区主要金融机构的实地考察参观等,取得了良好的效果,受到南京市委组织部的高度评价。

11月28日至12月2日,纽约大学文理学部部长汤姆·卡鲁(Tom Carew)教授、理学院院长丹尼尔·斯坦、神经科学研究所所长托尼·莫夫松(Tony Movshon)院士访问华东师大,分别与理学院、资环学院、信息学院、生命科学学院、软件学院、人文学院等学院的一批知名教授进行座谈;参观了精密光谱科学与技术国家重点实验室、河口海岸学国家重点实验室、极化材料与器件教育部重点实验室、绿色化学上海市重点实验室、上海市脑功能基因组学重点实验室、上海市磁共振重点实验室、华东师大生命医学研究所、认知神经科学研究所、思勉人文高等研究院等。其间,他们与华东师大领导进行了交流。斯坦教授向理学院的研究生和青年教师作了演讲;莫夫松院士在认知神经科学所与师生进行了座谈。

11月28日至12月2日,纽约大学斯特恩商学院院长彼得·亨利(Peter Henry)教授和副院长阿纳斯塔西亚·克鲁斯怀特(Anastasia Crosswhite)访问华东师大,与华东师大校领导,商学院、金融统计学院以及MBA中心的领导和教授们进行了交流,并拜会了上海市金融办公室主任方星海。亨利院长应邀在华东师大做了一场学术演讲,并接受了《第一财经日报》记者的采访。

12月2日下午,与Fesco确认上海纽约大学筹建中心的本地员工及第三方外籍员工的人事关系代理、薪酬发放,以及外籍员工办理就业证等相关服务事项的具体细节。

12月15日上午,上海纽约大学(筹)理事会第三次会议在华东师大召开。中美双方理事全部到会,会议讨论了自第二次会议以来在招生、资金募集、市场营销、高端培训、校舍建设、人力资源管理、财务运营以及过渡期方案等方面的进展,并且审议了2012年预算。

12月14日—20日,陆家嘴集团公司设计中心郦朝阳工程师、公建部黄磊工程师、海诚公司副总设计师齐声、上海纽约大学筹建中心郭纬一行4人赴纽约大学工作访问,实地考察了纽约大学不同类型的教学、生活服务设施;与纽约大学建筑设计部门以及KPF公司设计师进行了设计方案的详尽讨论;确定了教学大楼设计方案修改、工作时间表和定期沟通机制。

12月30日,经华东师范大学党委常委会2011年第31次会议研究决定,同意上海纽约大学2013/2014学年在华东师范大学中山北路校区过渡方案,并同意将地理馆的部分区域作为上海纽约大学教学办公规划区域,统筹规划设计。

  从2011年的大事记可以看到,上海纽约大学各项筹建工作烦琐复杂,但一项项工作都在有序地落地实施。纽约大学给予了各方面的配合,相关学院或研究所的领导和教授们先后来上落实教学和科研的安排，人力资源、财务、图书馆、IT、安保、基建等各个部门都进行了对接。时间真快，转眼就到了2012年。

2012年1月3日，上海纽约大学筹建工作联席会议召开，讨论了中国学生的招生方式改革，特别是自主招生的比例，对各省市名额的分配等方面进行了可行性论证。参加会议的有华东师大副校长陈群、校长助理郭为禄、招办主任周鸿，纽约大学副校长李玫，上海纽约大学筹建中心赵中建、郭纬，上海市教委国际交流处杨伟人处长，蔡盛泽，财务处副处长何鹏程，浦东新区教育局副局长王浩，谢秉衡等。

1月5日，上海纽约大学筹建中心召开申报工作准备会。赵中建教授介绍了正式申报材料方面的具体要求，陈群、李玫说明了具体要求，明确了各部门和人员的具体职责。

1月7日，纽约大学副校长李玫，华东师大副校长陈群，校长助理郭为禄，上海纽约大学筹建中心郭纬与陆家嘴集团公司董事长杨小明，副总周伟民，陶建强，陈伟等一起就上海纽约大学校舍建设的工程进展，需要尽快确定的结构相关部分的设计，以及聘请KPF公司作为幕墙设计顾问等方面的问题进行了讨论，并且确定了建设方和使用方及时沟通协调的"用户确认通道"。

1月3日至11日，纽约大学ITP项目（创意工程硕士）负责人丹尼尔·奥沙利文（Daniel O'Sullivan）和玛丽安·佩蒂特教授访问华东师大，并与软件学院、设计学院等的领导和教授进行了深入的交流，对合作举办ITP项目进行了具体商讨，奥沙利文和佩蒂特一行还参观了上海市的部分创意工厂和园区。

1月11日，与英国Santa Fe公司代表针对纽约大学外派教师和行政人员的搬迁及在上海安家等问题进行了商讨。

1月19日，上海纽约大学筹建中心郭为禄、郭纬与陆家嘴集团公司设计中心、公建部等部门负责人开会，总结了已经完成的设计方面的工作以及开工情况，第一次明确了整个设计和施工进度。

1月30日，上海纽约大学筹建中心召集华东师大哲学系郁振华教授等，就中国社会和历史文化相关课程的设计和内容等进行讨论。

1月31日，上海纽约大学筹建工作协调会在浦东新区人民政府召开，陈群副校长介绍了筹建工作的进展以及去筹申报工作，赵中建教授介绍了专业和课程的设置，郭为禄校长助理提出了目前急需解决的一些问题。浦东新区副区长谢毓敏对大家提出的问题一一作了回应，并表示浦东新区会全力支持，并落实好各项工作。

2月5日至10日，纽约大学高级副教务长马修·桑蒂罗克访问华东师范大学，讨论了本科专业及课程设置方面的问题。

2月20日至23日，纽约大学瓦格纳（Wagner）公共管理学院院长艾伦·沙尔（Ellen Schall）和纽约大学本科教育高级副教务长琳达·米尔斯访问华东师大，其间她们分别与华东师大公共管理学院、社会发展学院的院长和教授们进行了座谈。华东师大副校长陆靖会见了琳达·米尔斯，就本科教育和学生生活等方面进行了交流。

2月15日,上海纽约大学筹建中心去浦东新区税务局国际事务部门调研相关情况,初步了解中美税收协定,以及外籍人员的纳税规定、营业税征收的前提等相关事宜。

2月28日,上海纽约大学筹建中心与浦东新区教育局文体处马春馥处长、源深体育场副主任共同就2014年后上海纽约大学学生使用源深体育场的一些具体事宜进行探讨,并且达成共识:源深体育场将尽可能为上海纽约大学师生体育活动提供所需资源,并且实现学校与体育场、学校与社区的互动。

3月9日,在上海市工商联王新奎主席的积极筹划和支持下,上海纽约大学筹建中心在北京召开了上海纽约大学筹建工作全国知名企业家(两会代表)咨询会。上海市委常委、统战部部长杨晓渡,上海市副市长沈晓明,全国工商联副主席、上海市政协副主席、上海市工商联主席王新奎等出席活动,一批知名企业家与会,并且对上海纽约大学的筹建工作给了积极的响应。

3月底,华东师大向上海市教委提交了"关于正式设立上海纽约大学的申报材料",标志着"上海纽约大学去筹"程序正式启动。

4月5日,上海纽约大学(筹)理事会召开第四次会议。会上通过了聘任俞立中和杰弗里·雷蒙为上海纽约大学(筹)校长和常务副校长的决议,并接受了张民选和张恩迪关于辞去上海纽约大学(筹)理事会理事职务的申请,批准市教委李瑞阳副主任和浦东新区谢毓敏副区长出任上海纽约大学(筹)理事会理事。当天,上海纽约大学筹建工作的发布会在上海卓美亚喜马拉雅酒店举行,30多家中外媒体出席了发布会。会上通报了上海纽约大学筹建工作的进展情况,并介绍了拟任校长和常务副校长人选。

4月9日,华东师范大学陈群副校长率上海纽约大学筹建中心人员,拜访上海市人力资源和社会保障局毛大立副局长和凌永铭处长,咨询有关外国专家的人才计划及上海纽约大学正式成立后的单位性质。

5月8日,上海纽约大学筹建中心团队与奥克伍德华庭酒店公寓(Oakwood)管理团队会面,就今后上海纽约大学外籍员工的住宿安排进行了最终的协商和确认,并初步确定了合同文本。

5月10日,上海纽约大学筹建中心内部"基金发展战略会议"举行。上海纽约大学筹建中心主任陈群、基金发展部孙霜韵主任和樊天平、纽约大学副校长李玫就未来基金会的设立和运作进行了初步探讨。

5月12日,上海纽约大学筹建中心管理层培训会在佘山皇家艾美酒店举行。IDEO咨询公司与筹建中心管理人员一起分析了现有的业务流程及解决问题的基本路径。筹建中心高层管理团队参加培训。

6月7日至8日,教育部派出专家组对申请正式设立上海纽约大学进行实地考察。教育部政策法规司、发展规划司、国际合作与交流司的有关同志作为观察员参加了考察活动。

6月25日,纽约大学神经生物学教授汪小京等来访,在陈群副校长和李玫副校长的陪同下与华东师范大学心理学院认知神经科学研究所教授周永迪、董晓蔚、王惠敏会面,双方就成立神经科学联合研究中心的具体事宜进行了深入探讨。

7月4日,纽约大学麦克劳克林教务长及林芳华教授来访,在陈群副校长和李玫副校长的陪同下与华东师范大学数学系教授周风、羊丹平、潘兴斌等会面,双方就建立数学联合研究中心的事宜进行了讨论。

7月5日,上海纽约大学(筹)理事会召开第五次会议。会上沟通了教育部专家组评审情况,审议了上海纽约大学章程及预算的修订,并通报了最新的工作进展。

7月9日,上海纽约大学筹建中心通过了上海市社会团体管理局2011年年度检查,并在登记证书上盖章确认。

7月31日至8月3日,纽约大学公共安全事务部朱尔斯·马丁副主任及公共安全部训练经理蒂莫西·美林(Timothy Merrick)一行来访。8月2日与市公安局文保分局基础处副主任高敏、市教委后勤保卫处处长王立慷、浦东张江高校派出所所长王昕琪、浦东潍坊派出所童所长、长风派出所副所长孙伟、华东师大派出所所长王荣奎、华东师大保卫处处长尹秋艳、保卫处副处长赵杰等人员会面。朱尔斯·马丁副主任介绍了纽约大学的公共安全体系,同时从纽约大学全球教育系统的角度出发对未来上海纽约大学的学生安全保障方面提出设想。华东师大保卫处处长尹秋艳介绍了华东师大学生安全保卫体系和制度。市教委后勤保卫处处长王立慷从上海市高校的学生安全保卫工作角度出发对未来上海纽约大学的学生安全保卫工作提出了三方面建议和要求:1.建立健全学校的公共安全体系,完善各项安全保卫制度和措施;2.确立学校安全管理的主体机制,建立安全保卫工作的责任制,明确校长是第一安全责任人;3.建立健全应急反应机制,制定各类突发事件和紧急事件的应急预案。同时希望学校能够经常与上级相关部门沟通协调。各方达成共识,将建立一个各相关单位的联络沟通机制,具体由华东师大保卫处牵头,根据实际需及时沟通交流情况。

8月12日至24日,上海纽约大学财务团队于2012年8月赴纽约参加为期两周的财务系统(Workday)培训及研讨会。在纽约期间,他们对财务系统的结构、设置、功能进行深入的了解和实践,并与纽约大学、Workday公司等相关人员对如何将Workday系统建立成符合中国会计制度并适用于上海纽约大学的财务系统的有关细节逐一探讨,以确定最终方案。

8月14日,华东师范大学校长陈群、副校长郭为禄、陆家嘴集团有限公司董事长杨小明、纽约大学副校长李玫、上海纽约大学(筹)常务副校长杰弗里·雷蒙、浦东新区教育党工委书记、教育局局长王晓科等出席上海纽约大学浦东校区的地上钢结构工程开吊仪式。

8月16至17日,纽约大学工学院院长凯特帕利·斯里尼瓦桑(Katepalli Sreenivasan)来访,与上海纽约大学(筹)校长俞立中、华东师范大学校长陈群会面,探讨了未来上海纽约大学的发展及与华东师大相关院系的合作前景。同时,斯里尼瓦桑院长还和华东师范大学信息科学与技术学院教授杨平雄、刘一清和孙仕亮进行了会面。

8月17至23日,华东师范大学王淑仙处长率后勤保障代表团一行6人赴纽约大学访问,参观纽约大学校园,与纽约大学后勤、学生事务、公共安全、信息技术、基金会及校友关系等部门举行了

5次座谈会,就上海纽约大学过渡学年的相关情况及合作进行了讨论。

7至8月,上海纽约大学筹建中心人力资源部在对安泰保险、外服公司、中智公司、长城及MSH公司的方案进行了研究比较后,最终确定从9月1日起由MSH为上海纽约大学中外员工提供医疗保险服务。

9月10日至21日,Workday派人事和财务项目设计人员到上海,与相关部门讨论具体设计要求和需要的背景材料等,并进行相关培训。